本书为郑州师范学院 2017 年思想政治工作科研项目：探索与实践一思想政治理论课实践课程开发的成果；也是郑州师范学院教育教学改革研究与实践项目：创新思路，彰显特色，推进师院思想政治理论课实践教学改革的成果。

杜志强　王工厂◎主编

SHIYAN YU TANSUO
SIXIANG ZHENGZHI LILUN SHIJIAN KECHENG KAIFA

实验与探索

思想政治理论实践课程开发

中国社会科学出版社

图书在版编目（CIP）数据

实验与探索：思想政治理论实践课程开发／杜志强，王工厂主编．
—北京：中国社会科学出版社，2017.8
ISBN 978 - 7 - 5203 - 0302 - 6

Ⅰ.①实…　Ⅱ.①杜…②王…　Ⅲ.①高等学校—思想政治
教育—教学研究—中国　Ⅳ.①G641

中国版本图书馆 CIP 数据核字（2017）第 099944 号

出 版 人　赵剑英
选题策划　刘　艳
责任编辑　刘　艳
责任校对　陈　晨
责任印制　戴　宽

出　　　版　中国社会科学出版社
社　　　址　北京鼓楼西大街甲 158 号
邮　　　编　100720
网　　　址　http://www.csspw.cn
发 行 部　010 - 84083685
门 市 部　010 - 84029450
经　　　销　新华书店及其他书店

印　　　刷　北京明恒达印务有限公司
装　　　订　廊坊市广阳区广增装订厂
版　　　次　2017 年 8 月第 1 版
印　　　次　2017 年 8 月第 1 次印刷

开　　　本　710 × 1000　1/16
印　　　张　23.75
插　　　页　2
字　　　数　391 千字
定　　　价　109.00 元

目　　录

第一章 《思想道德修养与法律基础》

《思想道德修养与法律基础》课是教育部规定的对大学生进行思想道德修养和法律基础知识教育的一门必修课程。它以社会主义核心价值体系为主线，以理想信念教育为核心，以爱国主义教育为重点，帮助学生逐步形成高尚的道德情操，树立正确的人生观、价值观、道德观和法治观。增强学生社会主义法治观念，提高其思想道德素质，树立体现中华民族道德传统和时代精神的价值标准和行为规范。努力把学生培养成为有理想、有道德、有文化、有纪律的一代新人，做社会主义核心价值观的积极践行者。

第一节 《思想道德修养与法律基础》 课程概述

《思想道德修养与法律基础》课是高等学校思想政治理论课程体系的重要组成部分，是对大学生进行思想政治教育的公共基础课程之一，隶属于马克思主义理论一级学科、思想政治教育二级学科。

一 课程性质

《思想道德修养与法律基础》课是以马克思主义、毛泽东思想、邓小平理论、"三个代表"重要思想和科学发展观为指导，以正确的人生观、价值观、道德观和法治观教育为主要内容，以社会主义核心价值体系贯穿教学的全过程，综合运用相关学科知识，依据大学生成长的基本规律，教育、引导大学生加强自身思想道德修养与法律修养的一门课程。

《思想道德修养与法律基础》课是同学们进入大学后的第一门思想政治理论课，是一门融思想性、政治性、知识性、综合性和实践性于一体的课程。本课程的主要任务是：以马克思列宁主义、毛泽东思想、邓小平理论、"三个代表"重要思想和科学发展观为指导，深入贯彻习近平总书记系列重要讲话精神，针对大学生成长过程中面临的思想道德和法律问题，有效地开展马克思主义的世界观、人生观、价值观以及道德观、法治观教育，开展社会主义核心价值观教育，引导大学生提高自身思想道德素质与法律素质，成长为德、智、体、美全面发展的社会主义事业的合格建设者和可靠接班人。

二 课程目标

（一）总体目标

本课程旨在通过理论学习和实践体验，使大学生能够尽快适应大学生活，牢固树立社会主义核心价值观。帮助大学生形成崇高的理想信念，弘扬伟大的爱国主义精神，确立正确的人生观和价值观，培养良好的思想道德素质和法律素质，不断提高辨别是非、善恶、美丑的能力，增强自我修养，为成长为中国特色社会主义事业的合格建设者和可靠接班人，打下扎实的思想道德和法律基础。

（二）知识目标

1. 通过教学，使大学生能够认识大学生活的特点，把握社会主义核心价值观的科学内涵。坚定科学、崇高的理想信念，将远大理想和对祖国的高度责任感、使命感结合起来，做新时期坚定的爱国者。

2. 通过系统学习人生观、价值观理论，使大学生能够深入思考人的本质是什么、人生为了什么、怎样的人生更有意义等问题，领悟人生真谛，确立正确的人生观、价值观，积极投身人生实践，创造有价值的人生。

3. 通过学习道德观的内容，使大学生了解社会主义道德基本理论、中华民族优良道德传统，理解社会主义道德建设的核心和基本原则，了解公共生活、职业生活、家庭生活、个人品德养成中道德和法律的基本要求，掌握大学生择业与创业的方法，懂得劳动者依法享有的权利和维权的途径。

4. 通过法治观的学习，使大学生了解我国宪法确立的基本原则和制度，养成社会主义法治思维习惯，在学习和生活中能够运用法律的方法思考、分析、解决法律问题，做一个尊法、学法、守法、用法的合格公民。

（三）能力目标

1. 能适应大学生活，掌握正确的学习方法，制定出切实有效的大学生活规划；能树立崇高的学业理想与职业理想，并积极投身社会实践，化理想为现实；能科学分析中华民族五千多年的发展历程，培养民族自信心和自豪感，在实际生活中践行爱国情感。

2. 能选择正确的人生观，拥有积极乐观的人生态度，处理好与人生环境的关系。能在明确个体对自然、社会、他人和自身应该承担责任的基础上，提高学习、人际交往及自我心理调适的能力，培养合理生存和职业岗位的适应能力。

3. 能够将道德的相关理论内化为自觉的意识、自身的习惯、自主的要求，能按基本的道德规范正确判断是非、善恶、美丑，形成良好道德行为，成为校园道德生活的主体，提高职业实践中践行职业道德的意识和能力。

4. 能按照法治思维方式，评判周围的人和事，约束自己的行为。能运用与人们生活密切相关的法律知识，在社会生活中自觉遵守法律规范，恰当分析和处理学习、生活中遇到的各类法律问题和矛盾。

（四）素质目标

通过课程教学，逐步提高大学生进入社会发展所需要的思想、文化、身心、法律、职业等方面的综合素质，重点培养学生形成良好的职业意识、职业理想、职业道德、职业态度、职业价值观和职业纪律，更好地促进大学生成长成才和终身发展。

1. 培养大学生稳定的心理素质。

2. 培养大学生坚定的思想政治素质。

3. 培养大学生良好的道德素质。

4. 培养大学生具备完善的法律知识和法治观念。

5. 培养大学生健全和完善的人格。

（五）情感目标

1. 珍惜大学生活，塑造良好形象。

2. 确立马克思主义的科学信仰，着眼于现实，在实现理想的道路上脚踏实地；要弘扬中国精神，做一个忠诚的爱国者；追求远大的人生目标，树立科学的人生态度，努力创造有价值的人生。

3. 遵守基本道德规范，自觉养成良好的道德习惯，提高道德修养。

4. 遵守法律规范，维护法律权威，做一个尊法、学法、守法、用法的人。

三 课程内容

《思想道德修养与法律基础》课程教学的重点是让当代大学生形成正确的思想、政治、道德、法治观念，难点是如何使《思想道德修养与法律基础》的教育能进一步入脑入心，收到更好的实效。在教学内容选择上，做到"点、线、面"的有机统一。在"点"上我们强调学生对基本知识点的理解与掌握要精、要管用；在"线"上我们注重课程内容的历史性与逻辑性的统一，重点是呈现科学性、时代性、时效性；在"面"上我们增强对课程重点、难点、热点的透彻分析，突出重点，分析难点，聚焦热点，培养学生以马克思主义为核心的世界观、人生观和价值观。在整个教学环节的安排上，尽可能从有利于学生成长成才的角度出发，设计教学方案，做到理论与实践相结合，切实提高学生的思想道德素质和法律素质，达到课程应有的教学目标。因此在实际讲授过程中对内容进行了整合，分为四大模块，第一模块是入学适应教育，第二模块是思想教育，第三模块是社会主义道德观教育，第四模块是社会主义法治观教育。

第一模块：入学适应教育。主要在绪论部分。绪论"珍惜大学生活，开拓新的境界"，旨在启发和帮助同学们全面了解大学生活和学习特点，让他们认识到大学是人生发展的关键时期，要珍惜大学时光，明确大学生的成才目标和历史使命。引导大学生走好大学生活的第一步，帮助他们尽快实现角色变换。准确理解社会主义核心价值观的科学内涵及其对于大学生成长成才的重大意义，掌握社会主义核心价值体系与社会主义核心价值观的关系，提高大学生对社会主义核心价值观的认识，澄清是非、善恶、美丑的界限并自觉践行。明确学习本课程的重要意义，掌握崇德修身的方法，做到"知""行"统一，提高自我修养和法律意识。

第二模块：思想教育。包括第一章至第三章。第一章"追求远大理想，坚定崇高信念"，旨在使大学生了解理想、信念的含义、特征及相互关系，明确人生理想信念对大学生成长成才的重要意义；帮助大学生确立马克思主义的人生信念，自觉树立中国特色社会主义的共同理想，正确认识共产主义的远大理想；在思想认识的基础上，自觉地投身于社会主义现代化建设的实践中，将理想的实现落实为自我完善的具体过程，并能正确地对待理想实现过程中的困难和波折，坚持个人理想与社会理想的统一，志存高远，脚踏实地，在实践中化理想为现实。第二章"弘扬中国精神，共筑精神家园"，旨在通过学习，使大学生明确实现中华民族伟大复兴的中国梦，必须弘扬中国精神，即以爱国主义为核心的民族精神和以改革创新为核心的时代精神。掌握爱国主义的科学内涵、了解中华民族爱国主义的优良传统，明确中华民族爱国主义的时代价值，了解以改革创新为核心的时代价值，把握弘扬改革创新精神的基本要求。大学生要担当起民族复兴的历史重任，最根本的是要努力做忠诚的爱国者和勇于创新的实践者。第三章"领悟人生真谛，创造人生价值"，旨在使学生了解世界观、人生观、价值观的内涵和对于大学生成长成才的意义，扣好人生"第一粒扣子"。领悟高尚人生观的真正内涵，掌握人生价值的评判标准，理解人生各种重要关系，懂得处理人际关系的基本方法。掌握正确处理自我价值与社会价值关系的方法，在实践中提升处理人生各种关系的能力。自觉树立高尚的人生观，培养积极进取的人生态度，以职业生活为价值实现平台，做对社会、对他人有用的人。正确理解人生环境中的四大关系，即自我身心关系、个人与他人的关系、个人与社会的关系、人与自然的关系，充分认识到这四大关系在人生中的重要作用。从而让他们在学习、生活以及以后的工作中正确处理好四大关系，以促进人与社会，人与自然和谐发展。

第三模块：社会主义道德观教育。包括第四章和第五章。第四章"注重道德传承，加强道德实践"，旨在帮助大学生了解道德的本质、功能及其历史发展。正确认识中华传统美德和中国革命道德，提高其继承和弘扬优良道德传统和中国革命道德的责任感和自觉性。准确把握社会主义道德建设的核心和原则，培养正确的道德判断力，提高道德实践能力尤其是自觉践行能力。第五章"遵守道德规范，锤炼高尚品格"，旨在使大学生充分认识公共生活和公共秩序的基本特点和要求，帮助大学生认清公共生活与公共秩序的本质，强化公德意识，遵守公共生活的法律规范，养成文明礼貌的行为习惯。引导大学生正确认识我国当前的就业形势，提高自身的职业道德和职业法律素质，培育学生高尚的职业精神，树立正确的择业观和创业观，正确认识和对待爱情，了解和掌握道德和法律对婚姻家庭的基本要求，为走上工作岗位，解决好立业成家的重大课题，打下良好的基础。

第四模块：社会主义法治观教育。包括第六章至第八章。第六章"学习宪法法律，建设法治体系"，旨在使大学生理解法律的本质、特征及其历史发展。帮助大学生深刻领会社会主义法律精神，正确认识社会主义法律的本质特征和重要作用，明确法律的运行过程包括法律制定、法律执行、法律适用、法律遵守等环节。懂得我国宪法确立的基本原则及相关制度，帮助大学生从整体上把握中国特色社会主义法治体系，理解建设中国特色社会主义法治体系的意义、内容和基本格局，不断增强建设社会主义法治国家的责任感和使命感。第七章"树立法治观念，尊重法律权威"，旨在使大学生树立社会主义法治观念，增强坚持走中国特色社会主义法治道路，坚持党的领导、人民当家做主与依法治国相统一，坚持依法治国与以德治国相结合的自觉性。正确理解法治思维的含义、特征、基本内容，培育法治思维的途径，养成科学的法治思维方式。明确尊重社会主义法律权威的重要意义和基本要求，努力成为法律权威的坚定维护者。养成心中有法、自觉守法、遇事找法、解决问题用法律、化解矛盾靠法律的良好习惯，成为具有较高法律素质的社会主义事业建设者和接班人。第八章"行使法律权利，履行法律义务"，旨在使大学生充分认识什么是法律权利和法律义务，帮助大学生了解公民应该享有哪些法律权利和承担哪些法律义务，如何行使法律权利和承担法律义务，如何尊重别人的权利，当自己的法律权利受到侵害后如何依照法律途径寻求保护和救济，以及滥用法律权利和违反法律义务后要承担什么法律责任等，以树立正确的权利观和义务观，妥善处理学习生活中遇到的法律问题和各种矛盾，不断提高自己的法律素养和个人修养。

第二节 《思想道德修养与法律基础》 实践课程概述

《思想道德修养与法律基础》课是一门实践性极强的课程。国家教育部在 2012 年《关于进一步加强高等学校思想政治理论课教师队伍建设的意见》中提出，要从高校思想政治理论课现有的学分中划出 1 学分开展思想政治理论课实践教学①，这是高校思想政治理论课理论联系实际的有效形式，也是深化思想政治理论课改革、提高教学实效的重要环节。

一 指导思想

实践教学是深化《思想道德修养与法律基础》课堂教学的重要环节。通过实施实践教学环节，使理论与实践相结合、课堂教学与课外实践相结合、教师指导与学生自主学习相结合，把学生直接的生活感受纳入课程体系，让学生在参与实践的过程中自我教育、自我管理、自我服务，在实践中升华思想境界，锻炼优秀品格，在实践中学会做事，学会做人；能够运用马克思主义立场观点去分析、解决现实中存在的问题，从而提高认识能力、思辨能力和实践能力。

二 教学目的

促进大学生成长成才是《思想道德修养与法律基础》课的出发点和落脚点。实践教学是实践育人的主要形式，通过形式多样的实践教学，提高学生思想政治素质和观察分析社会现象的能力，深化教育教学的效果。

---

① 中宣部、国家教育部：《关于进一步加强高等学校思想政治理论课教师队伍建设的意见》（〔2008〕5 号）（http://www.moe.edu.cn/publicfiles/business/htmlfiles/moe/moe_ 772/201001/xxgk_ 80380. html）。

（一）实践课程的知识认知目标

首先，《思想道德修养与法律基础》实践教学改变了空洞说教、"满堂灌"的教学方法，可以巩固和拓展学生的道德法律知识，有助于学生在现实生活中亲身体验、感悟并检验所学的理论知识的正确性，加深对马克思主义世界观、人生观、价值观的认识，促进学生形成科学的、正确的世界观、人生观、价值观、道德观和法治观；其次，实践教学可以使学生接触和感受各种道德和法律现象，了解各种道德观念、道德行为和道德品质，扩大对法律知识的感性和理性认识，从而学到许多在课堂上无法学到的知识，获取更多的信息，形成较为合理的道德、法律知识结构，获得更多的人生启迪。

（二）实践课程的能力培养目标

实践教学是大学生了解社会、认识自我的重要途径，也是大学生自我发展、自我完善的重要途径。《思想道德修养与法律基础》实践教学侧重于培养大学生三个方面的能力。首先，实践教学能够发挥学生的主体性和自主性，让学生广泛参与实践教学活动的策划、准备和组织，以锻炼学生的创新能力和组织能力，培养学生开拓进取的精神；其次，通过参观访问、实地考察和调查研究，拓宽学生的视野，培养学生理论联系实际，运用马列主义、毛泽东思想和邓小平理论的基本原理、观点和方法，认识国情、了解社会，分析问题、解决问题、撰写调查报告和研究论文的能力；最后，组织开展各种社会公益活动或社区服务，在一定程度上帮助学生解决道德法律认知与道德法律行为不一致的问题，引导学生在道德法律实践中进一步加强把道德法律认知转化为道德法律行为的能力，增强适应社会的能力。

三　基本原则

针对性原则。实践教学的主体是学生。大一的学生具备一定的文化素养，思想活跃、个性张扬，具有一定的独立性和批判性。但他们的世界观、人生观和价值观尚未完全成熟，心理特点正处于迅速走向成熟而又未真正成熟的过渡阶段。因此，实践性教学活动的选择，必须遵循当代大学生认知规律和成长规律，针对学生的思想水平和接受能力，选择适宜的教学实践活动，不搞形式主义。

实效性原则。本课程实践教学的重点在于提高实效性。首先，借助实践教学深化大学生对教材中理论知识的理解，把所学到的理论转化成思想理论素质，内化为自身的品质，使学生能够运用所学理论去认识社会、指导实践，提高运用马克思主义的立场、观点、方法观察问题、分析问题和解决问题的能力，提高学生的思想道德水平和法律素养，在实践中实现自我教育。其次，通过实践教学活动，引导大学生有计划地提高自己的思维能力、表达能力、组织能力、社交能力等，使学生的综合素质得到多方面的拓展。

激励性原则。实践教学的考核和评价不同于理论教学的考核，重在激发大学生的参与性和积极向上的精神。要用发展的观点对学生进行客观的评价，在活动过程和成绩评定中要以激励为主，充分肯定、尊重大学生的上进心和自尊心，发现大学生的潜力，鼓励大学生不断进步。

"三结合"原则。在开展实践性教学活动的过程中，应将实践教学的内容、形式和大学生日常管理密切结合起来，将大学生的学习态度、考勤情况、遵守校规校纪情况等德育考核内容和参加学院各项活动的情况纳入实践教学范畴，以便于更准确、更真实地反映大学生在校期间的综合表现，体现大学生思想政治和道德规范的基本素质和水平。

协调共管原则。实践教学应与团委、学生处、学生社团等部门组织的大学生社会实践活动有机衔接，在《思想道德修养与法律基础》任课教师的指导下、在辅导员的管理下进行。

第三节　实践活动主题

中共中央、国务院明确提出：社会实践是大学生思想政治教育的重要环节，对于促进大学生了解社会、了解国情，增长才干、奉献社会，锻炼毅力、培养品格，增强社会责任感具有不可替代的作用①。社会实践教学是以社会为课堂，通过组织学生参加各种社会实践活动，内化课堂教育知识，把"知"与"行"联系起来。包括利用课余时间和双休

---

① 中共中央、国务院：《关于进一步加强和改进大学生思想政治教育的意见》，2004 年 8 月 26 日。

日组织学生走出校门，深入工矿企业、城市社区、农村乡镇进行社会调查，参观纪念馆、博物馆、展览馆等爱国主义教育基地，开展志愿者服务等活动。例如，充分利用本地丰富的社会资源，组织学生到二七纪念馆、河南博物院、黄河游览区进行参观访问；到红色圣地、传统文化旅游区及社会主义新农村建设中的典型、大型现代化企业进行社会调查；组织学生为社区服务、为特殊群体服务，进行道德宣传等志愿者实践活动。

一　主题活动一：社会公益活动

（一）公益活动的概念和意义

"公益"从字面的意思来看是为了公众的利益，它的实质是社会财富的再次分配。公益活动是指一定的组织或个人向社会捐赠财物、时间、精力和知识等活动。公益活动的内容包括社区服务、环境保护、知识传播、公共福利、帮助他人、社会援助、社会治安、紧急援助、青年服务、慈善、社团活动、专业服务、文化艺术活动、国际合作等。有的学者把公益活动理解为"直接服务于社会的无偿劳动"，这也明确表现出公益活动的服务性和无偿性。公益活动的倡导，就是要让公益精神在每个人心中得以延伸，每个人都能树立正确的人生观和价值观，发扬中国传统中互相帮助、慈善济世的美德。

公益活动大部分都是由单位，学校等各个机构组织的，常见的公益活动有义务植树、义务大扫除、义务维修、青年志愿者、义务献血、捐款/捐物、爱心助学等。这些是一份爱心，对于他人也是一份希望。

社会公益事业是中国优良传统的延续，是构建社会主义和谐社会的内在要求。组织开展公益活动，体现了助人为乐的高贵品质和关心公益事业、勇于承担社会责任、为社会无私奉献的精神风貌，能够给公众留下可以信任的美好印象，从而赢得公众的赞美和良好的声誉。同时，公益活动旨在唤醒公民的奉献精神、主人翁精神，倡导更多的公民做对社会有意义的事情，培养公民对国家、对社会的责任感。公益活动对社会主义和谐社会的发展具有很大的推动作用，通过公民之间的互相帮助，促进人与人之间的和谐相处，进而促进全社会的和谐发展。

在目前我国社会保障体系还不够先进和完善的背景下，积极推行、实施公益事业，对促进社会的和谐、国家的发展有重要的作用。高校作为培养精英群体和国家未来建设者的基地，理应科学合理地开展公益活动，在公益领域发挥重要的作用。我们把公益活动作为大学一年级《思想道德修养与法律基础》这门公共必修课的实践课程的重要内容，具有重大的社会价值和现实意义。

（二）公益活动与"基础课"的实践教学

把公益活动纳入《思想道德修养与法律基础》课程的实践教学，符合《国家中长期教育改革和发展规划纲要（2010—2020》的要求。《思想道德修养与法律基础》课是一门很注重实践的课程，它主要针对大学生人生发展中的现实问题，对大学生生活实践加以指导，培养大学生人格素质，对于大学生实现思想道德和法律素养内化与外化的结合具有重要意义。中共中央、国务院关于《国家中长期教育改革和发展规划纲要（2010—2020》提到"鼓励学生积极参与志愿服务和公益事业"，为此，我校将公益活动作为本课程实践教学的一部分，并作为学生该门课成绩的一部分。

公益活动是高校进行大学生思想政治教育的重要环节和手段，是实施大学生道德教育的有效载体。公益活动为大学生接触现实社会、了解我国国情国力、丰富自身的社会经验、提升社会实践能力提供了更好、更有效的平台。

首先，公益活动是一种实践型的思想政治教育方式。在这种教育中，大学生亲自参与社会实践中，更加直观、深入地了解社情民意，认清国情世情，理解国家社会。其次，思想政治教育落实到公益活动这个具体的实践活动中，通过学生在公益活动中的各方面表现，有效地对学生的思想情况进行了反映。这样，通过公益活动的实际情况，我们能够及时、准确、全面地了解和把握大学生思想道德动态。抓住各个阶段思想政治教育的重心，从而更好地完成思想政治教育工作。最后，大学生在公益活动的开展中，也可以自我反省和总结，认清自己的优势和不足，找准自己的社会位置，以便于更好地进行自我思想政治教育，努力实现全面发展。

大学生公益活动是大学课堂教育的必要补充，是高校德育工作的重要途径，在帮助大学生深入学习和实践科学发展观，树立科学的世界观、人生观和价值观，坚定中国特色社会主义信念，弘扬中国精神，培养良好的道德品质等方面发挥着积极作用。因此，大学生公益活动是大学生思想道德教育实践的新平台。深刻理解大学生公益活动与思想道德教育的内在联系，充分认识大学生公益活动具有的思想道德教育功能，探索大学生公益活动思想道德教育功能的实现，这既符合大学生自身的思想道德发展需要，又与高校德育相呼应。

（三）大学生公益活动的基本要求

1. 选择社会价值高、教育意义强的公益活动。大学时期是锤炼青年人格的重要时期，积极参加公益活动，将有益于塑造大学生健康的人格，构建他们和谐的心灵。因此，所选择的公益活动应该有较强的社会和市场需求，产生的可预见的社会价值比较高，有利于现实问题的解决；同时，要选择具有较强教育意义、能形成良性循环的内容，以便于大学生形成良好的公益理念，树立服务于社会的公益精神。

2. 选择可操作性和可持续性强、适合大学生普遍开展的公益活动。公益活动作为《思想道德修养与法律基础》实践课程的重要内容，一是要覆盖全体学生。尽量使多数大学生能够广泛参与实践教学活动，全员参与是最理想的状态，要坚决避免"精英"化的错误倾向。二是时间不宜太长，难度不宜太大。作为学生，大学生在校期间的主要任务仍然是学习，公益活动应该是在他们学有余力的情况下，利用业余的时间来完成的。所以，公益活动的时间不宜过长，并且操作起来难度不能太大，大学生可以根据自身学习情况来安排具体的活动。三是不增加学生额外经济负担。大学生没有经济来源，一般不具备独立的经济能力，因此公益活动的开展也应该在大学生能力范围之内，要考虑到不增加大学生的额外经济负担。这样的公益活动才适合大学生普遍性地、长期性地、可持续性地开展。

3. 选择能一定程度地量化，有利于课程实践考核的公益活动。大一学生开展公益活动内容不宜过大过广，要适中且容易实施。如果要开展大型活动，也应将大型活动分解成一个个容易实施的小活动，而且应进行一定程度的量化，以便于实践课程的考核。量化的标准可以根据活动的性质、内容和效果来确定，课程考核即可根据这个标准来进行。

（四）公益活动的内容

1. 关爱他人，用爱心行动感动你我他。关爱空巢老人，为他们提供养生保健、生活照料、心理抚慰等服务；关爱留守儿童，为他们提供课业辅导、心理疏导、亲情关爱等服务；关爱农民工，为他们提供法律援助、技术培训、创业指导等服务；关爱残疾人，为他们提供医疗保障、生活扶助、扶残救济等服务。

2. 关爱社会，用文明礼仪滋润你我他。从自我做起，从身边做起，从现在做起，积极行动、率先垂范，开展文明礼仪宣传普及等活动，用自己的一言一行，推广文明礼仪常识、维护公共秩序、引领文明交通、带动文化建设，引导人们知礼仪、重礼节、讲道德的潮流，推动文明的社会风尚、良好的社会秩序以及优质的社会服务的形成和发展。

3. 关爱自然，用优美环境惠及你我他。大力普及低碳生活理念，使用布袋、尽量乘坐公交车、双面使用纸张、节约粮食、拒绝使用一次性用品、随手关闭水龙头、尽量使用可再生物品；开展环保宣传、植绿护绿、清洁卫生等志愿服务，打造天蓝、水清、地绿的生态环境，培育崇尚自然、善待环境的理念；开展"争做绿色文明使者"活动，关心爱护绿色生命，珍惜身边绿色成果，爱护身边花草树木，将关爱自然行动落到实处。

公益活动形式很多，作用也越来越大，教师可以根据社会的需要和组织的能力，认真开展好公益活动。学校周围的公交车站、社区、福利院等都可以作为学生进行该项实践课的场地。依据大一学生自身特点和学生的思想，结合各个学院不同专业的特点可以选择以下公益活动：

——关爱他人

去敬老院、福利院慰问老人、残疾人

关爱留守儿童、空巢老人

学雷锋义务服务、义务维修活动

义务献血

为报社义务卖报纸

爱心捐助

——关爱社会

校园内设文明监督岗

做学校餐厅的文明监督员，维护师生文明就餐

在学校附近的公交车站维护交通秩序

——关爱自然

在校园内组织义务劳动，捡垃圾、清理课桌文化、卫生大扫除等

清理辖区路面、垃圾箱、小广告

在校内外进行环保节能宣传

组织废物利用（旧衣物、废旧用品改造）比赛

（五）公益活动的组织实施（要求）

1. 活动要求。任课教师对学生提出做公益活动的目的和要求。老师只需要做好活动的参谋和引导工作，在开展公益活动之前帮助学生创新形式、选好内容，在活动初期学生遇到困难和挫折的时候给予充分的指导。要给学生充分的自主权，学生能做好的尽量不要参与，学生做不好的也要给他们机会去做，允许学生在参与活动的时候犯错误，但要引导他们及时进行纠正和总结经验。

2. 活动策划。公益活动以班级为单位，由班委会、团支部组织策划、联系和实施。公益活动的主要参与者是大学生，要充分调动学生自身的主观能动性，独立自主地处理好公益活动的各项事务。公益活动的内容按照关爱自然、关爱社会、关爱他人三个方面进行选择，可以结合本专业的特点、学生的特长组织一些有特色的活动，如关爱残疾儿童、公交文明岗、文化服务、环保宣传、法律宣传等。还可以和学校团委、学生会、学生社团联合开展志愿者服务活动。

3. 活动组织。公益活动最好以小组形式开展活动，每组8—10人，每组选出一个组长，负责与教师联系和统筹全组的活动，制订具体活动方案，讨论决定本组公益活动的时间、地点和服务内容，要求分工协作、人人有事做，确保整个活动过程有条不紊地开展。在活动中，每一位同学都要遵纪守法、文明礼貌、恪守社会公益活动道德及规范。

4. 活动小结。活动结束后，请服务单位出示评价证明，班委会、团支部进行现场小结。事后写出活动汇报，也可以写出新闻报道，向校

报投稿。每一位同学上交一张活动照片、一篇 1000 字左右的心得体会或感想（内容应包括本组公益活动的时间、地点、服务内容以及自己参加活动的感受）。小组对每位学生在活动中的表现、所起的作用进行评价，作为实践教学考核成绩的一部分。

样例一：敬老爱老助老公益活动策划书

1. 活动主题

敬老爱老助老，爱心回报社会

2. 活动背景

"老吾老以及人之老，幼吾幼以及人之幼。"老年人已成为社会中占相当大比重的群体。目前，我国正处于人口老龄化快速发展期，老龄问题已经成为关系国计民生和国家长治久安的重大战略性问题。一是老龄人口爆发式增长。2015 年 60 岁以上的老人已经达到了 2.22 亿人，占总人口的 16.1%，预计 2025 年将突破 3 亿人。二是空巢、高龄老人增多。空巢老人已超过 1 亿人，80 岁以上老人达到 2400 万人。三是老人健康状况堪忧。70% 以上老人患有慢性病，失能半失能老人将近4000 万人，老年痴呆患者约有 900 万人。[1] 辛苦一生的老人需要子女的照顾和陪伴，而现实是，子女们大多工作忙，有的长期在外地打拼，只有在春节的时候才能回家看看。长期的孤独感容易引发各种心理疾病，于是有很多老人来到养老院。另外，老年人的法治意识、维权意识差，使自己的各项权益得不到应有的保障。

敬老爱老是中华民族的传统美德，关爱老人是义不容辞的责任！作为大学生，我们有责任传承敬老爱老的高尚品德，积极为老人排忧解难，提供心灵关爱，营造家庭幸福生活的良好氛围。为此我们策划了这次敬老爱老助老的爱心公益活动。

3. 活动目的

（1）关怀孤寡老人，给生活在敬老院的老人们送去最真挚的问候。学生们用自己的爱心，耐心来陪伴每一位老人，帮他们解除内心的孤单

---

① 张世平：《积极应对人口老龄化》（http://news.xinhuanet.com/politics/2016lh/2016 - 03/12/c_ 135181474.htm）。

与寂寞，让老人们感受到社会的温暖。

（2）增强大学生的社会责任感，满足大学生的精神需求。大学生关注老人这个特殊的群体，从中学会关爱、学会感恩，通过帮扶弱者回馈社会，感受为人民服务的快乐和满足，获得成就感，实现自我价值。

（3）引起社会对老年人的关注，给予老年人更多生活上的帮助和精神上的安慰，保护老年人的合法权益。引导全社会自觉敬重老人，传承中华文化，使敬老爱老助老成为社会风尚。

4．活动意义

（1）通过敬老爱老助老的公益活动，有利于把孝亲敬老纳入社会主义核心价值观来宣传教育，建设具有民族特色、时代特征的孝亲敬老文化，营造重视老人、关爱老人、善待老人的良好社会氛围。

（2）有利于弘扬"奉献、友爱、互助、进步"的志愿公益服务精神，增强大学生社会责任意识与奉献意识，展现师院大学生的风采，提升郑州师范学院的知名度。

（3）通过对敬老院孤寡老人的慰问，带给他们一份关爱与快乐，使老年人有更多温暖感、获得感和幸福感，有利于弘扬中华孝道，构建社会主义和谐社会。

5．承办单位：各班班委、各院系青年志愿者协会

6．活动负责人：×院系×班委

7．活动时间：2016 年 10 月 15 日

8．活动地点：郑州市二七区爱馨老年公寓

9．活动安排

——活动前期：

（1）联系敬老院主要负责人，与其洽谈活动举办的具体时间、活动安排和相关事宜；

（2）了解敬老院中老人的基本情况，例如，本月有几位老人过生日等，准备一些生日礼物，有针对性地收集一些老年人养生保健知识；

（3）制订详细的活动计划，将参与活动的学生按需要分成若干小组，明确各小组的工作任务；

（4）准备活动中需要的物品，包括慰问老人的礼物、给老人过生日的礼物、劳动工具以及活动中要用到的设备，如旗帜、横幅、照相

机、音响等，列出清单以便核对；

（5）准备慰问老人的节目，如歌曲、戏曲唱段、小品、谜语、小笑话、革命故事、小魔术等。

——活动流程：

（1）参与活动的学生准时在校门口集合，检查活动应携带的物品，进行安全教育，一起前往敬老院；

（2）到达敬老院后，全体学生向老人们问好，送上诚挚的祝福和为老人精心准备的礼物。然后各小组按预定的任务开展慰问活动；

（3）陪老人聊天、散步、做游戏。给老人说说我们的校园生活，谈谈发生在社会上的新鲜事，讲讲生活保健和养生之道。在此过程中，为他们做一些力所能及的事情，如帮老人梳头、剪指甲、捶背、按摩等，让他们感受到我们的细心和爱心；

（4）帮助老人打扫卫生、整理房间、擦玻璃、晾晒被褥；

（5）布置场地准备给老人表演节目，演出中可以穿插一些适合老人的互动环节，请老人表演自己的拿手戏，在开心快乐中度过美好的时光；

（6）演出结束后与老人们一同到餐厅就餐，给过生日的老人庆祝生日，祝愿他们健康长寿，请老人们分享生日蛋糕，品尝我们用爱心做的营养美味的午饭；

（7）全部活动结束后与老人们合影留念，清点物品工具，整理清扫活动场地，集合返回学校。

——活动后期：

（1）对此次活动进行认真总结，参与活动人员每人写一份活动体会；

（2）对活动中出现的问题进行反思、研讨，提出改进意见，活动负责人做好记录，并将活动的照片、总结整理归档。

10. 注意事项

（1）听从指挥，服从安排，认真完成好分配给自己的工作。各个活动环节做好协调，严格按事先的安排进行；

（2）进入敬老院后，要面带微笑地向老人问好。与老人聊天时要多倾听、要"投其所好"，引导老人谈让他们自豪的往事，避免触及老人的伤心事。老人大多听力不好，说话缓慢，行动迟缓，对此不可表现出不耐烦。房间整理要尊重老人的习惯，打扫干净后一定注意物归原处；

（3）每一位参与活动的学生都要注意自己的形象，行为举止要大方得体，不大声喧哗，不在老人面前玩弄手机、打游戏、忽视老人；

（4）负责摄影工作的宣传小组，要全程跟踪，细心观察，抓拍精彩瞬间；

（5）在整个活动期间，一定要注意自身和他人的安全；演出现场不要太过激烈，以免使老人受到惊吓，情绪波动太大，对身体健康不利；

（6）针对活动期间可能会出现的问题，要有相关的应急预案和备用方案，以应对突发情况。

样例二：美丽师院公益活动策划书

1. 活动主题

美丽师院，从我做起

2. 活动背景

营造绿色校园、保护校园环境是我们义不容辞的义务和责任。师院的每一个人都在为创建"文明校园、文明班级、文明教师、文明学生"的目标而奋斗。经过全校师生的共同努力，校园环境更加干净、整洁、优美，但是还不尽善尽美，例如，校园小广告到处张贴，运动场、草坪有丢弃的饮料瓶、食品袋，广告栏使用不规范，过期海报、残破的标语牌没有及时清理，自行车乱停乱放，绿化带、花坛里有隐藏的垃圾，有些卫生死角长期无人打扫，等等，以上不文明现象直接影响着我校的校容校貌、影响着我校师生的生活和学习。

为响应学校建设绿色校园、文明校园的号召，打造一个文明、整洁、优雅、舒适的工作、学习和生活环境，努力把师院建成天蓝、水清、地绿的花园式学校，我们策划了这次美丽师院公益活动。

3. 活动目的

（1）普及环保知识，提高环保的意识；

（2）增强学生的社会责任感和参与环保的意识；

（3）维护学校树绿花香湖水清澈的环境，美化校园。

4. 活动意义

（1）通过这次环保公益活动进一步提高我校师生的爱绿护绿环保意识，推进绿色、低碳的学习生活方式，有利于建设绿色校园、文明校园；

（2）学生通过参与环保公益活动，增强保护环境的责任心，养成爱护学校，爱护环境的良好行为习惯，有利于环境育人。

5. 承办单位：各班班委

6. 活动负责人：×院系×班委

7. 活动时间：2016 年×月×日

8. 活动地点：校园内

9. 活动内容

（1）将环保宣传展板放在餐厅门口，进行环保宣传，向学生发放环保卡片；

（2）在校园内清理小广告，清除过时、残破的海报、标语牌（条幅）；

（3）清扫草坪，捡拾草坪中的纸屑、烟头；

（4）清理道路两边花坛（花丛）中的垃圾；

（5）清理卫生死角。

10. 活动前准备

（1）征集环保活动宣传标语；

（2）将收集的校园不文明行为图片或手绘漫画作品，制作成宣传展板；

（3）定制环保宣传条幅；

（4）制作环保卡片、环保小标语；

（5）向有关部门借劳动工具；

注：所有作品发到部门邮箱：×××

11. 活动步骤

（1）班委开会商讨活动计划，形成初步方案后与有关部门联系确定活动地点和时间，完成具体活动方案；

（2）划分小组，分工合作，明确各组任务，强调注意事项；

（3）组织开展活动；

（4）活动结束，参与活动的学生交流活动感想，完成活动总结。

样例三："创意无限，变废为宝"环保艺术品创作大赛策划书

1. 活动主题

绿色低碳，物尽其用

2. 活动背景

随着经济的快速发展和城镇化进程加快，城市生活垃圾激增，而垃圾处理能力相对不足，我国的许多城市正面临"垃圾围城"的困境。垃圾得不到有效的处理，将对城市生态环境及周边的水体、大气、土壤等造成严重的污染，并且造成垃圾中大量有用资源的浪费。

"垃圾是放错了地方的资源"，这是 2000 年联合国环境规划署首席专家拉斯基的著名论断。倡导资源的节约和循环使用已成为当代人的共识。世界上没有绝对的垃圾，只要用心改造，小小易拉罐也能变成风车、花篮、笔筒……为此，我们策划举办"创意无限，变废为宝"环保艺术品大赛，为同学们提供一个展现奇思妙想的舞台。展开你创意无限的翅膀，用你灵巧的双手，让原本属于垃圾桶的废物，拥有生命的色彩吧！

3. 活动目的

（1）激发学生的创新意识，展现学生的创作才能，丰富学生的校园生活；

（2）增强学生的环保意识，创建"绿色校园、低碳校园、环保校园"；

（3）提升学生的动手实践能力和美化生活的能力。

4. 活动内容

将生活中随手丢弃的一次性筷子、餐盒、鸡蛋壳、塑料瓶、易拉罐、损坏的雨伞、眼镜、玩具、废弃文具、旧报纸杂志、办公用品、破旧的衣服、包包，甚至是废灯泡、废螺丝钉、废铁条、电子元件等一切所谓的"垃圾"。通过同学们的头脑风暴、创意改造，变成新的可循环利用的物品或艺术品等。

5. 活动对象

全校一年级学生

6. 承办单位

思政部、各班班委

7. 活动时间

10 月中旬至 11 月中旬

8. 活动后期展览作品地点

经管楼一楼大厅

9. 活动总体安排

（1）前期活动安排

10 月份第 2 周，各任课教师在班上宣传发动，布置任务，提出环保艺术品大赛的具体要求，划分活动小组。

（2）中期活动安排

10 月份第 3—4 周，是学生准备作品的时间。作品完成后首先在各班进行初赛，选出 3—5 件作品于 11 月份第 1 周交到思政部，附上作品简介（作品创意、使用材料、作品特色）。

11 月第 2 周在经管楼一楼大厅进行作品的展览和现场投票，评选出一、二、三等奖若干名。

（3）后期活动安排

参与活动的学生交一份活动总结、一张作品照片，用于此次实践活动的考核及资料存档。

获奖作品统一收到思政部保存。思政部专门设置一个"创意无限，变废为宝"环保艺术品创作大赛优秀作品展览橱窗，定期展出学生的作品。

对本次活动进行总结，向对此次活动提供支持和帮助的老师和有关部门表示感谢。各班干部反馈学生对这次活动的意见和建议，以利于今后的改进。

二 主题活动二：感恩教育活动

感恩教育指教育者通过一定的教育方法和手段，借助一定的感恩教育内容，对教育者实施的识恩、知恩、报恩和施恩的人文教育。感恩教育的核心理念是从社会生活的情感性和实践性出发，全面把握感恩教育的丰富内涵及其多种形态，强调引导受教育者体验人与自身、人与他人、人与社会、人与自然之间施恩、感恩、报恩的循环统一状态。我们把它作为大学一年级《思想道德修养与法律基础》这门公共必修课的实践课程的重要内容，既有理论依据又有重大的现实意义。

（一）活动主题确定

1. 符合国家教育部对《基础》课的教学大纲要求

大学生感恩教育是一个传统而且常新的教育内容，培养大学生的感恩之心对造就和谐的教育生活具有重要意义。而要培养大学生的感恩之心，就需要在大学新生入学后的第一门思想政治理论课——《思想道德修养与法律基础》（以下简称《基础》课）中贯彻感恩理念，激发大学生的感恩情怀并付诸实践。

感恩教育活动课程进入《基础》课教学有着深刻的学情背景。现实中，无论是教育者还是被教育者，在中学阶段，他们关注更多的是分数，其结果是忽略了德育教育。跨进大学校门后，找到一份好工作成了许多大学生的现实追求。高等学校坚持在教育中以德育为首，因此感恩教育在高校德育工作中是必不可少的一部分。但高校的思想政治理论课，包括《基础》课在内，整体上对感恩教育重视不够。表现在：相关教学内容缺乏，采用的教学方式不合理，也没有针对感恩教育的具体教学计划；教师对感恩教育的实施力度不够深入，校园感恩文化建设方面缺少必要的良好氛围；最终导致学生感恩意识匮乏、感情淡漠、缺乏责任心与协作精神，给青年学生与他人、家庭、社会的和谐关系带来了很大的负面影响。感恩教育具有很强的育人功能，主要表现在能有效地激发大学生爱祖国、爱人民、爱社会主义的激情，并进一步外化为行动。

通常所说的感恩，是指把他人、社会和自然给自己带来的恩惠和方便从内心产生认可并且期望能够回报的一种认知、情感和行为。大学是为社会培养人才的主要场所，大学的目标是培养全面发展、德才兼备的专业人才。要培养大学生的感恩之心，使高校形成浓厚的感恩氛围，就对思想政治理论课教学提出了明确的任务，并且具体落实到实践教学的环节里。《基础》课作为高校思想政治理论课所开设的第一门课程，义不容辞地担当此重要任务。

2. 大学生缺乏感恩心的现象比较严峻

由于学生成长的环境和初高中阶段缺乏对学生的感恩教育，学生感恩心缺乏的问题非常突出。首先是对父母、师长、朋友等个体缺少感恩，表现为对他人感情淡漠并且功利心突出。令家长们忧虑揪心的正是父母含辛茹苦养育的子女却不知感恩、不思报恩。中华民族的传统美德特别重视孝敬父母，因此感恩教育首先提倡感恩父母。但现在，由于家教偏宠而养成了"小皇帝""小公主"的性格的一些大学生，对于父母的关心、照顾、辛劳付出和无私奉献表现得麻木、自私、冷漠，认为理所当然。有资料显示，15—29岁的中国青年总体失业率为9%，比中国目前6.1%左右的社会平均失业率还要高出将近3%。"啃老族"所反映的正是家庭责任感和感恩意识缺失，这种问题不容忽视。感恩师长也是我国文化的优良传统，"一日为师，终身为父"，师长给我们传授知识，教育我们如何做人。《弟子规》中对尊敬师长有严格的规定，这些对于新时期建构和谐的师生关系仍有着重要的现实意义。由于社会转型期的变革等因素，学校教育功利化和工具化的趋势日益明显，导致师生关系、朋友关系异化，带有突出的功利色彩，容易引发各种矛盾，也是阻碍社会和谐的不利因素。

其次是对国家、社会、自然缺少感恩，表现为重索取和轻奉献甚至不愿奉献。党中央国务院在高校设立了国家助学贷款，就是为了帮助家庭困难学生顺利完成学业，体现的是使贫困生享有受教育权利的社会公平机制。但享受此项政策的大学生还贷违约现象非常严重，个别高校甚至高达30%。甚至有个别学生将"贫困"作为一种资本，把国家的资助视作天经地义，不愿积极主动地寻找解决困难的办法，表现得毫无感恩之心。这些问题也暴露出部分大学生缺乏知恩、感恩意识的事实，因此感恩教育亟待加强。

3. 结合课程和新生实际进行活动具有重要意义

（1）感恩教育有利于提高大学生的道德素质，培养社会责任感。

感恩既是回报父母养育之恩，更是一种责任意识和追求人生成就以实现人生价值的精神境界。只有懂得感恩的人，才能懂得尊重他人，实现自我价值。通过在"基础"中进行感恩教育实践课的教学，有利于帮助大学生克服以自我为中心的意识，培养换位思考的思维方式，使大学生能对自身的生活进行反省，给自己正确定位，对自己的权利和义务明确认识，从而培养他们自尊自立的意识和社会责任感。

（2）感恩教育有助于提高德育实效，构建和谐校园。

教书育人是高校最基础的功能，而德育是教书育人的核心和灵魂，感恩教育则是加强和改进大学生思想政治教育的一项重要内容，是高校德育工作中必不可少的重要组成部分。在思想政治理论课教育中，通过感恩教育进入"基础"课的教学，引导大学生懂得感恩，学会用感恩的心去关注他人、社会，并付诸行动，这有利于构建和谐的人际关系，有助于提高德育实效。通过实践课程教学，在校园形成良好的感恩文化氛围，有利于实现德育目标，构建和谐校园。

（二）活动内容及目标要求

1. 主要内容

生命价值的教育。感恩教育要使学生尊重自己、他人和自然中的一切生命，就必须用生命赋予的责任感激发教育者内心的感恩意识，启发受教育者珍惜生命、感恩生命，对他人的付出与自己的所得有正确认知，能以感恩的心态看待成功与挫折、朋友与敌人、人类与自然，学会求同存异，相互包容，对生命的意义不懈追求。

和谐观的教育。感恩教育不但倡导一种积极向上的人生态度，而且追求和谐的处世方式。日常的人与他人、人与社会、人与自然的关系中，矛盾和冲突普遍存在着。感恩教育就是要引导受教育者正确认识付出与获得的关系，学会珍惜、宽容和反思，感恩自己的获得，并且理解他人的付出，树立人与人之间和谐互信、人对社会充满责任、人与自然和谐相处的良好的、积极的观念，对于社会的安定和有序发展非常重要。

公民意识的教育。感恩教育从情感出发，倡导感恩、回馈、奉献的实践行动，倡导敢于担当、回馈社会的公民责任意识。从知性情感出发的感恩教育，使人类重新树立对自然生命的敬畏和爱护，就要激发受教育者的感恩情感，使家庭、社会形成懂得爱、珍惜爱的温情氛围。

互惠互利的教育。无论是个体还是企业、社会机构，其存在和发展是以他人的付出为基础的，作为链条中的成员，必须回馈其获得的利益给他人，才能得到他人更大的付出，而得以继续发展。它们之间是互相尊重、彼此珍惜、共同获得发展的关系。感恩教育以识恩为始，以报恩为终，形成感恩和回馈的循环链条。通过树立受教育者互惠互利、共同发展的方式，使感恩回馈的社会链条得以良性循环。

2. 目标要求

实践活动的目标主要体现在认知、情感态度及价值观和行为习惯三个层面。

社会主义核心价值体系贯穿思想政治教育始终，以此引导当代大学生，并且把感恩教育渗透到德育工作、学习教学、学校管理、家庭生活、实践活动、公共服务等各个环节中去。大学生要常怀感恩之心就不能忘党恩、国恩、帮扶恩、救助恩、父母恩、师长恩、同学恩等，使大学校园的"感恩文化"具有很强的德育功能。帮助学生养成良好的道德品质，使学生做到心中有自然、心中有社会、心中有祖国、心中有集体、心中有他人、心中有亲人的"六心"，从而弘扬中华民族的传统美德和现代文明，进而塑造学生的健全人格，使素质教育得以落实。在这种教育活动中可以进一步激发学生自身的积极性和能动性去关怀他人、奉献社会，培养他们自强自信、拼搏合作的精神，增强战胜困难、奋发图强的信心。让感恩走进大学生的生活、走进校园、走进学生的心灵。

进一步提高全体学生思想道德的水平，提升素质、增强感恩信念。丰富多彩的活动让青年大学生身临其境，体验感悟，更易于在他们的心中培植一种美好的感恩情感，在和父母或者师长、朋友或者对手的交流碰撞中从容自如，不管拥有或是失去、快乐或者悲伤，都能拥有一颗平静的感恩的心。

为了弘扬中华民族的传统美德、促进校园和谐、融洽师生关系、促进家庭和睦、完善人际关系、构建和谐社会，要引导学生正确处理好三大关系，即人与人、人与社会、人与自然的关系，引导学生树立"三爱"意识，即爱人民、爱社会、爱自然的意识。让学生懂得感恩不仅是一种美德，更是一种责任和义务。

让学生懂得感恩是一种生活态度，是做人的起码修养和道德准则。让每一个参与其中的人都能感受到生命的可贵、生活的美好，都能向身边的人报以真诚的微笑。

促进素质教育的实施，提高教育教学质量。通过不同形式的系列活动，为广大学生提供一个平台，加强彼此间的交流、学习，以实际行动诠释和谐社会中的奉献、服务精神，传递关爱之心，构建和谐校园。

通过活动延伸，增强对伟大祖国、当今社会、学校的热爱，倡导奋发向上、努力拼搏的精神，充实校园精神文明建设的内涵，为建设和谐校园贡献自己的一份微薄之力，为国家培养更多"养得、修能、精技"

全面发展的高素质人才，为构建和谐社会而努力。

（三）活动方法选择

依据学生自身特点和学生思想的实际，结合各个学院不同专业的特点可以选择以下主要的活动方式：

观看电影和视频，借助影像艺术来感染打动学生；

推荐文学作品和音乐作品供大家学习欣赏并举办交流鉴赏会；

手语舞蹈表演：《感恩的心》、《我真的真的不简单》、《让世界充满爱》；

给爸爸、妈妈、老师或帮助过你的人写一封感谢信；

到社区敬老院或孤儿院等机构做一次志愿活动；

参与社团或班级组织的"热爱自然环保行"活动；

培养一个关爱亲人朋友的行为习惯。

（四）活动过程组织

每个活动都要遵循专人负责、因地制宜、衔接自然、配合到位的原则，充分体现科学安排下的有利、有力、有效的宗旨。

1. 活动主题安排

感谢父母养育之恩：通过参与者感悟向父母亲人传递爱的信息，反思父母养育之恩，通过电话、信函等方式与父母交流生活情感，汇报学校学习生活情况，回顾家庭教育成长经历，做好职业与人生发展的设计规划，向父母汇报自己的思想、学习规划、生活安排，让远在家乡的父母不再担心，勇敢地表达对父母养育之恩的感谢，学会孝敬父母、尊敬长辈，弘扬中华民族的传统美德。

感谢师长教诲之恩：开展好"家校和谐、师生共荣"为主题的系列活动，阅读和观看尊师重教的文章和电影，开展读后和观后感交流活动，协助老师做有意义的事，感谢老师的教诲和辛勤的培养。倡导文明礼仪的好习惯，尊重老师的劳动成果，通过自己的刻苦努力争取取得优异的成绩，以实际行动报答老师的培养和厚爱。

感谢同学帮扶之恩：要建立以班级和睦、宿舍融洽和同学互助为追求的校园生活为目标，开展好情感交流互动活动、互相讲述亲身经历的感恩故事活动，感谢同学、朋友的真切关爱和帮助，互助互爱；学会包容，赢得友谊。积极参加集体活动，倡导为同学、班级做有益的事等活动，掀起同学之间互帮、互助、互学、互进的热潮，增进同学之间的友谊。

感谢学校培育之恩：教育学生真诚感恩学院领导和老师的深切关爱和精心培养，努力学习，奋发成才，增强大学生回馈社会的责任感与义务感，热爱学校、热爱班集体是一种神圣的情感，从现在做起，爱我们的校园，立志以感恩的心回报学校。引导学生积极参与学校建设，关心学校的发展。通过切身体验进而感悟到党和国家对广大学生的高度重视和深切关怀，激发学生热爱党、热爱社会主义、热爱人民的热情，做新时代的优秀人才。

感谢社会关爱之恩：教导学生常怀感恩社会之心、常言感恩之情、常做感恩之事、常表感恩之言，增强社会责任意识，长大后报效祖国、回报社会。开展爱祖国、爱人民、爱劳动、爱科学、爱社会主义的教育活动，引导他们感受今天的幸福生活来之不易，树立正确的世界观、人生观和价值观。

感谢自然赐予之恩：延续志愿者服务的相关文明环保活动，以及结合《公民道德实施纲要》等内容，以绿色校园建设和乐居郑州为目标，引导学生感谢大自然的赐予，善待自然，热爱大自然的一草一木，美化校园、净化校园、绿化校园，树立节能节约意识、生态文明意识，树立积极乐观的生活态度和顽强拼搏的生活精神，提升师生幸福指数。

2. 活动过程举例

校园十大感恩箴言征集活动：以感恩为主题向学生推荐 10 本优秀书籍、10 部影视作品和 10 部视频短片（附件一）。同学们在阅读和观看书籍和作品后，将观后感结合自己的思想感悟以手机短信发表阅览感言的方式发送至教师指定的手机号码，实践课教师结合党团组织对征集的所有感恩箴言进行汇总评比，从中评选校园十大感动心声，胜出的同学还将获得精美奖品一份。

"知恩于心、报恩于行"主题征文活动：参与学生通过阅读相关主题书籍、浏览网站或在网上搜索并观看有关感恩题材的视频、电影、演讲、访谈类节目的影音作品，了解感恩的相关知识，深入剧情、真心感受，并结合主题活动的意义和精神，以撰写文章、日志等方式表达自己的感想、观点与认识，形成一篇以记叙、议论、诗歌等为体裁的作品。参赛稿件请报送至思政办公室（东校区经管学院楼 C 区 524 室）。比赛设特等奖 1 名、一等奖 2 名、二等奖 3 名、三等奖 5 名。获奖者将获得荣誉证书和相应奖励。

感恩主题教育沙龙暨"新时期郑州青年精神"大讨论活动：以培养健全人格和专业技能型人才、精心打造现代化建设所需的高技能人才培养基地为统揽，以开展"新时期郑州青年精神"大讨论活动为契机，围绕社会主义核心价值观体系，结合为实现个人健全发展和学院创新发展协同并进的目标，思辨总结更多符合现代高等教育和学院现实情况的新型有效的高等教育方法和模式，不断推进学院各项工作的顺利进行。根据各学院以及各基层在教学管理、学生综合素质培养、校园文化建设和其他校园生活等方面的现状，以感恩话题和"新时期郑州青年精神"大讨论为切入点，结合师生自身在民族文化传承、公共道德遵守、精神文明创建、平安校园维护、融洽家校关系、和谐社会营造方面的具体表现，开展主题鲜明、内容新颖、形式亲和、效果卓著的主题沙龙活动。

活动内容和目标：要将本组织或成员对"感恩""新时期郑州青年精神"等关键词的深刻理解和实践行动为线索贯穿活动始终，以解决学院中心工作的难点、管理中的突出矛盾和自身面临的困难等为设计依据，引导青年团员结合行业特点、岗位特点和自身经历，积极参与讨论，深刻剖析思想根源，鼓励大家解放思想、广泛交流，以此带动师生日常行为规范和作风效能建设。以院系为单位，在全院发动主题活动的基础上，各自适时组织开展一次以上的主题沙龙和讨论活动，活动人员除本组织成员外，还可邀请有关专家、学院党政、教学管理人员等各层次各领域人员参加，精心设计活动程序，注重活动效果的总结。在活动结束后，各班级学委负责统计填写活动登记表格（附件三），以工作报告的形式向思政部提交一份精练的汇报材料（附活动照片），着重叙述活动开展情况、取得的成果分析等。

感恩主题书信比赛活动：以感恩为契机，围绕感恩主题，与父母、师长、同学、朋友真心交流、共同进步，着重表达对父母、对亲人、对师长、对朋友的感激之情。要求主题鲜明、形式多样、内容真实、效果有深远意义，具体方案和内容可在实践课老师指导下自行安排。活动结束后以院系或班级为单位进行评选表彰。活动中注意文字信息和图片材料的汇总编辑，活动总结以报送评选表（附件四）及相关材料的方式参与全校评选，活动将最终评选出优胜奖 10 名，最佳组织奖 1 名，最佳创意奖 1 名，获奖集体和个人都将获得荣誉证书和相应奖励。

为我成长加油——"家校和谐、师生共荣"主题教育活动：学生站在自身成长和家校和谐的角度看待校园建设和发展，从父母长辈老师及亲朋好友口中收集建议，为学院发展和学生在大学阶段的发展建言献策。还有比如放假不回家，邀请父母节假日来校参观指导，与师生舍友座谈、定期电话联系等。

"日行一善"大型系列实践活动：在学校举办"情系母校，感恩师院"的活动，一般情况学生都会积极主动签名。一些还没有毕业或即将毕业的学生们都认真地写下了他们的名字，表达了对学校的感激之情，思想政治教育收效显著。这些就要求同学们从身边小事做起，爱自己、爱同学、爱老师、爱学校。组织学生走进敬老院、孤儿院和医院临终关怀机构等参加社区服务，进行义务劳动、献爱心、送温暖等感恩实践活动，使学生在行动中得到锻炼，在奉献爱心的过程中体验自身价值，同时也感受施恩的愉悦和快乐。把志愿服务活动作为弘扬感恩文化的重要平台。在学校感恩文化构建过程中，学校始终把志愿服务工作作为重要平台，校园志愿服务精神蔚然成风，青年志愿者活动蓬勃开展。学生在一件件具体琐碎的工作中了解社会实情、体察人生百味、思考人生价值、明确自己的社会责任，同时以自己的实际行动奉献一份力量，报恩于社会。

3. 活动要求

高度重视，加强领导：各基层班团组织要精心策划，各任课老师要悉心指导，采取有效措施，整体要求，统一行动，共同掀起活动高潮。

认真组织，精心安排：要结合实际策划活动，拓宽活动实施领域，注重服务实效，把感恩活动不断深入各级组织，覆盖全体师生。参照本方案，结合各自实际，明确活动内容，分工负责，有序推进，使各项活动扎实有效开展。

加强宣传，扩大影响：各班团支部要利用各种舆论宣传工具，大力宣传活动中涌现出的典型，扩大影响，收集感恩教育活动优秀作品，通过网站、宣传栏、黑板报、社会媒体等多种形式宣传感恩教育活动，营造良好的活动氛围。

注重落实，巩固成果：严格按照活动步骤和系列活动开展要求，完成好活动任务和目标，及时研究活动当中的新思路、新问题，收集总结有效做法和经验，理论与实际相结合，适时巩固推广。

4. 活动延伸

建立感恩教育长效机制。使感恩教育经常化、长期化、制度化，把每年4月定为"感恩教育主题活动月"，全院各级团组织要着力构建思想政治工作"德育为先"的长效机制，确保感恩教育的内容始终渗透到学生思想道德建设、学风建设与日常生活管理中。

样例一：感恩自然，拥抱绿色活动策划

1. 活动背景

目前雾霾越来越严重，空气污染已经成为全球必须面对和亟待解决的问题。在历年两会上，环境保护也成为人大代表和政协委员讨论的焦点。环境污染对人们的健康构成极大危害，也是大学生十分关注的问题。

在环境问题十分严峻的今天，绿色不能成为回忆，人们应该觉醒去发现身边的绿、拥抱身边的绿、保护身边的绿。怀着对大自然的感恩和愧疚之情，我们应该用行动去留住身边那份珍贵的绿色。

当春天的脚步缓缓向我们走来，在大地即将披上绿衣时，让我们一同去拥抱那份生命中的绿吧。

2. 活动目的

（1）增强大学生团体对植物的认识和提高大家对植物的爱护意识，以及增强大家绿化环境保护环境的意识，带动大家热爱自然，增强环保意识、生态意识。

（2）通过活动使大家对环境保护有亲身体会，让大家知道环保其实就在身边，能更好地认识到绿色对人类生存的重要性，从而规范自身日常行为，自觉爱护花草，并减少践踏草坪等不文明行为的发生。

（3）通过"绿色图片征集活动"，让我校学生发现校园的美景，同时使同学们树立热爱校园、保护校园的意识。

3. 活动主办方：思政部、环境与发展协会

4. 活动参与人员：一年级学生

活动时间：12月19—21日

5. 活动流程

12月15—16日展板制作；

12月18日制作海报、条幅等宣传品；

12月19—20日设点宣传；

12月21日班级所有人员和学校志愿者清理学校垃圾，分东、西校园同时进行。

6. 活动工作安排

（1）前期准备

调查问卷内容设计；

资料及广播内容收集；

宣传页制作；

班级和环协社员各准备一张关于环保的彩印图片。

（2）活动进行

活动负责人：任课老师、各班干部及社团负责人。

（3）总结阶段

各部长每人写一份活动总结，重点在于自己的部门建设以及社团活动中存在的问题等，上交到教师邮箱内；

将本次活动的照片记录情况进行汇总；

表彰本次活动中表现突出、工作积极的志愿者。

7. 注意事项

（1）活动当天参与者要准时集合；

（2）本次活动的信息通知需注意提前通知，不要赶时间；

（3）中午以及下午下课人流高峰期时，参与人员可以积极向路人介绍活动并邀请其参加；

（4）活动期间要进行人员分组，提高宣传效果。

样例二：感恩文化节开幕式活动策划书

1. 活动背景

感恩节是每年11月的第4个星期四，是西方国家的古老节日，是合家欢聚的节日。随着中西文化交流，感恩节流行于中国。中国自古有"受人之恩，当涌泉相报"的古语，亦有"谁言寸草心，报得三春晖"的诗诫，更有"达则兼济天下，穷则独善其身"的修养要求。中华泱泱大国，五千年文化源远流长。感恩之心，历经沧桑，感恩之行，千古流传。

落叶在空中盘旋，谱写一曲曲感恩的乐章，那是大树对滋养它的大地的感恩；白云在蔚蓝的天空中飘荡，描绘着一幅幅感人的画面，那是白云对哺育它的蓝天的感恩。因为感恩才有社会的和谐快乐，因为感恩才有彼此的仁善友爱。"感恩"是一种回报，回报母亲，因为她给了我们生命；回报老师，因为他给了我们知识；回报自然，因为它给予我们生存的空间。生活的每一天，我们都充满着感恩情怀，从而我们学会了宽容、学会了承受、学会了付出，懂得了回报。

感恩是爱和善的基础。常怀感恩之心，至少可以让自己活得更美丽、更充实。如果人人都有一颗感恩的心，那天天都是感恩节，这世界就会变得更加美丽。

2. 活动目的

古人云："滴水之恩，当涌泉相报。"感恩，是我们民族的优良传统，是中国人的美德。感恩之心是每个人都应该具备的，感恩父母给予生命、哺育成长；感恩老师、传授知识、教我学会做人；感恩朋友、陪我历经风雨，期待彩虹；感恩自己、一路前行、不言放弃。每个人心中都应铭记一份感恩，或因为羞涩，存于内心；或由于拘谨，留于心间。感恩文化活动将提供舞台，说出我们的感恩，做出我们的回报。感于心，践于行。只有懂得爱的人才会懂得珍惜，才会善待自己、善待他人。只有懂得感恩的人才会懂得付出，才会主动把爱心传递。我们偶然来到这个世界，需要感谢的人太多太多。我们的血管里流淌着的是父母、是家族、是这个民族的血液，没有他们就没有我们的存在。我们赖以生存的自然，学习、生活的环境，让我们享受着多少的恩惠！这一切的一切，需要我们用一颗感恩的心去面对，用一颗感恩的心来回赠。希望通过这次活动，给大家一个机会表达心中的感恩之情。

3. 活动内容与安排

准备就绪后播放感恩相关的歌曲；

安排人员做好签到活动；

整点正式开始，主持人介绍到场的嘉宾，宣布启动仪式开始；

主持人介绍感恩节的由来及意义，需要PPT；

指导老师讲话；

请大家在准备好的便利贴上写上自己对感恩的理解；

节目表演：感恩诗朗诵；

选读收上来的感恩便利贴；

到场志愿者在横幅上签字；

主持人宣布开幕式圆满结束；

结束后，打扫教室。

样例三：感恩眼前的你

1. 活动意义

感恩节临近，为感谢那些在我们学校岗位上辛苦工作多年的阿姨大爷，我们决定通过聊天、帮他们干活的形式使他们在感恩节收获感恩！为那些在我们学校岗位上默默奉献的人奉献出我们的心意，跟他们聊天，帮他们干活，使他们感到温馨。

2. 主办单位：××大学××学院志愿者协会

3. 活动对象：校医室医生、图书馆阿姨、公教门卫、宿舍阿姨

4. 活动宣传地点、形式：在公共教学区、校医室、宿舍楼、图书馆三楼，形式是和阿姨聊天、帮阿姨干活儿

5. 活动时间：2014 年 11 月 27 日

6. 活动具体流程

（1）前期准备工作

动员分队人员，向他们讲解感恩节的意义；

分配各个人员的任务，各自负责的区域；

选择负责照相宣传的人员。

（2）前期宣传工作

宣传日期：2014 年 11 月 27 日

宣传方式：帮助工作人员干活、聊天

宣传内容：感恩节的意义以及举办这个活动的意义

（3）活动安排

安排××、××等同学负责图书馆任务；

安排××、××等同学负责校医室任务；

安排××、××等同学负责宿舍楼任务；

安排××、××等同学负责宿舍楼的任务。

（4）活动总结

样例四：感恩在校园

1. 活动目的

感恩是每个人应有的道德准则，是做人的起码素养，也是我们大学生必须学习与具备的。活动旨在提高大家感恩意识，让同学们发现身边感动你我心灵的故事。增进学生与学生、老师与学生之间的交流与感情。为同学们在大学生活中珍藏一份最值得感动与回味的记忆！

2. 活动主题：感恩从心开始，让爱温暖彼此

3. 活动口号：感恩就要说出来！

4. 活动对象：××大学全体学生、老师

5. 主办时间：2015 年 10 月 26—31 日

6. 活动流程

（1）活动准备

制作有关感恩内容的展板并准备空白展板两块。将一展板放到活动中心前，将另一块放在第一教学楼前的树下，制作海报说明活动形式，并张贴在展板前。

（2）活动阶段

首先，宣传感恩活动。在全校发起感恩的倡议，以打电话、发短信、写信、QQ 聊天的方式为身边的人献上祝福、带去感恩。即让广大学生给父母打电话、发短信致以问候，为老师、朋友、献上感恩的祝福、诚挚的谢意。

其次，同学写下自己的感人事件。

最后，进行关于感恩的有奖征文活动。

流程：在教学楼前以及活动中心前进行以"感恩"为主题的有奖征文。由部门人员整理收集征文并在活动中心前进行展览，采取一人一票的形式，让同学进行投票。由部门人员整理票数，根据得票情况排出名次。在校内进行公示并根据名次进行颁奖。

7. 奖项设置及奖品安排

一等奖1名，二等奖2名，三等奖3名，优秀奖3名。

第一名，奖励钢笔一支、感恩活动有奖征文比赛奖状一张，文章发表在校园刊物上；

第二名，奖励笔记本两个、感恩活动有奖征文比赛奖状一张，文章发表在校园刊物上；

第三名，奖励笔记本一个、感恩活动有奖征文比赛奖状一张，文章发表在校园刊物上；

优秀奖，奖励感恩活动有奖征文比赛奖状，文章发表在校园刊物上。

8. 注意事项

（1）保持活动会场整洁，维持好会场秩序；

（2）注意与老师同学的互动，向同学详细介绍活动内容和意义。

附件一：感恩倡议书

附件二：感恩主题优秀文化作品推荐目录

附件三：感恩主题教育沙龙暨"新时期郑州青年精神"大讨论情况反馈表

附件四：感恩主题班团系列实践活动评选登记表

附件一：感恩倡议书

感恩，是中华民族的传统美德，"滴水之恩，涌泉相报""谁言寸草心，报得三春晖"，这是祖先为我们留下的教诲。

感恩，是一种处世哲学，也是生活中的大智慧。学会感恩，便会将感恩化作一种充满爱意的行动，实践于生活之中。

感恩，是一种歌唱生活的方式，它来自对生活的热爱与希望。懂得感恩是一种生活态度，应怀着一颗感恩的心看世界，乘着感恩的翅膀成长翱翔。

感恩，是一种返璞归真的境界，是一种至真至情的流露。铭记感恩，感激给你生命的父母，感激教育过你的师长，感激帮助过你的人。

感恩是一个人应该拥有的品质，也是一个人拥有健康性格的表现。践行感恩，为自己已有的而感恩，感谢生活给你的赠予。

心存感恩，体验感动，才能探索生命的真谛；

心存感恩，学会报答，才能谱写真善美的乐章；

心存感恩，爱校如家，才能塑造完美的人格；

心存感恩，天人和谐，才能铸就辉煌的人生。

心存感恩，方能体会生活的美好。好比一块小小的明矾，如果把它放进水里，就能沉淀所有的渣滓；如果在我们的心中培植一种感恩的思想，则可以沉淀许多的浮躁、不安，消融许多的不满、不幸。感恩惜福，四个看似简单的字却能为我们带来阳光与爱。试试吧，生活不会欺骗你！当你心存感恩，生活也将赐予你灿烂的阳光。

附件二：感恩主题优秀文化作品推荐目录

10 本优秀书籍	10 部影视作品	10 部视频短片
《弟子规》	《黑暗中的舞者》	《你长大后，养不养我？》
《长腿叔叔》	《入殓师》	《师恩难忘》
《珍惜每一次的感动》	《唐山大地震》	《献给父母》
《感恩生活》	《暖春》	《路过》
《假如给我三天光明》	《我的兄弟姐妹》	《活着》
《爱的教育》	《网络妈妈》	《待业青年》
《天蓝色的彼岸》	《一个都不能少》	《模样》
《我与地坛》	《当幸福来敲门》	《妈妈，我不哭！》
《恩情》	《天伦之旅》	《爸妈谢谢你》
《黑暗中的舞者》	《背起爸爸上学》	《仅以此片献给天下所有伟大的父母》

注：在本次推荐目录以外，参与师生还可广泛通过其他途径如网络平台搜集和感恩主题相关的各类文化作品，精细研读、观看，激发共鸣，积极发表感言。

附件三：感恩主题教育沙龙暨"新时期郑州
青年精神"大讨论情况反馈表

活动时间		活动负责人及联系方式	
活动场次		参与人数	
活动名称			
简述活动具体形式			
提炼形成的总结性材料	（①500字左右，可另附；②该表格及相关附件以电子文档形式连同活动照片一并上报。）		

附件四：感恩主题班团系列实践活动评选登记表

参评单位		负责人姓名	
所在系部		参加人数	
活动地点		联系方式	
活动名称			

活动计划：（活动意义、时间安排、内容步骤、活动形式、经费物资支持情况等）

活动总结：（参与人员情况、实际成效、不足与展望等，与媒体宣传情况、文字图片信息等资料一并报送。）

团支意见：

签字（盖章）：

年　月　日

思想政治理论部意见：

签字（盖章）：

年　月　日

37

三　主题活动三：模拟法庭

（一）准备计划

1. 案例选择、角色分配。

2. 各组人员各司其职，正式进入准备阶段。（审判、公诉、辩护三方完成所需要的司法文书。同时审判方根据案件实际情况对判决形成初步意见并列出提纲。）

3. 全班观看一场现场庭审，向演员交代庭审程序，讲清楚出场顺序。（联系附近区人民法院，关注开庭公告。）备案：观看法院直播网，查看每周的直播安排表，选择合适的刑事案件。

4. 道具清点与准备。

5. 进行第一次彩排。（地点：优先定于模拟法庭教室。要求：熟悉流程，各演员要对自己的出场先后以及发言内容十分清楚。）

6. 进行第二次彩排。（地点：优先定于模拟法庭教室。要求：在第一次彩排要求的基础上，控制好庭审时间，完善道具准备工作，要求被告、证人脱稿。）

7. 进行第三次彩排。（地点：优先定于模拟法庭教室。要求：在第二次彩排要求的基础上，要求公诉人、原告、证人、辩护人、被告要将自己的台词背诵熟练，其余演员能自然熟练表演。可以使庭审完整、顺畅地完成。）

8. 进行第四次彩排。（地点：优先定于模拟法庭教室。邀请法学专业老师提出相关意见。）

（二）模拟法庭材流程

1. 专业课老师讲话，宣布活动开始；

2. 由主持人简要介绍本案例，并且简要介绍本次模拟法庭审理程序；

3. 播放制作的情景剧，进行情景再现，使大家能更好地了解整个案例；

4. 法庭审理程序开始。

［宣布开庭］

书记员：公诉人、辩护人、证人、被告人已在庭外候审。

书记员：请旁听人员保持安静，现在宣读法庭规则：

在案件审理过程中应关闭寻呼机、手机；

未经允许不得录音、录像和摄影，经允许可以摄影的人员不得使用闪光灯；

不得随意走动和进入审判区；

不得发问、提问、鼓掌、喧哗、哄闹和实施其他妨碍审判活动的行为；

爱护法庭设施，保持法庭卫生，不得吸烟和随地吐痰；

旁听人员违反法庭规则的，审判长可以口头警告、训诫，也可以没收录音、录像和摄影器材，责令退出法庭或经院长批准予以罚款、拘留；对于哄闹、冲击法庭，侮辱、诽谤、威胁、殴打审判人员等严重扰乱法庭秩序的，依法追究刑事责任；

旁听公民通过旁听案件的审判，对法院的审判活动有意见或建议的，可以在闭庭以后书面向法院提出。以上法庭规则，旁听人员必须认真遵守。

书记员：请公诉人、辩护人入庭。

书记员：请审判长、审判员入庭。请大家坐下。

书记员：（转身）报告审判长，公诉人、辩护人已经到庭，被告已提到候审，法庭准备工作就绪。

审判长：（敲法槌）现在开庭。

[法庭调查——宣读起诉书以及辩护书]

审判长：现在开始法庭调查，首先由公诉人宣读起诉书。

公诉人起立，宣读起诉书（5—8分钟）

审判长：由辩护人宣读辩护词。

辩护人起立，宣读辩护词（5—8分钟）

[法庭调查——辩论阶段]

审判长：现在开始法庭调查询问阶段，先由公诉方对辩护方进行提问。

公诉方提问和辩护方答辩：公诉方提问，辩护方就问题进行答辩（不超过10分钟）。

审判长：现在由辩护方对公诉方进行提问。

辩护方提问和公诉方答辩：辩护方提问，公诉方就问题进行答辩（不超过10分钟）。

（控辩双方在审判长主持下就案件事实、有关证据和法律的适用等问题，发表意见，进行论证，互相辩驳。同时在辩论时，双方不得使用书状中所附证据以外的任何展示品，包括图画、文字、声音各种形式的展示品，一切的陈述及答辩限于口头说明方式。）

［结案陈词］

审判长：现在由公诉方做最后陈述。

公诉方做最后陈述（不超过5分钟）

审判长：现在由辩护方做最后陈述。

辩护方做最后陈述（不超过5分钟）

［休庭阶段］

审判长：现在是5分钟的休庭时间。

此时进行与场内观众的互动，观众可表达自己的意见，或者向辩护方以及公诉方提问。

样例一：刑事附带民事模拟法庭剧本

书记员：现在宣布法庭纪律。

（一）未经允许不得录音、录像和摄影；

（二）未经允许不得随意走动和进入审判区；

（三）不得发言、提问；不得鼓掌、喧哗、哄闹和实施其他妨害审判活动的行为。如对庭审活动有意见，可在庭审结束后提交书面材料；

（四）请关闭手机等通讯工具。

书记员：请公诉人、辩护人、附带民事诉讼原告人及其代理人出庭。

书记员：（全体起立）请审判长、审判员入庭。

审判长：请大家坐下。

书记员：报告审判长，本案公诉人、辩护人、刑事附带民事诉讼原告人及其代理人均已到庭，本案被告人已被提押到法庭候审室，本案证人均已到庭等候传唤，庭前准备工作全部就绪，请开庭。

审判长：（敲击法槌）江苏省盐城市中级人民法院刑事审判第一庭

现在开庭。

书记员：全体坐下。

审判长：刑事附带民事诉讼原告人姓名。

刑事附带民事诉讼原告人：许弋雪。

审判长：出生年月日。

刑事附带民事诉讼原告人：1991 年 6 月 20 日。

审判长：身份证号码。

刑事附带民事诉讼原告人：320911199106201618。

审判长：民族。

刑事附带民事诉讼原告人：汉族。

审判长：出生地。

刑事附带民事诉讼原告人：江苏省盐城市。

审判长：文化程度。

刑事附带民事诉讼原告人：大学本科。

审判长：职业。

刑事附带民事诉讼原告人：学生。

审判长：住址。

刑事附带民事诉讼原告人：盐城市滨海县红星街道 15 号。

审判长：与被害人什么关系。

刑事附带民事诉讼原告人：我是被害人的女儿。

审判长：刑事附带民事诉讼代理人，陈述你的身份、基本情况及代理权限。

刑事附带民事诉讼代理人：邱新国，盐城市维世德律师事务所律师，代理权限为一般代理。

审判长：传被告人李想到庭。（法警押被告人李想到庭）

审判长：被告人你的姓名。

被告人：李想。

审判长：出生年月日。

被告人：1989 年 11 月 17 日。

审判长：民族。

被告人：汉族。

审判长：身份证号码。

被告人：320911198911174784。

审判长：出生地。

被告人：江苏省盐城市。

审判长：文化程度。

被告人：大学本科。

审判长：职业。

被告人：学生。

审判长：住址。

被告人：住盐城市滨海县先锋街道 24 号。

审判长：你以前是否曾受过法律处分。

被告人：没有。

审判长：是否受过刑事强制措施。

被告人：因故意杀人一案被盐城市滨海县公安局刑事拘留。

审判长：是什么时间。

被告人：2010 年 10 月 23 日。

审判长：何时被逮捕的。

被告人：11 月 24 日。

审判长：是否收到盐城市人民检察院盐检刑诉字〔2010〕77 号起诉书的副本。

被告人：收到。

审判长：是什么时间。

被告人：2011 年 1 月 12 日。

审判长：是否收到附带民事诉讼原告的起诉状。

被告人：收到。

审判长：是什么时间。

被告人：2011 年 1 月 15 日。

审判长：被告人李想的代理人陈述你的身份、基本情况及代理权限。

辩护人：卜静怡，江苏克利律师事务所律师，代理权限为一般代理。

审判长：被告人、法警坐下。

审判长：依照《中华人民共和国刑事诉讼法》第152条关于"审判应当公开进行"之规定，江苏省盐城市中级人民法院刑事审判第一庭今天在这里公开审理江苏省盐城市中级人民检察院提起公诉的被告人李想故意杀人及刑事附带民事诉讼原告人许弋雪提起附带民事赔偿一案。根据《中华人民共和国刑事诉讼法》第147条之规定，现在宣布法庭组成人员，本法庭由盛林担任审判长与审判员王闻、蒋超楠组成合议庭，书记员金玉梅担任记录。江苏省盐城市人民检察院指派检察员刘正之、江秀出庭支持公诉。江苏克利律师事务所律师卜静怡出庭为被告人李想辩护并代理刑事附带民事诉讼事宜。盐城市维世德律师事务所律师邱新国出庭为刑事附带民事诉讼原告人许弋雪就民事赔偿部分担任诉讼代理人并代理附带民事诉讼事宜。

审判长：根据《中华人民共和国刑事诉讼法》第154条之规定，本案当事人在法庭审理过程中如果认为上述人员与你的案情有利害关系或者可能影响对你的案件公正处理的，依法享有申请回避权。

审判长：刑事附带民事诉讼原告人你听清楚了吗？

刑事附带民事诉讼原告人：听清楚了。

审判长：是否申请回避。

刑事附带民事诉讼原告人：不申请。

审判长：被告人李想你听清楚了吗？

被告人：听清楚了。

审判长：是否申请回避。

被告人：不申请回避。

审判长：根据《中华人民共和国刑事诉讼法》第32条、第159条、第160条之规定本案当事人、法定代理人在审理过程中，还享有如下诉讼权利：

（一）在庭审中，可以提出证据，申请通知新的证人到庭，调取新的证据，重新鉴定或者勘验、检查；

（二）被告人可以自行辩护，也可以委托辩护人进行辩护，公诉人、当事人、辩护人可以相互辩论；

（三）被告人在法庭辩论终结后有最后陈述的权利。

审判员蒋超楠：附带民事诉讼原告人以上权利你听清楚了吗？

刑事附带民事诉讼原告人：听清楚了。

审判员王闻：被告人李想你听清楚了吗？

被告人：听清楚了。

审判长：现在开始法庭调查，首先由公诉人宣读起诉书。

公诉人：盐城市人民检察院起诉书，盐检刑诉〔2010〕第77号。

被告人李想，男，1989 年 11 月 17 日出生，身份证号码 320911198911174784，汉族，大学文化，黄海大学音乐学院学生，江苏省盐城市滨海县人，住盐城市滨海县先锋街 24 号，因涉嫌故意杀人罪，于 2010 年 11 月 23 日经盐城市人民检察院批准，由盐城市公安局刑事拘留，同年 11 月 24 日被逮捕，现羁押于盐城市看守所。

被告人李想故意杀人一案由盐城市公安局侦查终结，以被告人李想涉嫌故意杀人罪，于 2010 年 12 月 15 日向本院移送审查起诉。本院受理后，于 2010 年 12 月 15 日已告知被告人有权委托辩护人，2010 年 12 月 15 日已告知被害人及其法定代理人、附带民事诉讼的当事人及其法定代理人有权委托诉讼代理人，依法讯问了被告人，听取了被害人的诉讼代理人邱新国和被告人的辩护人卜静怡的意见，审查了全部案件材料。

经依法审查查明：被告人李想，于 2010 年 10 月 20 日 23 时许，驾驶苏 J419N0 红色东风悦达起亚轿车从黄海外国语学院滨海校区返回盐城市，当行驶至华东大学滨海校区西围墙外时，撞上前方同方向在非机动车道上正常行驶的骑电动车的被害人陆滢，李想下车查看，见陆滢倒地呻吟，因怕陆滢看到其车牌号，以后找麻烦，便产生杀人灭口的恶念，就从随身背包中取出一把尖刀，上前对倒地的陆滢连捅数刀，致陆滢当场死亡。杀人后，被告人李想驾车逃离现场，当车行驶至翰林路郭南村口时再次将马海娜、石学鹏两人撞伤，后盐城市公安局滨海分局交警大队郭杜中队将肇事车辆暂扣等待处理。同月 23 日，李想在父母的陪同下到公安机关投案，如实供述了杀人事实。经法医鉴定，死者陆滢系胸部锐器刺创致主动脉、上腔静脉破裂大出血而死亡。

认定上述事实的证据如下：

1. 盐城市公安局滨海分局郭杜派出所受理公民报警情况登记表、

接受刑事案件登记表；

2. 现场勘查笔录、照片、现场示意图和提取痕迹物品登记表；

3. 尸体检验报告和 DNA 鉴定结论；

4. 现场提取笔录、照片及指认笔录；

5. 一把尖刀；

6. 证人张青青等人的证言。

以上事实清楚，被告人供认不讳，有相关证据作证，证据确实，充分，足以认定。

本院认为，被告人李想开车撞人后，又持刀故意非法剥夺他人生命的行为属于故意杀人。其行为触犯了《中华人民共和国刑法》第二百三十二条之规定。犯罪事实清楚，证据确实充分。为严肃法纪，维护公民合法的人身权利及财产权利不受侵犯，依据《中华人民共和国刑事诉讼法》第一百四十一条之规定，现将被告人李想提起公诉，请依法判处。

此致

盐城市中级人民法院

检察员：刘正之　江秀

2011 年 1 月 20 日

审判长：被告人李想，公诉人宣读的起诉书你听清楚了吗？

被告人：听清楚了。

审判长：被告人李想，你对起诉书指控你故意杀人罪的事实有无异议？

被告人：没有。

审判长：现在由刑事附带民事诉讼原告代理人宣读刑事附带民事起诉状。

刑事附带民事诉讼代理人：刑事附带民事诉讼起诉状

刑事附带民事诉讼原告人（以下简称原告人），许弋雪，女，1991年 6 月 20 日出生于江苏省盐城市，汉族，住盐城市滨海县红星街道 15号。系被害人陆滢之女。

刑事附带民事诉讼代理人，邱新国，男，汉族，盐城市维世德律师事务所律师。

刑事附带民事诉讼被告人（以下简称被告人），李想，男，1989年11月7日出生于江苏省盐城市，汉族，大学文化，黄海大学音乐学院学生，住盐城市滨海县先锋街24号。身份证号码320911198911174784。2010年10月23日因涉嫌犯故意杀人罪被刑事拘留，同年11月24日被逮捕。现羁押于盐城市看守所。

诉讼请求：

1. 依法追究被告人李想故意杀人犯罪行为的刑事责任；

2. 判令被告人李想赔偿原告人因其犯罪行为所遭受的损失，死亡赔偿金458880元，丧葬费15834元，医院停尸费30000元，精神损失费30万元，共计804714元。

事实与理由：

2010年10月20日，被告人李想进行故意杀人犯罪行为。对被告人的罪行，原告人已向公安机关进行了揭发和控告。现被告人涉嫌犯故意杀人罪一案，已经被盐城市滨海县公安局侦查终结，由盐城市人民检察院提起公诉。被告人李想的犯罪事实和情节以及造成的危害后果，盐城市人民检察院起诉书中有详细的叙述，这里不再重复。

被告人的犯罪行为，给原告人造成了物质损失，现依法提起附带民事诉讼，请一并审理，其事实和理由如下：

被告人涉嫌犯故意杀人犯罪行为，使原告人遭受严重物质损失，根据《最高人民法院关于审理人身损害赔偿案件适用法律若干问题的解释》，死亡赔偿金按照受诉法院所在地上一年度城镇居民人均可支配收入或者农村居民人均纯收入标准，按二十年计算。但六十周岁以上的，年龄每增加一岁减少一年；七十五周岁以上的，按五年计算。2010年度江苏城镇居民人均可支配收入为22944元，故请求死亡赔偿金458880元：又《根据最高人民法院关于审理人身损害赔偿案件适用法律若干问题的解释》第二十七条"丧葬费按照受诉法院所在地上一年度职工月平均工资标准，以六个月总额计算"，2010年江苏职工年平均工资为31667元，故请求丧葬费15834元，医院停尸费30000元，共计504714元。

原告人上述物质损失，完全是由被告人犯罪行为造成的，二者之间存在因果关系。被告人李想开车撞人后，又持刀故意非法剥夺他人生命的行为属于故意杀人。其行为触犯了《中华人民共和国刑法》第二百三十二条之规定。犯罪事实清楚，证据确实充分。为严肃法纪，维护公民合法的财产权利及人身权利不受侵犯，依据《中华人民共和国刑事诉讼法》第一百四十一条之规定，同时根据《中华人民共和国刑事诉讼法》第七十七条第一款规定："被害人由于被告人的犯罪行为而遭受物质损失的，在刑事诉讼过程中有权提起附带民事诉讼。"同时，《中华人民共和国民法通则》第一百零六条第二款、第一百一十七条第一款、第一百三十条规定："公民、法人由于过错侵害国家的、集体的财产，侵害他人财产、人身安全的应当承担民事责任。""侵占国家的、集体的财产或者他人财产的，应当返还财产，不能返还财产的，应当折价赔偿。""二人以上共同侵权造成他人损害的，应当承担连带责任。"

依上述规定，原告人特向贵院提起刑事附带民事诉讼，请依法审判。

证人姓名和住址，证据和证据来源：

1. 证人熊珠珠，住址盐城市滨海县，写书面证言1份，证明涉嫌犯故意杀人事实；

2. 证人高美玲，住址盐城市滨海县，写书面证言1份，证明涉嫌犯故意杀人事实；

3. 证据1把尖刀，由盐城市公安局出具，1份，证明涉嫌犯故意杀人事实；

4. 证据尸体鉴定报告和DNA鉴定结论，由盐城市滨海县公安局出具，1份，证明涉嫌犯故意杀人事实；

5. 证据居民户口本，1份，证明原告人与被害人之关系及确定死亡赔偿金和丧葬费适用标准；

6. 证据停尸费收据，由盐城市急救中心出具，证明停尸费用的存在及数额。

此致

江苏省盐城市中级人民法院

原告人：许弋雪

2011年1月12日

附：1. 本状副本2份

2. 证据材料6份

审判长：被告人，你对刑事附带民事诉讼原告人提出的赔偿请求有什么意见吗？

被告人：我同意赔偿。

审判长：下面由公诉人对被告人进行讯问。

公诉人：被告人李想，公诉人今天在法庭上就本案事实对你进行讯问，你必须如实回答，听清楚了吗？

被告人：听清楚了。

公诉人：2011年10月23日当天，你是什么时候回家的？回家的路线是什么？

被告人：2010年10月20日23时许，我开车从盐城外国语学院滨海校区返回盐城市。

公诉人：你当时开的是什么车？车是你的吗？

被告人：是一辆红色东风悦达起亚轿车，车牌是苏J419NO。车是爸妈买的。

公诉人：你是在什么地方撞到受害人的？

被告人：大概在华东大学滨海校区西围墙外时，当时她与我同向行驶。

公诉人：在撞到受害人时你在干什么，你的车走的是直线吗？

被告人：我当时在调音响，一个手扶音响，然后身体侧倾往前，我不太清楚车是否走直线。

公诉人：当你发现你撞到人后，你有下车查看吗？

被告人：有，我下车看了。

公诉人：被害人当时的情况怎么样？

被告人：我下车后发现陆滢倒地呻吟。

公诉人：当时你觉得她受伤严重吗？你为什么要拿刀刺被害人？

被告人：我是第一次开车撞人，撞到人后非常害怕、非常慌，我不知道她的具体情况。转念想到，害怕她以后找我，一念之差没有多想就拿出刀来在她身上刺。

公诉人：你知道你刺了被害人多少刀吗？

被告人：我当时非常害怕，并不知道具体刺了多少下。

公诉人：刺人之后你干什么了？

被告人：我当时很害怕，就开车逃跑了。

公诉人：逃跑的时候发生了什么？

被告人：我在逃跑的过程中，又撞到了两名行人，后来被赶来的人拦下了，再后来交警就来了，他们扣押了我的车，两天后我被带到交警大队询问，询问完后就回家了。

公诉人：审判长，公诉人对事实部分发问完毕。

审判长：被告人的辩护人是否有发问？

辩护人：有，审判长。

审判长：可以发问。

辩护人：你当时是给别人上完课后返回的吗？

被告人：是的。

辩护人：从你发现被害人到动刀之间能隔多长时间？

被告人：大概两三秒。

辩护人：两三秒的时间。那么你当时在实施杀害行为的时候，有没有明确地说你想刺几刀？

被告人：我没有，我当时撞倒她后就是慌乱害怕。

辩护人：那么当时对刺的这个部位，你知道吗？

被告人：我不知道刺到哪些部位了。我拿刀乱刺的时候心里很慌，我也没有注意到她是什么情况，刺完之后我马上就跑了。

辩护人：审判长，辩护人发问完毕。

审判长：原告人及其诉讼代理人是否有发问。

原告人：没有。

诉讼代理人：没有。

公诉人：我们有补充询问，请法官予以准许。

审判长：法庭准许，请公诉人继续发问。

公诉人：你的刀是什么时候放在你车上的？案发前几天放在你车上的？

被告人：我是案发当天早上买的，因为准备晚上去外院那边。所以买着防身。

公诉人：你以前经常去外院吗？

被告人：我以前很少去，之前是白天去的，只有那一次是晚上去的。

公诉人：案发后你马上报案没有？

被告人：没有。

公诉人：交警对你询问时，你有提到你杀害被害人的事吗？

被告人：没有。

公诉人：你回家后跟你父母说这个事情是出于什么想法？

被告人：事发以后，心里害怕，也后悔，晚上睡不着，到23日早上我害怕就跟我妈妈说了。

公诉人：把这个情况跟你爸妈说了之后呢？

被告人：说了之后当天下午，我爸妈就带我去交警大队自首，我把杀害陆滢的事情给交代了。然后我就被送到刑警队公安局了，我想如实交代自己的问题。把事实说清楚，希望政府对我宽大处理，给我一次机会重新做人。

审判长：公诉人还有补充发问的吗？

公诉人：没有。

审判长：下面开始举证质证。首先由公诉人就本案所指控的犯罪事实向法庭提供证据，并说明证据的来源、特征及要证明的问题。

公诉人江秀：请审判长通知证人张青青出庭做证。

审判长：请值庭法警通知证人张青青出庭。

（法警带证人上庭。）

审判长：证人你的姓名。

证人：我叫张青青。

审判长：职业。

证人：现在在华东大学滨海校区做清洁工。

审判长：出生年月日。

证人：1980年2月13日。

审判长：民族。

证人：汉族。

审判长：文化程度。

证人：高中。

审判长：出生地。

证人：江苏省盐城市。

审判长：证人将身份证交书记员查验。

审判长：证人，你与本案当事人是什么关系？

证人：我与本案当事人没有关系。

审判长：证人张青青，证人应当客观、如实地提供证据，不得捏造事实、伪造证据进行诬告。诬告陷害和有意作伪证或者隐匿罪证应负法律责任。你听清楚了吗？

证人：清楚了。

审判长：请值庭法警将保证书交予证人签字并当庭宣读。（证人读完后。）

审判长：请值庭法警将保证书交还书记员。

审判长：现在公诉人可以向证人发问。

公诉人江秀：证人张青青，公诉人今天在法庭上就本案事实对你进行询问，你必须如实回答，听清楚了吗？

证人：听清楚了。

公诉人江秀：你在 2010 年 10 月 20 日晚 10 时许，你在干吗？当时你在哪里？

证人：2010 年 10 月 20 日晚 10 时许，我站在校门口，看到有个女的骑一辆电动车由南向北顺着路东走着，那女的刚从我面前过去，有一辆深颜色的轿车也由南向北开，开着开着由路西开到路东，接着就听到"嘡"一声响，又听到一声"哎呦"的女人尖叫声。过了一会儿，听到车声向北边去了。又过了一会儿，由北边过来一辆巡逻车，停在那儿。再过了一会儿，就有警车来了。

公诉人江秀：审判长，我问完了。

审判员蒋超楠：被告人对证人证言有无异议，是否发问？

被告人：不发问。

审判员蒋超楠：原告人对证人证言有无异议，是否发问？

原告人：不发问。

审判员王闻：原告诉讼代理人对证人证言有无异议，是否发问？

原告诉讼代理人：不发问。

审判员王闻：辩护人对证人证言有无异议，是否发问？

辩护人：有异议。你看到车上的人下来了吗？

证人：因为光线较暗，没有太看清，好像有人下来的。

辩护人：也就是说你并不能确认被告人下来过，此证人证言不符合证据的客观性之要求，请求法官确认其无效。审判长，我的异议陈述完毕。

审判长：公诉人对辩护人发言有无异议？

公诉人：没有。

审判长：鉴于控方对该份证据提出异议，该证据的证据效力待合议庭评议之后再行决定是否确认？

审判长：请值庭法警将证人的做证笔录交其查看。

审判长：证人张青青，笔录与你所说有无出入？

证人：没有。

审判长：证人请在做证笔录上签字后退庭。

审判长：请值庭法警将证人做证笔录交还书记员。

审判长：鉴于控辩双方对证人证言均无异议，本合议庭当庭确认其法律效力。

审判长：现在由公诉人继续举证。

公诉人江秀：审判长，我方请求出示盐城市公安局滨海分局郭杜派出所受理公民报警情况登记表、接受刑事案件登记表。

审判长：可以出示。

审判员蒋超楠：被告人对公诉人出示的证据有没有异议？

被告人：没有。

审判员蒋超楠：原告人对该份证据有无异议，是否发问？

原告人：不发问。

审判员王闻：原告诉讼代理人对该份证据有无异议，是否发问？

原告诉讼代理人：不发问。

审判员王闻：辩护人有没有异议？

辩护人：没有。

审判长：鉴于控辩双方对证人证言均无异议，本合议庭当庭确认其法律效力。

审判长：公诉人可以继续举证。

公诉人江秀：审判长我方请求出示现场勘查笔录、照片、现场示意图和提取痕迹物品登记表。

审判长：可以出示。

审判员蒋超楠：被告人对公诉人出示的上述证据有没有异议？

被告人：没有。

审判员蒋超楠：原告人对该份证据有无异议，是否发问？

原告人：不发问。

审判员王闻：原告诉讼代理人对该份证据有无异议，是否发问？

原告诉讼代理人：不发问。

审判员王闻：辩护人有没有异议？

辩护人：没有。

审判长：鉴于控辩双方对证人证言均无异议，本合议庭当庭确认其法律效力。

审判长：公诉人可以继续举证。

公诉人江秀：有公安机关提取的物证，作案用凶器1件。（钢刀1把，叫被告人辨认。）

审判长：可以出示。

审判员蒋超楠：被告人对公诉人出示的上述证据有没有异议？

被告人：没有。是我用的那把刀。

审判员蒋超楠：原告人对该份证据有无异议，是否发问？

原告人：不发问。

审判员王闻：原告诉讼代理人对该份证据有无异议，是否发问？

原告诉讼代理人：不发问。

审判员王闻：辩护人有没有异议？

辩护人：没有。

审判长：鉴于控辩双方对证人证言均无异议，本合议庭当庭确认其法律效力。

审判长：公诉人可以继续举证。

公诉人江秀：审判长，我方请求盐城市急救中心出示院前病情告知书及尸体检验鉴定报告和尸检照片。

审判长：可以出示。

审判员蒋超楠：被告人对公诉人出示的上述证据有没有异议？

被告人：没有。

审判员王闻：辩护人有没有异议？

辩护人：没有。

审判长：鉴于控辩双方对证人证言均无异议，本合议庭当庭确认其法律效力。

审判长：现在由公诉人继续举证。

公诉人江秀：审判长，公诉人就指控的事实的证据举证完毕。

审判长：被告人李想，就起诉书指控的犯罪事实是否有证据提交法庭？

被告人：没有。

审判长：被告人的辩护人，就起诉书指控的犯罪事实是否有证据提交法庭。

辩护人：有。这是被告人从小学到大学获得的十三份奖励，表明被告人在案发前一直表现良好。

审判长：公诉人对证据是否有异议？

公诉人：有。关于案发前的表现问题，对于本案的犯罪事实没有任何联系，所以这个不能作为被告从轻判罚的依据。

审判长：辩护人有无异议？

辩护人：有。根据我国刑法理论以及司法实践，犯罪人品行一贯良好是酌定从轻处罚的情节，这在《中华人民共和国最高人民法院公报》已经体现了。

审判长：公诉人对辩护人发言有无异议。

公诉人：没有。

审判长：鉴于控方对该份证据提出异议，该证据的证据效力待合议庭评议之后再行决定是否确认。

审判长：现在由辩护人继续出示证据。

辩护人：被告人所在院系的绝大部分同学请求给其一个改过自新的机会，这是同学们的请愿签名书。

审判长：公诉人对证据是否有异议？

公诉人：有。罪刑法定的基本原则要求我们审案判案时以法律为准绳，所谓的民意不能干扰司法公正。

审判长：辩护人有无异议？

辩护人：有。社会主义的法是人民的法，理应体现民意。

审判长：公诉人有没有异议？

公诉人：没有。

审判长：鉴于控方对该份证据提出异议，该证据的证据效力待合议庭评议之后再行决定是否确认。

审判长：现在由辩护人继续出示证据。

辩护人：审判长，我方证据出示完毕。

审判长：下面由刑事附带民事诉讼原告人及其代理人向法庭提交有关赔偿的证据。

辩护人：我方要求出示户口注销证明、户口簿、停尸费用收据。

审判长：可以出示。（法警出示。）

审判长：被告人对原告提供的有关赔偿的证据有无异议？

被告人：没有。

审判长：被告人李想的代理人对原告提供的有关赔偿的证据有无异议？

辩护人：没有。

审判长：鉴于原被告双方对民事赔偿的证据均无异议，本合议庭当庭确认其法律效力。

审判长：刑事附带民事诉讼原告人及其诉讼代理人有无新的有关赔偿的证据向法庭提交。

原告人诉讼代理人：没有。

审判长：被告人及其诉讼代理人有无新的有关赔偿的证据向法庭提交？

辩护人：没有。

审判长：法庭调查结束，下面进行法庭辩论。首先由公诉人发表公诉意见。

公诉人：审判长、审判员。

根据《中华人民刑事诉讼法》第一百五十三条、第一百六十条、第一百六十五条和第一百六十九条的规定，我们受盐城市人民检察院的指派，代表本院，以国家公诉人的身份，出席法庭支持公诉，并依法对刑事诉讼实行法律监督。

通过刚才的法庭调查，清楚地说明本院起诉书认定被告人李想的犯罪事实是清楚的，证据是确实充分的。被告人李想目无国法，交通肇事撞到陆滢，不但没有及时救治，反而对其连捅数刀，致其死亡，造成恶劣结果。为维护社会治安，保障人民生命财产不受侵犯，对被告人李想必须绳之以法，严惩不怠。现对本案证据和案件情况发表如下意见，请法庭注意。

一、被告人李想的犯罪罪行极其严重，手段极其残忍，情节极其恶劣。

2010 年 10 月 20 日 23 时许，被告人李想在开车将被害人陆滢撞伤后，发现被害人倒地呻吟，因怕被害人看到其车牌号，以后找麻烦，便产生杀人灭口之恶念，转身从车内取出一把尖刀，上前对倒地的被害人连捅数刀，致被害人当场死亡。杀人后，被告人李想驾车逃离现场，当车行至郭杜十字路口时再次将两情侣撞伤。被告人在本案过程中毫无怜悯之心，以极其残忍的方式实施了犯罪，社会影响极其严重。

二、被告人李想的犯罪行为，造成了特别严重的后果。

被告人李想故意杀人，致使被害人陆滢主动脉、上腔静脉破裂大出血而死亡。给被害人的家庭带来了难以估量的创痛。

死者陆滢，女，现年 42 岁，家住盐城市滨海县红星街道。死者生前一直在华东大学滨海校区卖麻辣烫。去年 9 月 1 日，陆滢离开久病的丈夫、上大学的女儿，搬回娘家，她的理由是，这里离自己工作的地方更近，她还说，要为上大学的女儿赚足够的学费，同时，也要收拾一下一贫如洗的家。2010 年 10 月 20 日，陆滢在麻辣烫店铺辛勤劳动一天后，骑上电动车回家。就在这条不远的归家路上，被害人连遭厄运，被害致死。被告人的罪行给这样一个贫苦的家庭带来的灾难是何其的沉痛！

上述事实证明，被告人的犯罪行为，造成了特别严重的后果。

被告人李想的行为根据《中华人民共和国刑法》第二百三十二条

之规定，当以故意杀人罪论处，且被告人手段残忍，情节恶劣，应依法严惩。

本案之所以备受关注，是因为善良的公众无法相信一名在校的艺术院校大学生、一名用双手演绎美好音乐者的身上，所折射出的与其应当具备但却完全背离的价值判断和道德缺失。在他的眼中，交通事故带来的必定是无穷无尽的"麻烦"，而结束他人生命就是解决"麻烦"不断的唯一方法。本案原本可以止步于刑罚之外，可以止步于陆滢倒地呻吟之时，但正因为缺乏对生命的尊重、丧失对法律的敬畏，让一起轻微的交通事故，瞬间演变成血腥暴力的悲剧，鉴于本案被告人李想故意杀人罪行极其严重，社会危害极大，建议合议庭对其依法严惩。

审判长、审判员，以上就是公诉人的公诉意见。

公诉人刘正之于当庭发表。

2011 年 1 月 20 日

审判员蒋超楠：现在被告人可自行辩护。

被告人：对自己的犯罪事实表示忏悔，对不起被害人，也对不起我的家人，希望政府给我一次机会，让我重新做人。

审判员王闻：现在由辩护人发表辩护意见。

辩护人：审判长、审判员。

江苏克利律师事务所依法接受被告人李想的委托，指任我担任其一审的辩护人。接受委托后，我仔细查阅了全部案件材料，并会见了被告人，还进行了大量的调查取证工作。经过认真调查和严密分析，辩护人对公诉书所指控的基本犯罪事实没有异议，但认为被告人具有从轻处罚情节。现根据法律，辩护人发表如下意见供法庭参考。

一、被告人具有自首情节。被告人是经其父母劝告后被父母带到公安机关投案的。这属于自动投案，同时，从第一天的口供到今天的法庭陈述，被告人也都是如实供述，应当认定为自首。

二、通过法庭调查，本案的发生并未预谋或计划，纯属偶然。因此不能认定为直接发生的故意杀人。相反，它属于一起意外交通事故的演变，而交通事故是意外发生的。李想生长在一个普通家庭，其父母为了培养他，呕心沥血。被告人因学习、就业等各种压力，心里本就承受着很重的压力，这导致被告人长期处于压抑、抑郁的状态。被告人实际上早已经丧失对生活的信心，甚至产生了自杀的念头。因此本案发生，是心理不良情绪凝结所造成的一种严重后果。被告人当时出于极度的心理脆弱因而临时起意产生了伤害被害人的念头，辩护人认为这可以定义为激情杀人。望法庭采纳并斟酌量刑。

三、本案侵犯的客体对象是特定的，晚上 23 时左右，大学城郊区，没有危及被害人之外的公共安全和人身安全。不难看出，被告人的犯罪意图是瞬间产生，且缺乏社会经验，属于恐慌前提下做出的行为，同时，被告人也明显缺乏驾驶经验，未单独处理过交通事故，性格内向，不具备突发事故的处理能力。长期不良情绪凝结也是本案发生的一大重要因素。

四、李想系初犯、偶犯，认罪态度好，真诚悔罪。

五、被告人及其亲属表示愿意赔偿被害人亲属的经济损失。因此辩护人认为可以对李想从轻处罚。

综上所述，被告人系激情杀人，并不具有主观故意性，并且系初犯，认罪态度好，具有悔罪表现，希望法庭从轻处罚，给被告人一个改过自新的机会，被告人还年轻，这有利于被告人早日回归社会，回归家庭。

以上便是辩护人的辩护意见。

江苏克利律师事务所律师卜静怡

2011 年 1 月 20 日

（合议之后）

审判长：经过控辩双方第一轮的发言，经本合议庭庭议，认为本案的争议焦点如下，（一）被告人李想是否构成自首；（二）被告人李想是否为激情杀人；（三）被告人是否可以从轻处罚。

审判长：针对本案的争议焦点，下面由公诉人发表意见。

公诉人：好的，审判长。第一，认可被告人的自首行为。李想投案前，到警方做询问笔录只是排除性调查，并未掌握充分的证据证明李想是本案的作案人，因此李想的投案可以认定为自首。不过自首并不能作为从轻处罚的依据。李想强调，买刀的目的是防身，从本案来看没有任何迹象表明他是受到侵害的，而是他开车撞了别人，在这种情况下，这么轻微的一个交通肇事，又掏出匕首对被害人狂刺，这种主观恶性和人生危险性是极大的，手段是残忍的，所以说自首从这一点来说，也可以不从宽处罚。第二，不认可被告人的激情杀人。所谓激情杀人是以被害人有过错为前提的，而本案中被害人陆滢显然没有过错。审判长我的意见发表完毕。

审判长：辩护人有没有新的意见？

辩护人：有。根据我国刑法精神，法官必须充分考虑可以从轻情节，如果没有相反情况可以从轻情节适用，对于可以从轻情节也要予以考虑。

审判长：公诉人继续答辩。

公诉人：好的，审判长。辩护律师所说的偶犯、初犯，不是法定的从轻处罚依据，案前的表现对本案的犯罪事实没有任何关系，所以这个不能作为对被告人从轻量刑的依据。

审判长：辩护人，你有什么意见？

辩护人：有，偶犯、初犯作为酌定情节虽然不是刑法明文规定的量刑情节，但也绝不是可以忽略不计的情节。

审判长：公诉人，继续答辩。

公诉人：好的，审判长。被告人李想具有完全刑事责任能力，他自幼学习音乐，本应演绎高尚的素养和善良的灵魂，但在李想身上，我们只看到极端的自私和狭隘。一般人把人撞倒了，就是把人扶起来，这是起码的道德底线。他连这一点起码的做人的道德底线都丧失了，因此也不能从轻处罚。

审判长：辩护人，你的意见？

辩护人：被告人当时对于刺到哪里，刺了多少刀，都没有概念，说明被告人心里恐慌。在这种极度惊慌、大脑失控条件下杀人，与预谋杀人的不道德不能混为一谈。请求法官在量刑时给予考虑。

审判长：公诉人继续答辩。

公诉人：公诉人答辩完毕。

审判长：刑事部分的法庭辩论结束。现在对附带民事诉讼部分进行法庭调查。首先由附带民事诉讼原告人及其代理人发言。

附带民事诉讼原告人：好的，审判长。我爸爸久病卧床，妈妈是我们家的顶梁柱，妈妈每天起得很早回得很晚外出去卖麻辣烫，妈妈为了我的学习付出了很多，本来想着大学毕业后能好好孝敬妈妈的，可（做哽咽状）现在……那个人（指着李想）把我妈妈杀了，我恨他！求求法官一定要还我妈妈一个公道，严惩这个杀人凶手！

审判长：现在附带民事诉讼原告人的代理人发言。

附带民事诉讼原告人代理人：盐城市维世德律师事务所律师依法接受原告人许弋雪的委托，指任我担任其一审的代理人。接受委托后，我仔细查阅了全部案件材料，并会见了原告人还进行了大量的调查取证工作，经过认真调查和严密分析，根据《最高人民法院关于审理人身损害赔偿案件适用法律若干问题的解释》，死亡赔偿金按照受诉法院所在地上一年度城镇居民人均可支配收入或者农村居民人均纯收入标准，按二十年计算。但六十周岁以上的，年龄每增加一岁减少一年；七十五周岁以上的，按五年计算。2010 年度江苏城镇居民人均可支配收入为22944 元，故请求死亡赔偿金 458880 元；又根据《最高人民法院关于审理人身损害赔偿案件适用法律若干问题的解释》第二十七条"丧葬费按照受诉法院所在地上一年度职工月平均工资标准，以六个月总额计算"。2010 年江苏职工年平均工资为 31667 元，故请求丧葬费 15834 元，医院停尸费 30000 元，共计 504714 元。

以上是我的代理意见，敬请合议庭予以采纳。

代理人邱新国

2011 年 1 月 20 日

审判长：被告人李想对原告人及其代理人的发言有无异议？

被告人：由我的律师说。

审判长：辩护人你对原告人提出的赔偿项目有什么意见？

辩护人：没有意见，请法庭依法裁量。

审判长：原告人及其诉讼代理人是否有新的意见要发表？

附带民事诉讼原告人：希望法院能还我妈妈一个公道，严惩凶手！

附带民事诉讼原告人代理人：有意见。被告人残忍杀害了一个家庭的顶梁柱，给这个家庭无论是物质还是精神上都带来了毁灭性的打击。

请求法官本着一颗慈悲的心，为这个可怜的家庭送去法的温暖。审判长，我的发言完毕。

审判长：民事诉讼的法庭调查结束。现在进行民事诉讼的法庭辩论。先由附带民事诉讼原告人发言。

附带民事诉讼原告人：由诉讼代理人说。

附带民事诉讼原告人代理人：被害人的家庭是相当苦难的，家里有公婆，还有一个常年卧病在床的丈夫，以及正在上大学的女儿。现在被害人陆滢被杀害了，给这个家庭无论是物质和精神上都带来了巨大的伤害。亲情是无价的，李想要为他的行为付出代价。

审判长：现在由被告人进行答辩。

被告人：我愿意赔偿，我会尽我的全力来弥补我犯下的大罪，请法官给我一个赎罪的机会。

审判长：下面由被告人的诉讼代理人进行答辩。

辩护人：李想的家人一直在就赔偿问题与被害人的亲属进行协商，希望法院依法判处。

审判长：民事部分的法庭辩论结束。依据的法律的规定，民事部分可以在法庭上进行调解，但调解要遵循自愿原则，原告人是否同意调解？

附带民事诉讼原告人：不同意。

审判长：由于原告人不同意，法庭决定不调解。

审判长：民事法庭调查和辩论结束。依照法律的有关规定，被告人和原告人有做最后陈述的权利。下面由被告人做最后的陈述。

被告人：我知道我的行为深深地伤害了两个家庭，我和我的家人会尽最大的努力赔偿被害人的家属，希望陆滢的父母，陆滢的丈夫、孩子，她的家人好过一些。我会怀着一颗忏悔的心、感恩的心，回报社会给我的这次机会，向被害人的家属赎罪，报答养育我的父母。我愿意给陆滢的父母丈夫养老，我愿意给他们当牛做马，乞求他们家人的宽恕。请政府再给我一次机会，我对不起他们，对不起。我要递交一份悔过书。

审判长：好，你可以将书面悔过书提交法庭。

审判长：下面由原告人做最后陈述。

附带民事诉讼原告人：希望法院依法办理，严惩杀人凶手。

审判长：现在休庭十分钟。由合议庭合议后当庭作出宣判。庭后被告人应该阅看庭审笔录，如记载有遗漏或差错，可以要求补充和更正，确认无误后，应该在笔录上签字。法警将被告人带到法庭羁押室看押。

（敲法槌）

书记员：全体起立，请审判长、审判员退庭。

书记员：请本案公诉人、辩护人、附带民事诉讼原告人及其代理人出庭。

书记员：请审判长、审判员入庭。

审判长：（敲法槌）现在继续开庭，传被告人李想到庭。

审判长：江苏省盐城市人民检察院指控被告人李某故意杀人罪，经法庭审理查明，2010 年 10 月 20 日 22 时 30 分许，被告人李想驾驶苏 J419NO 号东风悦达起亚轿车从黄海外国语大学滨海校区由南向北行驶返回盐城市区，当行至华东大学滨海校区西围墙外翰林南路时，撞上前方同方向在非机动车道上正常行驶的被害人陆滢。李想下车查看，见陆滢倒地呻吟，因担心陆滢看到其车牌号后找麻烦，就从随身背包中取出一把尖刀，向陆滢胸、腹、背等处捅刺数刀，致陆滢主动脉、上腔静脉破裂大出血当场死亡。杀人后，李想驾车逃离，当行至翰林路郭南村口时，又将行人马海娜、石学鹏撞伤，盐城市公安局滨海分局交警大队郭杜中队接报警后，将肇事车辆扣留待处理。同月 22 日，滨海分局交警大队郭杜中队和郭杜派出所分别对李想进行了讯问，李想否认杀害陆滢之事。同月 23 日，李想在其父母陪同下到公安机关投案，如实供述了杀人事实。

本院认为，被告人李想的行为已构成故意杀人罪。盐城市人民检察院指控被告人李想故意杀人的犯罪事实成立，罪名及适用法律正确，应予支持。

关于李想的行为是否构成自首的问题，经查，被告人李想在公安机关未对其采取任何强制措施的情况下，于作案后第 4 日在父母的陪同下到公安机关投案，并如实供述了犯罪事实，其行为具备了自首的构成要件，依法属于自首。

对李想的辩护律师所提李想的行为属于激情杀人的辩护理由，经审查认为，激情杀人一般是指由于被害人的不当言行引起被告人的激愤而实施杀害被害人的行为，本案被害人陆滢从被撞倒直至被杀害，没有任何不当言行，被告人李想发生交通事故后杀人灭口，明显不属于激情杀人，故辩护律师的此项辩护理由不能成立。

对李想辩护律师所提李想系初犯、偶犯，并建议对其从轻处罚的辩护理由，经审查认为，初犯、偶犯作为从轻处罚的情节，只适用于未成年人犯罪和情节较轻的犯罪，对故意杀人这样严重的刑事犯罪，尤其是本案如此恶劣、残忍的故意杀人犯罪，显然不能因此而从轻处罚，故辩护律师的此项辩护理由亦不能成立。

李想及其父母虽愿意赔偿附带民事诉讼原告人的经济损失，但附带民事诉讼原告人不接受李想父母以期获得对李想从轻处罚的赔偿，故不能以此为由对李想从轻处罚。

被告人李想作案后虽有自首情节并当庭认罪，但纵观本案，李想在开车将被害人陆滢撞伤后，不但不施救，反而因怕被害人看见其车牌号而杀人灭口，犯罪动机极其卑劣，主观恶性极深；被告人李想持尖刀在被害人前胸、后背等部位连捅数刀，致被害人当场死亡，犯罪手段特别残忍，情节特别恶劣，罪行极其严重；被告人李想仅因一般的交通事故就杀人灭口，丧失人性，人身危险性极大，依法仍应严惩，故李想的辩护律师所提对李想从轻处罚的辩护意见不予采纳。

被告人李想因其犯罪行为给附带民事诉讼原告人造成的经济损失，依法应予赔偿。附带民事诉讼原告人关于赔偿停尸费的诉讼请求，因无法律依据，不予支持；关于赔偿精神损失费的诉讼请求，因不属于刑事附带民事诉讼的赔偿范围，不予支持；关于赔偿死亡赔偿金、丧葬费的诉讼请求，于法有据，予以支持。附带民事诉讼原告人许弋雪将被告人李想个人名下的东风悦达起亚轿车拍卖后所得款项作为赔偿款的诉讼请求，经审查认为，拍卖犯罪人的财产作为赔偿款，是人民法院执行程序中的一种执行方式，只能在判决生效进入执行阶段后申请。

根据被告人李想犯罪的事实、性质、情节和社会的危害程度，依照《中华人民共和国刑法》第二百三十二条、第五十七条第一款、第六十七条第一款、第六十四条、第三十六条第一款和最高人民法院《关于审理人身损害赔偿案件适用法律若干问题的解释》第二十七条、第二十八条之规定，判决如下。

一、被告人李想犯故意杀人罪，判处死刑，剥夺政治权利终身；

二、被告人李想赔偿附带民事诉讼原告人许弋雪等经济损失死亡赔偿金 458880 元、丧葬费 15834 元，共计人民币 474714 元（含巳支付的 15000 元），限判决生效后十日内支付。

三、作案刀具予以没收。

今天是口头宣判，判决书将在毕庭后五日内送达。如不服本判决，可在接到判决书的次日起十日内，通过本院或直接向江苏省高级人民法院提出上诉。书面上诉的，应当提交上诉状正本一份、副本五份。

审判长：被告人，以上判决你听清楚了吗？

被告人：听清楚了。

审判长：现在闭庭。将被告人带下法庭（敲法槌）。

书记员：全体起立，请审判长，审判员退庭。

法庭审理结束，庭后被告人应该阅看庭审记录。如记载有遗漏或差错，可以要求补充和更正确认无误后，应在笔录上签字。将被告还押，闭庭。

（案例来源：http：//wenku. baidu. com/view/4df34d226137ee06eef-918e5）

四　主题活动四：以案说法

（一）以案说法的目的

案例教学的目的主要侧重于培养学生独立思考的能力。这个能力有着广泛的内涵，概括了学生今后管理职业生涯中所需的一切主要能力，包括：

1. 培养学生自学能力，包括快速阅读、做笔记、抓要点、列提纲、查资料、演绎与归纳、计算等；

2. 培养学生解决问题的能力，包括发现与抓住问题，分清轻重主次、原因，拟订针对性的各种解决问题的方案、权衡与选择、总结与评估等；

3. 培养学生人际交往能力，书面与口头表达能力、小组的组织与管理等各方面的能力。

（二）以案说法的主要环节

1. 阅读案例

个人分析

2. 小组讨论

形成共识

3. 课堂发言

全班讨论

4. 总结归纳

内化提升

（三）以案说法的要求

1. 对所指定的供集体讨论的案例做出深刻而有意义的分析，包括找出案例所描述的情景中存在的问题与机会，找出问题产生的原因及问题间的主次轻重关系，拟订各种针对性的备选行动方案，提出它们各自的支持性论据进行权衡对比后从中做出选择，制定最后决策作为建议供集体讨论。

2. 以严密的逻辑、清晰而有条理的口述方式把自己的分析表达出来。

3. 在案例学习中还要做好学习记录。

4. 提出对撰写案例的书面分析报告的看法与要求。

5. 组织行为学的案例答案，关键是要看所要解决的问题用什么理论进行分析。因为一个案例可以用多种理论分析，但是不能答非所问。如果运用的理论是符合要求的，即使有各自不同的看法，但只要能自圆其说即可。

这里重要的是学生在寻求解答过程中所使用的分析方法、基本理论、思维方式、逻辑推理等，这才具有长远的价值。因此，在案例讨论中应提倡开展积极讨论，鼓励不同意见的自由表达，并使学生在讨论中既学会阐述并坚持自己的主张说服他人，又学会倾听、妥协、汲取别人的见解。

（四）以案说法的角度

以案说法首先要站好角度，应注意从两个基本角度出发：一是当事者的角度，以案说法必须站到案例中的主要角色的立场上去观察、去思考，用通俗、简洁的语言去解析法律，分析案情、讲清道理、对照法律条文；二是全面综合的角度，这是针对综合型案例而言的，要针对相关案例选用恰当的法律理论知识来进行分析。

样例一：女教师患癌症被开除

前段时间，兰州一高校女教师因为被查出得了癌症被所在高校以"连续旷工为由"开除。这件事一时间引起了广泛关注，女教师选择了上诉，虽然上诉成功了，但校方却未主动执行法院判决。此事件的主人公名叫刘伶利，生前是兰州交通大学博文学院的一名教师，2014年6月1日，她突然感觉腰疼，入院检查后，确诊为卵巢癌。在跟学校请假后，刘伶利和家人开始走上了进京求医的道路。2015年1月，考虑到报销比例的不同，刘伶利打算回到兰州继续接受治疗。她的母亲刘淑琴也带着女儿的病历和北京医院开具的假条来到学院人事处，补办请假的手续。刘淑琴回忆说，人事处长收了病历却没有收假条，在问到具体病情的时候，脸色就变了。联想到之前有女儿的同学跟女儿私下讲过，学校好像要开除她，刘淑琴慌了神，央求校方不要不给女儿批假。"她说你不要求我，我们学校有规章制度，不是我说了算的。她说你不要给我哭。"5天后，一份名为《关于开除刘伶利等同志的决定》寄到了家里。

2015年5月，刘伶利将学校起诉到榆中县法院。2015年10月20日，榆中县人民法院作出判决，认定兰州交通大学博文学院开除刘伶利等同志的决定无效，双方恢复劳动关系。学校不服判决上诉至兰州中院，二审仍然认定劳动关系解除无效。刘伶利案代理律师蔡翔表示，兰州交通大学博文学院在二审后仍然没有执行判决，显然是一种恶意解除刘伶利劳动合同的行为，实际上是一种逃避企业责任的行为。刘伶利父亲刘宏说："孩子带着遗憾离开人世，等来二审判决，却没能等来一点点关注，这恰恰也是自己和女儿对学校最失望的地方。姑娘之前说'爸爸，终审都下来了，领导应该看一下我吧'。"2016年8月14日，刘伶利带着遗憾离开了这个世界。8月20日，兰州交通大学博文学院在其官方网站上发出了《关于刘伶利老师一事的情况说明》。该说明称，兰州交通大学已派工作组前往博文学院调查刘伶利事件，结果将会及时向社会公布。刘宏说，兰州交通大学博文学院一名姓左的副院长

20 日曾来到家里慰问，但并没有谈及任何实质性的解决方案。

（2016 年 8 月 23 日 17：40《平原晚报》）

讨论：1. 看完这个案例，你有什么感想？

2. 高校的行为违反了哪些法律法规？

3. 作为大学生的我们如何在学习生活中维护自己的合法权利？

样例二：李阳离婚案标示的社会信号

2 月 3 日，历时 1 年多的"李阳离婚案"宣判。法院判决批准李阳与妻子李金离婚，并认定李阳存在家暴及重婚行为；判李阳支付 1200 万元财产给李金。法院同时向李阳发出"人身保护令"，禁止李阳殴打、威胁 KIM（李金）。（2 月 3 日新华网）

在中国传统文化中，男女平等是个颇具戏剧性的话题：无论文艺作品还是现实生活，男人对老婆，似乎要么是"妻管严"，要么就是拳脚相加。但无论前者还是后者，更多人都觉得这是属于"清官难断"的家务事。

因此，当李金在微博上痛诉李阳恶行时，不少网友就认为，这事是家庭问题，"作为一个家庭问题，非要弄到世人面前，让世人来评断是非曲直。我很同情你，但是你的做法根本不符合中国人的传统，很难让中国人接受"。此后的诸多评论，基本将公众对李阳家暴的谴责，归咎为名人效应下的"矫情"——要不是李阳、打的妻子不是"外籍友人"，譬如当事人只是你隔壁的邻居，还会觉得打老婆是天大的事情吗？

那个打老婆的英语老师李阳，终于在法律层面得到了确凿的罚单。但即便他不是著名的"李阳"，难道这罚单就显示公平了吗？就譬如闯红灯，本就是违法的，没罚你只是证明执法软弱，能以"法不责众"的逻辑来反证闯红灯有理吗？我们对家暴问题的"不上心"，只能证明两点：一是在人格权甚至生命权意义上的夫妻平等，在生活中未必是人人深谙的底线理念；二是中国家庭中家暴行为较为普遍，以致一些人不以耻为耻。家庭暴力，本质不是家庭问题，而是暴力事件。既是暴力事件，自然就涉及法律层面，无法通过无原则的隐忍来解决。全国妇联的一项最新抽样调查表明，在被调查的公众中，有 16% 的女性承认被配偶打过，14.4%的男性承认打过自己的配偶。每年约40万个解体的家庭中，25%缘于家庭暴力，特别是在离异者中，暴力事件比例则高达47.1%。

这些年，因家暴而导致的悲剧并不鲜见。李阳的这场官司，不是娱乐花边，而应是带有警示意义的社会信号，既鞭策反家暴法的早日出台，更提请各界将暴力从"家务事"的误区中厘清出来。

（2013年2月4日9：16　金羊网—《羊城晚报》　邓海建）

讨论：1. 对于案例中涉及的家暴问题，你怎么看？

2. 李阳的行为违反了婚姻法中的哪些条例？

3. 你认为婚姻中哪些行为是违反婚姻法的？

样例三：教师虐待儿童事件

老师要求幼儿园小孩自打嘴巴，原因竟是因为他们不听话。听起来感觉很不可思议，不过却实实在在地发生了。原因是到了午饭时间，小孩仍在喧哗，老师一怒之下令孩子自己罚打嘴巴。有家长就此上网发帖质疑老师的教育方式，由此引发热议。事发的高明区某幼儿园表示，目前已经严肃处理此事，给予涉事老师严重警告、留园观察3个月的处分，并让其向学生道歉。事实上，老师体罚学生的事件屡见不鲜：三水乐平镇某小学一女老师体罚考试作弊学生，要求学生对墙"磨嘴"直至出血；顺德一名小女生因为尿急上课举手向老师报告，老师不仅不让其上厕所，还打了这名小女生一巴掌……有人认为，体罚学生反映了当前部分教师的师德或素质问题，应当严厉谴责。但是，在谴责部分教师的同时，我们也应当反思：体罚频繁出现的背后，有着怎样的现实原因和心理驱动？

（《佛山日报》记者孔德钦）

讨论：1. 你怎么看待教师体罚学生的行为？

2. 案例中教师的行为触犯了哪些法律？

3. 你认为应该怎样做才能更好地规范教师的行为？

附录一：《劳动法》

附录二：《婚姻法》

附录三：《教师法》

附录一：《劳动法》

第一章 总则

第一条 为了保护劳动者的合法权益，调整劳动关系，建立和维护适应社会主义市场经济的劳动制度，促进经济发展和社会进步，根据宪法，制定本法。

第二条 在中华人民共和国境内的企业、个体经济组织（以下统称用人单位）和与之形成劳动关系的劳动者，适用本法。

第三条 劳动者享有平等就业和选择职业的权利、取得劳动报酬的权利、休息休假的权利、获得劳动安全卫生保护的权利、接受职业技能培训的权利、享受社会保险和福利的权利、提请劳动争议处理的权利以及法律规定的其他劳动权利。

劳动者应当完成劳动任务，提高职业技能，执行劳动安全卫生规程，遵守劳动纪律和职业道德。

第四条 用人单位应当依法建立和完善规章制度，保障劳动者享有劳动权利和履行劳动义务。

第五条 国家采取各种措施，促进劳动就业，发展职业教育，制定劳动标准，调节社会收入，完善社会保险，协调劳动关系，逐步提高劳动者的生活水平。

第六条 国家提倡劳动者参加社会主义义务劳动，开展劳动竞赛和合理化建议活动，鼓励和保护劳动者进行科学研究、技术革新和发明创造，表彰和奖励劳动模范和先进工作者。

第七条 劳动者有权依法参加和组织工会。

工会代表和维护劳动者的合法权益，依法独立自主地开展活动。

第八条 劳动者依照法律规定，通过职工大会、职工代表大会或者其他形式，参与民主管理或者就保护劳动合法权益与用人单位进行平等协商。

第九条 国务院劳动行政部门主管全国劳动工作。

县级以上地方人民政府劳动行政部门主管本行政区域内的劳动工作。

第二章 促进就业

第十条 国家通过促进经济和社会发展，创造就业条件，扩大就业机会。

国家鼓励企业、事业组织、社会团体在法律、行政法规规定的范围内兴办产业或者拓展经营，增加就业。

国家支持劳动者自愿组织起来就业和从事个体经营实现就业。

第十一条　地方各级人民政府应当采取措施，发展多种类型的职业介绍机构，提供就业服务。

第十二条　劳动者就业，不因民族、种族、性别、宗教信仰不同而受歧视。

第十三条　妇女享有与男子平等的就业权利。在录用职工时，除国家规定的不适合妇女的工种或者岗位外，不得以性别为由拒绝录用妇女或者提高对妇女的录用标准。

第十四条　残疾人、少数民族人员、退出现役的军人的就业，法律、法规有特别规定的，从其规定。

第十五条　禁止用人单位招用未满十六周岁的未成年人。

文艺、体育和特种工艺单位招用未满十六周岁的未成年人，必须依照国家有关规定，履行审批手续，并保障其接受义务教育的权利。

第三章　劳动合同和集体合同

第十六条　劳动合同是劳动者与用人单位确立劳动关系、明确双方权利和义务的协议。

建立劳动关系应当订立劳动合同。

第十七条　订立和变更劳动合同，应当遵循平等自愿、协商一致的原则，不得违反法律、行政法规的规定。

劳动合同依法订立即具有法律约束力，当事人必须履行劳动合同规定的义务。

第十八条　下列劳动合同无效：

（一）违反法律、行政法规的劳动合同；

（二）采取欺诈、威胁等手段订立的劳动合同。

无效的劳动合同，从订立的时候起，就没有法律约束力。确认劳动合同部分无效的，如果不影响其余部分的效力，其余部分仍然有效。

劳动合同的无效，由劳动争议仲裁委员会或者人民法院确认。

第十九条 劳动合同应当以书面形式订立，并具备以下条款：

（一）劳动合同期限；

（二）工作内容；

（三）劳动保护和劳动条件；

（四）劳动报酬；

（五）劳动纪律；

（六）劳动合同终止的条件；

（七）违反劳动合同的责任。

劳动合同除前款规定的必备条款外，当事人可以协商约定其他内容。

第二十条 劳动合同的期限分为有固定期限、无固定期限和以完成一定的工作为期限。

劳动者在同一用人单位连续工作满十年以上，当事人双方同意续延劳动合同的，如果劳动者提出订立无固定限期的劳动合同，应当订立无固定限期的劳动合同。

第二十一条 劳动合同可以约定试用期。试用期最长不得超过六个月。

第二十二条 劳动合同当事人可以在劳动合同中约定保守用人单位商业秘密的有关事项。

第二十三条 劳动合同期满或者当事人约定的劳动合同终止条件出现，劳动合同即行终止。

第二十四条 经劳动合同当事人协商一致，劳动合同可以解除。

第二十五条 劳动者有下列情形之一的，用人单位可以解除劳动合同：

（一）在试用期间被证明不符合录用条件的；

（二）严重违反劳动纪律或者用人单位规章制度的；

（三）严重失职、营私舞弊，对用人单位利益造成重大损害的；

（四）被依法追究刑事责任的。

第二十六条 有下列情形之一的，用人单位可以解除劳动合同，但是应当提前三十日以书面形式通知劳动者本人：

（一）劳动者患病或者非因工负伤，医疗期满后，不能从事原工作也不能从事由用人单位另行安排的工作的；

（二）劳动者不能胜任工作，经过培训或者调整工作岗位，仍不能胜任工作的；

（三）劳动合同订立时所依据的客观情况发生重大变化，致使原劳动合同无法履行，经当事人协商不能就变更劳动合同达成协议的。

第二十七条 用人单位濒临破产进行法定整顿期间或者生产经营状况发生严重困难，确需裁减人员的，应当提前三十日向工会或者全体员工说明情况，听取工会或者职工的意见，经向劳动行政部门报告后，可以裁减人员。

用人单位依据本条规定裁减人员，在六个月内录用人员的，应当优先录用被裁减人员。

第二十八条 用人单位依据本法第二十四条、第二十六条、第二十七条的规定解除劳动合同的，应当依照国家有关规定给予经济补偿。

第二十九条 劳动者有下列情形之一的，用人单位不得依据本法第二十六条、第二十七条的规定解除劳动合同：

（一）患职业病或者因工负伤并被确认丧失或者部分丧失劳动能力的；

（二）患病或者负伤，在规定的医疗期内的；

（三）女职工在孕期、产期、哺乳期的；

（四）法律、行政法规规定的其他情形。

第三十条 用人单位解除劳动合同，工会认为不适当的，有权提出意见。如果用人单位违反法律、法规或者劳动合同，工会有权要求重新处理；劳动者申请仲裁或者提起诉讼的，工会应当依法给予支持和帮助。

第三十一条 劳动者解除劳动合同，应当提前三十日以书面形式通知用人单位。

第三十二条 有下列情形之一的，劳动者可以随时通知用人单位解除劳动合同：

（一）在试用期内的；

（二）用人单位以暴力、威胁或者非法限制人身自由的手段强迫劳动的；

（三）用人单位未按照劳动合同约定支付劳动报酬或者提供劳动条件的。

第三十三条 企业职工一方与企业可以就劳动报酬、工作时间、休息休假、劳动安全卫生、保险福利等事项，签订集体合同。集体合同草案应当提交职工代表大会或者全体职工讨论通过。

集体合同由工会代表职工与企业签订；没有建立工会的企业，又职工推举的代表与企业签订。

第三十四条 集体合同签订后应当报送劳动行政部门；劳动行政部门自收到集体合同文本之日起十五日内未提出异议的，集体合同即行生效。

第三十五条 依法签订的集体合同对企业和企业全体职工具有约束力。职工个人与企业订立的劳动合同中劳动条件和劳动报酬等标准不得低于集体合同的规定。

第四章 工作时间和休息休假

第三十六条 国家实行劳动者每日工作时间不超过八小时、平均每周工作时间不超过四十四小时的工时制度。

第三十七条 对实行计件工作的劳动者，用人单位应当根据本法第三十六条规定的工时制度合理确定其劳动定额和计件报酬标准。

第三十八条 用人单位应当保证劳动者每周至少休息一日。

第三十九条 企业应生产特点不能实行本法第三十六条、第三十八条规定的，经劳动行政部门批准，可以实行其他工作和休息办法。

第四十条 用人单位在下列节日期间应当依法安排劳动者休假：

（一）元旦；

（二）春节；

（三）国际劳动节；

（四）国庆节；

（五）法律、法规规定的其他休假节日。

第四十一条　用人单位由于生产经营需要，经与工会和劳动者协商后可以延长工作时间，一般每日不得超过一小时；因特殊原因需要延长工作时间的在保障劳动者身体健康的条件下延长工作时间每日不得超过三小时，但是每月不得超过三十六小时。

第四十二条　有下列情形之一的，延长工作时间不受本法第四十一条规定的限制：

（一）发生自然灾害、事故或者因其他原因，威胁劳动者生命健康和财产安全，需要紧急处理的；

（二）生产设备、交通运输线路、公共设施发生故障，影响生产和公众利益，必须及时抢修的；

（三）法律、行政法规规定的其他情形。

第四十三条　用人单位不得违反本法规定延长劳动者的工作时间。

第四十四条　有下列情形之一的，用人单位应当按照下列标准支付高于劳动者正常工作时间工资的工资报酬：

（一）安排劳动者延长时间的，支付不低于工资的百分之一百五十的工资报酬；

（二）休息日安排劳动者工作又不能安排补休的，支付不低于工资的百分之二百的工资报酬；

（三）法定休假日安排劳动者工作的，支付不低于工资的百分之三百的工资报酬。

第四十五条　国家实行带薪年休假制度。

劳动者连续工作一年以上的，享受带薪年休假。具体办法由国务院规定。

第五章　工资

第四十六条　工资分配应当遵循按劳分配原则，实行同工同酬。

工资水平在经济发展的基础上逐步提高。国家对工资总量实行宏观调控。

第四十七条 用人单位根据本单位的生产经营特点和经济效益，依法自主确定本单位的工资分配方式和工资水平。

第四十八条 国家实行最低工资保障制度。最低工资的具体标准由省、自治区、直辖市人民政府规定，报国务院备案。

第四十九条 确定和调整最低工资标准应当综合参考下列因素：

（一）劳动者本人及平均赡养人口的最低生活费用；

（二）社会平均工资水平；

（三）劳动生产率；

（四）就业状况；

（五）地区之间经济发展水平的差异。

第五十条 工资应当以货币形式按月支付给劳动者本人。不得克扣或者无故拖欠劳动者的工资。

第五十一条 劳动者在法定休假日和婚丧假期间以及依法参加社会活动期间，用人单位应当依法支付工资。

第六章 劳动安全卫生

第五十二条 用人单位必须建立、健全劳动卫生制度，严格执行国家劳动安全卫生规程和标准，对劳动者进行劳动安全卫生教育，防止劳动过程中的事故，减少职业危害。

第五十三条 劳动安全卫生设施必须符合国家规定的标准。

新建、改建、扩建工程的劳动安全卫生设施必须与主体工程同时设计、同时施工、同时投入生产和使用。

第五十四条 用人单位必须为劳动者提供符合国家规定的劳动安全卫生条件和必要的劳动防护用品，对从事有职业危害作业的劳动者应当定期进行健康检查。

第五十五条 从事特种作业的劳动者必须经过专门培训并取得特种作业资格。

第五十六条 劳动者在劳动过程中必须严格遵守安全操作规程。

劳动者对用人单位管理人员违章指挥、强令冒险作业，有权拒绝执行；对危害生命安全和身体健康的行为，有权提出批评、检举和控告。

第五十七条　国家建立伤亡和职业病统计报告和处理制度。县级以上各级人民政府劳动行政部门、有关部门和用人单位应当依法对劳动者在劳动过程中发生的伤亡事故和劳动者的职业病状况，进行统计、报告和处理。

第七章　女职工和未成年工特殊保护

第五十八条　国家对女职工和未成年工实行特殊劳动保护。

未成年工是指年满十六周岁未满十八周岁的劳动者。

第五十九条　禁止安排女职工从事矿山井下、国家规定的第四级体力劳动强度的劳动和其他禁忌从事的劳动。

第六十条　不得安排女职工在经期从事高处、低温、冷水作业和国家规定的第三级体力劳动强度的劳动。

第六十一条　不得安排女职工在怀孕期间从事国家国家规定的第三级体力劳动强度的劳动和孕期禁忌从事的劳动。对怀孕七个月以上的女职工，不得安排其延长工作时间和夜班劳动。

第六十二条　女职工生育享受不少于九十天的产假。

第六十三条　不得安排女职工在哺乳未满一周岁的婴儿期间从事国家规定的第三级体力劳动强度的劳动和哺乳期禁忌从事的其他劳动，不得安排其延长工作时间和夜班劳动。

第六十四条　不得安排未成年工从事矿山井下、有毒有害、国家规定的第四级体力劳动强度的劳动和其他禁忌从事的劳动。

第六十五条　用人单位应当对未成年工定期进行健康检查。

第八章　职业培训

第六十六条　国家通过各种途径，采取各种措施，发展职业培训事业，开发劳动者的职业技能，提高劳动者素质，增强劳动者的就业能力和工作能力。

第六十七条　各级人民政府应当把发展职业培训纳入社会经济发展的规划，鼓励和支持有条件的企业、事业组织、社会团体和个人进行各种形式的职业培训。

第六十八条 用人单位应当建立职业培训制度，按照国家规定提取和使用职业培训经费，根据本单位实际，有计划地对劳动者进行职业培训。

从事技术工种的劳动者，上岗前必须经过培训。

第六十九条 国家确定职业分类，对规定的职业制度职业技能标准，实行职业资格证书制度，由经过政府批准的考核鉴定机构负责对劳动者实施职业技能考核鉴定。

第九章 社会保险和福利

第七十条 国家发展社会保险，建立社会保险制度，设立社会保险基金，使劳动者在年老、患病、工伤、失业、生育等情况下获得帮助和补偿。

第七十一条 社会保险水平应当与社会经济发展水平和社会承受能力相适应。

第七十二条 社会保险基金按照保险类型确定资金来源，逐步实行社会统筹。用人单位和劳动者必须依法参加社会保险，缴纳社会保险费。

第七十三条 劳动者在下列情形下，依法享受社会保险待遇：

（一）退休；

（二）患病；

（三）因工伤残或者患职业病；

（四）失业；

（五）生育。

劳动者死亡后，其遗属依法享受遗属津贴。

劳动者享受社会保险待遇的条件和标准由法律、法规规定。

劳动者享受的社会保险金必须按时足额支付。

第七十四条 社会保险基金经办机构依照法律规定收支、管理和运营社会保险基金，并负有使社会保险基金保值增值的责任。

社会保险基金监督机构依照法律规定，对社会保险基金的收支、管理和运营实施监督。

社会保险基金经办机构和社会保险基金监督机构的设立和职能由法律规定。

任何组织和个人不得挪用社会保险基金。

第七十五条　国家鼓励用人单位根据本单位实际情况为劳动者建立补充保险。

国家提倡劳动者个人进行储蓄性保险。

第七十六条　国家发展社会福利事业，兴建公共福利设施，为劳动者休息、修养和疗养提供条件。

用人单位应当创造条件，改善集体福利，提高劳动者的福利待遇。

第十章　劳动争议

第七十七条　用人单位与劳动者发生劳动争议，当事人可以依法申请调解、仲裁、提起诉讼，也可以协商解决。

调解原则适用于仲裁和诉讼程序。

第七十八条　解决劳动争议，应当根据合法、公正、及时处理的原则，依法维护劳动争议当事人的合法权益。

第七十九条　劳动争议发生后，当事人可以向本单位劳动争议调解委员会申请调解；调解不成，当事人一方要求仲裁的，可以向劳动争议仲裁委员会申请仲裁。当事人一方也可以直接向劳动争议仲裁委员会申请仲裁。对仲裁裁决不服的，可以向人民法院提出诉讼。

第八十条　在用人单位内，可以设立劳动争议调解委员会。劳动争议调解委员会由职工代表、用人单位代表和工会代表组成。劳动争议调解委员会主任由工会代表担任。

劳动争议经调解达成协议的，当事人应当履行。

第八十一条　劳动争议仲裁委员会由劳动行政部门代表、同级工会代表、用人单位代表方面的代表组成。劳动争议仲裁委员会主任由劳动行政部门代表担任。

第八十二条　提出仲裁要求的一方应当自劳动争议发生之日起六十日内向劳动争议仲裁委员会提出书面申请。仲裁裁决一般应在收到仲裁申请的六十日内作出。对仲裁裁决无异议的，当事人必须履行。

第八十三条　劳动争议当事人对仲裁裁决不服的，可以自收到仲裁裁决书之日起十五日内向人民法院提起诉讼。一方当事人在法定期限内不起诉又不履行仲裁裁决的，另一方当事人可以申请强制执行。

第八十四条 因签订集体合同发生争议，当事人协商解决不成的，当地人民政府劳动行政部门可以组织有关各方协调处理。

因履行集体合同发生争议，当事人协商解决不成的，可以向劳动争议仲裁委员会申请仲裁；对仲裁裁决不服的，可以自收到仲裁裁决书之日起十五日内向人民法院提出诉讼。

第十一章 监督检查

第八十五条 县级以上各级人民政府劳动行政部门依法对用人单位遵守劳动法律、法规的情况进行监督检查，对违反劳动法律、法规的行为有权制止，并责令改正。

第八十六条 县级以上各级人民政府劳动行政部门监督检查人员执行公务，有权进入用人单位了解执行劳动法律、法规的情况，查阅必要的资料，并对劳动场所进行检查。

县级以上各级人民政府劳动行政部门监督检查人员执行公务，必须出示证件，秉公执法并遵守有关规定。

第八十七条 县级以上各级人民政府有关部门在各自职责范围内，对用人单位遵守劳动法律、法规的情况进行监督。

第八十八条 各级工会依法维护劳动者的合法权益，对用人单位遵守劳动法律、法规的情况进行监督。

任何组织和个人对于违反劳动法律、法规的行为有权检举和控告。

第十二章 法律责任

第八十九条 用人单位制定的劳动规章制度违反法律、法规规定的，由劳动行政部门给予警告，责令改正；对劳动者造成损害的，应当承担赔偿责任。

第九十条 用人单位违反本法律规定，延长劳动者工作时间的，由劳动行政部门给予警告，责令改正，并可以处以罚款。

第九十一条 用人单位有下列侵害劳动者合法权益情形之一的，由劳动行政部门责令支付劳动者的工资报酬、经济补偿，并可以责令支付赔偿金：

（一）克扣或者无故拖欠劳动者工资的；

（二）拒不支付劳动者延长工作时间工资报酬的；

（三）低于当地最低工资标准支付劳动者工资的；

（四）解除劳动合同后，未依照本法规定给予劳动者经济补偿的。

第九十二条　用人单位的劳动安全设施和劳动卫生条件不符合国家规定或者未向劳动者提供必要的劳动防护用品和劳动保护设施的，由劳动行政部门或者有关部门责令改正，可以处以罚款；情节严重的，提请县级以上人民政府决定责令停产整顿；对事故隐患不采取措施，致使发生重大事故，造成劳动者生命和财产损失的，对责任人员依照刑法有关规定追究刑事责任。

第九十三条　用人单位强令劳动者违章冒险作业，发生重大伤亡事故，造成严重后果的，对责任人员依法追究刑事责任。

第九十四条　用人单位非法招用未满十六周岁的未成年人的，由劳动行政部门责令改正，处以罚款；情节严重的，由工商行政管理部门吊销营业执照。

第九十五条　用人单位违反本法对女职工和未成年工的保护规定，侵害其合法权益的，由劳动行政部门责令改正，处以罚款；对女职工或者未成年工造成损害的，应当承担赔偿责任。

第九十六条　用人单位有下列行为之一，由公安机关对责任人员处以十五日以下拘留、罚款或者警告；构成犯罪的，对责任人员依法追究刑事责任：

（一）以暴力、威胁或者非法限制人身自由的手段强迫劳动的；

（二）侮辱、体罚、殴打、非法搜查和拘禁劳动者的。

第九十七条　由于用人单位的原因订立的无效合同，对劳动者造成损害的，应当承担赔偿责任。

第九十八条　用人单位违反本法规定的条件解除劳动合同或者故意拖延不订立劳动合同的，由劳动行政部门责令改正；对劳动者造成损害的，应当承担赔偿责任。

第九十九条　用人单位招用尚未解除劳动合同的劳动者，对原用人单位造成经济损失的，该用人单位应当依法承担连带赔偿责任。

第一百条　用人单位无故不缴纳社会保险费的，由劳动行政部门责令其限期缴纳；逾期不缴的，可以加收滞纳金。

第一百零一条　用人单位无理阻挠劳动行政部门、有关部门及其工作人员行使监督检查权，打击报复举报人员的，由劳动行政部门或者有关部门处以罚款；构成犯罪的，对责任人员依法追究刑事责任。

第一百零二条　劳动者违反本法规定的条件解除劳动合同或者违反劳动合同中约定的保密事项，对用人单位造成经济损失的，应当依法承担赔偿责任。

第一百零三条　劳动行政部门或者有关部门的工作人员滥用职权、玩忽职守、徇私舞弊，构成犯罪的，依法追究刑事责任；不构成犯罪的，给予行政处分。

第一百零四条　国家工作人员和社会保险基金经办机构的工作人员挪用社会保险基金，构成犯罪的，依法追究刑事责任。

第一百零五条　违反本法规定侵害劳动者合法权益，其他法律、行政法规已规定处罚的，依照该法律、行政法规的规定处罚。

第十三章　附则

第一百零六条　省、自治区、直辖市人民政府根据本法和本地区的实际情况，规定劳动合同制度的实施步骤，报国务院备案。

第一百零七条　本法自 1995 年 1 月 1 日起施行。

附录二：《婚姻法》

第一章　总则

第一条　本法是婚姻家庭关系的基本准则。

第二条　实行婚姻自由、一夫一妻、男女平等的婚姻制度。

保护妇女、儿童和老人的合法权益。

实行计划生育。

第三条　禁止包办、买卖婚姻和其他干涉婚姻自由的行为。禁止借婚姻索取财物。

禁止重婚。禁止有配偶者与他人同居。禁止家庭暴力。禁止家庭成员间的虐待和遗弃。

第四条　夫妻应当互相忠实，互相尊重；家庭成员间应当敬老爱幼，互相帮助，维护平等、和睦、文明的婚姻家庭关系。

第二章　结婚

第五条　结婚必须男女双方完全自愿，不许任何一方对他方加以强迫或任何第三者加以干涉。

第六条　结婚年龄，男不得早于二十二周岁，女不得早于二十周岁。晚婚晚育应予鼓励。

第七条　有下列情形之一的，禁止结婚：

（一）直系血亲和三代以内的旁系血亲；

（二）患有医学上认为不应当结婚的疾病。

第八条　要求结婚的男女双方必须亲自到婚姻登记机关进行结婚登记。符合本法规定的，予以登记，发给结婚证。取得结婚证，即确立夫妻关系。未办理结婚登记的，应当补办登记。

第九条　登记结婚后，根据男女双方约定，女方可以成为男方家庭的成员，男方可以成为女方家庭的成员。

第十条　有下列情形之一的，婚姻无效：

（一）重婚的；

（二）有禁止结婚的亲属关系的；

（三）婚前患有医学上认为不应当结婚的疾病，婚后尚未治愈的；

（四）未到法定婚龄的。

第十一条　因胁迫结婚的，受胁迫的一方可以向婚姻登记机关或人民法院请求撤销该婚姻。受胁迫的一方撤销婚姻的请求，应当自结婚登记之日起一年内提出。被非法限制人身自由的当事人请求撤销婚姻的，应当自恢复人身自由之日起一年内提出。

第十二条　无效或被撤销的婚姻，自始无效。当事人不具有夫妻的权利和义务。同居期间所得的财产，由当事人协议处理；协议不成时，由人民法院根据照顾无过错方的原则判决。对重婚导致的婚姻无效的财产处理，不得侵害合法婚姻当事人的财产权益。当事人所生的子女，适用本法有关父母子女的规定。

第三章 家庭关系

第十三条 夫妻在家庭中地位平等。

第十四条 夫妻双方都有各用自己姓名的权利。

第十五条 夫妻双方都有参加生产、工作、学习和社会活动的自由，一方不得对他方加以限制或干涉。

第十六条 夫妻双方都有实行计划生育的义务。

第十七条 夫妻在婚姻关系存续期间所得的下列财产，归夫妻共同所有：

（一）工资、奖金；

（二）生产、经营的收益；

（三）知识产权的收益；

（四）继承或赠予所得的财产，但本法第十八条第三项规定的除外；

（五）其他应当归共同所有的财产。

夫妻对共同所有的财产，有平等的处理权。

第十八条 有下列情形之一的，为夫妻一方的财产：

（一）一方的婚前财产；

（二）一方因身体受到伤害获得的医疗费、残疾人生活补助费等费用；

（三）遗嘱或赠予合同中确定只归夫或妻一方的财产；

（四）一方专用的生活用品；

（五）其他应当归一方的财产。

第十九条 夫妻可以约定婚姻关系存续期间所得的财产以及婚前财产归各自所有、共同所有或部分各自所有、部分共同所有。约定应当采用书面形式。没有约定或约定不明确的，适用本法第十七条、第十八条的规定。

夫妻对婚姻关系存续期间所得的财产以及婚前财产的约定，对双方具有约束力。

夫妻对婚姻关系存续期间所得的财产约定归各自所有的，夫或妻一方对外所负的债务，第三人知道该约定的，以夫或妻一方所有的财产清偿。

第二十条　夫妻有互相扶养的义务。

一方不履行扶养义务时，需要扶养的一方，有要求对方付给扶养费的权利。

第二十一条　父母对子女有抚养教育的义务；子女对父母有赡养扶助的义务。

父母不履行抚养义务时，未成年的或不能独立生活的子女，有要求父母付给抚养费的权利。

子女不履行赡养义务时，无劳动能力的或生活困难的父母，有要求子女付给赡养费的权利。

禁止溺婴、弃婴和其他残害婴儿的行为。

第二十二条　子女可以随父姓，可以随母姓。

第二十三条　父母有保护和教育未成年子女的权利和义务。在未成年子女对国家、集体或他人造成损害时，父母有承担民事责任的义务。

第二十四条　夫妻有相互继承遗产的权利。

父母和子女有相互继承遗产的权利。

第二十五条　非婚生子女享有与婚生子女同等的权利，任何人不得加以危害和歧视。

不直接抚养非婚生子女的生父或生母，应当负担子女的生活费和教育费，直至子女能独立生活为止。

第二十六条　国家保护合法的收养关系。养父母和养子女间的权利和义务，适用本法对父母子女关系的有关规定。

养子女和生父母间的权利和义务，因收养关系的成立而消除。

第二十七条　继父母与继子女间，不得虐待或歧视。

继父或继母和受其抚养教育的继子女间的权利和义务，适用本法对父母子女关系的有关规定。

第二十八条　有负担能力的祖父母、外祖父母，对于父母已经死亡或父母无力抚养的未成年的孙子女、外孙子女，有抚养的义务。有负担能力的孙子女、外孙子女，对于子女已经死亡或子女无力赡养的祖父母、外祖父母，有赡养的义务。

第二十九条 有负担能力的兄、姐，对于父母已经死亡或父母无力抚养的未成年的弟、妹，有扶养的义务。由兄、姐扶养长大的有负担能力的弟、妹，对于缺乏劳动能力又缺乏生活来源的兄、姐，有扶养的义务。

第三十条 子女应当尊重父母的婚姻权利，不得干涉父母再婚以及婚后的生活。子女对父母的赡养义务，不因父母的婚姻关系变化而终止。

第四章 离婚

第三十一条 男女双方自愿离婚的，准予离婚。双方必须到婚姻登记机关申请离婚。婚姻登记机关查明双方确实是自愿并对子女和财产问题已有适当处理时，发给离婚证。

第三十二条 男女一方要求离婚的，可由有关部门进行调解或直接向人民法院提出离婚诉讼。

人民法院审理离婚案件，应当进行调解；如感情确已破裂，调解无效，应准予离婚。

有下列情形之一，调解无效的，应准予离婚：

（一）重婚或有配偶者与他人同居的；

（二）实施家庭暴力或虐待、遗弃家庭成员的；

（三）有赌博、吸毒等恶习屡教不改的；

（四）因感情不和分居满二年的；

（五）其他导致夫妻感情破裂的情形。

一方被宣告失踪，另一方提出离婚诉讼的，应准予离婚。

第三十三条 现役军人的配偶要求离婚，须得军人同意，但军人一方有重大过错的除外。

第三十四条 女方在怀孕期间、分娩后一年内或中止妊娠后六个月内，男方不得提出离婚。女方提出离婚的，或人民法院认为确有必要受理男方离婚请求的，不在此限。

第三十五条 离婚后，男女双方自愿恢复夫妻关系的，必须到婚姻登记机关进行复婚登记。

第三十六条 父母与子女间的关系，不因父母离婚而消除。离婚后，子女无论由父或母直接抚养，仍是父母双方的子女。

离婚后，父母对于子女仍有抚养和教育的权利和义务。

离婚后，哺乳期内的子女，以随哺乳的母亲抚养为原则。哺乳期后的子女，如双方因抚养问题发生争执不能达成协议时，由人民法院根据子女的权益和双方的具体情况判决。

第三十七条　离婚后，一方抚养的子女，另一方应负担必要的生活费和教育费的一部或全部，负担费用的多少和期限的长短，由双方协议；协议不成时，由人民法院判决。

关于子女生活费和教育费的协议或判决，不妨碍子女在必要时向父母任何一方提出超过协议或判决原定数额的合理要求。

第三十八条　离婚后，不直接抚养子女的父或母，有探望子女的权利，另一方有协助的义务。

行使探望权利的方式、时间由当事人协议；协议不成时，由人民法院判决。

父或母探望子女，不利于子女身心健康的，由人民法院依法中止探望的权利；中止的事由消失后，应当恢复探望的权利。

第三十九条　离婚时，夫妻的共同财产由双方协议处理；协议不成时，由人民法院根据财产的具体情况，照顾子女和女方权益的原则判决。

夫或妻在家庭土地承包经营中享有的权益等，应当依法予以保护。

第四十条　夫妻书面约定婚姻关系存续期间所得的财产归各自所有，一方因抚育子女、照料老人、协助另一方工作等付出较多义务的，离婚时有权向另一方请求补偿，另一方应当予以补偿。

第四十一条　离婚时，原为夫妻共同生活所负的债务，应当共同偿还。共同财产不足清偿的，或财产归各自所有的，由双方协议清偿；协议不成时，由人民法院判决。

第四十二条　离婚时，如一方生活困难，另一方应从其住房等个人财产中给予适当帮助。具体办法由双方协议；协议不成时，由人民法院判决。

第五章　救助措施与法律责任

第四十三条　实施家庭暴力或虐待家庭成员，受害人有权提出请求，居民委员会、村民委员会以及所在单位应当予以劝阻、调解。

对正在实施的家庭暴力，受害人有权提出请求，居民委员会、村民委员会应当予以劝阻；公安机关应当予以制止。

实施家庭暴力或虐待家庭成员，受害人提出请求的，公安机关应当依照治安管理处罚的法律规定予以行政处罚。

第四十四条　对遗弃家庭成员，受害人有权提出请求，居民委员会、村民委员会以及所在单位应当予以劝阻、调解。

对遗弃家庭成员，受害人提出请求的，人民法院应当依法做出支付扶养费、抚养费、赡养费的判决。

第四十五条　对重婚的，对实施家庭暴力或虐待、遗弃家庭成员构成犯罪的，依法追究刑事责任。受害人可以依照刑事诉讼法的有关规定，向人民法院自诉；公安机关应当依法侦查，人民检察院应当依法提起公诉。

第四十六条　有下列情形之一，导致离婚的，无过错方有权请求损害赔偿：

（一）重婚的；

（二）有配偶者与他人同居的；

（三）实施家庭暴力的；

（四）虐待、遗弃家庭成员的。

第四十七条　离婚时，一方隐藏、转移、变卖、毁损夫妻共同财产，或伪造债务企图侵占另一方财产的，分割夫妻共同财产时，对隐藏、转移、变卖、毁损夫妻共同财产或伪造债务的一方，可以少分或不分。离婚后，另一方发现有上述行为的，可以向人民法院提起诉讼，请求再次分割夫妻共同财产。

人民法院对前款规定的妨害民事诉讼的行为，依照民事诉讼法的规定予以制裁。

第四十八条　对拒不执行有关扶养费、抚养费、赡养费、财产分割、遗产继承、探望子女等判决或裁定的，由人民法院依法强制执行。有关个人和单位应负协助执行的责任。

第四十九条　其他法律对有关婚姻家庭的违法行为和法律责任另有规定的，依照其规定。

第六章　附则

第五十条　民族自治地方的人民代表大会有权结合当地民族婚姻家庭的具体情况，制定变通规定。自治州、自治县制定的变通规定，报省、自治区、直辖市人民代表大会常务委员会批准后生效。自治区制定的变通规定，报全国人民代表大会常务委员会批准后生效。

第五十一条　本法自 1981 年 1 月 1 日起施行。

附：《中华人民共和国婚姻法》的发展历程

1950 年 5 月 1 日颁行的《中华人民共和国婚姻法》，自本法施行之日起废止。

1950 年诞生：1950 年 4 月 13 日，新中国的第一部法律《中华人民共和国婚姻法》诞生了，当年 5 月 1 日起正式执行。这部法律实行了一夫一妻、保护妇女和儿童权益的新婚姻家庭制度。

1980 年修订：30 年后，五届全国人大第三次会议对 1950 年制定的《婚姻法》作了修订，通过了现行《婚姻法》。增加了实行计划生育的规定。

2001 年修订：2001 年 4 月 28 日，九届人大常委会修订 1980 年婚姻法，原婚姻法 37 条，修改后增加到 51 条，共修改了 33 处。修改后的婚姻法，加大对重婚等行为的遏制力度，对重婚的依法追究刑事责任等，遏制"包二奶"，禁止家庭暴力，确立无效婚姻和可撤销婚姻制度的规定，同年 12 月，最高人民法院发布新《婚姻法》司法解释，明确了"家庭暴力"的概念等。

附录三：《教师法》

第一章　总则

第一条　为了保障教师的合法权益，建设具有良好思想品德修养和业务素质的教师队伍，促进社会主义教育事业的发展，制定本法。

第二条 本法适用于在各级各类学校和其他教育机构中专门从事教育教学工作的教师。

第三条 教师是履行教育教学职责的专业人员，承担教书育人，培养社会主义事业建设者和接班人、提高民族素质的使命。教师应当忠诚于人民的教育事业。

第四条 各级人民政府应当采取措施，加强教师的思想政治教育和业务培训，改善教师的工作条件和生活条件，保障教师的合法权益，提高教师的社会地位。

全社会都应当尊重教师。

第五条 国务院教育行政部门主管全国的教师工作。

国务院有关部门在各自职权范围内负责有关的教师工作。

学校和其他教育机构根据国家规定，自主进行教师管理工作。

第六条 每年九月十日为教师节。

第二章 权利和义务

第七条 教师享有下列权利：

（一）进行教育教学活动，开展教育教学改革和实验；

（二）从事科学研究、学术交流，参加专业的学术团体，在学术活动中充分发表意见；

（三）指导学生的学习和发展，评定学生的品行和学业成绩；

（四）按时获取工资报酬，享受国家规定的福利待遇以及寒暑假期的带薪休假；

（五）对学校教育教学、管理工作和教育行政部门的工作提出意见和建议，通过教职工代表大会或者其他形式，参与学校的民主管理；

（六）参加进修或者其他方式的培训。

第八条 教师应当履行下列义务：

（一）遵守宪法、法律和职业道德，为人师表；

（二）贯彻国家的教育方针，遵守规章制度，执行学校的教学计划，履行教师聘约，完成教育教学工作任务；

（三）对学生进行宪法所确定的基本原则的教育和爱国主义、

民族团结的教育，法制教育以及思想品德、文化、科学技术教育，组织、带领学生开展有益的社会活动；

（四）关心、爱护全体学生，尊重学生人格，促进学生在品德、智力、体质等方面全面发展；

（五）制止有害于学生的行为或者其他侵犯学生合法权益的行为，批评和抵制有害于学生健康成长的现象；

（六）不断提高思想政治觉悟和教育教学业务水平。

第九条　为保障教师完成教育教学任务，各级人民政府、教育行政部门、有关部门、学校和其他教育机构应当履行下列职责：

（一）提供符合国家安全标准的教育教学设施和设备；

（二）提供必需的图书、资料及其他教育教学用品；

（三）对教师在教育教学、科学研究中的创造性工作给予鼓励和帮助；

（四）支持教师制止有害于学生的行为或者其他侵犯学生合法权益的行为。

第三章　资格和任用

第十条　国家实行教师资格制度。

中国公民凡遵守宪法和法律，热爱教育事业，具有良好的思想品德，具备本法规定的学历或者经国家教师资格考试合格，有教育教学能力，经认定合格的，可以取得教师资格。

第十一条　取得教师资格应当具备的相应学历是：

（一）取得幼儿园教师资格，应当具备幼儿师范学校毕业及其以上学历；

（二）取得小学教师资格，应当具备中等师范学校毕业及其以上学历；

（三）取得初级中学教师，初级职业学校文化、专业课教师资格，应当具备高等师范专科学校或者其他大学专科毕业及其以上学历；

（四）取得高级中学教师资格和中等专业学校、技工学校、职业高中文化课、专业课教师资格，应当具备高等师范院校本科或者其他大学本科毕业及其以上学历；取得中等专业学校、技工学校和职业高中学生实习指导教师资格应当具备的学历，由国务院教育行政部门规定；

（五）取得高等学校教师资格，应当具备研究生或者大学本科毕业学历；

（六）取得成人教育教师资格，应当按照成人教育的层次、类别，分别具备高等、中等学校毕业及其以上学历。

不具备本法规定的教师资格学历的公民，申请获取教师资格，必须通过国家教师资格考试。国家教师资格考试制度由国务院规定。

第十二条 本法实施前已经在学校或者其他教育机构中任教的教师，未具备本法规定学历的，由国务院教育行政部门规定教师资格过渡办法。

第十三条 中小学教师资格由县级以上地方人民政府教育行政部门认定。中等专业学校、技工学校的教师资格由县级以上地方人民政府教育行政部门组织有关主管部门认定。普通高等学校的教师资格由国务院或者省、自治区、直辖市教育行政部门或者由其委托的学校认定。

具备本法规定的学历或者经国家教师资格考试合格的公民，要求有关部门认定其教师资格的，有关部门应当依照本法规定的条件予以认定。

取得教师资格的人员首次任教时，应当有试用期。

第十四条 受到剥夺政治权利或者故意犯罪受到有期徒刑以上刑事处罚的，不能取得教师资格；已经取得教师资格的，丧失教师资格。

第十五条 各级师范学校毕业生，应当按照国家有关规定从事教育教学工作。

国家鼓励非师范高等学校毕业生到中小学或者职业学校任教。

第十六条 国家实行教师职务制度，具体办法由国务院规定。

第十七条 学校和其他教育机构应当逐步实行教师聘任制。教师的聘任应当遵循双方地位平等的原则，由学位和教师签订聘任合同，明确规定双方的权利、义务和责任。实施教师聘任制的步骤、办法由国务院教育行政部门规定。

第四章　培养和培训

第十八条　各级人民政府和有关部门应当办好师范教育，并采取措施，鼓励优秀青年进入各级师范学校学习。各级教师进修学校承担培训中小学教师的任务。非师范学校应当承担培养和培训中小学教师的任务。各级师范学校学生享受专业奖学金。

第十九条　各级人民政府教育行政部门、学校主管部门和学校应当制定教师培训规划，对教师进行多种形式的思想政治、业务培训。

第二十条　国家机关、企业事业单位和其他社会组织应当为教师的社会调查和社会实践提供方便，给予协助。

第二十一条　各级人民政府应当采取措施，为少数民族地区和边远贫困地区培养、培训教师。

第五章　考核

第二十二条　学校或者其他教育机构应当对教师的政治思想、业务水平、工作态度和工作成绩进行考核。教育行政部门对教师的考核工作进行指导、监督。

第二十三条　考核应当客观、公正、准确，充分听取教师本人、其他教师以及学生的意见。

第二十四条　教师考核结果是受聘任教、晋升工资、实施奖惩的依据。

第六章　待遇

第二十五条　教师的平均工资水平应当不低于或者高于国家公务员的平均工资水平，并逐步提高。建立正常晋级增薪制度，具体办法由国务院规定。

第二十六条　中小学教师和职业学校教师享受教龄津贴和其他津贴，具体办法由国务院教育行政部门会同有关部门制定。

第二十七条　地方各级人民政府对教师以及具有中专以上学历的毕业生到少数民族地区和边远贫困地区从事教育教学工作的，应当予以补贴。

第二十八条　地方各级人民政府和国务院有关部门，对城市教师住房的建设、租赁、出售实行优先、优惠。

县、乡两级人民政府应当为农村中小学教师解决住房提供方便。

第二十九条 教师的医疗同当地国家公务员享受同等的待遇；定期对教师进行身体健康检查，并因地制宜安排教师进行休养。

医疗机构应当对当地教师的医疗提供方便。

第三十条 教师退休或者退职后，享受国家规定的退休或者退职待遇。

县级以上地方人民政府可以适当提高长期从事教育教学工作的中小学退休教师的退休金比例。

第三十一条 各级人民政府应当采取措施，改善国家补助、集体支付工资的中小学教师的待遇，逐步做到在工资收入上与国家支付工资的教师同工同酬，具体办法由地方各级人民政府根据本地区的实际情况规定。

第三十二条 社会力量所办学校的教师的待遇，由举办者自行确定并予以保障。

第七章 奖励

第三十三条 教师在教育教学、培养人才、科学研究、教学改革、学校建设、社会服务、勤工俭学等方面成绩优异的，由所在学校予以表彰、奖励。国务院和地方各级人民政府及其有关部门对有突出贡献的教师，应当予以表彰、奖励。对有重大贡献的教师，依照国家有关规定授予荣誉称号。

第三十四条 国家支持和鼓励社会组织或者个人向依法成立的奖励教师的基金组织捐助资金，对教师进行奖励。

第八章 法律责任

第三十五条 侮辱、殴打教师的，根据不同情况，分别给予行政处分或者行政处罚；造成损害的，责令赔偿损失；情节严重，构成犯罪的，依法追究刑事责任。

第三十六条 对依法提出申诉、控告、检举的教师进行打击报复的，由其所在单位或者上级机关责令改正；情节严重的，可以根据具体情况给予行政处分。

国家工作人员对教师打击报复构成犯罪的，依照刑法第一百四十六条的规定追究刑事责任。

第三十七条　教师有下列情形之一的，由所在学校、其他教育机构或者教育行政部门给予行政处分或者解聘：

（一）故意不完成教育教学任务给教育教学工作造成损失的；

（二）体罚学生，经教育不改的；

（三）品行不良、侮辱学生，影响恶劣的。

教师有前款第（二）项、第（三）项所列情形之一，情节严重，构成犯罪的，依法追究刑事责任。

第三十八条　地方人民政府对违反本法规定，拖欠教师工资或者侵犯教师其他合法权益的，应当责令其限期改正。

违反国家财政制度、财务制度，挪用国家财政用于教育的经费，严重妨碍教育教学工作，拖欠教师工资，损害教师合法权益的，由上级机关责令限期归还被挪用的经费，并对直接责任人员给予行政处分；情节严重，构成犯罪的，依法追究刑事责任。

第三十九条　教师对学校或者其他教育机构侵犯其合法权益的，或者对学校或者其他教育机构做出的处理不服的，可以向教育行政部门提出申诉，教育行政部门应当在接到申诉的三十日内，做出处理。

教师认为当地人民政府有关行政部门侵犯其根据本法规定享有的权利的，可以向同级人民政府或者上一级人民政府有关部门提出申诉，同级人民政府或者上一级人民政府有关部门应当做出处理。

第九章　附则

第四十条　本法下列用语的含义是：

（一）各级各类学校，是指实施学前教育、普通初等教育、普通中等教育、职业教育、普通高等教育以及特殊教育、成人教育的学校。

（二）其他教育机构，是指少年宫以及地方教研室、电化教育机构等。

（三）中小学教师，是指幼儿园、特殊教育机构、普通中小学、成人初等中等教育机构、职业中学以及其他教育机构的教师。

第四十一条 学校和其他教育机构中的教育教学辅助人员，其他类型的学校的教师和教育教学辅助人员，可以根据实际情况参照本法的有关规定执行。

军队所属院校的教师和教育教学辅助人员，由中央军事委员会依照本法制定有关规定。

第四十二条 外籍教师的聘任办法由国务院教育行政部门规定。

第四十三条 本法自 1994 年 1 月 1 日起施行。

第二章 《中国近现代史纲要》

自 2006 年起，高校开设了一门新的思想政治理论课即《中国近现代史纲要》（以下简称《纲要》课）。该课程主要是帮助大学生理解马克思主义及其在中国历史特别是中国近现代史中的伟大作用，对开辟中国特色社会主义道路的引领，从而树立对马克思主义、党的领导、走社会主义道路的坚定信念。

第一节 《中国近现代史纲要》课程简介

作为全国高等学校开设的公共思想政治理论必修课之一的《中国近现代史纲要》课程，其内容主要分为四个发展阶段：旧民主主义革命时期、新民主主义革命时期、社会主义革命和建设、改革开放新时期。该课程主要讲授近代以来，中国人民抵御外国压迫侵略、推翻反动统治、争得民族独立与解放、实现民族复兴的历史进程，使大学生了解国情国史，领会和把握中国人民是怎样在马克思主义的指导下，通过中国共产党的坚强领导走上社会主义道路的。

一 课程性质

《纲要》课是在 2005 年中共中央宣传部、国家教育部发布的《〈关于进一步加强和改进高等学校思想政治理论课的意见〉实施方案的通知》（以下简称为"05"方案）中确定开设的，并且在"05"方案中，《纲要》课被确定为全国高等学校本科生必修课之一。从 2006 级学生开始，全国普通高等学校普遍实施"05"方案。此后，各大院校逐步落实"05"方案，2009 年全面取代了"98"方案。高等教育出版社出版的

《中国近现代史纲要》（2015年版）在"开篇的话"中指出："'中国近现代史纲要'是全国高等学校本科生必修的思想政治理论课之一。"这句话明确了：其一，《纲要》课是大学生必修的公共思想政治理论课；其二，《纲要》课的学科性质是思想政治理论课；其三，《纲要》课不仅具有历史课的功能，而且具有思想政治理论课的功能，即从历史的角度提升大学生思想政治素质是本门课教育教学内容的重心。《纲要》课不是纯粹的历史课，它还肩负着思想政治理论课的教育功能，重点是通过认识中国近现代社会发展和革命发展的历史进程及其内在的规律性，了解国史、国情，深刻领会历史和人民是怎样选择了马克思主义，选择了中国共产党，选择了社会主义道路。总之，《纲要》课是进一步提高大学生思想政治素质的重要途径，肩负着实现党的教育方针，培养大学生确立一切工作都是围绕着为人民服务、为社会主义建设服务的任务。因此，它既是一门思想政治理论课，又是一门人文素质课程。

《纲要》课作为全国高等学校本科生必修的思想政治理论课之一，与历史学科的中国近现代史课程相比，它首先是思想政治理论课，其次才是一门历史课。[①] 根据教育部相关文件规定，《纲要》课就是要通过历史教育提高学生的思想认知水平，实现思想政治教育的目的。因此，《纲要》课不是简单对中学历史教学做深化处理，而要透过历史事实发现历史本质规律，在信仰上实现学生从感性立场到理性立场的提升。

二 课程目标

国家教育部明确本课程"主要讲授中国近代以来抵御外来侵略、争取民族独立、推翻反动统治、实现人民解放的历史，帮助学生了解国史、国情，深刻领会历史和人民是怎样选择了马克思主义，选择了共产党，选择了社会主义道路"[②]。因此，《纲要》课教学的主要目的，是要通过对中国近现代史的叙述和分析，帮助大学生做到"两个了解"及懂得"三个选择"的必要性和正确性。

---

① 周普杰：《〈中国近现代史纲要〉课强化思想政治教育的教学研究与实践》，《渤海大学学报》（哲学社会科学版）2009年第6期。

② 中共中央、国务院：《关于进一步加强和改进大学生思想政治教育的意见》（http://www.moe.edu.cn/s78/A12/szs_ lef/moe_ 1407/moe_ 1408/tnull_ 20566. html）。

中国近现代史是中国历史中最为跌宕起伏的一段，它见证了封建帝国的衰败和中国沦为半殖民地半封建社会的原因。同时也是中国人民最不能忘记的一段历史，中国几千年来的耻辱全部凝聚在这一百多年中。

中国的近现代史是指 1840 年以来的中国历史。其中，1840 年鸦片战争爆发到 1949 年中华人民共和国成立前夕的历史，是中国近代史；1949 年中华人民共和国成立以来的历史，是中国现代史。近代以来，中国人民在屈辱和苦难中奋起，为了争取民族独立、自身解放和实现国家的繁荣富强、人民富裕，进行过长期的英勇斗争。正是这些斗争，粉碎了外国侵略者灭亡中国的阴谋，推动了中国的发展和前进的脚步。

古人语：忘记历史就意味着背叛。唐太宗也说："以铜为镜，可以正衣冠；以古为镜，可以知兴替；以人为镜，可以明得失。"英国哲学家培根曾说："读史使人明智。"因此，通过认读历史，领会历史，让大学生感悟人生于历史画卷中，从而获得荣辱感和自豪感。

学习《中国近现代史纲要》，可以使大学生牢记过去中国经历的苦难，感悟那段屈辱的历史。它时时提醒着国民，"落后就要挨打"，警醒着青年人"勿忘国耻，振兴中华"。可以说一部中国近现代史就是一部劳动人民反抗侵略与压迫的历史，这部历史铿锵有力地抒写着中华民族不畏强暴、不屈不挠、自强不息的斗争精神；它更是一部艰辛的上下求索史，各阶级如封建地主阶级、农民阶级、小资产阶级和民族资产阶级由于自身的阶级局限性，无法提出科学的革命纲领改变旧中国半殖民地半封建社会的命运，而只有在中国共产党的领导下，中国才能得解放，才会有光明的未来。

学习《中国近现代史纲要》，可以让大学生了解近代以来中国发生发展的历史。中国近现代史是中国无数爱国人士和广大人民群众为救民族于水火，实现中华民族的伟大复兴而进行的英勇无畏、艰苦探索的历史。特别是中国共产党领导全国人民进行艰苦的斗争，经过新民主主义革命，迎来了新中国新气象、新面貌，经过社会主义革命、建设和改革，把一个积贫积弱的旧中国发展成为一个繁荣昌盛、充满生机和活力的社会主义新中国的历史。

学习《中国近现代史纲要》，还可以让大学生产生更为深刻的认识。"历史终究是历史"，辉煌和耻辱都已逝去，但历史的精神和宝贵的经验教训是我们必须深刻理解并铭记于心的。虽然大学生在初中、高中阶段也曾学习过中国近现代史，但因不同层次的知识结构和生活阅历会使学生每次学完都会有不同的认识和感悟。

学习《中国近现代史纲要》要求所有大学生坚持"解放思想、实事求是、与时俱进""保持党的先进性"，坚持"以人为本"的工作方法，做到"从群众中来，到群众中去"。自鸦片战争起，中国逐步落后于西方，在世界的地位也受到了挑战。虽然当时疆域辽阔，人才济济，但封建统治已是日薄西山难以焕发活力与生机，更难与西方资产阶级相抗衡，垂死的清政府还厚颜无耻地以"量中华之物力"而沾沾自喜，"今日割五城，明日割十城，然后得一夕安寝"，终于"起视四境，而'豺狼'又至矣"。新中国自成立以来，既取得了一些成就，也遇到了一些挫折，走了一些弯路，但勤劳、睿智、勇敢不屈的中国人不断努力地开辟着前进的道路，在中国共产党的领导下，人民生活水平不断提高，综合国力不断增强，马克思主义在中国不断得到实践和发展。

学习《中国近现代史纲要》使当代大学生明白继续保持艰苦朴素的必要性，明白在社会主义初级阶段，理应珍惜来之不易的学习机会，努力完成学习任务，牢固掌握先进的文化知识和建设社会主义的实际本领，认清世情、国情，明确自身的历史使命，在走出校门毕业工作以后，主动联系群众，在实践中与工农打成一片，主动响应国家号召，在各自岗位上刻苦锤炼、顽强拼搏，为祖国的繁荣昌盛和人民的幸福生活付出自己辛勤和汗水。

三 课程内容

主题：近现代中国处于一个充满激烈变动的时期，出现"千古未有之变局"，这种变局向中国人提出了两个十分紧迫的历史新课题，这就是近现代中华民族面临的两大历史任务：一是求得民族独立和人民解放，二是实现国家繁荣富强和人民共同富裕。

线索：

● 时间：1840 年—21 世纪初

中国近代史：1840—1949 年

中国现代史：1949 年—21 世纪初

● 时期：1840—1919 年：风云变幻的八十年

1919—1949 年：翻天覆地的三十年

1949—2016 年：辉煌的历史征程

主要内容：

上编：从鸦片战争到五四运动前夜（1840—1919）

综述：风云变幻的八十年

第一章　反对外国侵略的斗争

第二章　对国家出路的早期探索

第三章　辛亥革命与君主专制制度的终结

中编：从五四运动到新中国成立（1919—1949）

综述：翻天覆地的三十年

第四章　开天辟地的大事变

第五章　中国革命的新道路

第六章　中华民族的抗日战争

第七章　为新中国而奋斗

下编：从新中国成立到社会主义现代化建设新时期（1949—2016）

综述：辉煌的历史征程

第八章　社会主义基本制度在中国的确立

第九章　社会主义建设在探索中曲折发展

第十章　改革开放与现代化建设新时期

在学习内容上，把握以下四个方面。

（1）围绕一个主题：为实现"民族独立和人民解放"与"国家繁荣富强和人民共同富裕"两大历史任务而斗争。

（2）抓住"三个选择"：历史和人民怎样选择了马克思主义，怎样选择了中国共产党，怎样选择了社会主义道路。

（3）通晓"三大知识面"：重大历史事件、重大历史人物、重大历史问题。

（4）认知"三大规律"：社会发展规律，社会主义建设规律，中国共产党产生、发展与执政规律。

第二节 《中国近现代史纲要》实践课程概述

理论联系实际是思想政治理论课程教学的重要环节，也是《中国近现代史纲要》（以下简称《纲要》课）的指导思想和基本原则，实践课程重在实践，在于学生的积极主动学习，同时在于强化实践教学环境，全面提高教学质量和教学水平。

一 指导思想

《纲要》课实践教学，是指在课堂理论和基础知识教学之外，与中国近现代史内容相联系的，强调学生主动参与，并由教师主导的教学活动。《纲要》课实践教学的目的是充分调动学生的学习积极性、主动性，更好地完成课程的教学任务。它将传统"以教师为主体、以学生为客体"的灌输式教学，变为"以教师为主导、以学生为主体"的教学，是教学方法的改革和创新。《纲要》课实践教学以理论知识为依据，以强调创造性和实践性的学生活动为形式，以提高学生思想道德素质和认知能力为任务。它强调的是："以教师为主导、学生为主体"，培养学生参与意识和求实精神，锻炼学生运用马克思主义理论的各种能力，提高学生的综合素质。

（一）坚持以人为本

以人为本，是科学发展观的核心。是思想政治教育的本质要求和根本理念，也是人的全面发展理论的体现。以人为本，就是要以学生为主体，以育人为本。只有坚持以人为本，立足于人的全面发展，尊重受教育者的主体性，让受教育者独立自主地参与教育活动，才能真正发挥思想政治教育的主导性。

《纲要》课教学长期以来主要是以理论教学为主，缺乏足够的实践教学，因而在一定程度上忽视了作为教学主体的学生的思想心理现状和接受能力，教学效果不理想。实践教学能使学生更全面、更主动地介入教学活动，从而为学生主体性的发展开辟了广阔的空间。并且实践教学活动安排贴近实际、贴近生活、贴近大学生，能够把大学生内在的积极性和主动性充分地调动起来，使《纲要》课的学习成为大学生内在的强烈需求，使《纲要》课的教学目标变成大学生自觉的行动、自主的行动，从"要我学"变为"我要学"，让学生真正成为教学活动的主体。

（二）坚持素质教育

倡导素质教育是推动当今我国高等教育发展的客观要求。未来社会竞争集中反映在人才的竞争上，而竞争能力的大小取决于人才自身素质的高低。实践教学，有利于改变传统教学中教师满堂灌输、硬性理论说教的教学方式，有利于学生针对实际问题进行独立思考，认真钻研，做出判断，推动学生由原来的被动接受知识向主动寻求知识、探索未知的转化。同时，实践教学还能够充分调动大学生的学习积极性，发挥主观能动性，增强运用知识与经验的能力，从而使学生在实践中通过分析、讨论获取第一手的知识与经验。另外，通过实践教学，学生可以在身体力行中开阔视野、增长见识、发展思维、保护个性、培养创新和实践能力，提高综合素质，促进自身全面发展。

（三）坚持理论与实践相结合

《纲要》课实践教学是理论教学的重要组成部分，是以开展实践活动为主的教学形式。理论教学是基础和前提，而实践教学是理论教学的扩展和延伸。一方面，实践教学与理论教学共同承载着纲要课的教学目标与教学任务，因而与理论教学具有同等重要地位；另一方面，实践教学与一般的社会实践活动或日常的学生活动不同，其与理论教学相互呼应、相互补充。

二　教学目的

2005 年，中共中央宣传部、国家教育部《关于进一步加强和改进高等学校思想政治理论课的意见》指出："高等学校思想政治理论课所有课程都要加强实践环节。要建立和完善实践教学保障机制，探索实践育人的长效机制。"按照国家教育部规定，开设《纲要》课的目的，就是要使学生在全面掌握中国近现代历史知识的基础上，认识近现代中国社会发展和革命发展的历史进程及其内在的规律性，深刻领会"历史和人民是怎样选择了马克思主义，选择了中国共产党，选择了社会主义道路"。① 《纲要》课实践教学只有充分依照思想政治教育所要遵循的知行统一、认识世界与改造世界统一及改造主观世界与改造客观世界统一的原则，才能通过实践教学让学生将所学理论真正应用于对社会现实的认识与理解上，才能使学生成为有历史责任感的中国特色社会主义事业的建设者。

教学目标是指教学活动实施的方向和预期达到的成效，是一切教学活动的出发点和最终归宿。在《纲要》课实践教学中，目标的确立是其教学活动的首要环节。高校《纲要》课实践教学的教学目标包括情感、认知、能力、素质、精神目标。

（一）情感目标

思想政治理论课作为高校思想政治教育的主渠道和主阵地，其实践教学的中心任务和首要功能就是教育功能。《纲要》课实践教学的情感目标是指实践教学的育人目标，即寓教于"行"，以"行"育人。一方面，实践教学活动可以引导大学生通过对形象生动的历史素材的感知，在亲身体验的过程中，养成良好的道德品质、意志品质。另一方面，实践教学活动可以把课堂理论教学所要传授的思想观念、价值体系渗透实践活动的过程当中，使课堂教学所激发出的情感向深层次递进，让大学生将情感转化为信念和意志，形成科学的态度和精神，加深对党的路线、方针、政策的理解，并外化为实际行动。

《纲要》课实践教学可以引导和帮助大学生坚定政治立场，掌握马克思主义的立场、观点和方法，树立正确的历史观、社会观、人生观和价值观，增强社会责任感和历史使命感，并可为大学生确立建设中国特色社会主义的共同理想奠定坚实的思想理论基础。人类过去的历史能够为学生提供一个值得思考的世界，给人一种道德判断、一种价值取向、一种思维方式、一种对社会的认识和理解，更在于一种内在精神的获得。② 实践教学活动能使课堂教学中激发的情感向深层次递进，进而促使情感转化为信念和意志。《纲要》课实践教学应注重大学生精神境界

---

① 齐卫平：《关于"中国近现代史纲要"教学中"三个选择"问题的若干思考》，《思想理论教育导刊》2008 年第 1 期。

② 郑琪：《论历史教育与大学生人文素质培养》，《教育与职业》2005 年第 27 期。

的提高、升华。通过了解参观历史悠久的文化遗产，历史名人、伟人的故里，革命遗址，纪念馆，有目的地观看红色经典影片，让学生从这些活生生的素材中体会到一个中国人应有的民族自尊心和为国家、人民服务的奉献精神，自强不息、勇于进取的开拓进取精神，艰苦奋斗的精神，感悟中华民族在长期不懈的斗争中培养和熔炼出来的优秀民族精神，提高学生的民族自尊心和社会责任感。

（二）认知目标

实践教学是课堂教学的延伸和补充，是巩固和深化理论知识的有效途径。《纲要》课实践教学的认知目标，是让学生在实践教学中广泛接触社会，从现实生活中感悟历史，验证所学历史知识的正确性，加深对中国近现代史理论知识的理解和对国情、社情、民情的了解，深刻认识党的路线、方针和政策，坚定社会主义理想信念，提高认知水平。《纲要》课实践教学理论联系实际、学用结合，有着传统理论教学不可替代的作用，可以调动大学生学习的积极性和主动性，优化学生的知识结构，提高学生的人文素质。

（三）能力目标

所谓能力目标，是指在《纲要》课实践教学中，教师通过精心设计和耐心指导，充分调动学生学习的主动性和积极性，帮助学生完成从书本到现实、从理论到实践的飞跃，从而锻炼和提高学生的分析和解决问题能力、开拓创新能力、适应能力、竞争能力等。因此，《纲要》课实践教学有利于锻炼和提高学生的学习能力是不言而喻的。目前我国的教育十分重视大学生素质教育，就是要求教育活动不但要使学生学会学习、学会做人、学会生活、学会发展，更要学会关心国家和社会的进步、学会关注人类与环境的和谐发展，培养对社会的责任心和使命感。历史教育的本质就是人文素质教育。《纲要》课的实践教学应注意引导大学生从历史的角度去深入了解和思考人与人、人与社会、人与自然的关系以及人自身的理性、情感、意志等方面的问题，从而在学习的过程中逐渐积累对人类社会历史进行探究和思考的经验，掌握认识历史和了解社会的方法，形成正确的历史认识。

三 教学原则

实践教学是一种全新的教学模式，涉及面广，内容复杂，形式多样，所以应以新的视角和层面来加以审视，应把握《纲要》课实践教学以下几个特点。

其一，课程性。课程性指实践教学是一种课程意义上的教学过程，它与课程理论教学相呼应，具有一定的课程结构、相应的实施规范和考核办法，与目前各高校进行的"大学生社会实践"在组织形态、实施和考核办法上有着很大的区别。和其他理论课程一样，《纲要》课的实践教学活动应有清晰的教学计划、现实的学时学分，有完整的准备和课时安排、明确的实践教学内容、实践性的教学方式、完整的记录和考核方式等。实践教学课程的设计要突出理论联系实际，使学生能够在实践中感悟理论、把握理论。作为《纲要》课实践教学课程的设计更应侧重于历史知识与社会现实的结合，使学生能够增强实际情感体验，促使"知、情、信、意、行"的转化。

其二，社会参与性。这是思想政治理论课实践教学的特性。以广阔的社会生活为背景，以学生参与现实生活为特征是思想政治理论课的实践教学与理工类课程的实验、实习教学的重要区别所在。其教学内容或是自然界、人类社会和人的思维的普遍规律，或是经济社会发展的一般进程或重大事件，或是社会生活的价值准则和基本规范，其实践教学难以在狭小的实验室或实习工厂里进行，只能在社会这个广阔的大课堂里进行。《纲要》课兼有历史和思想政治教育共同的优势，在实践教学上，有很多生动、具体的历史资源可为《纲要》课的实践教学所采用：历史古迹，历史博物馆，历史名人、当代伟人的故里，革命遗址，纪念馆，烈士陵园等重要历史纪念地，改革开放的先进典型和成功的现实案例，鲜活生动、直观真实的大型展览等。这些宏大的历史场景，从多方面展示了中国近现代史上革命、建设和改革的重大事件，体现了中华民族奋斗和创业的成就与艰辛，展现出中国历史的巨大变化。《纲要》课实践教学更多地表现在社会参与过程中对历史和现实的感悟，有计划地组织学生参观学习，进行现场教育，使学生在参与中获得亲身体验，达到校内教育难以达到的教育效果。

其三，针对性和现实性。针对性是思想政治理论课的一个特点，更是《纲要》课的鲜明特点。作为一门具有历史特点的思想理论政治课，《纲要》课承担的任务之一就是要从对历史事实多角度的说明、对复杂问题深切的分析来解决学生思想中的困惑，消除模糊的认识，清除少数大学生思想中存在的贪图安逸的不良情绪和狭隘的人生观，树立正确的宏观认识、思维和观念。历史是过去了的现实，这是历史的最大特点。"通过历史更好地了解现实，通过现实加深对历史的理解"①，这是历史教育的追求目标。历史是认识现实、预测未来的基础和前提。中国近现代史教育的重要作用之一就是帮助青年学生正确地认识现实。通过读史、学史可以了解一个国家的历史脉络与重大史实，获得过去的历史知识。通过参观走访、实地考察等活动，对身边历史（如城镇村史、校史、民俗文化史、当地经济发展史、历史人文遗址等）的调查及参加一定的社会服务实践活动，学生透过对周边社会政治、经济、文化、科技诸领域历史的了解，从而对照现实，反思过去，分析得失。《纲要》课实践教学，就是让学生更好地关注身边的历史、关注现实社会，更好地以史为鉴，审视现在，认识和理解当今事务，对将来发展作出科学的预测。

其四，鲜明的主题性。对爱国主义的宣传和教育，中国近现代史有着其他学科所不可比拟的优势。中国近现代历史的主线是近现代中华民族的两大主要任务，即求得民族独立和人民解放，实现国家富强和人民富裕。近代中国历史的主旋律就是反抗侵略、救亡图存。作为一门思想政治课，《纲要》课旨在通过对史实的分析让学生认识到只有马克思主义才能救中国，只有中国共产党才能救中国，只有社会主义才能救中国，这就是爱国主义教育。邓小平曾指出："必须发扬爱国主义精神，提高民族的自尊心和民族自信心。否则我们就不能建设社会主义，就会被种种资本主义势力所侵蚀腐化。"《纲要》课的开设，就是要用"历史教育青年"，激发学生的爱国主义情怀，激发学生的民族自尊心和自豪感。如北京的中国历史博物馆、中国革命博物

---

① 薛虹：《联系现实是为了更好地理解历史，也为了更好地认识现实》，《历史教学》1957 年第 4 期。

馆、中国人民革命军事博物馆、中国航空博物馆、中国科学技术馆、故宫博物院、圆明园遗址公园、八达岭长城等都是生动的、可以利用的爱国主义教育基地。更多的红色文化资源，如李大钊烈士陵园、中国人民抗日战争纪念馆等，背后也蕴含着忠诚爱国、艰苦奋斗、团结协作、为民谋利的精神品质。《纲要》课实践教学就是这一爱国主义教育的具体化。

其五，内容上的综合拓展性。综合拓展性是指《纲要》课实践教学的探索性特点。《纲要》课的实践教学本身就是要提高学生运用理论解决实际问题的能力。历史是具有极强综合性的学科，实践教学又把学习内容从课堂延伸到社会，因此，在《纲要》课的实践教学中，带着相关的研究问题开展一定规模的社会调查研究，引导学生把自己的专业和其他学科的知识结合起来，把历史知识逐步深化综合，引向社会实际，更注重理论和实践的结合、历史知识与社会现实的结合、历史学科与其他学科的结合。在对教学内容和教育资源体验、感知的基础上，进一步去思考、去分析、去探究，撰写调查报告，形成自己的研究成果。

为此，《纲要》课实践教学要坚持以下三个原则。

第一，教师主导性和学生主体性相结合。

从教学论的角度讲，教师是教学的主导，学生是教学的主体，教学过程是教师主导和学生主体性发挥的统一。一方面，在《纲要》课实践教学过程中，实践教学的效果好坏与教师的教学指导工作是否到位有着密切的联系。在教学过程的组织、协调、引导等环节中，教师发挥着主导作用，实践主题的选择、方案的拟订、活动的组织、学生的释疑解惑等关键环节也都由教师指导完成。另一方面，《纲要》课实践教学必须强化学生的主体性地位，这是因为从根本上说人的全面发展是主体性的发展。在实践教学过程中，发挥学生主体作用的关键环节是鼓励学生积极地参与全程教学，坚持以学生为本，让学生自己制订计划，独立思考，亲自调研，自觉感悟实践活动带来的启示，提高思想道德觉悟。所以，实践教学要始终以学生为本和以学生为主体，重视师生的互动和对话，注意调动学生的主体意识，注重学生参与实践教学的广泛性，实现教学形式从灌输到启发、从单向到多向、从被动到主动的转变，以促进学生的全面发展。

第二，实践教学内容与纲要课程内容相结合。

实践教学内容应与《纲要》课内容相一致，避免泛化。结合课程内容和教学目的开展实践教学活动，是提高教学实效性的必然要求。《纲要》课的教学目的在于通过了解近代以来中国抵御外来侵略、争取民族独立、推翻反动统治、实现人民解放的历史，帮助学生了解国史、国情，深刻领会历史和人民是怎样选择了马克思主义，选择了共产党，选择了社会主义道路。教师在实践教学内容和形式的安排上应把握教育思想性，紧紧围绕教学目的和重点来安排实践教学内容，杜绝脱离教学目的、没有教学重点、面面俱到的空泛式教学现象。这对于促进学生了解历史、反思社会、培养品格、增强责任感具有不可替代的作用，同时能极大地调动学生的积极性和创造性。

第三，就近取材。

就近取材就是结合教学内容，选择一些最容易得到的实践教学素材。包括学校及周边、图书馆、资料室和网络平台等。另外，也包括学生家乡及其他利用节假日容易到达的地方。因为《纲要》课毕竟是公共思想政治理论课，任课教师往往承担着上千名学生的教学任务，分布在不同的院系班级，时间紧，任务重，这就决定了集体走出校门实施实践教学并不容易操作，甚至是很难做到的。所以，就近取材便成为《纲要》课实施实践教学从实际出发而做出的原则性规定。

第三节　实践活动主题

《纲要》课实践教学活动重在实践，教师可根据教学目的和教学任务，围绕学生的思想、政治、道德修养等方面，紧密联系学生实际情况，兼顾学生的专业、兴趣、特长等方面的不同，确定恰当的活动主题，所选定的活动主题应能够促进学生树立正确的世界观、人生观和价值观。

为此，我们为《纲要》课实践教学列举如下三个主题活动。

一 主题活动一：探寻革命历史遗迹

（一）教学目的

革命历史遗迹是我们党和国家的珍贵记忆，是革命先烈和革命前辈留给子孙后代的珍贵遗产，是对广大人民群众进行爱国主义教育和革命传统教育的最直观、最生动、最形象的教材，是中国共产党领导中华民族谋求彻底解放、保障人民群众民主权利并为此进行艰苦卓绝、前仆后继英勇斗争的历史缩影。

通过参观探寻革命历史遗迹，大学生可以真切感受中国革命成功之不易，深切体味中国共产党人不畏流血牺牲、敢于捍卫真理、勇挑完成中华民族历史双重任务重担的坚强决心，进而坚信中国共产党能够领导中华民族开创社会主义建设崭新事业，树立社会主义道路自信、理论自信、制度自信，并转化为自觉全面贯彻"四个全面"的实际行动。

（二）教学内容

充分利用河南省现有的革命历史遗迹，进行参观考察，并完成相关的方案设计、过程记录、资料收集、报告撰写等工作。

备选资源推荐：鄂豫皖革命纪念馆、二七纪念塔、郑州烈士陵园。

（三）教学时间

开学初就布置实践教学内容，学生利用课外时间完成，核定教学时数为6学时。

（四）组织实施

1. 实践准备：开学初，指导老师向学生布置参观革命历史遗迹的任务，学生可以提前准备相关参观方案。

2. 组织参观：可以是1人，也可以是小组（一般不超过10人为宜）形式，实施过程中，注意拍摄相关画面，并进行点评。

3. 成果展示：实施结束后，将举办参观历史遗迹成果展，对成果突出的学生进行适当的奖励。

4. 成绩考评：教师督促学生做好实践活动，进行实践成绩考核。

参观革命历史遗迹活动过程记录

参观革命历史遗迹主题	
参观人员名单	
参观实施方案	
参观过程记录（图片及说明）	
参观心得体会	
教师评价	

样例一：参观鄂豫皖革命纪念馆①

1. 鄂豫皖革命纪念馆简介

鄂豫皖革命纪念馆是信阳市委市政府为缅怀先烈丰功伟绩，弘扬大别山革命精神而主持建造的。该馆坐落在信阳市北京路和 107 国道交会口处，占地 3 万平方米。2007 年 4 月 28 日建成开馆。

纪念馆陈展内容按时代顺序，以上千幅文字图片和近 2000 件实物对应的方式，全面展示鄂豫皖革命根据地的形成、发展和不断壮大的过程，着重介绍了从大革命时期到解放战争时期各个历史阶段发生在鄂豫皖大地上的重大历史事件。整个展览共由九个部分组成，分别是：序厅、第一部分大别风雷星火燎原、第二部分红军摇篮将军故乡、第三部分红色苏区共铸辉煌、第四部分红色土地艰苦卓绝、第五部分江淮抗战

---

① 资料来源于鄂豫皖革命纪念馆、百度百科。

中流砥柱、第六部分中原突围铁流千里、第七部分千里跃进伟大壮举和结尾厅将星璀璨。

2. 革命遗迹历史背景

（1）鄂豫皖根据地的创建及斗争

鄂豫皖革命根据地是中国共产党创建的除中央苏区之外的第二大革命根据地，在土地革命战争中，中国共产党人依托大别山区，同国民党反动派展开了武装割据斗争，开展了土地革命，建立了各级苏维埃政权，取得了辉煌胜利。

1927 年年底大革命失败后，为了恢复河南的工作，领导河南人民继续进行斗争，中共中央派周以粟来河南整顿、恢复党的组织。1927 年 7 月 26 日，周以粟在开封主持会议，重建了河南省委。河南省委重建后，派巡视员赴各地整顿恢复遭到破坏的党组织，发动工农运动，坚持革命斗争。1927 年 8 月 7 日，中共中央在汉口召开了紧急会议（八七会议），确立了土地革命和武装反抗国民党反动统治的总方针。以贫农及失去土地的农民等为中心，组织农民武装暴动，并提出耕者有其田、抗捐、抗税、抗租、反抗抓丁拉夫、乡村一切权力归农协等 14 条口号。为了发动暴动，成立了豫南、豫北、豫中三个特别委员会领导暴动。中共河南省委要求各地区相联合，农民暴动必须与京汉、陇海、道清三条铁路的工人一起发动。

首先举起暴动旗帜的是位于豫鄂两省边界的桐柏山、大别山之间的四望山农民。1927 年 7 月 14 日，四望山红枪会的农民自发组织起来，夺取了 20 多名反动团丁的武器，形成了一支农民武装，共产党员王伯鲁被公推为领导人。11 月 1 日，在中国共产党领导下，确山刘店农民举行暴动，农民自卫军敢死队 60 多人一举攻下刘店镇，暴动队伍改编为确山农民革命军，成立了确山县革命委员会。12 月，确山农民革命军南下四望山，1928 年 1 月与四望山农民革命军会师。两支武装合编为豫南工农革命军，开辟了以四望山为中心、纵横百余里的红色区域。在豫南，中共豫南特委于 1928 年 5 月发动了汝（南）确（山）边万人大暴动，成立了汝确边特区苏维埃政府和赤卫队，这是河南建立的第一个苏维埃政府。从 1927 年 7 月到 1928 年 6 月，河南全省共发动暴动 30 余起，但大多因准备不充分，加上"左"倾盲动的错误及敌人的残酷镇压而失败。

大别山位于鄂豫皖三省的边界。1928 年夏天，湖北黄麻武装起义中诞生的中国工农红军第七军在光山、黄安、麻城边界开展游击斗争，决定在河南光山南部开辟柴山堡，依托三县边界建立根据地，开展武装斗争。第七军进驻柴山堡后，在开展武装斗争的同时，积极向群众宣传党的方针政策，以严明的纪律，赢得了人民群众的爱戴和信任，普遍建立了地方党组织，部队也得以迅速扩大。7 月，第七军改编为中国工农红军第十一军第三十一师，基层农民革命政权在光山南部纵横 35 公里红色区域内普遍建立，以柴山堡为中心豫鄂边革命根据地逐步形成。

1929 年 3 月 13 日，中共豫东南特委和鄂东特委在柴山堡召开联席会议，决定豫鄂边区由柴山堡向外扩大红色区域，发动商南起义。中共河南省委和商城县委为商南起义做了多方面的准备，县委派共产党员周维炯打入民团，发展党员，建立党小组，发动抗捐抗税斗争，领导群众到豪绅家开仓分粮，激发了广大农民斗争积极性。5 月 6 日，周维炯领导的一部分武装，开始举行民团起义和农民暴动。同时，党组织在斑竹园等地也发动了民团起义，商南起义烽火四起。5 月 9 日，各路起义武装在斑竹园会师，宣布成立中国工农红军第十一军第三十二师，周维炯为师长，徐其虚为党代表。红三十二师占据商城、固始、光山 3 县，纵横 100 余公里，形成了豫东南革命根据地。

面对豫鄂两省工农武装割据区域的巩固和扩大，国民党从 1929 年 6 月下旬到 10 月，先后对豫鄂边、豫东南两块革命根据地发动了三次"围剿"。红军将士英勇奋战，转战于大别山中，寻机打击敌人，敌人在根据地内处处遭到打击，不得安宁，三次"围剿"均以失败而告终，红军队伍得到了壮大，巩固了革命政权。1929 年 4 月 24 日，中共中央决定将商城、光山、罗山、黄安、麻城、黄陂、罗田、黄冈八县划为鄂豫边特区，统一党政军领导。11 月 20 日，中共鄂豫边第一次代表大会在柴山堡召开，选举产生了中共鄂豫边特委。

在河南、湖北党组织致力于大别山区工农武装割据的同时，中共安徽省党组织也于 1929 年年末 1930 年年初连续发动了农民暴动和民团起义。1930 年 1 月，皖西起义武装整编成中国工农红军第十一军第三十三师，在皖西建立了约 5000 平方公里的革命根据地。1930 年春，大别山区的鄂豫边、豫东南、皖西三块革命根据地总面积已达 1.5 万余平方公里。1930 年 2 月 25 日，中共中央决定将鄂、豫、皖三省毗邻的 20 余县划为鄂豫皖边特区，成立了中共边区特委。红十一军三个师合编为中国工农红军第一军，直属中央军委指挥。6 月，鄂豫皖边区召开第一次工农兵代表大会，选举产生了特区苏维埃政府。鄂豫皖边党政军的统一，标志着鄂豫皖革命根据地的正式形成。

鄂豫皖革命根据地形成以后，红一军实施进攻作战，分兵东征皖西，西击平汉线，连战连捷，根据地也不断得到巩固和扩展。但由于"左"倾错误的指导，把党的斗争策略由战略防御转向战略进攻，布置大规模城市暴动和集中红军进攻中心城市的冒险计划，使鄂豫皖根据地特别是皖西、鄂东遭到严重损失。1930 年 10 月，党中央指示鄂豫皖红军纠正"左"倾错误。1931 年 1 月，红一军在商城与红十五军会合，合编为中国工农红军第四军，直属边区特委领导。红四军成立后，随即粉碎了敌人第一、第二次"围剿"，红四军发展到 4 个师 2 万余人，根据地也得到了扩大，光山的新集（今新县县城）成为鄂豫皖苏区党政军群领导机关的驻地。

1931 年 4 月，中共中央派遣张国焘、沈泽民、陈昌浩等到鄂豫皖苏区。5 月 12 日，在光山县新集成立了中共中央鄂豫皖分局和军委，张国焘任书记兼军委主席，此后又成立了鄂豫皖省委，沈泽民任书记。1931 年 11 月，红四方面军成立，总指挥徐向前，政治委员陈昌浩，下辖红四军、红二十五军和直属教导团，总兵力近 3 万人，至 1932 年 6 月粉碎了敌人第三次"围剿"，红军主力达到 2 个军 6 个正规师共 4.5 万余人，地方武装发展到 20 万人以上，全区建立了 26 个县级苏维埃政权，鄂豫皖苏区达到全盛时期。

鄂豫皖革命根据地的迅猛发展，使国民党政府受到直接威胁，蒋介石调集 30 余万兵力亲自指挥，对鄂豫皖根据地发动了空前规模的第四次"围剿"。这期间，由于张国焘在鄂豫皖根据地推行"左"倾冒险主义，在党内开展肃反，红四方面军指战员有 2000 多人被错杀，其中包括许继慎、周维炯等战功卓著的红军将领，给鄂豫皖根据地造成了严重损失，党组织、政权组织受到损害，红军战斗力被削弱，以致苏区在发展的形势下没有打破敌人第四次"围剿"。中央分局被迫率领红四方面军主力于 1932 年 10 月实行战略转移。经过千辛万苦，浴血奋战，翻越秦岭，渡过汉水，历时两个多月，行程 3000 余里进入川北地区，开始创建川陕革命根据地。

第四次反"围剿"失败后，根据地大部丧失，在敌人"血洗大别山""铲除干净，绝尽根苗"等口号下，实行了灭绝人性的烧光、杀光、抢光的"三光"政策，革命斗争转入极端困难时期。留在苏区不到 5000 人的红军主力和地方武装，没有被敌人的残酷所吓倒，他们在中共鄂豫皖省委领导下，确立了坚持独立斗争的方针。1932 年 11 月 29 日，鄂豫皖省委重建红二十五军，军长吴焕先，政委王平章，全军约 7000 人，进入为保卫鄂豫皖苏区而斗争的新时期。中共鄂豫皖省委还组建了红二十八军，全军约 3000 人。为集中兵力，鄂豫皖省委于 1933 年 4 月上旬，将红二十五军与红二十八军合编为新的红二十五军，军长吴焕先，全军约 1 万人。

1934 年 7 月，国民党发动了"三个月围剿"。虽然鄂豫皖省委和红军制定了正确的战略战术，多次打败敌人的进攻，但是敌人不断地增加兵力，编成"鄂豫皖三省追剿队"，使根据地的形势又一次严峻起来。1934 年 11 月，根据中共中央和中央军委副主席周恩来的指示，鄂豫皖省委在光山召开常委会，决定战略大转移。11 月 16 日，红二十五军高举"中国工农红军北上抗日第二先遣队"的大旗，开始举世闻名的长征，以不足 3000 人的兵力，多次打败国民党的围追堵截，长驱 1800 余里，胜利完成了第一次战略转移，创建了豫鄂陕革命根据地。

红二十五军长征后，鄂豫皖边区党组织重建红二十八军，在政治委员高敬亭领导下，开始了十分艰苦困难的三年游击战争。红二十八军英勇奋战，冲破敌人的层层包围，发动群众，扩大武装，既保卫了老根据地，又开辟了新的根据地。在广大人民群众的支持下，红二十八军渡过难关，保存了实力，终于将游击战争坚持了下来。在三年游击战中，红二十八军转战鄂豫皖边区 45 个县，以不足 2000 人的兵力，牵制国民党大量正规军。三年内，红二十八军粉碎了国民党的反复"清剿"，使革命的红旗继续飘扬在大别山上，并且有力地支持了主力红军的战略转移，配合了南方各省红军游击队的斗争。

与鄂豫皖根据地斗争相呼应，豫南党组织和游击队在鄂豫边省委的领导下也逐步发展起来。蒋介石实行"北和南剿"的方针，于 1937 年 5 月集中 30 万军队开始对鄂豫皖边区和鄂豫边区游击队进行又一次全面"围剿"。按照中央的指示，鄂豫边省委于 1937 年 7 月召开会议，调整了领导机构和斗争策略，公开打出了抗日的旗帜。10 月，游击队改编为豫南人民抗日独立团。11 月，中共鄂豫边省委领导竹沟农民暴动，取得了胜利，为以后抗日根据地的创建和竹沟成为抗日战略支撑点奠定了基础。

（2）中原突围

抗日战争胜利后，武汉成为国民党军从大后方进军华东、华北和东北的战略枢纽。为了抢夺抗战胜利果实和部署进行内战的兵力，蒋介石调集了 20 多个师，加紧包围和蚕食中原解放区，并先后占领鄂中、襄西、鄂东、鄂南、豫中、豫西等地，企图消灭中原军区的部队，打通国民党军向华东、华北和东北进军的通道，1946 年 5 月 10 日，国共双方代表虽然就中原地区停止武装冲突签订了《汉口协定》，但国民党军的蚕食进攻并未停止。至 6 月，国民党军已将中原军区部队 6 万余人包围在以宣化店为中心、方圆不足百里的罗山、光山、商城、经扶、礼山之间的狭长地带，中原解放区的面积只及原来的十分之一。为了避免内战，中共中央多次与国民党谈判，表示愿意让出中原解放区，将部队转移至其他解放区去。但蒋介石却一意孤行，不断加紧调动部队，至 6 月下旬，蒋介石用于包围中原军区的兵力已增至 10 个整编师（相当于军）约 30 万人。1946 年 6 月 26 日，蒋介石撕毁国共双方于 1 月间达成的《停战协定》，致使全面内战爆发。1946 年 6 月中旬，国民党当局已决定大打，任命刘峙为进攻中原解放军的总指挥，刘即率其参谋长在驻马店设立了指挥所，限所属部队"六月二十二日前完成秘密包围态势"，26 日开始围攻，7 月 1 日发起总攻击，妄图在"四十八小时内，一举包围歼灭"我中原部队主力。于是，北线国民党军在信阳、罗山、光山边缘区对我炮轰，南线国民党军也在黄安、孝感等地蠢动。鉴于这种情况，6 月 20 日，中原局向中央报告了突围的计划，要点是主力向西突围，经伏牛山北渡黄河到太岳山。万一不成，即在武当山、伏牛山、秦岭打游击，必要时转甘（肃）南创造根据地，或到陕甘宁边区会师。鄂东、鄂中两军区部队留当地打游击。万一立足不住，鄂东部队向皖东突围，鄂中部队转入武当山打游击。其具体部署是：先由皮定均率一纵队一旅向东行动，造成主力东进态势，以迷惑敌人，转移敌人的视线。中原解放军的主力则分为南、北两路向西突围。其中：李先念、郑位三、王震等率中原局、中原军区直属队和二纵队主力为北路，王树声率一纵队为南路。张体学率鄂东军区部队，挺进大别山腹地，牵制敌人兵力。黄林率河南军区部队，在平汉路西侧掩护北路主力突围作战。王海山率二纵队十五旅大部随一纵队行动。罗厚福所率江汉军区部队留少数武装坚持原地斗争，其余部队进入襄河以西地区。

6月21日，中原局又请示中央，要求月底实施主力突围计划。23日中央复电："同意立即突围，愈快愈好，不要有任何顾虑。生存第一，胜利第一。"24日，中原军区命令部队从26日开始，在防区内秘密集结，抢在国民党军向我发动总攻击之前，按预定部署于29日冲破国民党重兵封锁的平汉线，胜利实行战略转移。这样，以中原突围为起点的全国解放战争便开始了。

6月24日，一纵队第一旅接受了向东行动，迷惑敌人、掩护主力向西突围的任务。皮定均旅长当夜即布置一、二两团向东、东南、东北方向移动，摆出与敌决战姿态，以吸引敌人的兵力。26日国民党军向我猛烈进攻，一旅在西余集、泼陂河、自雀园等地顽强阻击。激战10小时后，留少数部队坚持前沿阵地，大部分转移至白雀园以南集结。28日撤回前沿部队，插到敌人背后摆出向南突围态势，然后突然向东进到小界岭以东，顺利通过国民党经营半年之久的潢川、麻城公路封锁线。在这种形势面前，国民党急令进攻我主力的七十二军掉头东来，衔尾追击，将四十八军布防于岳西、舒城、潜山，并从阜阳、安庆抽调两个师，到商城、金寨一线堵击，形成一个口袋阵，妄图将一旅歼灭在大别山东麓。一旅健儿不顾艰险，不怕疲劳，英勇机智地与前堵后追之敌周旋。7月1日攻占豫鄂皖三省的交通咽喉松子关。10日进抵霍山大化坪，激战2小时，抢夺了陡峭险峻的青风岭。到达磨子潭后，又击退四十八军一个团，强渡澳河天险，跳出了合围圈。7月13日分三路纵队并肩前进，15日攻占六安至合肥公路线上的官亭镇，进抵离淮南路不远的吴山庙，得到淮南地下党的援助，18日安全通过定远地区，到达国民党重兵据守的最后一道封锁线——津浦铁路附近的池河镇。19日

击溃从明光、管店、滁县出动的五路敌军，杀开一条血路，全旅 5000
人由石门山胜利越过津浦路，在盱眙西面三界东北与赶来迎接的淮南大
队会师。至此，一旅历时 24 天，行程 2000 里，大小战斗数十次，胜利
进入苏皖解放区。

北路突围部队 15000 余人，6 月 26 日晚离开宣化店地区，向西北
方向运动。29 日分两路从柳林、李家寨突破国民党军第一道封锁线，
神速越过平汉铁路。7 月 1 日进至浆溪店、朱家店一线，蒋介石获悉
后，慌忙命令刘峙全力追击。刘峙急调第十军、六十六军等 7 个军赶到
天河口、商城西北和西南，企图"围歼"我军于该地。但是，我军跳
出包围圈后，长驱兼程西进。国民党军合围尚未形成，我北路突围部队
已越过天河口，进至枣阳以北地区了。

国民党再次扑空后，又部署十五军、四十一军"跟踪追击"，并出
动 12 架飞机侦察、扫射，封锁唐河渡口，图谋协同第十军于 7 月 7 日
以前在鄂北、豫商之间的苍苔地区围歼我军。我北路部队击破第十军的
伏击、阻截，不顾劳累，以日行一百几十里的急行军又赶在敌人前面跨
过苍苔，夺取程家河和郭滩渡口，飞渡唐河、白河，跨过豫西南平原，
插入伏牛山南麓，7 月 12 日全军胜利进抵内乡、淅川、荆紫关等预定
地区。敌军追堵日急，为了分散敌军兵力，7 月 11 日北路部队在内乡
以南师岗地区分兵两路行动：由李先念、郑位三率中原局、军区直属队
及十三旅、十五旅四十五团为左路，向南化塘前进；由王震率三五九
旅、干部旅为右路，取道荆紫关向山阳、柞水前进。部队连日冒着滂沱
大雨强行军，与敌追堵部队作战，倍加辛苦。13 日在淅川城、马蹬一
线与敌展开激战。14 日左路部队不顾敌机扫射、轰炸，徒涉洪水暴涨
的丹江，进入郧县以北的梅家铺。右路部队遭敌阻击无法进入荆紫关，
也渡丹江绕道西进。这样，国民党反动派妄想在丹江以东全歼我军的美
梦又告破灭。

国民党反动派歼我之心不死。刘峙又调集 7 个师至荆紫关、郧县地
区，梦想在滔河南岸白桑关一带围歼我军。没等敌军到达指定地点，我
已进至鄂陕交界地区。敌十军军长赵锡田指挥所部进至鲍峪岭、南化塘
一线，企图与北面的第一军第一师等 3 个师配合行动，将我压缩于鲍峪
岭附近山谷中全歼。

7月15日，党中央致电中原局，指出：胡宗南有强兵节节堵击，北上很难通过。且牵制大批敌军，在敌后创立根据地，是我中原军的光荣任务。因此，我中原军全部应在鄂豫皖川陕五省机动灵活之作战，以牵制国民党大批军队，配合我华北、华中主力之作战。

强渡丹江绕道西进的右路部队，在鲍峪岭、玉皇山粉碎五十三师、第一师的层层阻击，经过两天一夜恶战，打垮敌军两个师的夹击，在竹林关、狗头坪等地与比我多数倍的敌军周旋后，又在长沟口连战三昼夜，25日冲破山阳、漫川关之间的封锁线，进入镇安、柞水地区。狗头坪战斗中，我七一九团颜龙斌副团长身负重伤，无药医治，光荣牺牲。8月2日右路军解放镇安、云盖寺，遵照党中央和中原局指示，部队分三路分散于镇、柞开展游击战争，创造根据地。但敌人唯恐我立足该地，威胁西安和汉中，遂调20个团的兵力，不断对我"围剿"，陷我于非常困难境地。后经党中央批准，我军寻路向陕甘宁边区挺进。

8月上旬，右路军分两路前进。15日在华阳打退两路追兵后，勇往直前，穿越川陕公路、渭河平原、陇海铁路、西兰公路，29日在陕甘宁边区部队接应下，胜利地重返陕甘宁边区。9月12日，十三旅政委杨焕民、副旅长卜万科，也率三十九团进入陕甘宁边区。

左路部队7月17日进抵南化塘时，胡宗南的精锐部队第一师已将南化塘附近的制高点玉皇顶及重要隘口控制封锁，尾追部队又源源向我扑来，情势万分险恶。中原局领导同志毅然决定：坚决夺取敌人阵地，打开入陕道路！命令十三旅三十七团进攻玉皇顶主阵地，三十八团从右翼出击，三十九团在左翼掩护，四十五团继后，经过整夜激战，反复冲锋五六次，终于击破强敌阻拦，撕开了一条通道，保障全军进入陕南。在这次战斗中，三十七团二营营长李金山等许多同志献出了宝贵的生命。

7月20日晨，左路部队胜利跨过鄂陕边界。国民党反动派调遣二十军在赵家川、梁家坟地区堵截，我四十五团、三十七团与敌激战10余小时，敌以六倍于我之兵力，连续进行17次猛扑，我始终坚守前坡岭阵地，保卫全军安全通过，这次战斗，毙伤敌400余人，我四十五团团长汪世才不幸英勇牺牲。

7月下旬，左路部队熬过了长途行军作战的极度疲劳，在龙驹寨（今丹凤县）地区与我党领导的陕南游击队巩德芳部会师。8月3日，河南军区部队沿途冲破敌一二五师及地方团队多次阻击，胜利进入伏牛山区，在卢氏一带与主力会合。北路全军胜利实现了战略转移任务。

遵照中央指示，中原局决定，以北路军为主在豫鄂陕地区开展游击战争，创建根据地。8月3日中原局颁布命令，将汉水以北地区划分四个军分区，并将进入这个地区的我军分别配属在四个军分区。于是，各部队就地作战略展开，开展游击战，创建根据地。

与此同时，为支援中原突围部队在外线的斗争，晋冀鲁豫军区主力向陇海路开封至徐州段出击，迫使追击我之敌军大部东调。豫鄂陕边区军事斗争开始转为对峙局面，各分区根据中原局关于开辟根据地的指示，积极打击敌之乡保武装，摧毁反动政权，发动群众进行抗捐、抗税、抗丁、抗差斗争，为创立根据地奠定基础。8月底，中央批准文建武为豫鄂陕军区司令员、汪锋为政治委员兼豫鄂陕区党委书记。

我军在豫鄂陕边区的活动，严重地威胁着国民党的战略要地西安和洛阳，使反动派极为不安。敌一战区政训部主任顾希平曾说："李先念企图占据陕南，控制关中，响应陕北，进展甚速，威胁甚大。国军预计在两礼拜内进攻陕北，已被破坏。"9月，国民党集中8个师、11个保安团约5万兵力，对我发动"清剿"，豫鄂陕区党委和军区，积极进行反"清剿"斗争，发起较大战斗20多次，毙伤俘敌团长以下1500余人，缴获轻重武器千余件、子弹6万余发，有力地打击了敌人。全区建立了4个专署，14个县政权，210个乡政权，发展地方武装4000余人。在这段时间里，十五旅主力也从鄂西北入陕归建。

秦岭冬天，漫山冰雪，地冻天寒。11月下旬，国民党又调集10个师、17个保安团对我进行全面"清剿"，在主要地区遍设据点，修筑碉堡，移民并村，烧房抢粮，关闭集镇贸易，制造无人区，毁灭我之生存条件。在此严重形势下，部队穿衣、吃饭、住宿、活动，都遇到极大的困难。为分散敌军兵力，挫败敌之"清剿"计划，12月中旬，豫鄂陕军区调集5000名主力组建野战纵队，转入外线向东出击，准备在伏牛山地区打开新的局面。1947年1月16日，野战纵队进入伏牛山腹地，首战桑坪，击溃2个保安团；再战，解放奕川和庙子镇。2月初进抵鲁山以西，击溃河南保安团多次进攻。但国民党军3个师跟踪而至，配合地方团队对我"围剿"。此时，野战纵队连续行军作战，历尽艰辛，疲愈不堪。乃经党中央、中原局同意，在太岳部队接护下，20 日北渡黄河转晋城休整。坚持两线斗争的部队，也于 2 月初组建成 1 个纵队，转战卢氏、洛宁地区。3 月 19 日又奉命北渡与主力会师。留下的 1000 余人组成陕南工委和陕南指挥部，在司令员巩德芳、书记兼政委刘庚、副书记王力等领导下，坚持了艰苦卓绝的游击斗争，直到当年秋天陈赓大军南下时方与主力部队会合。

南路突围部队一纵队（缺第一旅）6 月 25 日由光山泼陂河等地出发，西向宣化店集结。28 日会合王海山所率十五旅主力，行至阳平口即遭国民党军一八五师截击。我甩开敌人，绕道花园以北的王家店过平汉铁路。未及我军靠近铁路，国民党军 3 个师即以猛烈火力阻击堵截，并出动飞机、装甲车参战，将我军截为两段，经过一昼夜激战，我军击退拦路敌军。7 月 1 日，冲过平汉路封锁线。8 日到茅茨贩与十五旅另一部会合。

7 月 11 日夜我军进至襄河东岸时，船少人多，渡河极为困难。国民党七十五军 2 个师在飞机配合下，两路赶来堵击，我南路主力遂一面与之展开激烈战斗，一面进行强渡。战斗结果，我南路主力大部渡过了襄河，但在河东岸担任阻击尾追之敌、掩护主力渡河的三旅八团、二旅六团及十五旅一部约 3000 人，因腹背受敌未能渡河，遂由三旅闵学胜副旅长率领，转道北上进入伏牛山区，8 月初在洛南与黄林部会师，加入豫鄂陕军区序列。

南路主力渡河后，7 月 13 日在宜城西南击溃国民党军第十八师的堵击。21 日进抵谷城石花街以西苍峪沟，冲破一八五师 1 个团的拦截，歼敌 300 人。8 月 13 日在房县木冠河伏击追兵，歼敌 1 个营，旋即分散在武当山地区活动。27 日于房县上龛地区与早已进入武当山地区的鄂中军区部队 6000 余人胜利会师。后在狮子岩根据中原局指示，共同组建了鄂西北区党委，成立了以王树声为司令员兼政委的鄂西北军区，并划分 4 个军分区，将所属部队分别配属在这 4 个军分区中，着手创建根据地。

鄂西北军区展开创建根据地活动后，国民党又调整部署，实行新的围攻，以 3 个整编旅分布房县、保康、均县、谷城、荆门、远安地区，以 2 个整编师进驻宜昌、巴东、兴山、竹山、竹溪之线，形成夹击合围态势。先以房县为中心向我分散部队跟踪追堵，自西北向东南压缩我军。后以老河口、自河公路为依托，由北向南对我"清剿"。我亦改变部署，命令七团及一、四分区部队，在外线积极活动，配合内线斗争。各分区掌握一部分机动兵力，打击地方反动势力，掩护县以下武装分散发动群众，建立政权，组织农民武装。为了调动、分散敌人，又以江汉军区二团为基干，划谷城、南漳和保康的南河两岸地区，组建第五军分区。同时遵照中原局指示派李人林率领500余人返回襄河东岸开展游击战争，令十五旅部队渡汉水、进陕南归还建衍。经过各部积极展开反"清剿"斗争，在2个月的时间里进行较大战斗6次，歼敌官兵近500人，攻占兴山城，缴获一批粮食、布匹、药品等重要物资。全区建立了11个县政权，20多个区政权，50多个乡政权。根据地初具规模。

进入冬季，斗争形势急剧恶化。国民党军以5个整编师数倍于我之兵力，采用分进合击、反复"扫荡"、各个击破以及"棋盘战""穿梭战""突袭"等战术手段，向我发动疯狂"清剿"，力图切断我各区联系，逐步将我从原活动区挤压出去。我各部队化整为零与敌周旋。因连续行军作战，弹药奇缺，粮食、鞋袜、服装供应困难，伤病员无处安置，非战斗减员不断增加，活动地域日益缩小，部队战斗力严重下降。11月被迫撤出一分区，12月底房县中坝、保康康家山战斗失利后，又相继撤出了二、三、五分区。最后只剩四分区之荆当远地区，还能容纳少量部队进行游击战争。国民党军继续向我压缩，企图歼灭我于荆当远地区。鄂西北军区部队面临着严峻考验。

1947年2月，区党委和军区在远安老观窝召开紧急会议，决定由罗厚福率800人留原地坚持斗争，主力部队分路转向外线作战。

李人林部自1946年9月22日东渡襄河后，沿途消灭了钟祥、京山等地三股区乡武装，击溃了前来堵击的敌京山县两个保安中队，并与在京山北部坚持斗争的彭友德、李冠群等两支游击队会合，10月初，占领襄河边重镇多宝湾。紧接着，摆脱由鄂西北尾追而来的国民党军一九九旅和新十五师以及豫鄂两省14个保安团的围攻，进至信阳、桐柏一带，先后与在该地坚持斗争司宇淮、牛德胜、张波等部的游击队200余人会合，组成豫鄂游击支队。这支部队在随县全歼2个保安中队，后又攻占琼家湾，击溃尾追的国民党军1个营。12月，转战应山、安陆、京山，全歼敌七十二军工兵营1个连及1个保安中队。1947年2月，国民党军由东、西、北三面向我"进剿"，李人林即率部南波襄河，进抵长江北岸，智取郝穴镇，俘敌人枪 170 支。1 月 20 日，乘胜渡过长江，入湖南转鄂西，在湘鄂边地区活动。

老观窝会议以后，张才千率二旅四团等部队 1200 余人，于 2 月 14 日由宜都之古老背横渡长江，进入长阳、巴东。3 月 3 日和李人林部会师于五峰县红渔坪。之后，奉中原局指示，这两支部队组成解放军江南游击纵队，张任司令员兼政委，李任副司令员兼副政委，部队改编为一、四 2 个支队。此时，国民党军整编六十六师 2 个旅已尾追至江南，另 4 个整编旅也由东、南两面向我合围。我即分两路挺进湖南龙山、永顺，转抵桑植、大庸，宣传群众，寻机歼敌。4 月初，我两路部队在沅陵以北再次会合，然后转至澧县、石门，威胁湘北重镇常德。国民党湖南当局非常震惊，仓皇调三十三旅前来阻击。4 月 6 日我在澧县以北，迎头击破三十三旅 4 个连的进攻，毙俘敌营长以下 200 余人，敌军不敢再犯。我经宜都向长阳、五峰以南挺进。26 日经石门北部磨岗隘，湖南保安总队阻我前进，我以猛打、猛冲、猛追战术，将敌 800 余人全部歼灭，缴获大量军用物资。此后尾追之国民党军 2 个团、6 个保安大队再不敢轻易与我接近。

5 月 1 日，江南游击纵队根据中央指示渡江北返。2 日占领洋溪，顺利渡过长江。8 日重返远安，连续摧毁河口乡碉堡三座，俘获敌人枪 600 支。在南漳县偏头岩与罗厚福部会合后，奉中央电示，江南游击纵队改番号为中原游击纵队，罗部编为第二支队，26 日由谷城庙滩东渡汉水，横穿鄂豫边界向桐柏山前进，在泌阳以南歼敌保安团 400 余人。6 月 3 日由确山、信阳之间跨越平汉铁路。10 日，胜利进入豫皖苏解放区，又奉命改编为中原独立旅，配合兄弟部队横扫豫皖边土顽。8 月，随刘邓大军千里跃进，重返大别山，江南游击纵队转战大江南北与汉水两岸，在国民党深远后方坚持 8 个月游击战争，运用避强击弱，兜大圈子与小圈子结合，打与跑结合，采取奔袭、化装袭击、伏击等手段，机动灵活地打击敌人，创造了游击战的新经验。据不完全统计，他们共进行大小战斗 200 余次，歼灭国民党军 2000 余人，缴获各种武器 2200 余件，牵制国民党军 6 个师、10 个保安团，有力地策应了正面战场的作战。

与此同时，杨秀昆、刘健挺率 800 人东渡襄河，进抵大洪山和鄂北地区打游击。刘昌毅也率 700 余人摆脱四面追堵之敌，于 4 月 28 日从钟祥石牌再渡襄河，穿越国民党统治区 8 个县境，进入大别山腹地金寨。在吊桥崖设伏歼敌 1 部，缴获美制电台 1 架。又在霍山漫水河、岳西大岗岭，击溃跟踪我军之湖北保安团。刘部重返大别山连战皆捷，老百姓纷纷传说："当年红军又回来了！"

5 月 22 日，刘昌毅部与皖西工委书记桂林栖领导的游击队在潜山县大佛寺会师。两部联合召开领导干部会议，决定成立皖西人民自卫军和临时党委、临时指挥部。刘昌毅任司令员、桂林栖任政治委员，统一领导皖西地区的革命斗争。皖西人民自卫军组建后，以潜山、桐城交界地区为基点，分头向豫西、霍山、太湖、怀宁地区发展，拔除国民党军在我活动区内的据点五处，夺取大批粮食和物资。7 月、8 月两月转向山外，从潜山一直打到宿松，一度攻占望江，相继进击项岭等 8 处国民党军据点，均获胜利。皖西人民自卫军 4 个月内进行战斗 50 余次，歼敌 3500 余人，缴获各种枪械 1700 余件。活动区域达 9 个县，根据地扩大到纵横百余公里，地方游击队如春笋般建立起来，成为配合主力作战，保卫区乡政权的重要力量。1947 年 8 月底，在霍山与二野三纵队阎红彦副政委所率部队胜利会师。这支千里回师大别山、坚持中原敌后游击战的英雄部队，即汇入了战略进攻大军的滚滚洪流。

鄂东独立旅 3 个团共 6000 余人，担任掩护主力向西突围的任务。主力突围前，独立旅政委张体学率六团 1 个营接替了宣化店地区的警卫任务，掩护中原军区首脑机关及其警卫部队安全转移。主力突围后，独立旅的五团、六团（缺一个营）也分别由四姑墩、华家河、肢安南、黄冈，沿英山以南进入岳西县的冶溪河地区。旅直及四团全部于 6 月 29 日黄昏向东突围，30 日下午在乘马岗以南遭麻城之敌阻击，激战 2 小时后撤至林店以东高地。张体学率领六团 1 个营完成掩护中原军区机关撤离宣化店并护送第三十二停战执行小组到河口镇以后，30 日经卡房到达林店附近，与旅直及四团会合，当即迅速向北迁回到福天河附近，穿过麻城到商城的封锁线东进。7 月 7 日拂晓与大批围攻敌军展开激战，歼敌 1 个营，但未突破敌之封锁。该部乃由经扶进入宋埠公路以西山地。入夜，分四路跳出包围圈，经过数日急行军，全旅会师于冶溪河。

7月13日，中央电令鄂东独立旅在大别山坚持，将部队彻底分散，以营、连、排为单位活动，进行广泛的游击战争，必要时可以过江。并规定：原新四军第二师、第七师留在大别山的游击队统归独立旅首长指挥，以张体学为书记组成党委统一领导。旅党委遵照中央指示，立即停止东进，将部队分散到皖西、鄂东、豫南等地坚持斗争。但尾随之敌第七军2个师、川军2个师及2个保安纵队对鄂东独立旅穷追不舍，原追击一纵队第一旅之敌四十八军亦由岳西回头堵截。我集中活动，敌亦集中"清剿"，我分散活动，敌亦分散"清剿"。敌众我寡，兵力悬殊，鄂东独立旅处境极为困难。面对这种情况，独立旅的多数指战员仍以艰苦卓绝的毅力与敌反复周旋，牵制着上述国民党军队不能他调。由于战斗频繁，日夜行军，部队减员很大。在艰苦浴血奋战中，六团政委黄世德、五团团长彭超、鄂东行署专员何建华等先后英勇牺牲。

1947年2月，以易鹏为书记的鄂东中心县委指挥300多人的武装活动于浠圻、宿太、黄广地区。4月，该部主力从武穴附近之田家镇横渡长江挺进到鄂南赣北，沿途摧毁敌区乡武装多股，7月、8月间又一举攻克重镇武穴、珑坪，歼敌一个保安大队，部队发展到四五百人。在黄冈、罗田地区，县委书记漆少川，指挥2支手枪队百余人，坚持了黄冈、罗田地区的游击战争。在皖西，熊作芳带领独立旅一部与新四军第二师、第七师的游击队会合后，于1947年2月在安庆附近击毙敌中将司令张凌云等6名将校军官，敌震动很大。在豫南，中心县委书记刘名榜、何耀榜带领百余人的武装坚持罗山、礼山、经扶、光山地区的游击战争。这些英雄游击部队于1947年8月与跃进到大别山的刘邓大军会师，参加了人民解放战争的战略进攻。

（3）千里跃进

1947年是解放战争的关键一年。国民党军队倚仗装备精良、兵力较多的优势，向山东和陕北解放区发动重点进攻，并占领了延安。此时有人断言：蒋介石已经稳操胜券，共产党则像过早凋谢的黄花，开始枯萎了。连莫斯科也认为撤离延安的决定是错误的。然而，蒋介石低估了毛泽东。在当时的形势下，毛泽东不动声色地下出了一着险棋：从蒋介石伸来的虎口般的"钳铰"处中央突破，三路大军挺进中原，同时将主要进攻方向指向敌人战场上最敏感而最薄弱的地区——大别山，并将这个任务交给了刘邓大军。进军大别山，自断后路，向敌人的心脏地区千里跃进，确是一步险棋。邓小平说："我们好似一根扁担，挑着陕北和山东两个战场。我们要责无旁贷地打出去，把陕北和山东的敌人拖出来。我们打出去挑的担子愈重，对全局愈有利。"

1947 年 8 月 7 日，刘伯承、邓小平发出命令：勇往直前，不要后方，不向后看，千里跃进大别山！这是一次路途诸多险阻的进军，是一次全靠意志和勇敢才能取胜的进军。刘邓创造了奇迹。经过 20 多天的艰苦跋涉和激烈战斗，刘邓大军以锐不可当之势，战胜数十万敌人的围追堵截，先后越过陇海路、黄泛区、沙河、涡河、汝河、淮河等一道又一道障碍，于 8 月 27 日胜利到达大别山区。而后，陈（毅）粟（裕）大军挺进豫皖苏，陈（赓）谢（富治）大军挺进豫西，三军构成品字形，协同作战，共同创建新的中原解放区。于是，战争的车轮在这里扭转，历史的轨迹在这里转弯。人民解放军的战略进攻开始了，一个伟大的转折由此诞生了！坚持大别山的斗争，人们也叫逐鹿中原。中原地跨鄂、豫、皖、苏、陕五省，北至黄河，东起运河，南临长江，西迄伏牛、汉水，地域辽阔，人口众多，物产丰富。自古以来为兵家必争之地。只要解放军能在中原立足生根，就可东慑南京，西逼西安，南扼长江、武汉，直接威胁敌人的长江防线和江南统治区，迫使敌人的主力从山东、陕北战场回援，从根本上改变战局。因此，解放军总司令朱德曾说："自古谁得中原，谁得天下。"

作为中原局书记，邓小平对中原战场有一说，谓之为"四水三山会中原"。四水：江、淮、河、汉；三山：泰山、大别山、伏牛山。要在这三山、四水之间创建中原解放区，就必须首先控制住大别山。邓小平号召部队勇挑重担，不怕困难，义无反顾地创建巩固的大别山根据地，一定要站住脚，生下根。

刘邓大军迅速分兵，在鄂东和皖西战略展开。其第三纵队在司令员陈锡联、政委彭涛率领下，奉命挺进皖西，先后解放了六安、霍山、金寨、岳西、舒城、桐城、庐江、潜山、太湖等地。9 月，刘邓大军经过激烈的作战和紧张斗争，建立了百余万人口的广大地区，初步完成了战略展开。

现在有很多人都津津乐道当年召开的"不握手会议"。那是 9 月 27 日在河南商城西北王大湾召开的。由于挺进大别山的最初三仗未能打好，部队中有些人信心不足。在这次召开的旅以上干部会上，当有的干部习惯地伸出双手，想和刘邓握手时，邓小平说："仗没打好，不握手了。"他在会上指出：增强斗志，反对右倾情绪，克服纪律松弛的思想，是打好胜仗、创建大别山根据地的重要保证。他又说：越是在困难的时候，高级干部越要以身作则，鼓励战士们坚决勇敢地歼灭敌人。这次"不握手会议"，对坚持大别山的斗争起了重要作用。在刘伯承、邓小平的正确指挥下，各部队敢于斗争、敢于胜利，在六安张家店和蕲春高山铺战役中，共歼敌 1.7 万人。它表明，刘邓大军已经能够大兵团作战，在大别山站稳了脚跟。

至 9 月底，经过激烈战斗，刘邓大军在鄂豫皖地区解放了县城 23 座，歼敌 6000 余人，在 17 个县建立了民主政权。经过 1 个月的时间，刘邓已经打开了局面，依托山区安置了后方。大别山的斗争，胜败不是决定于消灭了多少敌人，而是站得住脚。这就要求，对兵力的集结和分散要掌握得好。3 个月后，形势发生了改变。1947 年 9 月 27 日在光山县白雀园召开的纵队领导干部会议。会议对于进大别山一个月的总结和对于今后工作的布置是十分及时和必要的。要站稳脚跟，就要严肃纪律，发动群众。刚一进大别山，刘邓就严令：以枪打老百姓者枪毙，抢掠民财者枪毙，强奸妇女者枪毙！一次，邓政委在黄冈县的一条街上碰到一个立过战功的警卫副连长的刺刀上挂着一捆花布，一捆粉条，显然来路不正，便立即叫人查实，果真证实了邓政委的判断。邓政委经过权衡利弊，最后决定必须严肃纪律，枪毙了这个违纪的副连长，于是军纪得以严明。10 月的大别山，秋犹未过，但早晚已是寒气袭人。刘邓大军远离后方，供应不及，指战员们穿的还是夏天的单衫单裤。眼看严冬将至，冬衣问题已变得十分突出，部队就自己动手缝制冬装。刘邓大军刚刚适应了大别山区的情况，蒋介石便集结大别山北麓的 7 个整编师的兵力，对光山、新县我军进行合围。在刘邓的指挥下，我军机动灵活地运动歼敌。到了 11 月，刘邓大军在 2 个月中，共歼敌 3 万余人，解放县城 24 座，建立了 33 个县政权。刘邓大军，在大别山，由此完成了战略部署。在刘邓进军大别山的同时，陈赓、谢富治集团向河南西部挺进，歼敌 5 万余人，解放了 10 余个县城，在完成战略展开的同时，调动了敌军 8 个旅的兵力，在大别山以西有力地配合了刘邓的作战。陈毅、粟裕大军挺进豫皖苏边地区，3 个月大踏步寻战，歼敌 2 万余人，调动了敌军 15 个旅的兵力，其中包括准备用于进攻大别山的 8 个旅，打乱了敌之军事部署，在刘邓以北扩大了解放区。就这样，根据中央和毛泽东的指挥，刘邓、陈谢、陈粟三个棋子，均部署到位，在北黄河、中淮河、南长江、西汉水之间的中原地区，结成了一幅"品"字形状、互为掎角的有利的战略态势。刘邓大军挺进大别山，吹响了夺取全国胜利的嘹亮号角。

样例二：参观郑州二七纪念馆①

1. 郑州二七纪念馆简介

1923 年 2 月 1 日，京汉铁路总工会成立大会在郑州普乐园举行，由于大会遭到直系军阀吴佩孚的镇压，为了争人权、争自由，总工会当晚召开紧急会议，决定于 2 月 4 日午时举行全路总罢工。这天，郑州首先拉响了大罢工的第一声汽笛，揭开了大罢工序幕。2 月 7 日，军阀对江岸、郑州、长辛店等地的罢工工人实行血腥屠杀，造成了震惊中外的"二七惨案"，为了纪念这一重要的历史事件和在京汉铁路大罢工中牺牲的"二七"烈士，更好地继承和发扬铁路工人的斗争精神，1951 年，郑州市政府在当年总工会成立旧址普乐园兴建了二七纪念堂，在烈士汪胜友和司文德牺牲的长春桥旧址兴建了二七纪念塔。当时的纪念塔建在刚刚扩建的二七广场中央，塔身通体为三角形木质结构，并在塔顶竖立五角星，塔身周围饰以松柏、花坛和草坪。经过缜密的规划和设计，纪念塔于 1971 年 1 月 1 日，在原木质塔的旧址和基础上，重新进行动工修建，新塔于同年 9 月 29 日落成，10 月 1 日正式对外开放。郑州二七纪念塔占地面积 352 平方米，建筑面积 1923 平方米，钢筋混凝土结构，平面呈 2 个五边形并联，是我国独有的双塔形革命纪念建筑。塔身通高 63 米，共 14 层，每层顶角为仿古挑角飞檐，绿色琉璃瓦覆顶。塔顶建有钟楼，内置六面直径为 2.7 米的大钟，大钟报时演奏"东方红"乐

---

① 资料来源于郑州二七纪念馆

曲，钟声洪厚，悠扬悦耳。钟楼顶端竖 9 米混凝土旗杆，上置红色五角星一枚。塔内一边为旋转式步梯，另一边为展室。登至塔顶，可眺望俯览郑州中心市容风貌。白色塔身映衬着红窗、绿瓦，使夜幕下的二七塔呈现静与动的美感。整点报时那一刻，彩色光在塔身次第闪耀，变幻中更显二七塔的靓丽。

二七纪念堂位于郑州市钱塘路中段 82 号，坐西朝东，占地 6440 平方米，主楼为一所能容纳 1500 多人的集合厅，南北配楼为二七史迹陈列馆和活动楼。主体建筑墙体为青砖屋面，红色机瓦覆盖，四周外墙为淡绿色水刷石。四根方形水磨石立柱与前脸浑为一体，显得庄严、挺拔。正中上方为堂徽，堂徽由火炬、麦穗、道轨剖面和齿轮等图案组成，门脸正中下方是一组 23 人的铸铁浮雕。

2. 革命遗迹历史背景

二七大罢工又称京汉铁路大罢工，是中国工人运动第一次高潮中规模最大、最有影响的一次。发生于 1923 年 2 月，以郑州京汉铁路总工会为中心，北起长辛店，南至汉口。长辛店铁路工人罢工为其重要组成部分。

长辛店、卢沟桥一带为中国铁路工业的发源地。1897 年卢汉铁路修建，由法国、比利时等国合资兴建卢沟桥铁路机厂。1900 年因义和团运动，卢沟桥机厂被毁。1901 年卢沟桥机厂迁至长辛店，为长辛店铁路工厂，工厂由比利时国经营，厂长袿曼。1919 年工人已达 3000 人左右，每日工钱为三四毛钱。1918 年冬和 1919 年年底，毛泽东为组建留法勤工俭学预备班，两次来长辛店启发工人觉悟。1919 年五四运动爆发后，长辛店组织救国十人团各界联合会，声援北京学生爱国运动，在此期间，中共早期领导人李大钊、张国焘、邓中夏、高君宇、邓培、赵尔康等在长辛店创办劳动补习学校，后建立工人俱乐部。北京大学平民教育讲演团在长辛店设点讲演，宣传马列主义。中国共产党第一届代表大会召开后，立即组建中国劳动组合书记部，书记部在北京设立分部，负责京汉铁路的工人运动。1922 年 8 月组织长辛店八月罢工，取得胜利。1922 年中国工人运动走向第一次高潮。1 月 12 日香港海员要求增加工资，被英国资本家拒绝，随即在中华海员工业联合总会负责人林伟民、苏兆征领导下，举行罢工。9 月李立三、刘少奇、蒋先云等领导安源路矿 1.7 万工人罢工。与此相配合的罢工斗争还有京奉路山海关铁路工厂工人罢工、长沙泥木工人大罢工、京奉路唐山制造厂工人罢工、开滦煤矿工人大罢工、京绥铁路工人罢工、长沙铅印活版工人罢工、正太铁路工人罢工等。当时的中国政局正值皖系军阀战败，直奉力量增强，以曹锟、吴佩孚为首的直奉军阀拥兵数十万，控制洛阳、保定、丰台、北京、天津等华北地区。4—5 月直奉两军大战，战火在丰台、卢沟桥、长辛店一线展开，吴佩孚为取得军事后备资源，保障铁路交通的畅通，动用大批铁路工人为其服务。直奉战争结束后，为迷惑工人维持其独霸北京政权的地位，吴佩孚标榜"开明"，打出"保护劳工"的口号。中共利用这一机会，组织工人俱乐部和工会向军阀提出各种合理要求，将工人运动推向高潮。1923 年 2 月 1 日京汉铁路总工会遭到直系军阀的阻挠，当晚，总工会秘密集会，决定 4 日午时宣布京汉路全体总同盟罢工。3 日晚，长辛店分会委员长史文彬返京，连夜召开紧急会议，传达罢工命令。

1923 年 2 月 4 日晨，3000 余名工人聚集于长辛店娘娘宫，史文彬在会上报告总工会成立大会及被军阀破坏的经过，并宣布罢工命令。会后罢工正式开始，总工会发表罢工宣言，并提出复工条件：①撤职查办局长赵继贤、南段副局长郑云、郑州警察局长黄殿辰。②要求赔偿召开成立大会所受的一切损失，被破坏的匾额重新挂起，被抢走的物品要求郑州军警送回。③每星期休息一天，阴历年放假七天，一律不扣工资。罢工开始后，工人纠察队在各路口站岗放哨，在车站拦截火车，每个工人手举一面小白旗，上面写着"劳工神圣""提高工人政治地位""提高工人生活水平""争人权、争自由"等口号。罢工期间，工人均到俱乐部参加活动，秩序井然，受到社会人士的普遍好评。2 月 5 日北京铁路管理局差役也举行罢工。铁路局长赵继贤接到吴佩孚命令，令其严厉处置。赵继贤于是发出威胁布告，限工人在 12 小时内复工，但工人不予理睬，赵继贤又派人到长辛店胁迫工会单独交涉，工会以"只知总工会命令，不知其他"相回答。2 月 5 日湖北督军萧耀南派参谋长张厚生到江岸，以强硬态度要挟工会交出重要领袖。总工会指出，除非曹锟、吴佩孚及交通部负责人前来，否则，恕不接待。午时，大批军队将工厂包围，并将 2 名开车工人捕去，工人闻讯后，集合 2000 多人，冲破军队防线，将 2 名工人抢回。冲突中，军警又拘捕工人纠察团的 3 名成员，总工会派人要求释放。6 日武汉各工会各派代表队数百人，共2000 余人，到江岸举行慰问大会，慰问大会后，工人举行游行示威，由江岸经过汉口租界，历时 21 小时游行结束。2 月 4 日郑州驻军师长靳云鄂将工会代表召来讲话，强令代表开车复工，工会代表以"须有总工会命令才能开车"为由，加以拒绝。5 日靳云鄂拘捕工会委员 3 人。工人闻讯后，立即组织起来，同靳云鄂交涉。6 日军警又捕去 2 名工会委员，上午，靳云鄂将 5 名工人代表辞退，下午，警署鸣锣招呼工人上工，工人置之不理。

直奉大战后，吴佩孚以"保护劳工"为幌子，采取设立劳工局、赞成劳动立法、颁发肖像奖章、邀见工人代表等欺骗手段，借以维护统治。长辛店罢工的结果使吴佩孚每月损失 6 万元。为此，吴佩孚对罢工实行镇压，首当其冲的便是长辛店铁路工人。2 月 5 日北洋军阀卫戍司令部派游缉队长张国庆率四郊游缉队一营开赴长辛店，对罢工工人严密监视。2 月 6 日下午，京汉铁路局局长赵继贤、宛平县县长汤晓秋及警察厅督察长等协同十四混成旅旅长时盛、四郊游缉队长张国庆在长辛店车站紧急协商，酝酿镇压计划。同日晚 9 时左右，时全盛、张国庆等率领十四旅二团三营、游缉队及铁路警察闯入长辛店铁路工人家，逮捕共产党人吴汝明、史文彬、陈励懋、王永泰、李三、洪永福、杨锡贞、吴春西及吴祯、易顺等 11 人，押往十四混成旅旅部。2 月 7 日清晨，罗章龙、刘伯青乘车来到长辛店，得知史文彬等 11 人被捕的消息后，迅速组织起三四千人的工人队伍，涌向长辛店火神庙，将警察署包围，与庙内的驻军和 2 个警察营形成对峙。示威工人首先派韩连金搭话，随即又派孙呈武，刘文武进内交涉。军队见群众队伍蜂拥而来，立即后退，举枪作射击状。不久，混成旅四团三营赶来，双方开始肢体冲突。冲突中，葛树贵、杨诗田、辛克洪、刘宝善、赵长润 5 人牺牲，29 人负伤。王永福、刘炳波等 20 余人被捕，长辛店铁路工人罢工惨遭镇压。在汉口江岸方面，湖北督军萧耀南派参谋长张厚生指挥镇压。2 月 7 日下午 5 时多，张厚生率 2 个营包围总工会，命令开枪射击。数百名手无寸铁的工人纠察队与军警搏斗，曾玉良等 32 人牺牲，200 多人受伤。同时，军队包围工人宿舍，搜捕工人。京汉铁路总工会江岸分会委员长林祥谦被捕。军警将他绑在车站电杆上，强令他下达复工命令。林祥谦严词拒绝，慷慨就义。与此同时，保定、洛阳、郑州各站发生流血与死亡事件。整个二七惨案，京汉南北各站在 12 小时内，共牺牲 40 余人，被捕百余人，负伤 500 余人，失业流亡的工人近千户。

直系军阀吴佩孚、萧耀南及下属时全盛、张国庆等制造的二七血案，引起中国各界的共愤。中国共产党为吴佩孚惨杀京汉路工人，发表以告工人阶级与国民书，号召工人阶级团结起来，打倒吴佩孚政权。中国劳动组合书记部发布告示以敬告国民，提出来争自由、反抗军阀、争民权、反抗惨杀的口号。海参崴工团总会，宣告吴佩孚等军阀的罪恶，上海学生总会、北京各团体联合会、全国各界联合会、全国铁路总工会筹备委员会、北京民权运动大同盟、湖南全省工团、北京大学学生会、潮州工会联合会、上海劳工团、全国工人工团自救会、中国社会主义青年团、湖北省工团联合会、全国海员总工会、北京学生联合会等组织和团体纷纷发表通电和宣言，谴责吴佩孚屠杀工人的罪行。3 月 2 日北京各界群众前往天安门，向军阀政府示威，遭政府镇压。3 月 22 日北京 5000 余名各界群众举行"施洋、林洋谦及二七诸烈士追悼大会"。为了保存与积蓄革命力量，党组织通知京汉铁路总工会 2 月 9 日复工。长辛店工会在军阀政府高压下，遭严重摧残。北方工人运动暂时转入低潮。

二 主题活动二：历史情景剧编演

（一）历史情景剧的含义

"历史情景剧"是情境教学法与参与式教学模式在实践教学中的运用。它指的是授课教师在《纲要》课的实践教学环节，为学生创设与教学内容相关或一致且符合学生年龄特点以及认知水平的教学情境，组织学生以近现代人物的身份参与实践教学，进行表演，客串近现代历史主人公的身份，身临其境地感受特定时期人物的所思所想及复杂敏感的感情变化，从而通过感官情感体验，触动学生的神经，启发通过思考轻松掌握所学专题的主题，提高教学的实效性。

历史情景剧创设的历史情境，不同于将学生被动地置于历史情境之中的参观博物馆、观看历史题材影视剧等活动，而是强调激活学生已有知识，在促使学生获取新知识的基础上，使学生对知识进行再现、归类、提炼、转换、运用，通过合理想象、情境设计、艺术创造再现历史情境，进而在自主创设的历史情境中实现由情感体验、情感共鸣到情感认同的升华。可以说，情境创设教学法实现了学生由历史发展的"局外人"向"剧作者""剧中人"的角色转变。这一方面让学生有机地以主人翁的态度去观察、思考和分析一些现实问题；另一方面也有利于推进素质教育，特别是拓展历史教育、美育、创新教育的天地。

在《纲要》课实践教学中，推广历史情景剧紧跟时代发展的步伐，符合国家有关课改的政策和要求，具有形象、直观、主题性强、情节简单、人物个性鲜明、历史时期短、吸引力强及参与度高等鲜明特点。同时，这种实践教学模式还可以把教学讲授、实践感受、情感内化几个方面凝练成一部作品呈现出来，能达到更好的教书育人的效果。这不仅是教学方式方法的理论创新，也是教学实践环节的拓展与丰富，与传统的讲授法相比较，可谓一举数得。

（二）历史情景剧实践教学模式的理论依据

历史情景剧教学模式是一种短剧式实践教学模式，短剧式实践教学模式以建构主义学习理论为依据，建构主义学习理论强调通过学习者的自助、协作与体悟来掌握知识。

建构主义最早可追溯到皮亚杰，他对儿童认知发展的心理有深入研究，认为儿童通过"同化"和"顺应"环境以获取知识。源自儿童发展心理研究的建构主义能够较好地阐释人类学习过程的认知规律，进而形成建构主义学习理论。建构主义学习理论以"情境""协作""会话"和"意义建构"为四要素支撑。"情境"是有利于学习所学内容的氛围，因此在教学设计中务必考虑情境创设，以情境带动并感染学生；"协作"是学习者互动合作协调的过程，通过协作，对学习资料的收集与分析、情境的创设与验证、学习成果的评价均有重要作用；"会话"是情境创设、协作互动中必不可少的沟通过程，是实现学习目的的必要交流环节；"意义建构"是让学习者对所学内容的性质、规律以及事物之间的内在联系进行知识搭建，学习者获得知识的多少往往取决于意义建构的能力。

历史情景短剧式实践教学以学生的班级为单位，成员在课余时间以协作与会话的方式完成历史短剧的选编，然后在课堂上演出短剧，使大家重返历史情境中，为学习《纲要》课的意义建构打好基础。

（三）历史情景剧实践教学模式的必要性分析

在互联网时代成长起来的 90 后大学生汲取知识的途径上极其多样与便捷，他们对课程的必要性、重要性认知有比较明显的实用主义倾向，这无疑加大了课堂教学的难度，教师授课的吸引力自然会受到较大冲击。为改善教学实效，有必要运用短剧式课堂实践教学模式。

1. 适合大学生学习心理

构建主动学习的情境。如今的大学生都是 90 后，他们多被贴上诸如功利、欲望心强、过分自我、较强反叛意识、学习焦虑与网络依赖等标签。这些标签不乏夸大其词，但仅就学习而言，他们大都不太接受被动灌输式的课堂理论教学模式，更愿意在氛围宽松、活跃的环境下积极表现自己的与众不同。构建一种适合他们个性特征的情境，布置相关学习任务用以强化彼此间的协作，通过师生间、同学间沟通会话去主动探求学习的意义，这种本质上属于建构主义学习理论的授课方式很受大学生的欢迎。

克服课程局限。由于大学生在中学阶段已经接触并学习过相关的中国历史知识，所以在进入大学以后，继续学习《纲要》课缺乏学习好奇心，感觉课程似曾相识但又熟视无睹。如今的大学生不是被动的知识接收者，而是积极的情境构建者和信息主导者，短剧式课堂实践教学模式有利于突破课程似曾相识的局限，让大学生养成自主学习习惯。

2. 缩小教材带来的距离感

《纲要》课是以中国近现代史料为载体的思想政治理论课，其教学目标是帮助学生了解国史、国情，深刻领会历史和人民怎么选择了马克思主义、选择了中国共产党、选择了社会主义道路，帮助学生树立正确的历史观、人生观和价值观，课程本身担负着思想政治教育的责任。

《纲要》课在教材编排方面与一般历史教材有所不同，在历史史料的基础上具有理论概括性，围绕"侵略—革命"主线，说明帝国主义入侵中国及其与中国封建势力相结合给中华民族和中国人民带来的深重灾难，从而促使中国先进分子和人民群众为救亡图存而艰苦奋斗，使大学生认识到历史和人民如何进行"三个选择"。这种教材过多的理论分析与远离当下的历史使得学生与之产生距离感，学生不是很感兴趣。很多学生认为，历史是过去的人和事，是看不见、抓不着的，感觉学习之后不实用，没有真正体会"读史使人明智"的深刻含义。而运用短剧式课堂实践教学模式可缩短甚至消除这样的距离感，让大学生真正对教材入脑入心感兴趣。

3. 利于教学方法的创新

教师站在讲台上一味地灌输，学生在下面被动地接收，师生就所学内容缺乏互动，再加上有些现实社会因素的干扰，传统方式讲授《纲要》课已经面临较大挑战。如果不创新课程教学方法，"说教""灌输"很容易让学生反感，使学生对《纲要》课不愿信服。由此可见，《纲要》课务必结合当今大学生特点，力求在教学方法上有所突破，因而历史情景剧式实践教学模式的引进很有必要。

对于《纲要》课而言，实践教学与课堂理论教学如同鸟之两翼，缺一不可。历史情景剧式实践教学模式是围绕某一历史知识与历史背景展开相关历史情境式的实践体验和探究。学习小组除了要精挑细选历史短剧外，还要全程参与历史短剧的适度改编以满足课堂实践时的表演需要，最关键的是要融入历史人物的角色进行逼真投入的汇报表演。这需要大学生积极参与课堂实践教学，以便摆脱纯理论教学的枯乏无味，激发学习兴趣。可见，历史情景剧式教学模式与课堂理论教学相得益彰，是实践教学的要求。

（四）历史情景剧的实施

历史情景剧实践教学活动的实施在《纲要》课教学中深受学生的欢迎，但也是一件非常耗费时间精力的工作，需要任课教师和学生的共同努力与合作来完成。历史情景剧的运用是一门艺术，要使这一教学方式真正成为提升大学生人文道德素养的有效载体，而不是流于形式，任课教师就要精心设计、有效引入、适时指导，使每个学生树立积极参与的意识，保持高涨的情绪，才能更好地实现历史情景剧所该表达的功能和效应。历史情景剧并非小范围或少部分同学的参与，而是开课学生全员参加。他们以自然班为单位，自由组成团队进行创作。在整个过程中学生们可以更加深刻地了解国情、国史、党史，从而激发他们的爱国、爱党的热情。根据笔者的教学经验以及相关调查研究，历史情景剧的有效实施大概包括以下几个步骤。

1. 精准选择历史情景剧的主题

历史情景剧的选题是一个起始性和关键性的环节，不是所有的教材内容和理论知识都适合作为选题。选题既要注重学生的爱好，也要注重课程的教学目标，然而如何确定，仍是一个需要谨慎考虑的问题。历史情景剧实践教学的时间跨度比较大，教师运用该教学法时，一般在开学初布置任务，给学生两三个月的时间进行团队讨论和创设，在学期末安排一定的时间进行成果展示。学生在准备历史情景剧演出时，可以自主安排时间进度，但教师应该适时了解各团队的开展情况。历史情景剧实践教学是一种开放式的教学，学生的知识结构、知识储备、资料收集程度、对历史事件的理解、选择偏好不尽相同，这对教师素质提出了较高的要求。教师应该对选题的历史背景、发展脉络、历史人物有充分的了解。

第一种方法，为了充分锻炼学生的能力，在条件许可、局面可控的情况下，教师可以鼓励学生自主选题。教师可以让学生用一周左右的时间自行选择一个题目，由教师汇总、调整，最后确定选题。教师的调整和补充，不是随心所欲的，必须建立在吃透教材和教学大纲的基础上进行。最后确定的题目应该都具有典型的教育意义，与课程的教学目标明确相关。由于教学时数紧张，无关紧要的选题不宜入选。例如，中国近代史上历史事件颇多，但选择有代表性并与教材相符的事例并非易事。学生在选题时，有的选择"戊戌变法"，有的选择抗日题材的"英雄儿女"与"狼牙山五壮士"，还有的选择"马关条约之签订"等。经审查，由于"英雄儿女"过于复杂且其代表性较弱，不建议学生选择；"狼牙山五壮士"需要的场面过于宏大，不宜控制，课堂难以操作，故劝慰学生另行选择；"戊戌变法"与"马关条约之签订"不但情节具有较强代表性，而且具备很大伸缩空间，可繁可简，并且都有闪光之处，场地要求不高，故为进行历史情景剧实践教学理想之选。学生也可以参考以下选题："虎门销烟""巴黎和会""公车上书""五四运动""中共一大""八七会议""遵义会议""国共合作""绣红旗"以及京剧《沙家浜》中的"智斗"等。

第二种方法是直接由教师来拟定历史情景剧的题目。选题要紧扣教材主要内容，突出重点。教师要钻研教材内容，敏锐选取具有重要历史意义的现象或事件，这样比较容易触动学生的情感，尤其是对理论的产生具有酝酿作用的事件，或者有冲突性和转折性的事件，有善于塑造典型人物的内容，最好是发生在狭小或有限时空内的事件。对于过程较复杂、历时较长的，可以攫取其中典型的片段或场面。教师根据学生所自由结合的团队数量，合理拟定选题数量，允许"同题异做"。选题的设计应具有连续性，各选题之间形成"选题链"，通过"选题链"清晰展现历史发展的总脉络。选题应该避免过大过宽，小选题能使学生思考得更深入、认识得更充分。例如，专门就"井冈山会师"这一历史事件进行情境创设，显然比"开辟井冈山革命根据地"更具体明确，可操作性也更强。

2. 用心编排历史情景剧

第一步的选题只是规定了大致范围，接下来就要根据所选的题目编写剧本。每个小组要在主题的范围内，根据历史事实、理论知识等编写相应的较为详细的文本（剧本）。剧本是编导与演员进行演出的文本根据，主要由台词和舞台指示组成。舞台指示是对剧情发生的时间、地点的交代，包括对剧中人物的形象特征、形态动作及内心活动的描述，对场景、气氛的说明，以及对布景、灯光、音响效果等方面的要求。《纲要》课中的历史情景剧剧本可以尽量简化，只需情节完整（包括背景、过程和结果，主要人物的心理活动，不同人物的矛盾冲突），并有简单表演方案设计（主要包括台词、动作和心理活动的描述）。剧本尽量做到短而精，表演时间限定于10—15分钟，主要突出重要情节，场面适中，符合教室空间之规模，限期两周之内将初稿交由教师审阅。教师要指导学生编写剧本，对于实在无力编写合适剧本的班级或小组，教师可以提供现成的剧本（教师自己或别班编写的剧本）。教师要注意对于学生付出之辛苦应及时给予肯定与鼓励，以使其收获成就感和信心，有利于下一步教学的推进。

好的剧本是历史情景剧获得预期教学效果的前提，剧本在短而精的前提下还应该努力追求"灵魂""思想"。一是剧本内容本身紧扣大纲与教学目的；二是剧本内容本身有深刻的思想，能够直击观众的感受、触及观众的灵魂，达到真正的实践教学目的；三是表演剧本的演技有灵魂，学生在表演的时候要能够完全沉浸在剧情与人物角色中，置身建构的历史情境、饱含深情进行演出，以达到感染观众之效；四是不能妄构、虚构历史，必须守住史实这一灵魂。

这一环节主要由学生自主完成，是发挥学生主体性的主要途径。调动并发挥学生的主体性，关键在于改变把学生作为单纯知识接收的个体，让学生作为有知识加工能力的个体参与学习中去。历史情景剧实践教学强调在激活学生已有知识、促使学生获取新知识的基础上，使学生对知识进行再现、归类、提炼、转换、运用。学生在进行历史情景剧的创作时，通过查阅历史著作、党史文献、人物传记、回忆录以及相关学术研究成果了解历史事件发生发展的具体情况，历史人物的人生经历、个性特征和历史作用。这种获取知识的方式赋予了学生自主选择内容的权力，比课堂传授知识更能激发学生的学习兴趣。资料收集越充分，学生对事件和人物的认识越到位，呈现内容也就越丰富。这就使得学生产生充分占有资料的内在动力，尽可能多方面了解历史事件的来龙去脉。在完成历史资料收集和理解的基础上，学生对历史事件有了自己的认识，逐渐使已有知识和新知识系统化，为展开情境创设奠定基础。毋庸讳言，学生收集资料的能力还是不足的，容易在丰富的历史资料中迷失方向。教师有必要介绍资料收集、加工的方法、途径，引导学生正确有效地收集历史资料，以提高学生运用史料的能力。

小组成员可以根据自己的兴趣、特长等选择分工和职责。擅长写作的同学可以担任"编剧"，向往导演工作的同学可过一把"导演瘾"，表现欲强烈的同学可以当"男主角""女主角"。小组成员既分工明确，又相互协作，才能共同做好自编自导历史革命剧的实践活动。实践教学是一种有效的教学形式，但往往参与度不高，一些学生成了"观众"。因此，历史情景剧实践教学务必让所有小组成员都参与其中，每个人都有角色或职责，才能调动所有学生的积极性。

3. 倾情演出历史情景剧

现场演出。这是历史情景剧实践教学的核心环节，也是学生辛勤筹备的结果。角色分配好之后，要多次排练，要求"演员们"熟记台词，表演自然生动、富有感染力，而且相互配合默契，在排练中发现不合适的台词还需进行修改和完善。为了充分展示历史情境和表达人物心理，可以制作适当的道具与布景，可以配乐、配音以烘托气氛。在条件有限的情况下，可以充分利用多媒体大屏幕作为背景，既简单又节省经济成本，主要展示学生对历史情节的把握理解程度与表演才华。此环节应由学生尽情发挥，教师作为一位观察者。表演结束后，教师要及时组织学生对历史情境及演员表演进行点评，引导学生走出历史情境，思考教学目的和短剧所要突出的历史问题，读史明智，以史为鉴，以加深学生对此段历史的认识与理解。排演环节不但培养学生协作、沟通的能力，更能够使学生养成主动探究的好习惯，提升逻辑思维和分析问题的能力。比如，围绕戊戌变法历史剧设置如下几个问题：戊戌变法的深层历史原因；结合变法内容谈谈戊戌变法失败的必然性；如果没有袁世凯的告密，变法将会有怎样的结局？戊戌变法对中国历史的影响。通过讨论，学生可以加深对此段历史的认识。教师还应根据学生上课表现，分别给予记录，作为平时成绩的依据。

不同的学生出演的历史情景剧会呈现出相当大的不同，教师对此要加以区分。对于普通专业的学生以及效果一般的演出，只需其在自己的教学班内进行表演即可，而对于例如表演专业之类的特殊专业学生或者效果突出的情景剧表演，教师可以考虑扩大其影响范围。教师首先安排学生在其自然班自行进行初赛，通过初赛选出效果出彩的情景剧进入整体教学班参加复赛。教师要全程参加复赛，进行演出效果的评估。如果复赛过程中，情景剧演出效果较好，且涌现出较多的良好剧目，教师则可以考虑与学生所在学院以及教务处、团委等部门联系，组织一场大规模的校级决赛。任课教师代表、学生代表、教务处以及团委等部门代表都可以担任校级决赛的评委，以增加比赛的权威性和公平性。笔者建议可以将这种层层选拔的方式以制度形式固定下来，在每学期举办一场情景剧大赛，既能够境中生情、寓教于乐，又可以扩大思想政治理论课的影响。

（五）教师的评价与指导

这是历史情景剧实践教学的最后环节，若是缺少这一环节，就失去了开展历史情景剧实践教学的初衷，使其仅仅停留在观赏、娱乐的层面上，忽略了德育目标的实现：知识内化和价值观念的传播。

在组织历史情景剧教学活动时要留有充足的时间给参演者和观赏者

分享交流各自的看法和认识，尤其要重视创作表演团队的学生所谈的体验和感悟，可以先由创作团队的团长对团队成员的参与度和表现进行小结，再由教师总评。教师应以正面激励为主，既要对历史情景剧作品、团队整体合作学习的效果作评价，又要善于发现学生的闪光点并予以肯定，指出学生努力的方向。教师可以从情境想象的充分性、合理性、生动性等角度对学生呈现的成果进行评价。通过点评，学生能够明白哪些环节是值得肯定的，哪些环节需要进一步改进和提高；对历史情境的理解哪些是合理的，哪些存在认识偏差；相关历史背景、各方面影响因素是否考虑周全；呈现形式在展现历史情境时的利弊。对于认识上存在偏差的团队，教师应该引导帮助学生进行分析。教师在点评时应该重点指出历史和人民选择中国共产党、选择马克思主义、选择社会主义道路、选择改革开放的必然性，促使学生在认识上实现飞跃、在情感上实现升华，最终把《纲要》课的实践教学推向高潮。另外，在期末考核时教师要以"团队的整体表现＋个人的参与度"综合计入实践成绩。此外，也可以让学生通过微博、微信等社交媒体的形式来表达感受，这样能保证所有的参与者都有机会与他人分享各自的体验。

在这一环节，教师还必须注意以下三点：一是根据历史事件发展的先后顺序安排呈现次序。教师是依据历史发展的总脉络拟定选题的，因此通过"选题链"呈现可以使各个选题衔接起来，最终通过多样化的呈现方式较为完整地展现中国近现代史的效果。二是合理安排呈现时间。在学期末，学生面临考试压力，成果展示时间尽可能避开考试周。教师应根据课堂人数以及有效利用时间合理分配各团体的呈现时间。三是做到形式与内容的统一。呈现效果应富有思想性和历史感，把形式与内容有机结合起来。反对华而不实，哗众取宠，搞"花架子"、高花费的创作形式。

（六）历史情景剧在《纲要》课的实践反思

在实施历史情景剧实践教学的过程中，笔者发现存在目标定位模糊、歪曲历史、恶搞伟人等现象。为了取得预期的教学效果，须注意以下几个问题。

1. 明确历史情景剧在《纲要》课的目标定位

在《纲要》课历史情景剧实践教学过程中，必须自始至终牢记，这不是历史课，也不是表演课，而是理论课。首先，《纲要》课作为一门高校思想政治理论课，其主要功能不仅要传授历史知识，更为重要的是发挥其德育作用。《纲要》课的研究方法不是历史的研究方法，而是理论的研究方法。《纲要》课研究的基本方法就是以历史材料论证理论，即这里历史研究是为理论结论服务的，这是本门课程的最大特殊性。其次，这也不是电影学校的表演课，要求学生自编、自导、自演不过是为了更好地体验历史、理解理论。因此对于学生的演技等也不必太在意，并不要求学生课后花过多时间和精力去排练。总之，历史情景剧只是途径和手段，"马克思主义理论中国化"才是目的。

2. 理清历史革命剧本中"真实"和"虚拟"的关系

《纲要》课历史情景剧应该充分发挥学生的想象力和创造力，但是要尊重历史、尊重革命先烈，切忌娱乐化、庸俗化和恶搞伟人。历史剧的创作向来有两个极端，一个极端是历史纪实剧，它更强调历史的真实性，另一个极端是历史故事剧，它更注重艺术创作。历史革命剧应偏向前者，不能改变、歪曲基本史实，对于细枝末节可以有适度的艺术加工。《纲要》课历史情景剧一方面要充分发挥学生的想象力和创造力；另一方面要尊重历史，尊重革命先烈，应把"维持历史的真实"作为一条重要的创作原则，注重对历史现象的忠实再现，切忌娱乐化、庸俗化和恶搞伟人。

3. 对教师提出了更高的要求

实践教学注重学生的主体作用，教师可以放手让学生自编、自导、自演。但是这并不意味着"放羊"。事实上，历史情景剧课程实践教学模式对教师提出了更高的要求。这就需要教师要熟悉教材，精通历史知识，同时又要有坚实的马克思主义理论基础，从史实出发，由浅入深，引出深刻的理论，进而使学生深刻领会历史和人民是怎样选择了马克思主义，选择了中国共产党，选择了社会主义道路，从而继承和发扬中华民族的优良传统，坚定走中国特色社会主义道路的信念和振兴中华的使命感，提高自觉运用马克思主义立场、观点和方法认识、分析和解决实际问题的能力。其次，还要求教师对剧本、历史剧、表演的相关知识有一定的了解，才能对学生编写剧本、表演进行指导和点评。此外，革命历史剧还需要一些条件支持，例如道具和场景，如果教师能提供帮助，那必定是锦上添花。

（七）历史情景剧实践教学的实施效果初评

1. 解决了思政课教学中"理论抽象"的难题，提高了教学实效性。从初步的实践效果可以看出，学生对历史情景剧投入的热情大大超过了对课堂教学的热情。课堂教学中教师们为了摆脱照本宣科的刻板，力求重点突出，详略得当，在采用"专题化—问题式"教学方式的基础上，加入视频资料、辅之文献解析，可结果仍然是在分析重大理论问题时，让学生有枯燥、抽象的感觉。尤其是对理工科专业的学生而言，多数学生的文科基础较弱，即使部分学生上课认真听讲，也非常渴望参与课堂互动，但由于基础薄弱，往往答非所问，从而产生对该门课程的抗拒心理。长此以往，课堂教学的实效性将不可避免地大打折扣。历史情景剧教学法的实施激发了学生主动学习的热情，弥补了学生以往在此方面的知识空白，很好地消除了学生对历史的淡漠和抗拒。学生们积极踊跃地投入到历史情景剧的创造和演出过程中，经常可以在学校的各个角落看到他们为拍摄情景剧而忙碌的身影，甚至有学生对老师讲，他对某一历史人物产生了极大的兴趣，打算以论文的形式将自己的所思所想记录下来，希望老师能够帮助指导。显而易见，这种教学法极大地激发了学生们的学习热情和求知欲望，提高了教学的实效性。未来几年，《纲要》课教学中会持续运用历史情景剧教学法，并在实践基础上系统总结完善，通过安排学生座谈会、问卷调查、成绩分析和校内校外反馈等环节，对该教学法的实施效果得出更加科学严谨的结论。

2. 解决了长期以来思政课教学"方法单一"的问题，丰富了理论与实践的教学方法。近年来，我校思政课在教学方法上不断创新，从传统的理论灌输法、案例教学法、文献阅读法、人物点评法到"专题化—问题式"教学方式方法体系。每一步都凝聚了全体教师的心血和汗水，尤其是特色突出、效果显著的历史情景剧教学法，进一步丰富了我校目前已有的思政课教学方法。不可否认的是，情景剧教学法并非适用于所有思政课教学，更不能完全替代传统的课堂教学，其主要是作为课堂教学的有益延伸和有力支撑被运用。就历史情景剧本身来说，它不但是《纲要》课课堂理论教学的有益延伸，而且也是大学生思政课实践教学的重要内容。目前，我们对思政课实践教学的探索仍在深化之中，如果融入情景剧教学法以增强学生实践中的精神升华和情感体验，应该会有令人惊喜的效果。

3. 激发了学生的爱国主义热情，营造了浓厚的爱国主义氛围。《纲要》课的主要目的之一，是让学生能从历史人物的身上领悟到民族精神的精髓，汲取历史智慧和人生经验，使学生主动学习、严谨治学、勇于追求真理、确立历史使命感和社会责任感。中国近现代史是进行爱国主义教育最现实、最生动的教材。它可以进一步激发学生的爱国热情，增强民族自豪感、自尊心、自信心和自强、自立的精神。而历史情景剧是进行爱国主义教育的平台，既可加深学生对该问题的认知，又起到了很好的爱国主义教育作用，教学效果非常好。历史情景剧大大拉近了学生与本门课程以及和历史之间的距离，更有效地培养了青年学生的爱国主义观念。在高校营造一个有着浓厚的爱国主义氛围的大环境，让我们的大学生无时不看到爱国主义、无时不感受到爱国主义。

4. 培养了大学生团队精神，建立了全员育人的机制和氛围。实践中，历史情景剧教学法离不开团队合作。大一新生，进入校园的时间不长，社交对象十分有限，大家还处于自我相对孤立、封闭的阶段。通过编排、制作历史情景剧，学生们学会了与伙伴沟通、配合，大家各司其职，认真投入。如若出现个别同学缺乏热情，工作不积极主动，则需要教师适当引导团队负责人将任务分解、落实到每位同学，将"个别同学"的参与变被动为主动。在历史情景剧表演过程中，学生要将文字信号还原成语言、动作、表情等，而且在这个过程中，不同的学生对剧本将会有不同的理解、认识、表达，保证了学生的自主性、独立性和独特性，有利于发展学生的创造性。同时使学生认识到靠一个人的力量是不行的，需要同学们通力协作才能成功。学生中擅长表演的，就当演员或导演；擅长绘画的，就搞布景或化装；写作能力好的，就改编或写剧本；电脑技术好的就做后期（这里非常让老师们感动的是，大一新生对很多后期制作的技术并不熟悉，但是学生们没有选择放弃或敷衍，而是非常认真地边学边做，很多同学都是在坚持正常上课的情况下，熬了几个通宵，完成了精彩的作品）；即使认为自己没有突出特长的同学，也可以负责收集文献、音乐、视频等资料，找到适合自己的位置。在这个合作过程中，需要学生之间很好地协调和配合，需要有人出面领导、组织、管理，这都为学生发挥潜能、提高能力提供了环境。

历史情景剧的演出提升了学生们的集体观念、集体荣誉感以及团队协作意识和团队精神。在这个过程中，教师也有机会近距离地、客观地了解95后的大学生群体，他们不仅各方面能力强，还甘于奉献，隐藏着巨大的发展潜力。随着历史情景剧教学法持续不断地实践、完善，可以形成新的育人机制，从而成为未来的大学校园文化建设的重要组成部分。

《纲要》课历史情景剧实践教学尚处于初始阶段，许多理论与实践问题仍有待进一步去探索、研究，需要此领域的教育工作者进一步努力将历史情景剧教学法理论充实起来，并普遍用于教学实践。让《纲要》课课堂"活"起来，让学生内心想说的话说出来，让学生动手做起来，锻炼当代大学生对历史问题的认识能力，这对教师、对大学生而言都是挑战。《纲要》课实践教学改革是一项长期复杂的系统工程，它要求全员参与、师生互动，积极转变教育理念、更新教学方法、优化教学方案，只有这样，才能让《纲要》课既凸显其特有的厚重感又焕发时代的色彩，成为一门对青年学生有着极大吸引力，又能让他们终身受益的课程。

样例一：历史剧《八国联军侵华》剧本

前奏

1894年中日甲午战争中国战败，与日本签订《马关条约》，中国国际地位一落千丈。西方列强便开始对中国这块肥肉垂涎三尺。19世纪末，西方列强掀起了瓜分中国的热潮。随着民族危机的加深，中国人民反抗帝国主义的斗争日益高涨。与此同时，由于战争赔款的巨大，人民不堪重负，终于引起了义和团运动，清政府内忧外患，无力抵抗，因此西方列强更加放肆，趁火打劫，妄图吞灭中国。

第一幕

人物：光绪帝、慈禧太后、宫女（2）、侍卫（2）

光绪帝（惊慌地）："儿臣给皇阿玛请安，不知皇阿玛为何事而来？"

慈禧太后（声色俱厉地）："哼，免了。你好大的胆子！你四岁时，我把你立为皇帝，抚养你成人。如今，你竟听小人的话，要变什么法！"

光绪帝（辩解）："儿臣是为大清着想啊……"

慈禧太后（打断）："你给我住口！看看你的维新变法，是越改越乱，越改越糟！来人啊，把皇上送到瀛台。皇上偶感风寒，身体不适，要去休养。对外拟旨就说光绪皇帝不能胜此重任，心甘情愿地恳求皇太后临朝听政。"

第二幕

人物：慈禧太后、大臣、宫女（2）、义和团代表人物（5）

愚昧守旧的大臣："太后，义和团刀枪不入，枪炮不伤，何不利用义和团排外呢？"

慈禧太后："如果是这样的话，甚好！"

于是就派军机大臣刚毅往涿州视察。

刚毅回来说："天降义和团，以灭洋人。"

慈禧太后："让他们进入北京勤王吧！"

义和团以"扶清灭洋"的姿态进入北京。

第三幕

英、法、美、德、意等国首领："你们要再不镇压义和团，我们就要采取武力了！"

慈禧太后无动于衷，越来越多的清兵加入了义和团！

公使团会议，提出调兵来北京。

5月28日，大英帝国、美利坚合众国、法兰西第三共和国、德意志帝国、俄罗斯帝国、大日本帝国、奥匈帝国、意大利王国八国在各国驻华公使会议上正式决定联合出兵镇压义和团，以"护使馆"的名义，调兵入北京，清政府被迫同意。

第四幕

八国联军进入北京后更加猖狂，烧杀掠夺，抢占我国大量财宝，此时义和团联合清军奋勇杀敌，视死如归，以血肉之躯与敌人拼搏，表现出极大的勇气和爱国热情，但是寡不敌众，侵华帝国主义海军在沙俄海军将领指挥下，联合进攻大沽口炮台，遭到守军坚决抵抗，清军共击伤击沉敌舰6艘，毙伤敌军200余名。

第五幕

慈禧太后和光绪皇帝仓皇出逃。联军入城后，解除了义和团对东交民巷和西什库教堂的围攻，义和团被迫退出北京，转往外地坚持抗击侵略者。慈禧太后在流亡途中，指定李鸿章为与列强议和全权代表，发布彻底铲除义和团的命令。

慈禧太后："因为义和团，八国联军已侵占我北京城，哀家命你马上派人铲除义和团，并组织议和事宜！"

李鸿章："遵旨！臣马上去办！"

第六幕

八国联军侵占了北京。

此时慈禧太后和众大臣商议后，决定议和，以维护清政府的地位。

12月22日，英、俄、德、美、法、日、意、奥以及西班牙、荷兰、比利时等十一国公使联合向奕劻、李鸿章递交《议和大纲》十二条。清政府于27日同意接受。

1901年1月15日，奕劻、李鸿章在《议和大纲》十二条上正式签字画押。

1901年9月7日，总理外务部事务和硕庆亲王爱新觉罗·奕劻和文华殿大学士北洋大臣直隶总督李鸿章，代表清廷与帝国主义签订了《辛丑条约》十二款及其十九个附件。

回音

八国联军侵华，中国签订了《辛丑条约》，巨额赔款使中国社会经济更加凋敝，人民生活更加贫苦，《辛丑条约》虽然保住了清政府权位，但是加强了帝国主义对中国人民的统治，中国因此彻底掉入半殖民地半封建社会的深渊，清政府自此成为帝国主义的傀儡。

全剧终

样例二：历史剧《辛亥革命》剧本

第一幕：山雨欲来

（旁白）革命前的中国，列强争相侵入，中华民族面临着亡国灭种的危机。而那时的政府卖国求荣，全然不顾人民的死活，就这样，一场旨在推翻清朝政府的革命呼之欲出。

第一场

场景：绍兴城古轩亭口

人物：秋瑾、官吏、兵丁、群众

（秋瑾上，对观众）：我此番赴死是为革命，中国妇女还没有为革命流过血，当从我秋瑾始。纵使世人并不尽知革命为何物，竟让我狠心抛家弃子。我此番赴死正为回答革命为何物，革命是为了给世人一个风雨不侵的家，给孩子一个宁静温和的世界。纵使这些被奴役久了的人早已麻木，不知宁静温和为何物。

（官吏手拿照片问秋瑾）：这两个孩子就要失去母亲了。

（秋瑾冷笑）：我的死是为了天下的孩子。

官吏：你认为这样做值得吗？

秋瑾：废话少说，动手吧！"虽死犹生，牺牲尽我责任。即此永别，风潮取此头颅。"

（官吏示意，兵丁上，押秋瑾下）

（旁白）1907 年 7 月 15 日，秋瑾就义于绍兴古轩亭口，年仅 32 岁。面对敌人的严刑拷打，只用"秋风秋雨愁煞人"以对。鉴湖女侠的期望——"给世人一个安宁祥和的家"早已实现。

第二幕　广州起义

第一场

场景：林觉民家

人物：林觉民、陈意映

1911 年，林觉民从日本留学归来，决心去参加广州起义，回家与妻诀别。

陈意映在台中，林觉民上，做敲门状，陈意映开门，见林觉民。

陈意映（惊喜状）：意洞，你回来了。我有个好消息要告诉你，你要当爹了。

林觉民：是吗？多久了？怎么不告诉我呢？

陈意映：刚想给你写信，你就回来了。你说给孩子起个什么名字呢？（林觉民在一旁沉默不语）

陈意映：意洞，你怎么了？

林觉民（做搪塞状）：没，没。（稍作沉默）我多么希望天下的有情人能终成眷属，然而现在遍地血腥阴云，满街凶狼恶犬，有几家能称心如意呢？

陈意映（无奈地）：你总是这样。

林觉民：我要出去几天，去广州。

陈意映：去干吗？

林觉民：黄克强从广州发来消息，他要在广州发动一次足以撼动清廷统治的起义，要我去协助。

陈意映：一定要去吗？不去不行吗？

林觉民：意映，你听我说，正是如今的政府把这个社会弄得如此黑暗，身为大丈夫不为国家出力，活着还有什么意义？

陈意映（无奈地）：好吧，我尊重你的意见。

1911 年 4 月 24 日夜，林觉民在赴广州途中写下了著名的《与妻书》。

第二场

广州起义前夜

人物：黄兴、林文、喻培伦、方声洞、陈更新、林觉民

场景：会议室

黄兴：余人可迈步出羊城，唯我克强一人必死于此。

林文：克强既决去，吾人拢在一起同命。

喻培伦：就是大家都走了，剩下我一个人，也要丢完炸弹再说，生死成败，在所不计。

方声洞：大丈夫早已置之生死于度外。

陈更新：人固一死，岂能退乎。

林觉民：我早已抛下一切，只为看到革命的成功。

第三场

场景：总督府

人物：张鸣岐、林觉民、张鸣岐的随从、众士兵

（起义枪炮声起，总督府内做慌乱状）

兵丁：报总督大人，黄兴率众持械攻入总督府。

张鸣岐（做慌乱状）来人啊！准备撤退！

（场上其余人随张鸣岐跑下）

（起义中黄兴断两指、负重伤，林觉民被人押回总督府，张鸣岐上，余悸未定，后二兵丁押林觉民上）

张鸣岐：林觉民，你为何要犯上作乱，与清廷作对，你这不是大逆不道吗？

林觉民：大人，如今外患接踵而至，而如今的朝廷却全然不顾人民的死活，卖国求荣，清廷已是大厦将倾了，大人何必顽固之极，做那朝廷的鹰犬呢？

（张鸣岐张口要说话，被随从拦住）

随从上前说道：林觉民虽反叛，但乃世之奇才，如留之为己用……

张鸣岐：怒道，留他，留他让他日后反我。来人啊，把他拉下去！

（兵丁拉林觉民下）

起义军终因寡不敌众，多数战死，黄花岗起义失败！"无情未必真豪杰，怜子如何不丈夫？"林觉民抛弃小家，但他革命为了当时四万万同胞，觉民乃大丈夫，怎奈英年早逝，惜哉痛哉！

革命党人血洒羊城，为武装反清斗争，写下极其悲壮光辉的一页。事后，同盟会员潘达微冒生命危险，通过善堂收殓烈士遗骸七十二具，葬黄花岗，史称"黄花岗七十二烈士"，此役也被称为"黄花岗起义"。

第三幕　武昌首义

（旁白）1910 年，英、法、德、美四国银行团逼清政府订立借款修路合同。

1911 年 5 月 9 日，清廷宣布铁路国有政策，将已归商办的铁路收归国有。并拒不归还四川的股金。招致了四川各阶层人民的反对，从而掀起了轰轰烈烈的保路运动。四川总督镇压起义群众，诱捕罗纶等人，制造"成都血案"，清廷派湖北军去镇压，为武昌起义燃起导火索。

场景：湖北新军工程营

第一场

人物：官吏、兵丁、熊秉坤、金兆龙、黎元洪

（幕开，官吏上，后兵丁上）

兵丁：报大人，革命党名单已经拿到，怎么办？

官吏：怎么办？照着名单通通处死！人都来齐了吗？我要训话。

（其余人站成一列，熊秉坤、金兆龙亦在其中）

官吏：你们吃皇上的饭，不要妄想革命，听到没？

熊秉坤（在队中小声说）：这样的朝廷，不烦怎地。

官吏（怒指熊秉坤，怒道）：你说什么？

金兆龙（对熊秉坤）：不要冲动。

（场上队伍散，黎元洪上，与金兆龙、熊秉坤相遇）

黎元洪：刚才的事我都看到了，非常时期，能忍则忍。

（熊秉坤、金兆龙愤愤而下，黎元洪下）

第二场

（晚上，营房，熊秉坤正在擦拭枪，官吏进，看见了熊秉坤）

官吏（指熊秉坤）：这么晚了，还不睡觉，怎么？想革命吗？

熊秉坤（突然站起）：老子就要造反，你能奈我何？

（金兆龙亦起，持枪，与熊秉坤同指官吏）

金兆龙：此时不反，更待何时！

（场上其余人起）

官吏（后退，对众人）：兄弟们，这可不是开玩笑的，别冲动！别冲动！

（官吏跑下，熊秉坤、金兆龙开枪，此时，背景音起）

（旁白）：武昌起义在中国腹心地区打开一个缺口，成为对清王朝发动总攻击的突破口，并在全国燃起了燎原烈火。人们在那火光中看到了中国崭新的未来！10 月 11 日，湖北军政府成立，旧官僚黎元洪被迫就任都督一职。从此开辟了中国历史的新纪元！

第四幕 中华民国成立

场景：南京

人物：孙中山、黄兴等

议会主持：下面有请孙先生宣读就职誓言。

孙中山：倾覆满洲专制政府，巩固中华民国，图谋民生幸福。此国民之公意，文实遵之，以忠于国。为众服务。至专制政府既倒，国内无变乱，民国卓立于世界，为列邦公认，斯时文当解临时大总统之职，谨以此誓于国民。

（会后，黄兴上）

黄兴：逸仙（孙中山的字），听说你要将总统之位让给袁世凯，是真的吗？

孙中山：是啊！如今名曰共和，但清帝依在，而如今能让清帝退位的只有袁世凯的北洋军了。

黄兴：但袁世凯狡诈阴险，将总统让给他，岂不是自断前程吗？

孙中山：这也是无奈之举，不要再劝了。

黄兴：让位于袁世凯，共和休矣！

1912 年元旦，孙中山到南京就职，发布《临时大总统宣言书》《告全国同胞书》等文件，正式宣告中华民国的诞生。1 月 2 日，通电改用阳历。3 日，选举黎元洪为副总统，确定临时政府组成人员，中华民国临时政府成立。28 日，独立各省的军政府多数为立宪派和旧官僚所操纵，南京临时政府和身为临时大总统的孙中山，对他们事实上不能行使中央政府的权力。革命派自身的弱点也更多地暴露出来，孙中山的许多正确主张都遭到反对。南京临时政府成立，袁世凯立即撤销议和代表，造成谈判破裂的形势，迫使革命派妥协。帝国主义列强拒不承认南京临时政府，并且制造外国干涉的氛围。在内外交困的情况下，孙中山被迫退让。1 月 22 日，孙中山声明只要清帝退位，袁世凯宣布赞成共和，即向临时参议院推荐袁世凯为临时大总统。袁世凯得到孙中山的保证后，加紧逼迫清帝退位。

第五幕　清王朝的终结

第一场　袁世凯逼宫

场景：乾清宫

人物：隆裕太后、溥仪、袁世凯、载沣、宫女若干

袁世凯：环球各国，不外君主民主，民主如尧舜禅位，民军也不想因政为民主，减少皇室尊荣。读法兰西革命之史，如能早顺舆情，何至路易之子孙靡有孑遗也。

载沣：袁世凯，你个叛徒，就算我们没了钱，没了粮，我们也要和大清共存亡。

隆裕太后：都闭嘴。（做哭状离去）

溥仪（哭……）

第二场　清帝退位

场景：金銮殿

人物：隆裕太后、溥仪、袁世凯、大臣若干

隆裕太后：祖列宗在上，如今列强欺压，民党猖獗，王公大臣们，

招权纳贿，痛民误国，子孙无能，愧对祖宗。倒是孙文，给我们留了些体面，没有屠城，没有断头台。

（极度悲伤地宣布）退位……

溥仪（哭闹）

众大臣（慌乱呼喊散去）

1912 年 2 月 12 日，清朝皇帝终于接受中华民国对皇室的优待条件，正式退位。这样，统治中国 260 多年的清朝政权垮台了，延续 2000 多年的君主专制政体也随之结束。

2 月 13 日，袁世凯向临时政府正式声明赞成共和，孙中山向临时参议院辞职。15 日，临时参议院选举袁世凯为临时大总统。袁世凯因势力在北方，拒绝南下就职。孙中山派蔡元培为专使北上迎接，袁世凯暗中指使亲信曹锟等带领部队在北京、天津、保定制造兵变，扰乱治安，侵扰民市，故意制造混乱局面。帝国主义也乘机调兵入京，制造紧张氛围，以支持袁世凯。南京临时政府再次退让。3 月 10 日，袁世凯在北京宣誓就任临时大总统。次日，孙中山公布《中华民国临时约法》。这个约法具有资产阶级共和国宪法的性质，是中国历史上的创举。25 日，唐绍仪到南京接收临时政府，组织新内阁。该内阁中内政、陆军、海军、财政、外交等实权的部门机构均由袁世凯的亲信或拥护者担任，而由革命党人所执掌的部门，尽是些当时被人们称为"冷衙门"的农林、工商、教育等没多少权力的部门。4 月 1 日，孙中山发表卸职讲话，宣布正式解除临时大总统职务。

至此，辛亥革命结束。

三 主题活动三：史学沙龙

（一）学术沙龙的含义与功能

沙龙是历史的产物，学术沙龙是时代的产物。学术沙龙是沙龙学术化的体现，是随着知识和信息时代而产生和发展的。最初的沙龙素称"女人的天下"，特别是在意大利文艺复兴时期的宫廷中，妇女曾扮演过中心角色。17 世纪"沙龙"一词进入法国，为法语 Salon 一词的音译，最初为卢佛尔宫画廊的名称。在这一时期，法国沙龙与其意大利原型没有多大差别，仍受着上层贵族女士的左右，是一种典型的贵族生活方式。

直到 18 世纪下半叶，沙龙才失去它的贵族情调，变得不拘形式，并向所有的"才子"敞开了大门，新兴中产阶级的妇女逐渐取代上层贵族女士，这种沙龙后来被称为"洛可可沙龙"。而对于 1667 年由法国皇家绘画和雕塑院创办、路易十四支持的巴黎沙龙，到了 19 世纪，这种年度或每两年一次的艺术展览曾一度成为每年主要文化吸引力。在法国大革命期间，由于沙龙谈论的话题更加广泛，一些涉及政治的激进言论也因此变多起来，沙龙活动也曾一度在法国被禁，但此时沙龙已风靡于欧美文化界。知识和信息时代的到来，对各种交流互动和切磋协商的需求也不断提高，尤其在科技知识领域表现突出。在这种背景下，沙龙被赋予一种的新的含义，它成为一种广泛的聚会形式与信息交流平台，而且它往往气氛轻松，不讲究等级观念，便于畅所欲言且集散自由，后来一些学术研究者就利用沙龙方式从事学术研究，这种沙龙便演变成为学术沙龙。

目前，学术沙龙作为一种以知识分子为主体、以学术问题为对象、以民主平等为灵魂的聚会交流活动越来越受到人们的关注和认可。由于人们对学术沙龙的理解方式和其存在形式之间存在差异，所以有广义学术沙龙和狭义学术沙龙之分。广义的学术沙龙指的是所有的以学术研究为核心的、自由的聚会交流活动；狭义的学术沙龙则是指某一次的具体的沙龙活动，主题明确，在座的参与者围绕主题分别发言，表达自己的观点和看法，并就不同意见展开争论。本书探讨的对象主要指广义的而非狭义的具体的学术沙龙。

学术沙龙作为一种教学方式被引入大学，在大学历史发展中起到了重大作用。大学发展史上曾出现过许多学术沙龙，造就了大批学术精英。例如，卡尔·马克思在柏林大学求学期间，参与"柏林青年黑格尔派的博士俱乐部"；社会学家马克斯·韦伯在海德堡大学任教时，在家中创办的星期天沙龙被称为"韦伯圈"；同时代法国巴黎大学有"涂尔干圈"的学术沙龙。今天我国教育学领域中，比较有名的学术沙龙有潘懋元教授的"家庭周末学术沙龙"，他的学术沙龙被学生们誉为"民间思想村落"和"精神家园"。在潘懋元先生的率先垂范下，厦门大学的刘海峰教授、邬大光教授、谢作栩教授等都纷纷开起了自己的周末学术沙龙，且各有各的风格，相映成趣，蔚然成风，成为厦门大学高教所的一种高贵的学术传统。此外，华东师范大学的瞿葆奎先生自1991年起创设的"学术星期六"也产生了较大的影响。

学术沙龙的功能主要体现在：它是学生交流思想的阵地，是启迪学生智慧的场所。沙龙活动中，每个成员都可以展开自己的想象，从不同方面阐述对问题的认识，这是学生思想的大碰撞，是学生头脑智慧的交融，参与者都会受到思想的洗礼、情感的陶冶。同时，学术沙龙也是学生发现问题、解决疑难的最佳时机。学术沙龙在某种意义上就是"头脑风暴"，亦可成为一种集体智力激励。学术沙龙有利于培养学生独特的创新思维，形成良好的学术素养。

（二）学术沙龙活动的特征

1. 学术沙龙的开展有一个前提条件，即沙龙活动的参与者有着相同或相近的知识背景。若非如此，知识背景不在同一平台上的参与者很难在对专业问题的研讨上进行对话。

2. 学术沙龙具有自由性和灵活性的特点。学术沙龙与课堂教学不同，课堂教学具有严格的计划性、组织性，时间也比较固定，内容集中在课程的学习上。学术沙龙是课堂教学的补充形式，活动的主题具有较大的自由性，时间上不固定，可长可短。

3. 学术沙龙一般都围绕一个主题开展活动，尽管发言人从不同视角出发谈论自己的观点和看法，但"形散而神不散"，大家谈论的是同一个主题。对立双方的争辩是思想与思想的碰撞，是心灵与心灵的接通，会给参与者带来更多的思想启迪，新思维、新思想、新方法油然而生。

4. 沙龙的参与者在活动中平等对话与磋商，具有平等的资格。无论是指导教师还是学生，大家都是平等的参与者，都有自由表达自己思想的权利，成员们在平等、和谐的氛围中交流思想和感情，进行平等的对话和磋商。

（三）学术沙龙活动常见问题

实践中，学术沙龙在发挥其教育作用的同时，随之而来也会产生一些问题，严重影响到沙龙的质量。主要有以下常见的问题存在。

1. "冷场"现象。在一些学术沙龙的活动过程中，常常出现主持人抛出问题或与会者发表演讲之后，无人发言，暂时出现"冷场"现象。当这种情况出现时，一般由教师打破僵局，通过创设问题情境，启发诱导，激发学生的想象力。一旦僵局被打破，讨论即可出现热烈场面。

2. 教师唱主角戏。学术沙龙是全体参与者之间的平等对话与磋商，从学校层面的人员构成来看，其主体是学生，所以，学术沙龙的主角应该是学生。但在现实的沙龙活动中，经常是教师唱主角，学生当听众，结果使得沙龙活动演变成课堂教学的继续，这非常不利于学生主观能动性的发挥。学术沙龙走向形式化，起不到应有的作用和效果。当然，个别学术沙龙主题发言者是教师，可能教师谈得多，但教师的发言主要在于创设问题情境，提出问题、抛出问题，调动学生参与讨论的积极性，把讨论的"主战场"还给学生，教师更多的是做启发、诱导工作。

3. 沙龙主题空洞宽泛。例如，有的学术沙龙的主题是"当代中国德育问题"，这样的问题太大，学生无法找到讨论问题的切入点，"冷场"的现象就时有发生。由于问题过于宽泛，导致教师的引导一时不知从何谈起。但若把讨论的宽泛问题转换为具体问题，例如，转换为"当代中国德育的实效性问题""当代中国德育的目标定位和层次性问题"，主题明确，范围具体，讨论很快就能进入状态。因此，在学术沙龙活动中，沙龙主题内容的设计是极其考究的。

4. 沙龙活动有头无尾。学术沙龙活动在形式上具有自由、灵活、开放的特点，其目的是开阔学生的视界、启迪学生的思维，最终使学生有所收获。要想达到这样的效果，切忌虎头蛇尾、草率结束，而必须有总结。每次沙龙活动结束时，教师要得出结论，指出问题，进行简洁明了的总结，使学生有所思有所想，写出书面材料。

（四）提升"学术沙龙"活动学习效率的策略

1. 避免"冷场"的策略。学术沙龙活动中经常遇到"冷场"的现象，这是普遍令教师感到头疼的问题之一。造成"冷场"的原因是多方面的，最主要的原因有三个：一是学生准备不够充分，对沙龙活动中讨论的问题缺乏必要的知识储备。为此，在开展学术沙龙活动之前，务必要提前1—2周把讨论主题告诉给学生，必要时，指导教师要把自己收集、整理的资料发放给学生阅读，但最好还是给学生开出必看的文章和书籍的单子，锻炼他们自己整理资料的能力。除此之外，指导教师还可以要求每个参与者准备5—8分钟的发言提纲。这样，学生在活动开始前就对此次沙龙主题有了一个比较充分的认识。学生在一定知识储备的基础上，沙龙活动就有可能有声有色地开展。二是创设民主平等、和谐融洽的心理氛围。学术沙龙活动的特点之一就是让参与者能够有机会畅所欲言，各自抒发感想。若没有民主平等、和谐融洽的对话氛围，学生多半缄口无言，自然会出现"冷场"。因此，创设民主平等的对话机制是克服学术沙龙"冷场"的重要条件之一。沙龙活动的参与者无论学术高低、资料深浅，都有对等的话语权。当观点出现分歧时，双方既不要"打棍子"，也不要"扣帽子"，要民主平等地进行对话与磋商，要各自查找理论逻辑和事实论据，做到以事实感人、以理服人，最终解决对立和冲突。对某些一时难以统一的学术争论，要秉承兼容并蓄、自由论道的治学精神，求同存异，使各方能够进一步思考该问题。有了这样的氛围，学生才能在轻松愉快中养成畅游思想、敢于创新的习惯，既为今后的学术创新打下根基，又能最大限度地克服"冷场"现象的发生。

2. 指导教师做好"导演"，把沙龙的主战场交给学生，使学生成为演戏的"主角"，正确地处理好学生主体作用、教师引导作用的辩证关系。学生是学术沙龙活动的主体，教师要尽量把舞台让给他们，让他们在舞台上充分展示，争取给每个学生都提供表演的机会。当然，在学生讨论问题过程中，教师不是消极被动地听，而是要随时向学生传递信息，这种信息对学生参与沙龙活动具有引导、启发作用。一般说来，教师作为各自领域的专家学者，在自己的研究领域里有一定的话语权，比学生了解问题、思考问题更全面、更深刻。值得注意的是，指导教师要在学生思维"卡壳"时适当引导启发，帮助学生打开思路，使沙龙讨论继续进行；教师要在学生总结时引导启发，还要用高屋建瓴的语言进行画龙点睛式的启发；教师要在学生讨论走向偏差时引导启发，及时把学生拉回讨论主题，同时把研究主题引向深入。只有师生都以主人翁姿态参与沙龙活动，师生之间、生生之间在讨论中产生思想上的共鸣，学术研究达到"共振"的程度，才能收到良好的学习效果。

3. 精心设计沙龙主题，避免沙龙主题空洞宽泛。学术沙龙活动效率的高低，与沙龙研究的主题有直接关系，主题有价值、有意义，研讨才有收获。首先，学术沙龙的主题是真命题。任何学术研究首先保证科学性，只有科学命题才有研究价值，创新才有社会意义。否则，一个假命题不仅浪费时间，而且也不会有什么结果。其次，要把问题设在学科发展的热点和焦点问题上，设在学生感兴趣的问题上。热点问题、焦点问题一般是学科发展的前沿问题和社会中的时代问题，具有很强的理论意义和实用价值，学生有可能对这些问题感兴趣。俗话说，兴趣是最好的老师，学生对问题感兴趣，才会追逐问题、思考问题、解决问题；有兴趣，才能精心雕琢，才能获得更多的收获。

4. 让学生坚持写沙龙活动发言稿或小论文。如前文所述，在沙龙活动中，每个学生都要提前准备 5—8 分钟的发言提纲，在沙龙活动结束时，教师要给学生留下作业，以发言提纲为基础，以沙龙活动的主题为题目，主持人写一篇主题报告，其他所有参与者都要写一篇小论文。通过这样的硬性要求让学生把自己的所思所想用文字的形式表达出来，既总结了沙龙活动的学习成果，又训练了学生的科研论文写作能力。长此以往，学生的写作能力必然得到提高。一些学生在小论文的基础上经过认真修改，最终就能形成一篇较好的学术论文，投稿有可能得到发表。这样，沙龙活动本身还能激发学生的参与热情，最终使沙龙活动卓有成效，避免沙龙活动的无效化、形式化。

（五）"史学沙龙"及其教学实践策略

在文科教学中，教学方式单一，"填鸭式"教学仍占主导地位。在这种教学模式下培养出来的学生，缺乏主动思考、分析与解决问题的能力和积极性。为了改变这种偏重于知识传授的传统教学理念，探讨教学的新模式，端正学风，开阔视野，活跃校园学习氛围，启迪学生思维，笔者借鉴研究生教育中使用的学术沙龙形式，结合《中国近现代史纲要》的具体实际和相关内容，设计了"史学沙龙"的实践教学活动，将其作为课堂理论教学的有益和必要的延续。

在"史学沙龙"教学实践活动中，为达到预期教学目标，取得良好的教学效果，应做好组织工作，调动主持人、嘉宾、点评人及听众的积极性，保证活动前的精心准备，活动中的热烈探讨，活动后的全面总结。

1. "史学沙龙"的精心准备

首先是招募成员。"史学沙龙"活动开展前，应该面向《纲要》课全部开课学生进行招募，将活动的宗旨、活动规则、报名方式、截止日期等通过海报的形式张贴在教学楼及学生宿舍。人员确定后，大家进行分工合作，各司其职，就可以在《纲要》课教师的指导下开展"史学沙龙"实践教学活动了。除了固定的人员外，每期的"史学沙龙"活动还可以通过海报向全校学生进行宣传，凡对此感兴趣的学生均可参加。

每次活动前的精心准备是"史学沙龙"成功的前提。作为"史学沙龙"活动舵手的主持人，最迟应于活动开展的两周前，在沙龙负责人（一般为指导教师）的协助下开始精心策划本期主题活动，使沙龙能够有计划、有组织地运行。主持人可以是指导教师自己，也可以是其他教师或学生。当然，为全方位培养和锻炼学生的能力，"史学沙龙"活动的主持人最好由学生来担任，而且是轮流制。

主持人的准备工作涉及沙龙活动的时间、地点、参与人员等多个方面。为了更好地开展沙龙活动，沙龙的活动时间最好能够经由沙龙成员商议在学期初就固定下来，如每月的第一个星期五晚上六点，这样会让与会者有个心理准备和预期。主持人在征求师友意见后将确定的"史学沙龙"时间提前一周通过社交媒体或者短信、电子邮件、海报和校园网等媒介通知给有意参会者。"史学沙龙"的活动场地可以依主题不同而不同，最好采用圆桌会议室，提前设置并调试好多媒体设备，这样可以方便与会者选择多样的表达方式，丰富活动的形式和内容。支持人还应提前踩点、安排桌椅、调试设备，以保证活动的顺利开展。除此之外，主持人还应提前准备好自己的开场发言稿、中间串词、互动发言等内容，这样能够使沙龙活动运行流畅、气氛轻松，主题鲜明。

2. "史学沙龙"的热烈开展

按照预期时间开展"史学沙龙"活动。主持人开场发言后要介绍嘉宾（如果有邀请嘉宾的话，提前告知嘉宾主题）和活动主题。如果是以历史事件、纪念日为主题的"史学沙龙"活动，比如在"毛泽东诞辰纪念日"开展活动，可以拟定题目为"感悟青年毛泽东"。讲中国近现代史，必定绕不开毛泽东，将此作为主题，是针对青年大学生而设计的题目。说白了，"感悟青年毛泽东"就是要从毛泽东青年时代的成长经历中学习、吸收一些有益于当代青年大学生成长的东西。主持人介绍嘉宾发言，嘉宾带领大家一起回顾毛泽东的青年时代。然后，嘉宾要引导学生积极发展各种思考策略，在解决问题中学习。比如：思考影响青年毛泽东的因素有哪些（家庭出身、亲友影像、老师的影响、读什么书、历史大事件的影响、人文环境的影响、陈独秀等指导者的引路等等）；从青年毛泽东身上可以得到什么启示，个人成功与国家兴衰的关系；勇于实践（毛泽东的"游学"经历）与其品格之养成；毛泽东的爱情观；等等。嘉宾与学生互动时，主持人还要把握讨论主题宽窄适度。主持人应有意识地调控沙龙气氛，使大家轻松愉快地讨论。串词是主持人水平的体现，主持人承上启下的串词会使沙龙运行流畅。

嘉宾接到邀请并答应出席"史学沙龙"活动后，要提前针对当期的活动主题有所准备，现场发言要做到张弛有度。嘉宾应提前到会场，将PPT拷贝入电脑中，并试运行无异常。发言时要重点突出、多媒体使用熟练、语速适中、表情自然，为与学生互动预留充足的时间。互动时面对他人的质疑要态度端正，认真回应，记录他人的意见和建议。

3. "史学沙龙"的全面总结

总结是沙龙成果的初步体现。主持人总结整个沙龙的情况，嘉宾提交发言稿，指导教师做点评。主持人要总结沙龙组织工作的成败，为自己以后相关工作积累经验，也为其他师友留下可借鉴之处。更重要的是，"史学沙龙"活动的负责人要安排专人总结出"史学沙龙"活动纪要，把发言人和互动者的主要观点加以提炼，形成文字，通过电子邮件发给与会者，并发布在校园网上，同时作为资料留存。

（六）如何开展史学沙龙

1. 利用以历史事件、纪念日为契机开展"史学沙龙"

利用纪念日资源开展"史学沙龙"活动是实践教学的一种重要方式。纪念日里蕴藏着宝贵的思想政治教育资源，为高校思政课教学提供了恰当的时机、活动的平台、丰富的材料和深厚的文化底蕴。在纪念日开展"史学沙龙"，学生更容易获得感性的体验、灵魂的触动，激情与梦想更容易被激发，理想与信念更容易坚定，在潜移默化中达到思想政治教育的目的。在教学中，教师可以充分利用纪念日这一实效性强、现实意义突出的资源，使"史学沙龙"更贴近学生、更接地气，为大学生所接受和认同。

大学生在校期间要经历的节日、纪念日是非常多的，有中华民族的传统节日，如清明节、端午节、中秋节、重阳节等；由国家规定的法定节日，如元旦、三八妇女节、五一劳动节、五四青年节、国庆节等；有革命领袖的诞辰和逝世纪念日，如孙中山、毛泽东、邓小平等；有重大历史事件的纪念日，如七一建党纪念日、"一二·九"学生爱国运动纪念日、"九一八"事变纪念日、甲午战争、辛亥革命、长征、遵义会议、抗美援朝、党的十一届三中全会等。2014 年 2 月 27 日，全国人大常委会通过设立"中国人民抗日战争胜利纪念日"和"南京大屠杀死难者国家公祭日"的决定，分别将 9 月 3 日确定为"中国人民抗日战争胜利纪念日"，将 12 月 13 日确定为"南京大屠杀死难者国家公祭日"，每年国家都将在这两天举行隆重的纪念和公祭活动。国家纪念日的设立，为《纲要》课开展爱国主义教育提供了难得的契机，使当代大学生牢记中华民族的苦难和抗争，激发他们的爱国情怀，民族精神，使他们意识到自己所肩负的时代责任，以实际行动，奋发图强，报效祖国。

在"史学沙龙"活动前确定纪念历史事件的主题，这里以"一二·九"运动为例做一说明。参与者可以到图书馆或者上网查阅"一二·九"运动的相关资料，事件背景、经过、影响，特别是要思考，作为当代大学生，应该如何继承"一二·九"运动的精神。《纲要》课作为高校思想政治理论课的重要组成部分，它是从历史教育的角度承担对大学生进行思想政治教育的功能的，因此，在活动中，应该突出主线、把握核心、认识规律，实现其"述往事、看今天、思未来"的目的。这样才能更好地贴近实际、贴近生活、贴近学生，增进思想政治理论课的针对性和实效性，着眼于思想政治理论课教育教学在当代的思考。大家首先要回顾"一二·九"运动。

81 年前，我国遭到了日本帝国主义的侵略，中华民族处于生死存亡的危急关头。在民族危亡的关键时刻，国民党政府却坚持不抵抗主义，屈服于日本帝国主义，并签订了一系列丧权辱国的协定。国民党"攘外必先安内"的政策及其对学生抗日爱国运动的镇压，使得北平的学生像醒狮一样怒吼起来。在中国共产党领导下，1935 年 12 月 9 日，6000 余北平学生冲破国民党"爱国有罪"的恐怖政策，冲出大批军警的包围和封锁，举行游行示威，掀起了抗日救国运动。在这之后的 19

个月里，广大进步学生不得不离开课堂和亲人，在全国范围内开展了英勇卓绝的抗日斗争。"一二·九"抗日救国学生运动，吹响了民族解放斗争的号角，也揭开了中国全民抗日救亡的序幕。"一二·九"运动所处的时代是战火纷飞的时代，是民族危亡的时代。在这种时代背景下，抗日救国成为"一二·九"青年的必然选择。

相比之下，今天大学生所处的是和平的历史时期，没有当年的白色恐怖。作为时代骄子的当代大学生，所肩负的历史使命不再是救国，而是兴国，即为建设中国特色社会主义努力做出自己的贡献，为中华民族的伟大复兴献出自己的青春和力量。正如"一二·九"运动领导人之一的蒋南翔在纪念"一二·九"运动50周年讲话中所指出的，"现代青年的历史责任就是要进一步争取我国社会主义事业的彻底胜利。这是继承和发展'一二·九'传统唯一正确的方向。具体地说，现在我国的大学生应当立志成为有理想、有道德、有文化、有纪律的人，成为胸怀共产主义远大理想、掌握现代科学文化的'又红又专'的新一代，担当起新的历史责任"。可见，时代的变迁，赋予了青年特别是大学生不同的历史使命。

除此之外，今天的高校状况也与当年完全不同，除了所处的时代和环境的变迁外，主要表现在教育体制和培养目标上。当年高校是按照帝国主义的要求设置课程，并且是国民党输送亲美派后备军的场所；而今天的高校则是在共产党领导下，以培养社会主义"四有"新人为目标的教育阵地。今天，我国高等教育的指导思想是马克思列宁主义、毛泽东思想、邓小平理论、"三个代表"重要思想和科学发展观；我们所发展的先进文化是民族的、科学的、大众的社会主义文化；我们的教育是为社会主义现代化建设服务的、是为人民服务的。这些特征构成了两个时代背景下高校状况的本质区别。当代大学生的成长道路和奋斗目标与80年前的青年学生也有很大不同。今天的大学生更多的时间是在教室里读书学习、增长才干，在各种社会实践活动中锻炼自己的意志，在各种丰富的文体活动中陶冶自己的情操。他们希望通过充实而丰富多彩的大学生活，努力使自己德智体美全面发展，最终成为自食其力、心智健全并且对社会有所贡献的人。

综上，"一二·九"运动时期的历史条件与当代大学生所处的历史条件有很大的不同，但是，对今天的大学生来说，继承和弘扬爱国主义优良传统和"一二·九"精神仍然是十分重要和必要的。"一二·九"运动的精神及其历史经验值得后人学习。在新时期，在建设中国特色社会主义的进程中，当代大学生如何继承和发扬这种精神，如何沿着前人所开辟的道路继续前进，这是值得我们思考和探讨的问题。

2. 利用多媒体影像视频开展史学沙龙

在"史学沙龙"中引入影像视频，是更新教学手段的一种尝试，首先针对的就是学生对历史教科书的依赖。传统课堂教学对教科书的"独尊主义"制约了学生的思维，而一些大学教科书与中学相比，只有内容上的"肥瘦"之别，并无价值观上的本质差异。从《纲要》课的教材来看，它对知识体系的过滤筛选与选择性诠释，以及过于纯粹的文字叙述，无法满足大学生更新知识和提升能力的要求。例如，笔者在讲授《纲要》课第七章"为新中国而奋斗"时，全程引入电影《建国大业》，以其恢宏鲜活的历史场景生动再现了1945年至1949年从抗战胜利到新中国成立的进程。这一段内容在中国现代史上背景最为复杂，既有中、美、苏的外交角力，又有国民党、共产党和以民盟为主体的第三势力展开的政治争斗。以往学生大多从"新中国的成立是中国人民的历史性选择"的抽象结论出发，先入为主地认为是解放战争决定了中国政治的走向，忽略了曾经存在的其他各种可能性。最直观的体现就是在怎样看待"第三条道路"的破产问题上。影片中，众多民主党派代表人物以浓墨重彩的色调集体登场，其在国共两党之间多姿多彩的纵横捭阖、折冲樽俎的活动，不仅有力论证了第三势力的崛起为这一时期民国政治的显性特征，他们的政治空间因国共合作而存在，亦因国共合作破裂和内战爆发而最终消失的前沿观点，而且深刻揭示出中共与各民主党派的多党合作、政治协商的政党制度的历史缘由，从而昭示出中国政局在"光明—黑暗"之间的多向发展趋势及最终的结局，自此"新中国是如何建立起来的"这一命题具有了超越教材的丰富深刻内涵。

为激发参与"史学沙龙"活动的兴趣，进一步完善该活动的影视资料，选择影像视频应把握以下原则。

首先，数量与质量相统一。最重要的是所选影像的质量。一部好的影视作品，一般具有如下特征：视角独特，立场公正；情节跌宕起伏，不拖泥带水；人物具有代表性与多元性，能够反映出社会群体的差异性；能够表现出以往被遮蔽的某一方面的史实，发出不同的声音，展现出新的具有时代高度的批判意识与反思精神。评价历史人物时，选择典型人物的影像往往会收到"一叶知秋"的效果，如慈禧太后、李鸿章、袁世凯、孙中山、蒋介石、陈独秀、毛泽东、邓小平等近现代政治人物。笔者在讲授第四章"开天辟地的大事变"时，播放了《风雨独秀》，全景勾勒了陈独秀从晚清秀才到五四旗手，从中共缔造者到大革命失败的替罪羊，从"托派"领袖到晚年孤独的反思者的人生历程，进而围绕中共党史上的陈独秀历史评价问题，引导他们树立依据确凿的史实、体察时代的环境、掌握人物思想发展的阶段性、遵循"同情之理解"的评价立场。

其次，学术性与趣味性相结合。影像是一种区别于文字，通过声光设备制作并在视听二维空间中呈现出来的形象。一般形式有图片、口述访谈、电影、纪录片及它们的合成物。教师运用影像时，既要有专业眼光，又要有审美情趣，对以下两类作品应予以排除：一类是流行于历史专业小圈子，但语言晦涩、考证琐碎、学究气浓厚的作品；另一类是在商业市场上卖座，但违背史实真实性的低劣品。

最后，历史与现实相联系。教师在运用影像过程中，应引导学生树立"通过过去理解现在，通过现在理解过去"的历史认识论。只有根据当前的问题看待过去，依据当下的眼光看待过去，历史才能显示出其关怀现实的意义所在。对于中国近现代史中流传甚广、指向复杂、内涵丰富，且学生又一知半解的一些重要概念，例如"半殖民地半封建社会""封建""改良""革命""左倾""右倾""左派""右派"等词语，教师有必要专门介绍。

此外，还要注意增强师生间互动，使学生成为"史学沙龙"活动的积极参与者，在影像视频观看结束后，指导教师应组织学生围绕影像视频资料的内容展开讨论和辩论。例如，在观看《大国崛起·维新运动》后，组织学生将课堂讲授的康有为、梁启超等资产阶级维新派领导的百日维新，与视频影像中反映的日本明治维新进行比较，围绕"两次维新运动一成一败的原因"以及"资产阶级改良道路为什么在中国行不通"两个问题展开深入讨论。通过讨论甚至是激烈的辩论，指导教师引导学生从领导阶级、依靠力量强弱等主观条件，国际环境、敌我力量强弱等客观条件两大方面对二者进行较为详细的比较，最后得出"在半殖民地半封建的旧中国，企图通过统治者走自上而下的改良道路，是根本行不通的。要想争取国家的独立、民主、富强，必须用革命手段，推翻帝国主义、封建主义联合统治的半殖民地半封建的社会制度"这一结论。

需要注意的是，《中国近现代史纲要》作为一门思想政治理论课，虽然在名称、内容甚至学科性质上呈现某些历史课特征，但是它与中学历史课、大学历史专业课有着根本区别，这种区别集中体现在《纲要》课的主要任务是以历史为依托，对大学生进行思想政治教育。而一般意义层面上的思想政治教育概念为"思想政治教育是社会或社会群体用一定的思想观念、政治观点和道德规范，对其成员施加有目的、有计划和有组织的影响，使他们形成符合一定社会所要求的思想品德的社会实践活动"，据此可知，《纲要》课作为一门思想政治理论课，其思想政治教育功能集中体现在是以中华民族 170 余年基本历史进程、历史经验、历史规律为思想政治教育的载体，向大学生阐明政治观点，对他们进行思想观念、道德规范教育。而在《中国近现代史纲要》教学中运用影像说史教学法恰恰有助于大学生思想政治素质的提升，特别是在德育教育和爱国主义教育两个方面。

在德育教育方面，通过播放《秋收起义》《中国出了个毛泽东》《邓小平》《我的 1919》《秋收起义》《东京审判》等影像视频，一个个鲜活的历史人物形象、一段段感人的事迹呈现在大学生眼前。这里有大革命失败后，在艰难困苦中仍然积极探索新的革命道路的开国领袖毛泽东；有经历十年"文革"，屡受打压却依然思索如何走出一条有中国特色社会主义道路的我党第二代领导集体核心的邓小平；也有面对西方侵略者挑衅却毫无惧色，为民族利益积极奔走的外交家顾维钧、法学家梅汝璈。他们在为救国救民而进行艰苦探索、顽强斗争的过程中，所体现出来的崇高品质和价值取向，在面对困难和挫折时表现出来的乐观主义精神、坚忍不拔精神，在面对个人利益得失所体现出来的先国家后个人的奉献精神，必将引起大学生的共鸣，潜移默化地升华为他们的思想政治素质，从而有效增强《中国近现代史纲要》

课程的思想政治教育功能。

在爱国主义教育方面，通过播放《复兴之路》《辛亥革命》《我的1919》《开天辟地》《东京审判》《建党伟业》《建国大业》等影像视频，帮助大学生了解近代中国社会各阶级、各政治派别，具体包括农民阶级、地主阶级、洋务派、资产阶级维新派、资产阶级革命派为挽救民族危亡对国家出路进行了一次又一次的探索，然而这些探索由于各阶级自身的局限性最后均以失败告终。惨痛的失败使中国先进分子抛弃了旧有的主义而找到了更适合近现代中国国情的马克思主义，并促成马克思主义同中国工人运动相结合，诞生了中国工人阶级的先锋队——中国共产党。此后，在中国共产党的领导下，中国革命和建设取得了前所未有的伟大成就，古老的中国也由此发生了翻天覆地的变化。大学生通过形象生动的影视视频深入了解这一复杂的中国历史过程后，自然也就能够深刻领会历史和人民选择马克思主义、中国共产党和社会主义道路的历史必然性。从而坚定大学生马克思主义信仰，坚定他们走中国特色社会主义道路的决心，使他们发自内心地热爱、拥护中国共产党的领导，热爱社会主义中国。同时，因为大学生对国家的这种热爱是建立在对国史、国情深入了解的基础上，所以大学生的爱国主义思想和行动会变得更加理性，具备对国家和民族深刻认知的历史高度。

样例一："一二·九"运动

1. 活动背景及目的

今年是"一二·九"运动爆发××周年。××年前，即1935年12月爆发的"一二·九"运动，是一场伟大的反对日本帝国主义侵略的爱国救亡运动。它标志着"中国革命新时期"的开始，具有重要的历史意义。青年学生们在斗争中表现出的爱国热情和所选择的革命道路，至今仍具有重大的现实启示。"一二·九"运动促进了国内和平和对日抗战，使抗日运动成为全国的运动，有力地昭示了中国青年运动应当坚持的正确方向。历史照耀现实，"一二·九"运动的历史经验，对于当代中国青年应如何确立理想、选择人生道路，提供了有益的启示。

2. 活动时间、地点

时间：201×年11月的第三个星期五晚上19：00

地点：公共教学楼××教室

3. 注意事项

（1）史学沙龙每一阶段的主题可以由组长确定，也可以由全体成员讨论确定，每一期的议题应由全体参与者在上一期沙龙活动时讨论确定（学术沙龙的学术主导权交于组长）。

（2）学术沙龙采取合适的形式。由主持人简要介绍本期沙龙设立背景，然后直接进行发言和讨论。

（3）定期举办（每月举办一次），会期一般为2小时左右；具体日期和会议地点待定。

（4）史学沙龙要求与会人员提前对讨论主题做充分准备。会议期间每人可申请主题发言和讨论发言。主题发言不是简单地照本宣科，时间不得超过10分钟。每个主题发言之后安排集中讨论和争辩质疑，每人可多次申请讨论发言，但每人每次不超过3分钟。每期学术沙龙讨论争辩时间原则上不应低于整期学术沙龙时间的50%。

（5）关于时事热点问题的集中讨论，应放在主题讨论之后。在做主题发言时，也可以结合时事热点。

（6）会议最后由主持人做总结发言。同时，为下一次沙龙议题做好相应安排。参与者回去后写一份与会感悟，阐述自己的感悟和点评此次会议的得失。

4. 要求

（1）参与者要严格遵守组织规定，坚持到底。

（2）建立一个群，便于长期随时交流和分享资源。

（3）史学沙龙倡导交流互动，倡导争辩质疑，倡导大胆创新，鼓励学术批判。要求与会者言之有物，反对假话、空话和套话，避免重复别人观点。

（4）力求突出主题新颖性、形式发散性、学科交叉性和成果科学性。主题要有学术价值，讨论的学术主题应相对集中、学术观点鲜明，防止没有边际的泛谈和清谈。

（5）从思想和组织上给予重视，做好传承打算。

附录一："一二·九"运动相关资料

一、事件背景

"九一八"事变之后，日本帝国主义加紧侵略中国。他们在东北地区推行殖民地化统治的同时，利用南京国民政府的不抵抗主义，把侵略魔爪一步步伸向华北，民族危机日益严重。

1935 年五六月间，日本侵略者密谋策划，在天津和河北等地制造事端，并以武力相威胁，先后迫使南京国民政府接受达成了"何梅协定"和"秦土协定"，把包括平津在内的河北、察哈尔两省的大部分主权奉送给日本。之后，日本帝国主义积极策动所谓华北五省"防共自治运动"，策划成立由其直接控制的傀儡政权，全面在华北进行政治、军事、经济、文化侵略，"华北之大，已经安放不下一张平静的书桌了"，激起北平各阶层人民的极大愤慨。

当日本帝国主义的魔爪伸向华北大地之时，中国共产党人向劳动大众发出抵御侵略、保卫华北的号召。1935 年，中共河北省委多次发出通知、宣言，要求华北地区各级党组织，在群众中广泛宣传，开展抗日救亡斗争，并对北平市领导机构进行改组，从政治和组织上加强了对抗日救亡运动的领导。11 月，在彭涛、周小舟、谷景生、姚依林等人的领导下，北平大中学校学生成立了"北平市学生联合会"，女一中学生郭明秋为主席，姚依林为秘书长。中共北平市工作委员会在学联建立了党团，彭涛为书记。

1935 年 12 月 6 日，北平学联召开代表会，通过并发表了《北平市学生联合会成立宣言》。随即，平津 15 所大中学校联合发出通电，反对"防共自治"，要求政府讨伐汉奸殷汝耕，动员全国人民抵抗日本的侵略。就在这天，传来了在日本侵略者逼迫下将于12 月 9 日成立"冀察政务委员会"的消息，广大同学和各界进步人士极为震惊。12 月 7 日，在中共北平临时工委的领导下，北平学联决定于 9 日举行学生大请愿，反对"华北自治"。8 日，彭涛、姚依林、郭明秋、黄敬、孙敬文等人开会研究，决定由黄敬任游行队伍总指挥，姚依林、郭明秋进行队外指挥。

二、事件过程

（一）走上街头

1935 年 12 月 9 日凌晨，广大爱国学生的抗日怒火像火山一样爆发。东北大学、中国大学、北平师范大学等校学生举着大旗和标语，分别朝着新华门进发。清华大学和燕京大学近千名爱国学生离城较远，到达西直门时，城门已被军警关闭，请愿队伍无法进城。两校学生就在西直门一带召开群众大会，向附近居民和守城军警进行抗日宣传。

上午 10 点半，新华门前会集了中国大学、北平师范大学、东北大学等 10 多所学校 1000 多人的请愿队伍。新华门紧闭着，门前排列着警车和架着机关枪的摩托车，军警宪兵手持刀枪杀气腾腾。请愿学生高举着旗帜，手持标语，高呼抗日救国口号。推选董毓华、宋黎和于刚等 12 人为代表，要求面见何应钦，并提出反对华北成立防共自治委员会、停止内战、立即释放被捕学生等 6 项要求。上午 11 时，何应钦的秘书侯成出来与学生会面，对学生提出的要求一味敷衍搪塞，为国民党对日妥协对内反共政策百般狡辩。同学们对其答复极为愤慨，振臂高呼"打倒卖国贼""请愿不成，我们示威游行去"，宋黎被推举为游行队伍的总指挥。

当游行队伍行至西单牌楼平津卫戍司令部附近时，遇到军警的阻拦和袭击。同学们不畏强暴，高呼抗日救国口号，继续前进，队伍也越来越壮大。北京大学的许德珩、中国大学的吴承仕等教授和当时在燕京大学任教的斯诺夫妇也参加了游行示威。国内外许多报社的记者随行采访。队伍经西四、护国寺、地安门、沙滩抵达王府井大街时，已扩大到四五千人。王府井大街南口布满了军警，挥舞皮鞭、木棍，凶狠地抽打手无寸铁的爱国学生。同学们与军警展开了搏斗，当场有数十人被捕。在国民党当局的血腥镇压下，游行示威队伍被冲散了。

（二）救亡怒潮

"一二·九"的抗日怒吼，震撼了古都北平，很快传遍了国内外。中共北平市临时工委、北平市学联及时总结，对下一步行动进行部署。12 月 11 日，全市各大中学校学生联合起来罢课。国民党当局对北平学生的爱国行动极为恐慌，下令严禁学生的爱国行为，还派军警封锁一些重点学校。但爱国学生的抗日烈火是扑不灭的。中共北平临时工委获知国民党当局不顾广大人民群众的强烈反对，决定在12月16日成立"冀察政务委员会"，在这一天举行更大规模的示威游行。

12月16日凌晨，1万余名北平爱国学生陆续走上街头，一场声势浩大的抗日救亡大示威爆发了。示威游行队伍共分为4个大队，分别由东北大学、中国大学、北京大学、清华大学率领从不同方向前进，途中冲破军警的封锁阻拦，最后在天桥会合。上午11时许，北平爱国学生和广大工人、农民、市民3万余人在天桥召开市民大会。会场旗帜飘扬，"打倒日本帝国主义！""打倒汉奸卖国贼！""反对成立冀察政务委员会！"的口号声此起彼伏，响彻天空。市民大会结束后，1万多名爱国学生整队向前门方向行进。学生们手挽着手，不断高呼抗日救国口号，向街道两旁的市民和行人散发传单。市民们热情支持学生的爱国行动，有的送来开水和食物，有的自动加入了游行队伍。

游行队伍抵达前门时，遇到大批军警和保安队的阻截，爱国学生就在前门火车站广场举行第二次市民大会。大会决定继续进内城示威游行，并派代表与军警交涉，要求打开城门。当局为了分割示威游行队伍，答应让一部分学生从前门进城，但大部分学生须从和平门和宣武门入城。下午4时，黄敬率北京大学、中国大学等校部分同学由前门入城后，城门马上关闭了。清华大学、燕京大学、东北大学、北平大学等校同学沿着西河赴和平门和宣武门。但城门都已紧闭，同学们多次试图撞开城门，均未成功。后来几经交涉，军警答应以清华、燕京大学的队伍先撤走为条件，可以打开城门让其他学校的学生入城。此时已是晚上9点多钟，当两校队伍离开后，城外四周的路灯全部熄灭，大批军警挥刀舞棍从四面八方向学生扑过来，许多学生遭到毒打。由前门入城的学生想去宣武门接应，当走到西单绒线胡同西口时，遭到大批军警扑打，数十名学生被砍伤，街道上血迹斑斑，惨不忍睹。在"一二·一六"大示威中，全市学生共有22人被捕，300余人受伤，再一次暴露了反动当局的凶残面目。

（三）声援北平

北平学生的爱国斗争，打击了日本帝国主义的嚣张气焰，揭露了国民党当局的卖国行径，得到了各界爱国人士的支持响应，促进了抗日救亡运动的开展。

12 月 18 日全天，北京大学、清华大学等 6 所大学的校长，联名要求释放被捕学生。同日，中华全国总工会向全国工人紧急呼吁援助学生救国运动，各地工人纷纷举行罢工，支持学生斗争。20 日，共青团中央发表宣言，号召青年学生深入工农群众中扩大抗日救国运动。各地社团组织纷纷发表通电和宣言，声援北平学生爱国运动。宋庆龄、鲁迅、马相伯、沈钧儒、王造时、邹韬奋、陶行知、章乃器、李公朴、史良等爱国知名人士纷纷表示支持。宋庆龄从上海寄给北平学联 100 多元钱，作为开展抗日救国工作的费用。鲁迅于 12 月 18 日至 19 日夜，撰文热情赞扬爱国学生的英勇斗争精神，并寄以"石在，火种是不会绝的"殷切希望。12 月 26 日，陕甘苏区各界民众举行集会，声援北平和各地学生的抗日救国运动。在北平学生爱国运动的影响下，全国各地学生群起响应。一时间，在黄河两岸，大江南北，到处响彻抗日救亡的号角。

两次游行示威之后，在党的领导下，北平学联成立了南下扩大宣传团，深入工厂农村，发动各地工农士兵群众开展反日反蒋斗争，也使爱国学生们得到了锻炼和教育。1936 年，南下扩大宣传团在北平召开团员代表大会，正式成立了民族解放先锋队（后改名中华民族解放先锋队），这是党领导成立的先进青年组织。它的诞生和发展，大大推动了"一二·九"运动的深入发展。

在中国共产党的领导和号召下，由北平爱国学生首倡，迅速席卷全国的"一二·九"运动，极大地促进了中国人民的觉醒，标志着中国人民抗日民主运动新高潮的到来。

（四）事件成果

大会通过了反对冀察政务委员会，反对华北任何傀儡组织，要求停止内战、一致对外，收复东北失地，争取抗日和爱国自由等 8 个决议案。会后，游行队伍奔向冀察政务委员会预定成立的地点——东交民巷口的外交大楼举行总示威。队伍走到前门，遭到大批警察和保安队的拦截。经学生代表反复交涉，军警才让游行队伍分批分别由前门和宣武门进入内城。在宣武门，爱国学生遭到上千名军警的血腥镇压，有二三十人被捕，近400人受伤。北平学生的抗日救国示威游行，沉重地打击了国民党政府的卖国活动，迫使冀察政务委员会不得不延期成立。"一二·九"运动得到全国人民的支持和响应。天津、上海、南京、武汉、广州、杭州、西安、开封、济南、太原、长沙、桂林、重庆等城市的爱国学生举行请愿集会、示威游行，或发表宣言、通电，声援北平学生的爱国行动。陕甘苏区学生联合会也发出响应的通电，苏区各界民众集会声援全国各地学生的抗日救国运动。12月18日，中华全国总工会发表《为援助北平学生救国运动告工友书》，号召全国各业、各厂的男女工友起来召集群众会议，发表宣言和通电，抗议汉奸卖国贼出卖华北与屠杀、逮捕爱国学生。12月21日，上海市总工会通电声援北平学生，呼吁全国同胞一致兴起，集合民族整个的力量，反对任何伪组织之存在，以维护主权而保国土。广州铁路工人、上海邮务、铁路工人举行集会，发通电，要求对日宣战。鲁迅、宋庆龄等爱国知名人士赞扬爱国学生的英勇奋斗精神，捐款支持学生抗日救国运动。海外华侨也以各种方式支援爱国学生。"一二·九"运动广泛地宣传了中国共产党与国民党停止内战、一致对外的抗日主张，掀起了全国抗日救国运动的新高潮。

三、运动口号

"打倒日本狗！全国武装起来，保卫华北！反对防共自治运动！反对卖国的对外政策！立即停止内战！立即向日本宣战！人民！武装你们自己！用武力保护华北！""打倒卖国贼！打倒卖国贼殷汝耕！中华民族万岁！为祖国自由而奋斗！没收卖国贼的财产，救济受灾人民！反对军队南调！反对苛捐杂税！反对抓捕中国人民的日本狗！"

四、运动意义

北平学生的爱国行动，得到了全国学生的回应和全国人民的支持，形成了全国人民抗日民主运动的新高潮，推动了抗日民族统一战线的建立。

一代青年有一代青年的责任。近代以来，中国面临着争取民族独立、人民解放和实现国家富强、人民富裕这样两项根本性的历史任务。当年，中国青年的历史性责任就是要通过革命斗争，争取民族独立、人民解放；80 年后的今天，当代青年的历史使命就是要在中国共产党的领导下，坚定不移地走中国特色社会主义道路，通过集中力量进行现代化建设，为实现国家富强、人民富裕，为实现中华民族的伟大复兴而不懈努力。正如习近平总书记指出的那样，当代中国青年应当担当起党和人民赋予的历史重任，在激扬青春、开拓人生、奉献社会的进程中书写无愧于时代的壮丽篇章！

"一二·九"运动中青年学生所走过的这条道路，是具有普遍意义的。因为只有在社会实践中，在与群众相结合的过程中，青年知识分子才能了解群众的愿望和要求，激发自己的爱国主义情怀和历史使命感，才能磨炼自己的意志，增长自己的实际知识和才干，从而茁壮地成长起来。

附录二：毛泽东关于"一二·九"运动的伟大意义的论述

（1939 年 12 月 9 日在延安纪念"一二·九"运动四周年大会上的讲演）

同志们：

今天开"一二·九"四周年纪念大会，满堂青年，朝气蓬勃。这是一个多么生动活泼的集会！纪念"一二·九"的大会，在延安已经开过不止一次了，过去几次我都没有能参加，今天我是非常兴奋地来参加的。

我认为，现在中国的事情更好办了。中国的事情是什么？就是反帝反黑暗势力两件事。帝国主义和黑暗势力，中国人民自鸦片战争反起，到现在已反了一百年了。时间很长，虽然还没有完成，但是现在这件事情是好办多了。因为国民党顽固派大大加强了反共活动，打击进步的文化界，现在有些人就说：中国的事情难办了。他们是为进步而努力的，为国家民族的利益而奋斗的，他们满腔热情，怀着好心肠，要把国家民族弄好。但是，正在抗日战争的紧要关头，他们在周围却见到顽固势力所布下的投降、分裂、倒退的黑影，他们的努力受到种种限制和压迫，不免觉得事情难办了。这只是看到事情的一方面。我们当然坚决反对顽固派的倒行逆施，但就全局来说，却认为比之过去，现在中国的事情不仅不难办，而且是更好办了。

为什么呢？这就得从我们今天纪念的"一二·九"运动说起。第一，"一二·九"运动到底是怎么一回事，同志们都知道，刚才李昌同志也讲过。然而，我们应该进一步了解：它是在什么政治环境下产生的呢？它有什么政治意义呢？它给中国政治上一个什么样的影响呢？明白了这些问题，就会知道现在中国的情况跟过去大大地不同了，现在的事情不是比过去难办，而是比过去好办多了。

红军经过了万里长征，在1935年10月到达陕北吴起镇。当时敌人还在进攻我们，那年的11月下旬，在鄜县我们还打了三个胜仗。在祝捷声中，在12月10日，一听到北平"一二·九"运动的消息，我们心里好不欢喜！红军同志完成了这么伟大的长征，学生同志在北平发动了这样伟大的救亡运动，两者都是为解放民族和解放人民而斗争，其直接意义都是推动抗日战争。所以，"一二·九"运动在历史上讲，是抗日战争准备的一个非常重要的方面。

有些人说，"一二·九"运动不如五四运动，就是说，前者不及后者的政治意义伟大。这对不对呢？不对。我们认为这两者的意义是同样伟大的。

五四运动为北伐战争做了准备。如果没有五四运动，北伐战争是不可想象的。有些人以为学生运动没有力量，但是事实怎样呢？广大学生群众的五四运动，推动"六三"全国性的罢工、罢市、罢课的反帝和反卖国政府的斗争，发展成为全民族的运动。五四运动以后，产生了中国共产党，促成了第一次国共合作，掀起了五卅运动，发动了北伐战争，造成了第一次大革命。那末，很明显，没有五四运动，第一次大革命是没有可能的。五四运动的的确确给第一次大革命准备了舆论，准备了人心，准备了思想，准备了干部。

至于"一二·九"运动，它是伟大抗日战争的准备，这同五四运动是第一次大革命的准备一样。"一二·九"推动了"七七"

抗战，准备了"七七"抗战。

我们看看，"一二·九"运动是在什么情况之下发生的。一方面，它是在共产党被认为绝对无权、绝对不合法的国民党统治区，在国民党反动派的"剿共"战争时期，在军事"围剿"和文化"围剿"双管齐下的情况之下发生的。在过去的所谓"剿共"战争中，共产党和红军处境的艰难是无须多说的。后来红军长征了，一走走了二万五千里，人家在后面也"欢送"了二万五千里，并且在前面还有"欢迎"的，在天上加上"送礼"的，这礼物名曰炸弹。尽管"欢送"者一程一程地相送，"欢迎"者一站一站地相迎，红军仍然到了陕北。但敌人还是用子弹作礼物，前后迎送。这就是说，红军到了陕北，还是处在被"围剿"的环境中。这就是军事"围剿"的情形。文化"围剿"怎么样呢？敌人的"碉堡"是建筑在学校里、书报杂志上以及社会文教团体里，也大有"稳扎稳打、步步为营"之势。关于这一点，我们只要看一看鲁迅先生的杂感，就可以知道。他的抨击时弊的战斗的杂文，就是反对文化"围剿"，反对压迫青年思想的。另一方面，日本帝国主义已占领了东北，酝酿着"华北特殊化"，并积极准备灭亡全中国。因此，四万万五千万人民，大家都要干，要打日本帝国主义。可是，有一些人偏偏不赞成。不过，他们也是要打的，打的是谁呢？是共产党，是青年学生，是文化界的进步人士。全国老百姓对他们说：你们打的方向弄错了，我们坚决反对。这就是"一二·九"运动所处环境的另一方面。"一二·九"运动以后，事情就逐渐好办了。西安事变和平解决，国民党政府只打共产党不打日本帝国主义的办法行不通了，不得不放弃"剿共"政策而走准备抗战的路，这就开了国民党的三中全会，抗日民族统一战线也就在事实上宣告成立。对于这些，"一二·九"运动的功劳都是很伟大的。

这里，有一点应该特别注意，就是红军长征和"一二·九"运动的密切关系。"一二·九"运动发生在红军北上抗日到达了陕北之时。红军二万五千里长征的胜利帮助了"一二·九"运动，同时，"一二·九"运动也帮助了红军。这两件事的结合，就帮助了全民抗战的发动，帮助了中华民族，增进了全民族的利益。

中共中央的八一宣言，号召全国人民反对日本帝国主义，推动了全国团结抗战潮流的发展。"一二·九"运动，是在中国共产党发表八一宣言，红军走到陕北打了胜仗，而日本帝国主义正在加紧侵略中国的情况之下发生的。广大青年学生起来反对当局对他们的压迫，反对日本帝国主义侵略中国，要求停止内战一致抗日。这个运动的发生，轰动了全国。它配合着红军的北上抗日行动，促进了国内和平和对日抗战，使抗日运动成为全国的运动。所以，"一二·九"运动是动员全民族抗战的运动，它准备了抗战的思想，准备了抗战的人心，准备了抗战的干部。要拿五四运动和北伐战争的关系相比，那么很明显，"一二·九"运动和抗日战争的关系更密切，两者相隔的时间更短，因为"一二·九"运动有红军长征的胜利互相配合。总之，"一二·九"运动将成为中国历史上的一个非常重要的纪念。在"一二·九"运动以后，在抗日战争爆发以后，中国反帝国主义的事情就好办多了。

第二，反对黑暗势力压迫青年学生和压迫知识分子，这件事情现在也是更好办了；而黑暗势力压迫青年学生和知识分子，这件事情却是更难办了。"一二·九"运动就证明了这一点。黑暗势力压迫进步思想，压迫到最后，黑暗势力总是失败的。"一二·九"运动前，他们进行了八年多的反共教育，是有计划地进行的。学校里的一切有政治倾向的课程，首先都是以反对共产党和马克思主义为原则；对教员中被认为是共产党和马克思主义者的人都要排斥和迫害。从1927年下半年起，他们用这种教育训练了八年多，不幸得很，却训练出一个"一二·九"来。这在国民党内那些反共的先生们看来，当然是一件天大的憾事。有些人说，"一二·九"是学生造反。这一点学生们是承认的，的确是造反。但是，造谁的反呢？是造压迫学生者的反，造思想"围剿"者的反，造宣传假三民主义的人们的反。他们造反的目的就是要实行真三民主义，也就是联俄、联共、扶助农工的三民主义。他们为铲除一切实行真三民主义的障碍而造反。这样的反要不要造呢？要造的，要造的，第三个还是要造的。

世界上的事情，就有这样怪，碰了钉子摸摸头，但是过后又忘了。你们看，从前有些人是不承认五四运动的，但是到了今天都承认了；现在也有些人不承认"一二·九"运动，不过，根据五四运动的经验，说不定哪一天，他们也将不得不承认"一二·九"。如果坚持不承认，那就请他们在三十六计中选上计，简单些说，请他们滚蛋！因为世界是向前进的，要向后倒退是不成的；中国人的辫子没有了，他们想拖也拖不住了；旧的落后的东西只好倒下来，让新的进步的东西接替它。在进步的潮流中，他们要是还不承认进步的"一二·九"运动，还想鄙视这个运动，那末，他们将要倒霉还有什么话说？

现在的青年学生，懂得的道理更多了，比我当青年学生的时候聪敏得多了。我起初读几年书，只知道"诗云""子曰"那一套，心里总以为做官做皇帝的人个个是好的。后来进了洋学堂，碰到了革命，于是也知道皇帝老爷是坏的了，也懂得了美国的京城是华盛顿，英国的京城是伦敦，什么 X 加 Y 等于 Z，什么分子、原子和电子。现在你们不仅懂得这些东西，而且还懂得马克思主义哩！我那时，就不懂得什么马克思。这就是现在比过去进步的一个证明。当第一次世界大战的时候，上层的人们是主张参加协约国英法方面去打德奥的，他们的言论讲得头头是道，确实欺蒙了一些人。1918年，第一次世界大战结束时，中国在北京也开了会，还立了一块碑，上面刻着"公理战胜"四个字，更是煊赫一时，弄昏了当时一些人的头脑。但是，现在不同了。中国是永远向前发展的。中国人民现在已经懂得了世界大事，懂得了革命道理。这种道理是一步一步懂得的，从前懂得少，现在懂得多了。大家懂得了帝国主义战争的性质是非正义的掠夺性的，懂得了日本帝国主义的阴谋诡计，懂得了投降派、顽固派的阴险狠毒，懂得了民主宪政。他们认识清楚，要进步，要民主，要参政，而这民主宪政的真正实现还需要大家起来奋斗。只有全国青年学生、工人、农民一同起来作斗争，才能把这个事情搞成功。现在的人是聪明了，不容易被欺骗了。大家都光起眼睛看着：什么人不开放民主？什么人要分裂？什么人要投降？什么人要倒退？《封神演义》里有一个申公豹，是姜子牙的不肖师弟，他脸向后长，眼朝后看。现在在抗战阵营中，就隐藏有这么一群"申公豹"，一批专门倒退的人，他们拖住中国要倒退。这是现在中国的黑暗势力压迫光明势力，这叫作压迫的自由。然而，全中国的青年和工农大众也有另外一种自由，这叫作反抗黑暗势力的自由。我们不准黑暗势力把中国拖向后退。我们有没有把握不准他们那样做呢？是有的，重要的根据就是现在的人不容易被欺骗了，全国老百姓是不好再欺骗了。现在大多数人就不准他们这样压迫，要反抗他们的压迫；不准他们投降，要坚持抗战；不准他们分裂，要坚持团结；不准他们倒退，要坚持进步。这一群"申公豹"，看他们怎样收场！

第三，"一二·九"运动和中国共产党的关系是怎样呢？毫无疑义，"一二·九"运动中共产党起了骨干的作用。没有共产党做骨干，"一二·九"运动是不可能发生的。首先是共产党的八一宣言给了青年学生一个明确的政治方针；其次是红军到了陕北，配合了北方的救亡运动；最后是共产党北方局和上海等地党组织的直接领导。这样，才使"一二·九"运动发生，并使之在全国各阶层开展起来，形成了全民族救亡运动的巨大政治力量。青年学生好比是"一二·九"运动的柴火，一切都准备好了，只差用火一点。点火的人是谁呢？就是共产党。共产党从诞生之日起，就是同青年学生、知识分子结合在一起的；同样，青年学生、知识分子也只有跟共产党在一起，才能走上正确的道路。知识分子不跟工人、农民结合，就不会有巨大的力量，是干不成大事业的；同样，在革命队伍里要是没有知识分子，那也是干不成大事业的。只有知识分子跟工人、农民正确地结合，才会有无攻不克、无坚不摧的力量。因此，知识分子要同共产党结合，要同广大的工农群众结合，要同革命武装队伍结合，要同八路军新四军结合。一切共产党员要向所有非党的同情者说清楚，我们共产党是非常欢迎知识分子的，是团结知识分子的。自然，我们要反对那少数破坏革命的坏知识分子，汉奸知识分子，"申公豹"式的知识分子。不反对这种知识分子，是罪恶；反对这种知识分子，是对民族对人民都有利的。

现在很多青年知识分子没有自由，没有走路之权。例如从西安到延安的这一条路上，遍设关防，进步的知识青年要通过是困难的。因为他们既没有青龙偃月刀、嘶风赤兔马，又没有过五关斩六将的本领，那只有被赶到集中营"训练团"里去。这件事情似乎有些难办。但是，如果知识分子跟八路军、新四军、游击队结合起来，就是说，笔杆子跟枪杆子结合起来，那末，事情就好办了。有了这，什么帝国主义也不怕，什么顽固分子也不怕。有了这，这些狗子敢来咬一口吗？

从鸦片战争起，中国人民已有了一百年的反帝反黑暗势力斗争的经验，再加上共产党十八年的斗争经验，什么事情还会办不到呢？这样看来，中国的事情比以前是更加好办了。我们一定要抗战到最后胜利，打倒日本帝国主义，创造出一个民主共和国！现在虽然还有帝国主义者和"申公豹"们不断地阻碍我们这样做，但是不要紧的，我们现在是聪明了，是有力量了，我们已不是昨天的我们，而是今天的我们了。帝国主义者、"申公豹"们，是你们滚蛋的时候了！

附录三：纪念红军长征胜利 80 周年：百名
红军后代赴巴中祭英烈①

1936 年 10 月，红军第一、二、四方面军在甘肃会宁会师，长征结束。长征胜利表明中国共产党和工农红军是一股不可战胜的力量，它充分表现了中国共产党人的艰苦卓绝的斗争精神，这种精神是中国共产党和它所领导的红军发展壮大的巨大精神力量，并给了全国人民以巨大的影响。红军长征胜利 80 周年之际，9 月 22 日，位于巴中市通江县王坪村的全国最大红军烈士陵园——川陕革命根据地红军烈士陵园迎来了一批特殊的嘉宾，前来巴中参加"川陕革命根据地与红军长征研讨会"的百余名老一辈革命家、老红军后代或亲属代表，以及国家级、省级党史系统专家等在内的共计140 余人在会前怀着崇敬的心情前来祭拜先烈。

22 日上午，参加"继承先烈遗志，弘扬红军精神——川陕革

---

① 余开洋：《纪念红军长征胜利 80 周年：百名红军后代赴巴中祭英烈》（http://scnews. newssc. org/system/20160923/000709114. htm）。

命根据地与红军长征"研讨会的领导、嘉宾前往通江县王坪村的全国最大红军烈士陵园——川陕革命根据地红军烈士陵园祭拜了革命先烈。革命先辈后代代表向长眠在这里的 25048 名英烈们敬献了花篮，轻步走到花篮前，仔细整理写着"革命先辈后代敬献"的花篮绶带；在哀婉低回的乐曲声中，大家伫立在墓碑前，神情凝重，全体肃立默哀，向革命先烈表达最崇高的敬意；在红军烈士墓前，大家依次向长眠于此的先烈敬献了鲜花⋯⋯

"看到烈士陵墓和绿色植物交相辉映，显得更加的庄严肃穆。这说明巴中政府和人民相当重视保护，对发扬和传承革命精神作了很多努力。据相关领导介绍，巴中未来将建设成通达四面八方的交通枢纽，在这个计划上面作了一个非常好的宏伟蓝图，我也希望红军后代在这上面贡献自己的一份力。"刘瑞龙之女刘延淮说道。对于巴中未来的发展，她提出了宝贵的意见。"将来可以在红色旅游和绿色旅游、历史文化上会有一个很好的发展。我们现在正在针对红军小学或者边远山区做脱贫工作，把现代化的远程教育系统纳入全国红军小学的资助，通过互联网在教育和医疗上对革命老区提供帮助。"

"这是一块革命先烈用鲜血染红的土地。父辈们在这里战斗过。来到巴中，我们有深深的自豪感，像回家一样亲切，到这里缅怀对革命先烈的无限哀思和崇高敬意，不忘初心，继续前进，让红军精神薪火相传。"陈昌浩之子陈祖莫表示，他是第二次来巴中，每次来到这里心里很激动，看到了这么多革命烈士为革命流血牺牲心里无比悲愤，但是看了现在人们的生活心里却是无比自豪，因为现在的幸福都是用革命烈士鲜血换来的。

1932 年 12 月红四方面军从四川省通江县两河口乡入川，以巴中为中心建立幅员面积 4.2 万平方公里、人口 600 多万的中华苏维埃共和国的第二个大区域——川陕革命根据地。1933 年年底，红四方面军为反对军阀刘湘的"六路围攻"，将红四方面军总医院由鹦歌嘴迁于沙溪镇王坪村。总医院担任收治前后方伤病员的任务，最多时高达数千余人。由于当时条件艰苦，环境恶劣，成千上万的红军伤病员因伤势过重，且缺医少药的情况下光荣牺牲。1934 年 1

月红四方面军总医院迁至通江县沙溪镇王坪村，西北军事革命委员会决定在王坪修建烈士陵园，由当时红四方面军总医院政治部主任张琴秋亲自设计墓碑并题写碑文，陵园内安埋有 7800 余名红军烈士，其中团职以上将领 40 人，是全国安葬红军烈士最多、规模最大的红军烈士陵园，也是全国唯一一座红军为自己战友修建的陵园。1982 年 4 月，中共中央军委副主席徐向前为红军烈士墓亲笔题词，1985 年四川省人民政府批准更名为"王坪烈士陵园"，1988 年被国务院列为全国重点文物保护单位，2002 年民政部批准更名为"川陕革命根据地红军烈士陵园"，并列为全国重点革命烈士纪念建筑物保护单位。

参加"继承先烈遗志，弘扬红军精神——川陕革命根据地与红军长征"研讨会的领导、嘉宾还参观了毛浴古镇、红四方面军党政工作会议旧址、刘伯坚纪念园、红军石刻标语陈列园等红色旅游景点。一件件历史实物，一张张珍贵照片，一个个感人故事，把大家带到了战火纷飞的革命岁月，感受到革命战争年代党和人民群众的血肉联系。

第三章 《马克思主义基本原理概论》

　　《马克思主义基本原理概论》课是根据 2005 年 3 月中宣部、国家教育部《关于进一步加强和改进高等学校思想政治理论课的意见》的规定，高等学校思想政治课新的调整改革方案中确定的新课程。主要阐述了马克思主义的科学体系和本质特征，阐述了物质世界的本质规律，充分反映了我们党在理论和实践上的创新成果，反映了新中国成立 60 多年来经济建设、政治建设、文化建设、社会建设和党的建设取得的巨大成就和宝贵经验。

第一节　《马克思主义基本原理概论》课程概述

　　《马克思主义基本原理概论》在高校思想政治理论课中的作用居于核心地位。从新中国成立到现在，马克思主义基本原理的学科建设与发展是一个与我国社会主义建设事业共同进步的过程，也是一个不断创新、日臻完善的过程。

一　课程性质

　　《马克思主义基本原理概论》是全国高等教育及自学考试等各专业开设的公共必考课，是为培养和检验广大青少年对马克思主义基本概念和基本原理的掌握及运用能力而设置的思想政治理论课。马克思主义是中国共产党和中国人民一贯坚持的指导思想，是无产阶级及其政党观察问题、变革现实的科学的世界观和方法论，是指导我们正确认识自然界发展变化的规律、正确认识人类社会历史发展变化的规律、正确认识中国共产党执政的规律、建设社会主义和谐社会的理论基础和指导思想。

《马克思主义基本原理概论》是教育部"05"高校思想政治理论课设置新方案中规定的高校公共必修课，是高校思想政治理论课程体系的主干课程。

二 课程目标

对大学生进行马克思主义基本原理教育，是中国社会主义高校的本质特征和根本任务之一。树立无产阶级的科学世界观和方法论，坚持马克思主义的立场、观点和方法，是培养社会主义建设者和接班人的必然要求，也是建设有中国特色的社会主义的行动指南。通过对本门课程的学习，向学生宣传马克思主义的基本原理，使大学生在理论与实际的结合中从总体上学习和掌握马克思主义；帮助学生树立建设中国特色社会主义的理想信念和共产主义崇高理想，跟党和人民的根本利益保持一致，弘扬爱国主义、集体主义、社会主义，形成科学的世界观、人生观和价值观；能够运用马克思主义的立场、观点和方法分析去解决问题，努力把马克思主义作为行动的指南，自觉投身到中国特色社会主义建设的实践中去，更好地为中华民族的繁荣富强服务。

本课程坚持"化理论为方法，化理论为德性"的教学理念，发扬理论联系实际的优良传统和学风，努力使学生在掌握马克思主义基本原理及其精神实质上下功夫，在掌握马克思主义的立场、观点和方法并用以指导实践上下功夫，不断提高理论思维能力和明辨是非能力。在具体的教学活动中，要使课程的教学目标和要求贯穿、渗透于每一堂课的教学过程中。

三 课程内容

马克思主义理论有三个组成部分：马克思主义哲学原理、政治经济学原理和科学社会主义原理。本课程紧紧围绕什么是马克思主义，为什么要始终坚持马克思主义，如何坚持和发展马克思主义这个主题，以阐释马克思主义世界观、方法论为重点，以人类社会发展的基本规律为主线，全面阐明马克思主义的基本理论、基本立场、基本观点和基本方法。帮助学生从总体上理解和把握什么是马克思主义，为什么要学习马克思主义以及怎样学习马克思主义。重点学习马克思主义世界观和方法论，从整体上把握马克思主义基本原理，正确认识人类社会发展规律，具体包含正确认识物质世界的发展规律、资本主义社会的发展规律和社会主义社会的发展规律。要求学生了解马克思主义基本原理，理解马克思主义理论是无产阶级及其政党观察问题、变革现实的世界观和方法论，自觉地把马克思主义作为自己行动的指南，学会运用马克思主义的立场、观点与方法去分析和解决问题，努力成为中国特色社会主义事业的合格建设者和可靠接班人。

建设好《马克思主义基本原理概论》课程和教材，是对大学生思想理论教育的重要任务，对于帮助大学生树立科学的世界观、从整体上把握马克思主义、掌握人类社会发展规律具有重要意义。《马克思主义基本原理概论》从 2005 年《马克思主义基本原理》教材编写开始，先后于 2008 年、2009 年、2010 年、2013 年、2015 年对教材进行了修订，体现了马克思主义与时俱进的发展。

为了深入贯彻党的十八大和十八届三中、四中全会精神，深入贯彻习近平总书记系列重要讲话精神，推动党的理论创新最新成果进教材进课堂进头脑，2015 年中宣部、国家教育部组织对高校思想政治理论课统编教材进行了集中修订，站在时代和实践发展的最前沿，把党的十八大和十八届三中、四中全会取得的最新理论进展和习近平总书记系列重要讲话精神，从马克思主义基本原理的高度充实到教材中，增强了教材的时代性、实践性和现实针对性。第一，深入贯彻习近平总书记系列重要讲话精神，从基本原理的高度体现马克思主义中国化最新成果。在绪论关于马克思主义历史发展的阐述中，增加习近平总书记系列重要讲话精神、"四个全面"战略布局等内容。在马克思主义基本原理若干基本观点中，增加习近平总书记关于辩证唯物主义和历史唯物主义基本原理的概括，关于科学社会主义基本原则的概括等。教材前三章哲学部分，重点体现习近平总书记关于辩证唯物主义和历史唯物主义的新论述和理论联系实际的新表述。将有关实践的内容调整到认识论中，突出认识世界和改造世界的内容。第四章、第五章关于资本主义的论述，体现了习近平总书记关于学习政治经济学的重要思想，作了较多修改。同时，进一步淡化"史"的痕迹，突出马克思主义政治经济学的特色，突出了原理的特色。第六章社会主义部分，重新设计和安排各节、各目，以体现习近平总书记关于世界社会主义五百年的有关重要思想，特别是将关于"科学社会主义基本原则"的内容作为马克思主义关于社会主义的基本原理写入教材，并阐述其重大意义。第七章共产主义部分，体现习近平总书记关于坚定共产主义理想信念的思想和论述，同时注意避免与《思想道德修养与法律基础》教材中有关内容的重复。第二，进一步增强教材的时代感和教学适用性、可读性。主要有：在第二章更深入地阐述价值和价值观问题，为大学生掌握社会主义核心价值观提供理论支撑。同时进一步规范真理相对性和绝对性等相关表述，使之更加简明精当。在第四章资本主义部分，删减与中学教材重复的细节阐述，更集中地概括劳动价值论和剩余价值论的基本内容和意义，以便于老师教学和学生自学。第六章社会主义部分，进一步理顺思路、调整结构、增强理论性，帮助学生更好掌握科学社会主义基本原则等。实践和时代发展无止境，理论创新无止境。具体课程内容与重点、难点如下。

绪论

1. 学习目标及要求：从总体上理解和把握什么是马克思主义，为什么要学习马克思主义，怎样学习马克思主义。

2. 课程内容

一、马克思主义和马克思主义基本原理

（一）什么是马克思主义

（二）什么是马克思主义基本原理

二、马克思主义的创立和发展

（一）马克思主义的创立

（二）马克思主义的发展

三、马克思主义的鲜明特征

（一）科学的世界观和方法论

（二）鲜明的政治立场

（三）与时俱进的理论品质

（四）崇高的社会理想

四、自觉学习和运用马克思主义

（一）马克思主义是行动的指南

（二）努力掌握和运用马克思主义

3. 重点和难点：什么是马克思主义；马克思主义的鲜明特征。

4. 考核知识点：马克思主义的科学含义；马克思主义创立的条件；马克思主义发展的阶段和成果；马克思主义的鲜明特征；学习马克思主义基本原理的根本方法。

第一章　世界的物质性及发展规律

1. 学习目标和要求：学习和把握马克思主义唯物论与辩证法的基本原理，着重了解世界的物质统一性和实践的基本观点，掌握唯物辩证法的基本规律和根本方法，为树立科学的世界观打下坚实的理论基础。

2. 课程内容

第一节　世界的物质性

一、物质及其存在形态

二、物质与意识的辩证关系

三、世界统一于物质

第二节　事物的普遍联系与永恒发展

一、联系和发展的普遍性

二、对立统一规律是事物发展的根本规律

第三节　唯物辩证法是认识世界和改造世界的根本方法

一、唯物辩证法是科学的认识方法

二、辩证思维方法与现代科学思维方法

三、以唯物辩证法为指导，不断增强思维能力

3. 重点和难点：哲学和哲学的基本问题；列宁的物质定义及其意义；物质的存在形式；人类社会的物质性；实践；社会生活的本质是实践；主观能动性与客观规律性的辩证统一；事物的普遍联系；事物的永恒发展；联系和发展的基本环节；对立统一规律；质量互变规律；否定之否定规律。

4. 考核知识点：世界观与哲学基本问题；马克思主义的物质观、运动观和时空观；物质世界的普遍联系和永恒发展；对立统一规律；质量互变规律；否定之否定规律；唯物辩证法的基本范畴；辩证思维方法与现代科学思维方法；主观能动性与客观规律的辩证

统一；社会历史的趋向与主体选择的关系。

第二章　认识的本质及发展规律

1. 学习目的及要求：学习和把握马克思主义认识论的基本观点，了解认识的本质及发展规律，真理的客观性、绝对性和相对性，真理与价值的关系，坚持理论创新和实践创新，不断提高在实践中自觉认识世界和改造世界的能力。

2. 课程内容

第一节　认识与实践

一、实践是认识的基础

二、认识是主体对客体的能动反映

三、认识运动的基本规律

第二节　真理与价值

一、真理的客观性、绝对性和相对性

二、真理的检验标准

三、真理与价值的辩证统一

第三节　认识世界和改造世界

一、认识世界和改造世界相结合

二、从必然走向自由

三、一切从实际出发，实事求是

3. 重点和难点：科学的实践观；实践对认识的决定作用；能动反映的基本特点；感性认识和理性认识；认识运动的辩证过程；真理的客观性；真理的绝对性和相对性及其辩证关系；实践是检验认识真理性的根本标准；实践标准的确定性与不确定性；真理与价值在实践中的辩证统一关系；一切从实际出发。

4. 考核知识点：实践对认识的决定作用；认识的本质；能动反映的基本特点；认识的辩证过程；认识的反复性和无限性；真理的属性和检验标准；价值及其特点；价值评价及其特点、功能；真理与价值的辩证统一；认识世界与改造世界。

第三章　人类社会及其发展规律

1. 学习目标及要求：学习和把握历史唯物主义的基本原理，着重了解社会存在和社会意识的辩证关系、社会基本矛盾运动规律、社会发展的动力和人民群众是历史的创造者等观点，提高运用历史唯物主义正确认识历史和现实、正确认识社会发展规律的自觉性和能力。

2. 课程内容

第一节　社会基本矛盾及其运动规律

一、社会存在与社会意识

二、生产力与生产关系的矛盾运动及其规律

三、经济基础与上层建筑的矛盾运动及其规律

四、社会形态更替的一般规律及特殊形式

第二节　社会历史发展的动力

一、社会基本矛盾是社会发展的根本动力

二、阶级斗争和社会革命在阶级社会发展中的作用

三、改革在社会发展中的作用

四、科学技术在社会发展中的作用

第三节　人民群众在历史发展中的作用

一、人民群众是历史的创造者

二、个人在社会历史中的作用

3. 重点和难点：社会存在与社会意识及其关系；社会基本矛盾及其运动规律；社会形态更替的一般规律；社会发展的动力系统；人民群众是历史的创造者。

4. 考核知识点：社会存在与社会意识及其辩证关系；社会物质生活条件；社会基本矛盾运动规律及其在社会发展中的作用；社会形态更替的一般规律及其特殊形式；阶级斗争和社会革命在社会发展中的作用；改革在社会发展中的作用；科学技术在社会发展中的作用；人民群众在社会发展中的作用。

第四章　资本主义的本质及规律

1. 学习目标及要求：学习和掌握马克思揭示的人类社会发展规律，深入了解资本主义生产方式产生的历史必然性，认识私有制商品经济在资本主义发展过程中的地位和作用，把握资本主义生产方式的本质，正确认识资本主义政治制度和意识形态的实质。

2. 课程内容

第一节 商品经济和价值规律

一、商品经济的形成和发展

二、价值规律及其作用

三、以私有制为基础的商品经济的基本矛盾

四、科学认识马克思劳动价值论

第二节 资本主义经济制度的本质

一、资本主义经济制度的产生

二、劳动力成为商品与货币转化为资本

三、资本主义所有制

四、生产剩余价值是资本主义生产方式的绝对规律

五、资本主义的基本矛盾与经济危机

第三节 资本主义政治制度和意识形态

一、资本主义政治制度及其本质

二、资本主义意识形态及其本质

3. 重点和难点：商品的二因素及其矛盾；生产商品的劳动二重性；价值规律的作用；马克思主义劳动价值论的意义；劳动力成为商品是货币转化为资本的前提；剩余价值的生产；资本积累；社会再生产的核心问题及其实现条件。

4. 考核知识点：资本原始积累；商品经济产生的历史条件；生产商品的劳动二重性与商品二因素的关系；价值量；价值规律的内容、表现形式及作用；商品价值形式的发展；货币的职能；私有制基础上商品经济的基本矛盾；马克思主义劳动价值论的意义；劳动力成为商品是货币转化为资本的前提；资本主义所有制及其本质；剩余价值的生产和分配及其两种基本生产方法；资本积累；资本的循环周转；社会总产品的实现问题；资本主义国家的职能，政治制度及其本质、局限性；资本主义意识形态的本质。

第五章 资本主义的发展及其趋势

1. 学习目标及要求：学习和掌握资本主义从自由竞争发展到垄断资本主义的发展趋势；科学认识国家垄断资本主义和经济全球化的本质；正确理解当代资本主义新变化的特点及实质；深刻理解

资本主义必然为社会主义所代替的历史必然性，坚定资本主义必然灭亡、社会主义必然胜利的信念。

2. 课程内容

第一节　垄断资本主义的形成与发展

一、资本主义从自由竞争到垄断

二、垄断资本主义的发展

三、经济全球化及其后果

第二节　正确认识当代资本主义的新变化

一、当代资本主义新变化的表现和特点

二、当代资本主义新变化的原因和实质

第三节　资本主义的历史地位和发展趋势

一、资本主义的历史地位

二、资本主义为社会主义所代替的历史必然性

3. 重点和难点：垄断资本主义的形成和发展；经济全球化及其后果；当代资本主义的新变化；社会主义代替资本主义的历史必然性。

4. 考核知识点：私人垄断资本主义的形成及特点；国家垄断资本主义的特点和实质；资本输出与垄断资本的国际扩张；经济全球化的表现及其后果；当代资本主义的新变化及其实质；资本主义的历史地位及其为社会主义所代替的历史必然性。

第六章　社会主义的发展及其规律

1. 学习目标及要求：学习和了解社会主义从理论到实践的发展过程；把握社会主义的基本特征；认识经济文化相对落后的国家社会主义建设的艰巨性和长期性；进一步坚定社会主义必胜的信心；明确马克思主义政党在革命和建设中的地位和作用，提高坚持党的领导的自觉性。

2. 课程内容

第一节　社会主义的产生和发展

一、社会主义从空想到科学

二、社会主义从理论到现实

三、社会主义从一国到多国

第二节 科学社会主义的基本原则

一、科学社会主义基本原则的主要内容

二、正确把握科学社会主义基本原则

第三节 在实践中探索现实社会主义的发展规律

一、俄、中等经济文化相对落后国家走向社会主义的必然性与建设社会主义的艰巨性

二、社会主义发展道路的多样性

三、社会主义在实践探索中曲折前进

3. 重点和难点：社会主义从空想到科学；科学社会主义的基本原则；无产阶级革命的手段或形式问题；无产阶级革命的发生问题；相对落后国家首先进入社会主义的问题；列宁斯大林的社会主义探索与苏联模式问题；关于社会主义社会的基本特征。

4. 考核知识点：社会主义从空想到科学的发展；科学社会主义的基本原则；无产阶级革命与社会主义制度的建立；无产阶级专政和社会主义民主；20世纪社会主义制度的巨大贡献和历史经验；在实践中深化对社会主义基本特征的认识；经济文化相对落后的国家社会主义建设的艰巨性和长期性；社会主义发展道路的多样性；社会主义的自我发展和完善；无产阶级政党在社会主义革命和建设中的地位和作用。

第七章 共产主义崇高理想及其最终实现

1. 学习目标及要求：学习和掌握马克思主义经典作家预见未来社会的科学立场和方法；把握马克思主义经典作家关于共产主义社会基本特征的主要观点；深刻认识共产主义社会实现的历史必然性和长期性；树立和坚定共产主义远大理想，积极投身于中国特色社会主义建设事业。

2. 课程内容

第一节 马克思主义经典作家对共产主义社会的展望

一、展望未来社会的科学立场和方法

二、共产主义社会的基本特征

第二节 共产主义社会是历史发展的必然趋势

一、实现共产主义是历史发展的必然规律

二、实现共产主义是一个长期的历史过程

三、坚持和发展中国特色社会主义，为实现共产主义而奋斗

3. 重点和难点：如何看待马克思主义经典作家对未来社会的科学预见；共产主义的基本特征；共产主义的实现是客观必然与主观追求的统一；"两个必然"与"两个决不会"的关系；党的最高纲领与最低纲领的统一。

4. 考核知识点：马克思主义经典作家预见未来社会的科学立场和方法；共产主义社会的基本特征；共产主义社会理想实现的历史必然性；共产主义理想实现的长期性；实现共产主义不能超越社会主义发展阶段；共产主义远大理想与建设中国特色社会主义共同理想的关系。

第二节 《马克思主义基本原理概论》 实践课程概述

一 指导思想

以马克思列宁主义、毛泽东思想和中国特色社会主义理论体系为指导思想，以中共中央、国务院《关于进一步加强和改进大学生思想政治教育的意见》（中发〔2004〕16号），中共中央宣传部、国家教育部《关于进一步加强和改进高等学校思想政治理论课的意见》（教社政〔2005〕5号）和中共中央宣传部、国家教育部《关于进一步加强和改进高等学校思想政治理论课的意见（实施方案）》（教社政〔2005〕9号）等文件精神为指针，立足于帮助大学生树立正确的世界观、人生观和价值观，拓展教学空间，促进大学生了解社会、了解国情、增长才干、奉献社会、锻炼能力、培养品格，增强大学生的社会责任感，充分发挥思想政治理论课的主渠道作用，全面深化思想政治理论课教育教学效果。

实践性是马克思主义哲学最显著、最主要的特征。"解释世界"是认识，"改造世界"是实践。实践是人能动地改造客观世界的客观性物质活动。马克思主义哲学把这样的实践作为自己的首要和基本的观点。尤其在马克思主义认识论中实践是认识论中最重要的也是最基本的观

点。马克思主义认为，实践是认识的基础，是认识的来源、动力、目的，是检验认识真理性的唯一标准。在认识运动的辩证过程中，由实践到认识，再由认识到实践，因此"实践、认识、再实践、再认识，这种形式，循环往复以至无穷"，一步步地深化和提高。这就是认识发展的全过程。从认识过程的一般规律看，人们头脑中的正确认识并不是以掌握书本上的理论为终结的。只有把书本上的理论具体地应用于实践之中，并使之得到深入的理解和升华，才能形成正确的认识和信念。这就是认识发展的全过程。《马克思主义基本原理概论》实践课程就是运用实践的观点，在理论与实际的联系中、在实践中引导大学生根据所学的马克思主义基本原理正确地认识、把握、调整自己，正确地做出判断和选择，并将其变为自己的内心需要和行为动机，从而将《马克思主义基本原理概论》内容"内化"为自己的价值标准和自身稳定的心理品质。中共中央、国务院《关于进一步加强和改进大学生思想政治教育的意见》（中发〔2004〕16 号）指出：高校思想政治理论课所有课程都要加强实践环节。因此，加强《马克思主义基本原理概论》实践教学是党中央对加强和改进大学生思想政治教育的必然要求，是贯彻落实中发〔2004〕16 号文件的内在要求和实际行动。中宣部、国家教育部《关于进一步加强和改进高等学校思想政治理论课的意见》也强调：高校思想政治理论课课程要加强实践环节，要建立和完善实践教学保障机制，探索实践育人的长效机制。

二 教学目的

对大学生进行马克思主义基本原理的教育，是为了让学生学会运用科学的思维方法和工作方法，认识并处理各种实际问题，帮助学生坚定社会主义信念、树立共产主义远大理想。实践课程深化课堂理论教学，在社会实践中深化对党的路线、方针、政策的认识，坚定在中国共产党领导下，走中国特色的社会主义道路，实现中华民族伟大复兴和共同理想的信念；引导学生走出课堂，在实践课程中感知和认识社会现实问题、关注人类解放与前途；促进大学生在实践教学过程中受教育、长才干，升华思想境界，铸造优良思想品德，在实践中学会做人、学会做事；学会运用马克思主义立场观点去分析实际问题，解决实际问题，从而提高认识能力、思辨能力和实践能力。真正实现《马克思主义基本原理概论》的理论指导和行动引领作用。

三　教学原则

《马克思主义基本原理概论》应遵循以人为本、与时俱进、理论联系实际等教学原则，坚持科学的发展观。这就要求我们在从事《马克思主义基本原理概论》实践教学中必须做到以育人为本、以学生为主体充分调动学生的积极性和主动性。首先，我们这门课程的根本目的就是为了学生的成长，一切为了学生的成人成才，一切为了帮助大学生树立正确的世界观、人生观和价值观。其次，我们的实践教学设计必须贴近实际、贴近生活、贴近大学生，针对当代大学生的心理特点、文化层次和思想意识，选择适宜的教学实践活动。把实践教学的内容讲到大学生的心里去，使学习这门课成为大学生内在的强烈需求，把他们的积极性和主动性充分地调动起来，把学习的过程转化为自觉、自主的行动。

与时俱进原则。实践教学要充分体现国内外形势的新变化，我国改革开放和社会主义现代化建设的新情况、新问题、新要求，反映社会现实的发展和时代特征。坚持一切从实际出发，实事求是，在实践中检验和发展真理，使大学生能够结合自身实际和社会发展探讨并进行各种社会实践，认识到"与时俱进"的重要性，把所学基本原理知识和方法应用到实际生活中去，从而指导社会生活。

理论联系实际原则。这就需要把书本上学习到的马克思主义理论，包括概念、命题、原理、观点等自觉地运用于分析和解决客观实际和思想实际问题。理论与实际相结合是马克思主义学风的具体体现。《马克思主义基本概论》实践课程体现了理论与实际相结合原则的基本要求。理论与实际相结合也要求《马克思主义基本原理概论》注重实践教学。就《马克思主义基本原理概论》课程实践教学性质而言，既具有理论性，又具有应用性，因此，运用理论与实际相结合的实践教学，可以取得良好的效果。通过实践课程可以让大学生能够把所学到的理论转化成科学的世界观和方法论，内化为他们自身的自觉行动。当然，"马克思主义基本原理概论"课实践教学要防止两种不良倾向：一是脱离实际的唯理论倾向，二是以实际代替理论的经验论倾向。

第三节 实践活动主题

一 主题活动一：经典导读交流会

（一）活动目的

书籍是人类的朋友，是人类进步的阶梯。为了激发当代大学生读马列毛邓等经典著作的兴趣，丰富学生们的知识面，通过读书交流会活动，促使他们养成热爱读书、喜欢读书的好习惯，以便在读经典著作的实践活动中获取真知，陶冶情操，树立正确的世界观、人生观和价值观。教师要依据《马克思主义基本原理概论》这门课程的要求，密切联系唯物主义、辩证法和认识论等基本内容，结合学生实际情况，培养学生们利用唯物主义的基本理论、辩证分析来解决实际问题，全面提升他们的思想道德修养和理论水平。

（二）活动目标

1. 通过经典导读交流会活动，在校内树立喜欢读书的好风气。

2. 通过本次活动，使同学们重新认识经典原著，结合自身实际情况，从中汲取营养并有所感悟，抵制错误思潮对当代大学生意识形态领域的侵蚀。

3. 结合学生实际情况，分析当前社会中存在的实际问题，以便促进他们更新观念、活跃思维，从而提高他们能独自找出问题、分析问题和解决问题的综合实践能力。

（三）活动流程

1. 确定经典导读交流会主题

依据教师推荐的经典著作，或者学生对某些经典原著感兴趣的书目来确定。

2. 制订经典导读交流会方案

首先，由教师选择经典导读交流会的两名主持人，并指定其负责主持词的撰写工作。其次，活动的评委由教师指定或学生选派，各班班干部负责组织学生，其他院系学生如果参加也可以（自愿情况下）。另外，活动需采取以小组或班级为单位的评价制度，也可采取台下互动，根据内容的正确性、积极性和激发性评选出最佳班级或活动小组，获胜的班级或小组将获得本次活动的证书或奖品，以便激励和调动他们的积极性。

3. 确定经典导读交流会的形式

可采用分组讨论，最后由各小组选派代表进行发言，谈读后感想或感悟，或者宣读提前写好的书评和读后感。

如果各班级或小组有可播放的影像资料，可以给1—2次机会进行展示，但时间控制在10分钟之内。展示的形式可多种多样：写内容梗概，赏析，朗读，展示读后感、演讲、表演等，也可以用PPT来辅助展示。

同学们在分享读书收获的同时，也可以给大家推荐一些新颖且有意义的新书，但要简要说明该书作者信息、内容概要及推荐理由。

4. 会后总结

教师要对本次活动的情况进行总结，表扬在交流会上积极发言的同学或优胜者，鼓励其他同学在下次活动中要勇于畅谈个人的观点和看法，积极主动地与大家交流和分享，同时指出这次活动中存在的问题和不足之处，力求在以后的实践活动中逐步提高和完善。

样例一：《资本论·政治经济学批判》读后交流会

1. 任务布置

学期开始时，任课教师让同学们读马克思、恩格斯的经典著作《资本论·政治经济学批判》，期末时将开展一场以"当我读完这部经典之后"为题的交流会。

2. 问题导向

请大家对以下问题进行准备：对本部经典著作的作者进行简单介绍；对本部经典著作的内容进行概述；作者写作本书的时代背景；本部经典著作的历史意义；现场自由发言，谈你的收获或感想。

3. 活动策划

活动目的：我们经常讲要学习马克思主义理论，现在我们所学的《马克思主义基本原理概论》这本书主要讲述了马克思主义的基本原理，为了理解教材，要求学生课下阅读《资本论·政治经济学批判》这部经典著作，以便让同学们重新认识马克思和恩格斯，同时学会联系实际，掌握、理解和运用马克思主义的基本原理，最终树立社会主义核心价值观，全面提升自身的素养和理论水平。

活动目标：通过读《资本论·政治经济学批判》这部经典，让学生们掌握马克思主义的基本原理。通过本次活动，使同学们重新认识马克思和恩格斯这两位无产阶级革命家，同时让同学们了解他们为什么要写这本书。读后大家不但要学会交流和分享，还应联系当前社会中存在的实际问题，学会运用马克思主义的基本原理进行分析问题和解决问题。

4. 实施过程

主持人一：各位老师，同学们，大家晚上好！学期开始时，老师让我们读马克思、恩格斯的《资本论·政治经济学批判》这本书，如今，经过一学期的资料查阅、书本翻阅等，我们可以向老师和同学们汇报、交流我们的学习情况和心得了。我宣布：经典导读交流会现在开始！

主持人二：首先介绍一下参加本次交流会的评委：第一位是教我们《马克思主义基本原理概论》这门课的王一亚老师，大家欢迎！下一位是思政部马克思主义教研室主任刘为民主任，大家欢迎！下面三位分别是物理学一班的胡庆德同学，声乐二班的王小娟同学，旅游管理二班的费毅同学。让我们再次以热烈的掌声欢迎他们的到来，谢谢大家！

主持人一：下面介绍一下参加本次交流会的同学。他们是物理学院2014级物理学一班，音乐学院2014级声乐二班，生命科学学院2014级生物技术及应用一班，传播学院2014级广播电视学一班、二班的全体同学，欢迎你们的到来！此外，还有其他院系的同学也来到了我们的会场，对你们的到来表示热烈欢迎！

主持人二：大会开始前，我给大家介绍一下参赛的各小组及抽签情况，我们以院系为单位成为一个小组，各小组选派的选手抽签的情况如下：（1）对本部经典著作的作者进行简单介绍——胡静（传播学院）；（2）对本部经典著作的内容进行概述——王瑞静（物理学院）；（3）作者写作本书的时代背景——李海平（生命科学学院）；（4）本部经典著作的历史意义——惠向东（音乐学院）。各小组选派的代表发言时，各班班委负起责任，确保会场秩序，同学们现在把手机关闭或调成静音状态。

主持人一：下面我再次重申本次交流会的规则和标准。依据参赛选手的言谈举止、仪容仪表、语言简练度、内容完整度等作为评判的主要标准，同时，各院系观众的现场秩序也将纳入评判行列，通过评比将选出本次交流会的优胜班级和选手。

主持人二：下面请传播学院广播电视学一班的胡静同学对《资本论·政治经济学批判》这部经典著作的作者做简单介绍，物理学院的王瑞静同学做准备！

胡静：各位老师和同学，大家好！我是传播学院广播电视学一班的胡静。通过一学期对《资本论·政治经济学批判》这本书的阅读，我改变了以前对马克思和恩格斯这两位伟人的认识。原来我一直认为他们不是普通人，现在看来，其实他们和我们一样过着极为平凡的生活，但他们为了人类的解放，为了实现共产主义这一远大理想奋斗了一生，值得我们学习和缅怀！下面我就简单介绍一下这两位伟人。

马克思和恩格斯均出生在德国的莱茵省。他们是马克思主义的创始人，第一国际的领导者和组织者，也是全世界劳动人民和无产阶级的伟大导师、精神领袖，当代共产主义运动的先驱。他们同时被尊为伟大的政治家、思想家、哲学家、革命理论家、经济学家和社会学家。共同著有举世瞩目的《资本论》和《共产党宣言》等巨著，对世界历史的向前发展起到了巨大的推动作用。马克思和恩格斯共同创立的经济学著作——《资本论》，阐述原则是"政治经济学批判"，认为资产阶级的灭亡和无产阶级的胜利是不可避免的。他们共同创立的马克思主义学说，成为了指引全世界劳动人民为实现社会主义和共产主义伟大理想而进行斗争的行动指南和理论武器。

卡尔·马克思（1818—1883）诞生于莱茵省特利尔市一个普通的律师家庭。1835年中学毕业后，先后进入德国的波恩大学和柏林大学法律系研读法律专业，他参加青年黑格尔派活动时接受了黑格尔的哲学思想，从此开始了探究和创立历史唯物主义理论的漫长之路。这主要从1841年3月他写的哲学博士学位论文——《德谟克利特的自然哲学和伊壁鸠鲁的自然哲学的差别》中可以看出，初步显露了他的无神论思想和革命民主主义思想，其中含有唯物主义思想的萌芽。与此同时，他接受了费尔巴哈唯物主义哲学的合理内核。1842年4月，他在担任

《莱茵报》主编期间，曾著文抨击普鲁士政府的专制，并开始接触社会经济问题。一年之后，他退出《莱茵报》编辑部而移居巴黎，参加当时开展的轰轰烈烈的工人革命运动，广泛研究哲学、历史、社会主义和政治经济学等理论。他发表的《〈黑格尔法哲学批判〉导言》和《论犹太人问题》等文章，已明确表明他由从唯心主义向唯物主义、由革命民主主义向科学共产主义的重大转变。1843 年，马克思同出身德国贵族（男爵）家庭的燕妮在经历了一番艰难的爱恋之后终于完婚，这在当时德国封建社会和资产阶级等级制的传统观念中是很难想象的，因此，在长达七年的恋爱过程中，双方保持书信来往，以表对对方的眷恋和问候。但燕妮作为马克思不可缺少的秘书，几乎所有马克思的手稿都是由她整理并出版的。由于马克思对共产主义事业的追求，对资产阶级和地主的无情批判和揭露，导致反动势力的诅咒和驱逐，他被迫带着家眷四处转移，生活困难时的境况让人难以想象。1850 年 3 月，燕妮跟着马克思一起流亡伦敦，在她写给好友的信中描绘了当时所处的生活困境，"因为这里奶妈工钱太高，我尽管前胸后背都经常疼得厉害，但还是自己给自己孩子喂奶。这个可怜的孩子从我身上吸去了那么多的悲伤和忧虑，所以他一直体弱多病，日日夜夜忍受着剧烈的痛苦。他从出生以来，还没有一夜能睡着两三个小时以上的。最近又加上剧烈的抽风，所以孩子终日在死亡线上挣扎。由于这些病痛，他拼命地吸奶，以致我的乳房被吸伤裂口了；鲜血常常流进他那抖动的小嘴里。有一天，我正抱着他坐着，突然女房东来了，要我付给她五英镑的欠款，可是我们手头没有钱。于是来了两个法警，将我的菲薄的家当——床铺衣物等——甚至连我那可怜孩子的摇篮以及比较好的玩具都查封了。他们威胁我说两个钟头以后要把全部东西拿走。我只好同冻得发抖的孩子们睡光板了"①。马克思和燕妮共有四女二子，但由于马克思没有固定的工作，其经济来源主要依靠不稳定而又微薄的稿费收入养家糊口，加之封建地主和资产阶级对他的封锁和迫害，饥饿和生存问题始终困扰着他们一家，在颠沛流离的日常生活中，他常常衣食无着，囊空如洗，拼命在困境的泥沼中苦苦挣扎，因此，四女二子中只有三个女儿长大成人。其功

---

① 戴维·麦克莱伦：《卡尔·马克思传》，中国人民大学出版社 2005 年版，第 452 页。

劳在于恩格斯对他一家在经济上的无私援助，否则，他将无法专心地创作，领导国际无产阶级运动。

弗里德里希·冯·恩格斯（1820—1895）出生于莱茵省的巴门市（今伍珀塔尔市）。由于父亲是工厂主，所以家境富裕，过着无忧无虑的贵族生活。他带有普鲁士贵族血统，对基督教比较虔诚，他自幼培养起遵守礼教的优良习惯，并对文学与历史产生了浓厚兴趣。1837 年 9 月，在父亲的强迫下辍学经商（当时正在读中学）。后来到一家商行当办事员，在此期间，他被民主主义的政治思想所吸引，参与了德国的民主革命和民族统一运动。1839 年他在《德意志电讯》发表了《乌培河谷来信》的文章，深刻揭露了宗教虔诚主义和封建专制制度的黑暗，表明了他对劳动人民的同情之心。1841 年 9 月，他到柏林炮兵部队服兵役，在此期间，他参加青年黑格尔派的活动，他在旁听了柏林大学的哲学讲座，从费尔巴哈的《基督教的本质》中接受了唯物主义思想。至 1842 年 10 月，他先后发表了《谢林和启示》《谢林论黑格尔》《谢林——基督教的哲学家》等小册子，揭露了德皇威廉封建专制制度的黑暗，尖锐批判了唯心主义哲学家谢林。在英国宪章运动中心——曼彻斯特，他积极参加宪章派主办的各种活动，结识了很多正义者同盟的活动家，深入研究哲学、历史、社会主义和政治经济学等理论，开始了从唯心主义向唯物主义、从革命民主主义向科学共产主义的转变。此后，由于他反对婚姻制度，在《家庭、婚姻与私有制》一书中曾说："结婚，那些经过国家批准并在教堂举行的仪式都是多余的，没有必要。"①因此，他一生中先后与玛丽（1863 年去世）和她的妹妹莉希保持同居关系，从未办理结婚登记手续，终生未走入婚姻的殿堂。

主持人一：下面请王瑞静同学就本书的内容作简要概述，请生命科学学院的李海平同学做准备。

王瑞静：各位老师，同学们，大家晚上好！今天我抽到的题目是对《资本论·政治经济学批判》这本书的内容概要。其实，这本书的前言都已把本书的概要写在上面，我这里简单介绍一下我对这部经典著作的理解，把我知道的向大家做简单汇报，说得不完整的地方还望谅解！

---

① 马克思、恩格斯：《马克思恩格斯选集》第 4 卷，人民出版社 1995 年版，第 528 页。

马克思和恩格斯呕心沥血创作的思想巨著《资本论·政治经济学批判》（简称《资本论》），前后共花费了40年时间，总字数为205万。这是一部以历史唯物主义和辩证唯物主义的哲学观点为指导，揭示人类社会（原始）资本经济增长方式及其内在规律的经济学著作。这部作品对大卫·李嘉图、亚当·斯密等古典经济学家的理论进行了批判和分析，同时吸收了黑格尔辩证法的合理内核，也受到了法国空想社会主义者的影响，并提出了全新的观点。目的在于"用辩证的方法，经过批判，得出一个科学的结论"，为了"找出现代资本经济社会的运动规律"①，开始对（原始）资本经济增长方式的过程进行全面分析。

《资本论》分为四卷，它是一个不可分割的有机整体，以剩余价值理论为中心贯穿全书。第一卷研究资本的生产过程，即撇开流通和分配来研究资本的整个生产过程，中心是探寻剩余价值是如何产生的；第二卷研究资本的流通过程，即在资本生产过程的基础上研究资本的流通过程，中心是分析剩余价值的实现问题；第三卷研究资本主义生产总过程，即资本的各种具体形式（如生息资本、商业资本等）和剩余价值的具体形式（如商业利润、地租、利息等），中心是分析剩余价值的分配问题；第四卷全面系统地批判和分析资产阶级的政治经济学说，中心是分析剩余价值的学说史。

总的来说，《资本论》结构严密，中心突出，是一个完整的科学体系，是一部具有划时代意义的著作，同时它改变了世界的面貌。它以生产关系作为研究对象，透过对（原始）个体资本经济增长方式运行规律的内在矛盾及其剩余价值进行分析，揭示了（原始）资本经济生产关系的产生、发展及灭亡的规律。这成为产业劳动阶级等弱势群体在当前社会历史条件下，成为获得更多社会利益的重要思想武器。它"绝不是对经济学的个别章节作零碎的批判，绝不是对（古典）经济学的某些争论问题作孤立的研究。相反，它一开始就以系统地概括（古典）经济科学的全部复杂内容，并且在联系中阐述（原始）资本经济生产和交换规律为目的"②。

---

① 马克思：《资本论·政治经济学批判序言》，人民出版社2004年版，第3页。
② 马克思、恩格斯：《马克思恩格斯选集》第2卷，人民出版社1995年版，第40页。

主持人二：谢谢王瑞静同学的精彩讲述。下面请李海平同学谈一下本书写作的时代背景。

李海平：各位老师、同学们，大家好！我是音乐学院声乐班的李海平，我今天给大家讲述的是，马克思和恩格斯所著的《资本论·政治经济学批判》这本书写作的时代背景。众所周知，19世纪三四十年代，政治上的改革、科学技术的进步、理论思想的鼓吹，推动了人类社会的向前发展。资产阶级通过流血的斗争，敲响了封建社会的丧钟，赢得了政治革命的胜利，掌握了国家政权，为欧洲个体资本经济体制的创建开辟了崭新的道路。

英国、法国的工业部门已开始采用机器生产。产业革命范围的扩大和蔓延，促使欧洲社会生产力的空前发展。1860年，英国只占世界人口的2%，却生产了40%—50%的工业品，控制了30%的贸易量。此时，德国的资产阶级利益集团开始冲击封建割据势力的束缚，也迅速加入产业革命的行列。到1870年，德国工业产量超过法国，占世界工业总额的13.2%，成为世界经济强国，国民生产总值仅次于英国（6亿英镑/年）。因此，"资产阶级利益集团在它不到一百年的阶级统治中所创造的生产力，比过去一切时代创造的全部生产力还要多"。① 这是人类社会经济增长方式继奴隶主制向封建主制转变后，在个体所有制的轨道上再次向原始个体资本经济增长方式的跃进。

但新经济体制的诞生给人类带来的并不是福音，而是一部血腥的历史。"……个体资本经济原始积累的实质，就是劳动者和生产资料相分离的历史过程。由于这一过程发生在个体资本经济生产方式完全确立之前，所以叫作个体资本经济的原始积累……资产阶级利益集团掠夺教会地产，欺骗性地盗窃国有土地，盗窃公共用地，用掠夺的方法、用残暴的手段，把封建国家财产变为个体私有财产，这就是个体资本经济原始积累的各种田园诗式的方法。这些方法为个体资本经济夺得了农业地盘，并将土地与个体资本合作，从而为城市工业提供了大量的不受法律保护的无产阶级赤贫群体。"② 如英国就是通过对内的圈地运动，即

---

① 马克思、恩格斯：《共产党宣言》，人民出版社1997年版，第327页。
② 马克思、恩格斯：《马克思恩格斯全集》第23卷，人民出版社2006年版，第327页。

"房地产—城市化—大跃进"，对外进行殖民掠夺和贩卖黑奴等，夺取了工业革命所必需的劳动力、雄厚资本、市场和资源。"资本从它来到世间，从头到脚，每个毛孔都滴着血和肮脏的东西。""美洲金银产地的发现，土著居民的被剿灭、被奴役和被埋葬于矿井，对东印度开始进行的征服和掠夺，非洲变成商业性的猎捕黑人的场所：这一切标志着原始个体资本经济增长方式诞生的时代曙光。这些田园诗式的过程是原始积累的主要手段。"① "（个体资本）害怕没有利润或利润太少，就像自然界害怕真空一样。一旦有适当的利润，（个体资本）就胆大起来。如果有10%的利润，它就保证到处被使用；如果有20%的利润，它就活跃起来；如果有50%的利润，它就铤而走险；为了100%的利润，它就敢践踏一切人间法律；有300%的利润，它就敢犯任何罪行，甚至冒绞首的危险。如果动乱和纷争能带来利润，它就会鼓励动乱和纷争。走私和贩卖奴隶就是证明……（在英国）对公有地的暴力掠夺大都伴随着变耕地为牧场的现象，它从15世纪末开始，一直延续到16世纪。但在当时，这一过程始终是以资本个体的暴力行为来进行的。法律曾同这种暴力行为斗争了150年却毫无效果。到了18世纪，社会有了很大的进步，但这种进步则表现为：法律本身成了掠夺人民土地的工具。"② 就是个体资本经济贪婪利润的本质。

主持人二：这位同学一下说出了那么多马克思、恩格斯的名言，对她的精彩发言再次表示感谢！接下来，欢迎教授我们《马克思主义基本原理概论》的王一亚老师点评，大家欢迎！

王一亚：各位领导、同学，大家好！通过今天的经典导读交流会活动，我认为大家表现得很好，开得很成功。可以看出，大家在平时做了大量的工作，从对经典的阅读、资料的收集与整理，到各小组选派的同学在台上的发言等情况，我都感到很满意，这说明大家都能圆满完成老师交给你们的学习任务，这样的活动以后每学期都要搞，要成为常态，只有这样我们才能在读书实践活动中陶冶我们的情操，获取真知，从而树立远大的理想和目标，才能学会怎么做人、如何做事、怎样学习。只

---

① 马克思:《资本论》第1卷，人民出版社2004年版，第45页。
② 同上书，第63页。

有博闻识强，才能在纷繁复杂的社会环境中辨清谬误和真理，以雄厚的知识储备驾驭自己的未来！不足之处有以下三点：一是会场演讲单调，没有 PPT 或影像资料做辅助；二是个别同学语速较快，影响了交流效果；三是有的班级纪律不是太好，扰乱了会场秩序。以后我们要不断地发扬长处，克服不足，充分体现思想政治实践课的知识性、趣味性、科学性和竞争性。谢谢大家！

主持人宣布优胜小组和优秀个人，教师颁奖，最后宣布交流会结束！

样例二：《矛盾论》读后交流会

1. 任务布置

当学完马克思主义基本原理——矛盾的普遍性原理之后，任课教师布置任务，让同学们阅读毛泽东的《矛盾论》，告诉大家两个月后将开展一次读后交流会。

2. 问题导向

请大家对以下问题进行准备：（1）简单叙述马克思主义关于矛盾的普遍性原理的内容；（2）对本部经典著作的作者进行简单介绍；（3）对作者写作本书的时代背景进行概括；（4）请联系现实加以说明，作者如何分析、处理和化解矛盾的。

3. 活动策划

活动目的：矛盾的普遍性原理是马克思主义的基本原理的主要内容之一，是《马克思主义基本原理概论》这本教材要求学生们必须掌握的基本理论。通过阅读毛泽东同志的《矛盾论》这部经典著作，主要让学生们不仅掌握矛盾的普遍性原理的基本内容，还要提高他们分析问题、解决问题的能力，从而达到化解矛盾，树立正确的世界观、人生观和价值观，最终全面提高自身的涵养的目的。

活动目标：通过读《矛盾论》这部经典著作，让学生们掌握矛盾的普遍性原理的内容；通过本次活动，使同学们重新认识毛泽东等老一辈无产阶级革命家的光辉历程，同时让同学们懂得写这本书的重要性和意义。

注意事项：各小组按编排号顺序派代表进行发言，时间不得超过

15 分钟。发言形式自由选择，谈读后感想或感悟，或者宣读提前写好的书评和读后感。如果有可播放的影像资料，请提前把电子件拷贝到会务组，由王倩同学负责播放，但时间控制在 10 分钟之内。按照宣布的顺序排号，下一小组发言人要提前做好准备，以免影响进程。

4. 实施过程

主持人一：各位老师，同学们，大家下午好！我宣布，"读完毛泽东同志的《矛盾论》之后"交流会现在开始！

主持人二：首先介绍一下参加本次交流会的评委，第一位是教我们《马克思主义基本原理概论》这门课的马向丽老师，大家欢迎！下一位是思政部马克思主义教研室的胡继红老师，大家欢迎！下面三位分别是汉语言文学一班的付莹莹、英语教育班的王雪峰、历史学一班的张燕等同学。让我们再次以热烈的掌声欢迎他们的到来，谢谢大家！

主持人一：下面介绍一下参加本次交流会的同学，他们是文学院 2015 级汉语言文学一班和二班的同学，历史文化学院 2015 级历史学一班的同学，外国语学院 2015 级英语教育班的全体同学，欢迎你们的到来！此外，还有其他院系的同学也来到了我们的会场，对你们的到来表示热烈欢迎！

主持人二：大会开始前，我给大家介绍一下参赛的各小组及抽签情况，我们以班级为单位分为 4 个小组，各小组选派的选手抽签情况如下：（1）简单叙述马克思主义关于矛盾的基本原理的内容——汉语言文学二班的季红丽；（2）对本部经典著作的作者进行简单介绍——英语教育班的付珂；（3）对作者写作本书的时代背景进行概括——历史学一班的吴耀辉；（4）作者如何分析、处理和化解矛盾的，请联系现实加以说明——汉语言文学一班的李婷婷等同学。交流会期间，各班班委负起责任，确保会场秩序，现在请大家把手机关闭或调至静音状态。

主持人一：下面首先请汉语言文学二班的季红丽同学简单叙述马克思主义关于矛盾的基本原理的内容，英语教育班的付珂做准备！

季红丽：各位老师、同学们，大家下午好！

我是汉语言文学二班的季红丽，今天我抽到了第一个问题——马克思主义关于矛盾的基本原理的内容。下面我就谈一下对这一原理的理解。马克思主义基本原理告诉我们：矛盾事物双方是既对立又统一的关系。简言之，矛盾就是对立统一。"对立"是指矛盾双方相互分离或相互排斥的一种趋势，即矛盾的"斗争性"。"统一"是指矛盾双方相互联结、相互吸引的趋势或属性，又叫矛盾的"同一性"。矛盾存在于一切事物之中，并贯穿于发展过程的始终。它具有客观性与普遍性，是一切事物本身所固有的，有不以人的主观意志为转移的属性。从矛盾的普遍性来说，是时时有矛盾、事事有矛盾。而特殊性是指矛盾的事物及每一个侧面都各有其不同的特点。所以，从矛盾对立双方中，我们又把它分为两个方面，即主要矛盾和矛盾的主要方面，次要矛盾和矛盾的次要方面。在事物内部起主导作用、居支配地位的矛盾或方面，称为主要矛盾或矛盾的主要方面；而处于被支配地位、不起主导作用的矛盾或方面，是次要矛盾或矛盾的次要方面。主要矛盾和次要矛盾，以及矛盾的主要方面和次要方面是对立统一的关系，但在一定条件下又可以相互转化。因此，我们在解决矛盾和问题时，既要综合全面，又要分清主次。这对我们认清当前形势，正确评估工作中的成绩与不足，妥善处理人与人之间的关系问题，具有重要的现实指导意义。正如毛泽东同志所讲："如果不研究矛盾的特殊性，就无从确定一事物不同于其他事物的特殊本质，就无从发现事物运动发展的特殊原因，或特殊的根据，也就无从辨别事物，无从区分科学研究的领域。"[1] "对症下药""量体裁衣""因材施教""因地制宜"等均告诉我们，就是要依据事物所形成的具体特点，采用具体问题具体分析的方式和方法来化解问题和矛盾。回答完毕，谢谢大家！

主持人一：下面请英语教育班的付珂同学对本部经典著作的作者进行简单介绍，历史学一班的吴耀辉做准备！

付珂：各位老师和同学，大家好！我是外国语学院英语教育一班的付珂，我抽到的题目是《矛盾论》的作者简介。众所周知，毛泽东（1893.12.26—1976.9.9），字润之，笔名子任。他是伟大的马克思主义者，是无产阶级的理论家、战略家和革命家，是中国共产党、中华人民共和国和中国人民解放军的缔造者和领导人。1893 年 12 月 26 日，他生于湖南湘潭韶山冲的一个普通农民家庭，1976 年 9 月 9 日在北京

---

[1]　毛泽东：《毛泽东选集》第 1 卷，人民出版社 1991 年版，第 32 页。

逝世。他是世界近代史上具有重要影响但却受到争议的人物之一。他作为中华民族的伟大领袖、杰出的诗人和书法家，始终受到世界上其他国家和中国人民的尊敬和爱戴。毛泽东思想是马克思主义的科学理论与中国革命具体实践相结合的产物，同时它丰富、完善和发展了马克思主义理论，是中共执政的指导思想。他创建的人民战争理论、游击战术理论，指导了解放军如何与敌人作战并最终取得了胜利、解放了全中国。

青年时期他在湖南第一师范学校求学，参加过辛亥革命。后来与蔡和森等人组织了中国的革命团体——新民学会。直到五四运动时他才接触和接受了马克思主义，1920 年在湖南创建了共产主义小组。

1921 年 7 月，他参加了中国共产党组织召开的第一次全国代表大会，随后兼任中共湘区委员会书记，组织并领导安源、长沙等地的工人运动。1923 年，参加了中共第三次全国代表大会，被选为执行委员，开始进入中央领导层。1924 年国共合作时，曾担任国民党中央宣传部代理部长，兼当时《政治周报》的主编，同时主办第六届农民运动讲习所。1926 年，当选为中共农民运动委员会书记。

1925—1927 年，毛泽东主席先后发表了《中国社会各阶级的分析》和《湖南农民运动考察报告》，指出了农民问题的解决关系着中国革命的成败，批评了陈独秀的右倾机会主义思想和路线。

1927 年国共合作全面破裂后，毛泽东主席提出了"政权是由枪杆子中取得的"的著名论断，即用革命的武装夺取政权。然后，到湖南、江西领导了秋收起义。起义失败后，率领部队进入井冈山，领导当地群众开展土地革命，并创立了第一个农村革命根据地。第二年，同朱德领导的起义部队在井冈山会师，组建了工农革命军第四军（不久改称红军），朱德任军长，他任党代表。他作为中国共产党人的主要代表，从中国的实际出发，把马克思主义理论和中国革命实践密切结合，提出了以农村包围城市最后夺取政权的道路，这与当时的苏联革命模式——"先解放大城市然后统一全国"的道路极不相同，因此一度受到党内排挤，在此情况下，他发表了《中国的红色政权为什么能够存在？》《星星之火，可以燎原》等文章，从理论上对该问题作了阐述。

1930 年 5 月，他又发表了《反对本本主义》的文章，提出了"没有调查，就没有发言权"① 的著名论断。1931 年，在江西瑞金成立的中华苏维埃共和国政府，他被选为主席，并同朱德一起领导的红军取得了多次反"围剿"的胜利。但以王明为代表的"左"倾主义者，在革命道路的纷争问题上开始排挤毛泽东，使党和红军失去了正确领导，导致第五次反"围剿"的失败。在此情形下，1934 年 10 月，红军被迫开始长征。长征途中，中共高层开始反思失利的原因，从理论上认同了毛泽东提出的"避实击虚，集中优势兵力各个击破"② 的游击战术。所以，1935 年在遵义召开的政治局扩大会议上，重新确立了毛泽东在中共中央的领导地位。同年 12 月，他又作了《论反对日本帝国主义的策略》的报告，提出了建立抗日民族统一战线的政策。1936 年 10 月，长征会师后不久，他又同周恩来促使和平解决西安事变，国共由内战到第二次合作，抗日民族统一战线正式形成。1936 年 12 月他发表了《中国革命战争的战略问题》，1937 年夏他又陆续发表了《实践论》和《矛盾论》两篇文章，这为新民主主义革命取得胜利奠定了基础。

抗日战争期间，他坚持统一战线中的独立自主原则，积极主动地发动群众，开展游击战争，建立了华北、苏北、晋冀鲁豫等抗日革命根据地，同时发表了《论持久战》《〈共产党人〉发刊词》《新民主主义论》等经典著作。1942 年，在延安开展整风运动，及时纠正了党内出现的宗派主义和主观主义，使全党的思想路线得到了高度统一，这为抗日战争和全国革命的胜利奠定了坚实的思想基础。1945 年中共第七次全国代表大会上，毛泽东作了《论联合政府》的报告，确立了"放手发动群众，壮大人民力量，在我党的领导下，打败日本侵略者，解放全国人民，建立一个新民主主义的中国"③ 的战略。同时，本次大会把毛泽东思想确定为中国共产党的指导思想。抗日战争胜利后，针对蒋介石企图消灭共产党及其武装力量的现实，他提出"针锋相对"的斗争方针。1945 年 8 月赴重庆同蒋介石谈判，表明中国共产党争取国内和平的愿望。

---

①　毛泽东：《毛泽东选集》第 3 卷，人民出版社 1991 年版，第 18 页。

②　毛泽东：《毛泽东选集》第 1 卷，人民出版社 1991 年版，第 198 页。

③　同上书，第 136 页。

1946 年，蒋介石发动的全面内战爆发后，毛泽东同周恩来、朱德领导解放军积极防御，继续采用"集中优势兵力，各个歼灭敌人"的战略战术。在党中央的正确领导下，经过辽沈、淮海、平津、渡长等战役后，一举推翻了南京国民党政府。1949 年 3 月，中共七届二中全会召开，他在会上作了重要报告，决定把党的重心从农村转移到城市，并号召全党务必保持谦虚、谨慎、不骄、不躁的工作作风，务必保持艰苦奋斗等"两个务必"。

1949 年 10 月 1 日，在天安门城楼上，毛泽东主席庄严宣布"中华人民共和国成立了！"1950—1952 年朝鲜内战爆发，以美国为首的联合国军入侵朝鲜，严重威胁着中国东北的安全，在此背景下，毛主席决定抗美援朝。同时，国内开展了土地改革和镇压反革命运动，开展了反对贪污、反对浪费、反对官僚主义的"三反"及反对行贿、反对偷税漏税、反对盗骗国家财产、反对偷工减料、反对盗窃经济情报的"五反"运动。[①] 1954 年，第一届全国人民代表大会召开，大会通过了由他起草的《中华人民共和国宪法》，同时毛泽东当选为中华人民共和国第一任主席。

1957 年 2 月，他又作了《关于正确处理人民内部矛盾的问题》的讲话，强调正确处理和区分社会主义社会同样存在敌我之间和人民内部矛盾，这是两类不同性质矛盾的学说。1958 年，开始发动"大跃进"和成立人民公社运动。在他的领导下，开始实行"调整、巩固、充实、提高"的经济政策，并自觉纠正"大跃进"和人民公社化运动中存在的错误，从而使我国国民经济得到了迅速的恢复和发展。

但在 1962 年 9 月的八届十中全会上，他认为社会主义社会中也存在阶级斗争，因此把阶级斗争逐步扩大化和绝对化，导致与之观点和意见不一致的人被扣上右派的帽子来批斗，以便清除"党内走资本主义道路的当权派"。[②]

1966 年，"文化大革命"运动开始，继续以阶级斗争为纲领，林彪和江青反革命集团操纵和利用此机会而铲除异己和老革命，这远远超出

---

① 毛泽东：《毛泽东选集》第 5 卷，人民出版社 1991 年版，第 53—58 页。
② 同上书，第 80—82 页。

了他的控制和预期，以至持续了十年之久，许多方面受到严重的损失和破坏。

外交政策上，他提出"三个世界"划分和中国永不称霸的思想，打开了对外交往的新局面，为中国的社会主义建设提供了有利的国际环境。

毛泽东尽管在晚年时犯了严重的错误，但就他的一生来说，对中国革命的功绩远远大于过失，因此，时至今日，他仍受到中国人民的爱戴和崇敬。中共中央委员会也对他的革命思想和全部革命活动以决议的方式做出了综合的评价。毛泽东的思想作为马克思主义在中国的发展，仍是中国共产党的指导思想。主要著作收入《毛泽东选集》（四卷）和《毛泽东文集》（八卷）当中，有时间请大家参阅。汇报完毕，谢谢大家！

主持人二：下面请历史学一班的吴耀辉同学发言，他主要介绍本书写作的时代背景，请李婷婷等同学做准备！

吴耀辉：大家下午好！我叫吴耀辉，历史学专业。我在高中时就接触过哲学中的矛盾，初学时，总以为"以子之矛，攻子之盾"，前后是自相矛盾的。而今天，我认真学习了毛泽东同志所写的《实践论》和《矛盾论》两篇经典著作，逐渐感觉到矛盾内涵丰富，具有重要的教育意义，对此我的启发很大，收获也颇丰。尤其在现实生活中，一定要把理论与实践相结合。在毛泽东同志的《矛盾论》中，一方面他非常注重把自己提出的一些基本观点融会贯通于全文中；另一方面又运用这些观点回答和解释在思想、工作上遇到的各种问题。

《矛盾论》是毛主席在1937年8月所著的，是继《实践论》之后又一篇轰动一时的哲学论文。因为"西安事变"已经爆发，全面抗战的新局面即将到来，经过中国共产党的不懈努力，使抗日民族统一战线最终形成。此前，由于在苏区，人们深受以王明为代表的"左倾"机会主义的影响，使得党内教条主义和主观主义思想得以滋生和蔓延，红军长征到达陕北后才结束这种状态。尽管长征途中召开了具有转折点意义的"遵义会议"，在一定范围内清除了以博古、王明等人为首的"左倾"机会主义者，在全党确立了毛泽东同志的领导地位，但对教条主义和主观主义在党内造成的影响，很难在短时间内从根本上消除。为此，毛泽东同志写出了《实践论》和《矛盾论》，借以说明教条主义和主观主义的危害性，以此来加强党在思想政治上的统一。可以说，这是对建党 16 年来，中国共产党领导中国革命经验、教训的总结和概括。中国共产党从成立时，始终把马克思主义理论作为指导思想，但由于马克思主义科学理论中没有现成的公式和答案，不可能对任何国家的革命进行具体指导，而中国革命又具有极大的特殊性和复杂性。所以，不能死搬教条、生吞活剥马列原著中的只言片语，也不能照搬照抄苏联的"做法"，只能在马列主义普遍原理的基础上，联系中国的具体实际，探寻出一条具体的、实际的、适合中国国情的革命道路。

任何事物的发展都存在矛盾，没有矛盾就没有世界。矛盾是普遍存在的，自然界是如此，在中国革命事业的发展与建设中也是如此。中国共产党刚成立时，一些在苏联留学的知识分子们，没有从中国的实际国情出发，完全听命于共产国际的指示，生搬硬套苏联的成功"经验"，聘用共产国际派来的顾问李德指挥红军，结果导致中央苏区的反"围剿"的失利，给中国革命造成了巨大损失。这充分说明，凡是不从实际出发、搞形而上学的那一套最终都会失败，因为这是唯心主义不切实际的理论。正如毛泽东同志所说的那样，"所谓形而上学的或庸俗进化的宇宙观，就是用孤立的、静止的和片面的观点去看世界。这种宇宙观把世界一切事物的形态和种类，都看成永远彼此孤立的永远不变的"[1]。从这段话中不难看出，无论如何，我们都要从实际出发，运用马克思主义的唯物辩证法来看问题，这样才能找出解决问题的合理方法，这就是我们经常所说的辩证唯物主义的理论观。谢谢大家！

主持人一：下面请汉语言文学一班的李婷婷同学发言，她主要介绍本书作者如何分析、处理和化解矛盾的。

李婷婷：各位老师和同学，大家好！通过对马克思主义矛盾的普遍性原理的学习，我们知道任何事物都有矛盾，问题在于我们用什么方式和方法解决矛盾。无论自然界还是人类社会的发展变化，我们不要只看表象，而要从内部去研究、挖掘和探索，只有这样，才能找到解决矛盾和问题的好方法。毛泽东同志在《矛盾论》中做了精辟的概述，"事物

---

[1] 毛泽东：《毛泽东选集》第 1 卷，人民出版社 1991 年版，第 300 页。

发展的根本原因，不是在事物的外部而是在事物的内部，在于事物内部的矛盾性"①。从表面上看，当时中国是一个农业大国，农民的力量不可小觑，但实际耕地均掌握在少数大地主、大官僚的手中，农民只是租地耕种，除了交给地主的地租外，所剩下的寥寥无几，很难解决基本的温饱问题，如果赶上灾年就更别提了。遭灾的年景下，粮食歉收无法交地租，被地主老财收回租种的土地这都是小事，被逼卖儿卖女，导致家破人亡的占大多数。

总之，通过对《矛盾论》的学习，我受益匪浅。不仅认识到世界上一切事物在其发展过程中都存在矛盾，而且这些矛盾又各有不同。教会了我们要抓事物的主要矛盾和矛盾的主要方面，确立理论联系实际、实事求是的马克思主义思想路线，把马克思主义普遍原理与中国具体实践相结合，做到具体问题具体分析，不能生搬硬套马列著作中的理论教条，同时要克服经验主义和主观主义的哲学思想。总之，《矛盾论》为我们正确认识和处理中国特色社会主义发展过程中的矛盾和问题提供了科学的思想方法和工作方法。讲得不好，还请大家多谅解，不对之处请批评指正，谢谢大家！

主持人二：谢谢李婷婷的精彩讲述。下面我们进行下一个环节，互动环节。看大家有什么问题或有什么新观点、看法可以提出来，以便讨论和交流。

好，这位戴眼镜的同学举手示意，你来说。

大家好！我是教育学院2015级教育理论专业的学生，我叫龚芳芳。我有个问题需要向老师请教。毛泽东作为受人尊敬的伟大领袖深受人民的爱戴，本来这无可厚非，但我经常看到好多人在车里挂毛泽东像，有的人甚至在家里把他作为神灵来供奉，以用来保护自己平安或挣大钱，我们能不能像他们这样做，请问马向丽老师，您是如何看待这件事的？

马向丽老师：各位同学大家好！这位同学所提出的问题很现实，我们应该如何应对呢？我想大致从以下方面来谈一下。

首先，从毛泽东历史功绩来看。他对新中国、对于中国共产党、对中华民族有五大贡献。第一，毛泽东带领全国人民经历了艰难困苦的革

① 毛泽东：《毛泽东选集》第1卷，人民出版社1991年版，第285页。

命斗争，终于赢得中华民族独立和解放，创建了新中国。大家知道，1840年后，英、法、俄等西方列强侵略、欺辱和掠夺中国，中国的国家主权被严重践踏，一度变成了半殖民地。后来有无数的仁人志士，为了中华民族的崛起和民族独立做出了不懈努力，但都未取得成功。诸如：林则徐、洪秀全、康有为、孙中山等。而真正给中国指明道路，找到正确方向的是中国共产党人。成千上万的英雄们经过浴血奋战而成为了烈士，毛泽东的家人中有六位烈士，其中五位是民主革命时期牺牲的，毛岸英是在抗美援朝中牺牲的。邓小平说过"没有毛泽东，中国人民还将在黑暗中摸索很长一段时间"①。第二，新中国成立后，毛泽东带领中国人民开始了社会主义现代化建设。从第一个五年计划到我国第十二个五年计划的实施，我们现在所有的工业化成就，无不与历代领导人的励精图治息息相关，因此，我们不能忘记先辈们的丰功伟绩。如今，我国经济已相当于中等发达国家水平，这是一个历史性的跨越。第三，极大地加强了我们的国防建设。新中国成立后，中国一穷二白，是他提出要建立强大的海军，强大的空军以巩固边防，包括建设核试验基地和原子能基地等，使我国的边防和国防稳固，没有再次受到过侵害。第四，他把中国共产党建设成为一个马克思主义的先进执政党。他时刻紧抓党的自身建设，以为人民服务为宗旨，保持党的优良传统和作风，实事求是，独立自主，走群众路线。所以，毛泽东思想现已成为中国特色社会主义理论体系的哲学基础。第五，极大地提升了中国的国际地位。尤其是抗日战争的胜利，是中国近代史上第一次彻底性的反侵略的胜利，扭转了很长一段时期国外对中国所持的偏见和歧视等局面，奠定了中国在国际上的大国地位。

其次，毛泽东对个人崇拜的看法。由于他对中华民族的伟大贡献，有些人开始对他大搞个人崇拜，把他作为神灵来供奉，这主要是源于中国几千年延续下来的封建旧思想、旧意识在作祟，但他本人也经历了一个由"反对—欣赏—讨嫌"的过程。

1948年时，毛泽东坚决反对将"毛泽东思想"一词与马列主义相提并论，审阅重要文件时将出现的"毛泽东思想"删掉，改为"马克

①　邓小平：《邓小平文选》第3卷，人民出版社1993年版，第78页。

思列宁主义的普遍真理和中国革命的具体实践相结合"。他告诉人们，他是通过学习才成为马克思主义者的，而不是天生的，是人不是神。这说明他是极其反对搞个人崇拜和封建迷信的。

另一方面，为什么毛泽东后来却接受了人们对他的个人崇拜。这主要由于，一是1956年苏共二十大赫鲁晓夫对斯大林进行了全盘否定，破坏了社会主义阵营的稳定，西方国家趁机大肆污蔑社会主义，国际上出现了一股反社会主义的潮流。对此，1958年毛泽东在成都会议上提出了"正确的个人崇拜"。他说，个人崇拜有两种：一种是对马克思、恩格斯、列宁、斯大林的崇拜，这是正确的，我们必须崇拜，永远崇拜；另一种是不加分析不加鉴别地盲目服从，这是不正确的个人崇拜。这表明，他不仅在反对个人崇拜原则问题上产生了动摇，而且还从原来的反对个人崇拜开始向接受个人崇拜转变。二是在社会主义建设时期，党内外对"大跃进"产生的不满，形成了对领导层"左"的指导思想的冲击，降低了毛泽东的威望。在此背景下，为了确保在中央领导集体中的地位，警惕"中国的赫鲁晓夫"，加之林彪等人有目的地大搞个人崇拜等，为后来"文革"中出现的个人崇拜的泛滥打开了方便之门。

但是，我们决不能把毛泽东搞个人崇拜简单地归结为封建帝王思想。实际上，毛泽东接受个人崇拜的深层次原因是为了捍卫"三面红旗"，即"鼓足干劲，力争上游，多快好省地建设社会主义"。他始终认为搞个人崇拜不是什么好事，因此，他有时默许、支持林彪一伙搞个人崇拜，同时又不断批判或神话他的种种言论。可见，毛泽东搞个人崇拜而非目的性，但这一现象所带来的负面影响，却是发人深省的。

主持人一：非常感谢马老师的讲解，再次把热烈的掌声献给马老师！好，谢谢大家！下面请胡继红老师为本次交流会做点评，大家欢迎！

胡继红：各位同学大家好！我很高兴参加本次交流会，交流会上大家的发言很是精彩，台上台下秩序也很好，衔接连贯，可以说举办得很成功。但有些问题我们还是要注意，尤其在日常生活中，尽量不要对领袖评头论足，你有自己的观点我不反对，若是故意歪曲历史事实，成为别有用心的人的工具那就不对了，如"老毕事件"，我们不得不引以为戒。另外，我教的班级也想举行这样的活动，到时候还望同学们提供帮助和指导。谢谢大家！

主持人宣读交流会获得的优胜班级或个人，最后宣布交流会到此结束。

二 主题活动二：哲理故事会

（一）活动目的

哲理故事的学习，有助于我们更深刻、更直观地正视自我。不论国内还是国外，都有很多具有哲理性的书籍或寓言故事。有时候，一个小故事或一句名言足以教育和改变人的一生。在现实生活中，当代大学生普遍存在以自我为中心、自私自利、刁蛮任性、缺少担当、不愿吃苦等不足。为了帮助学生们树立正确的人生观和价值观，让他们具有健康的心理和人格，并开发他们的潜能，思想政治课任课教师应依据《马克思主义基本原理概论》这门课程的要求，紧密联系富有哲理性的故事，结合学生正处在身心定性的年龄阶段，让学生利用课余时间，多读一些关于人生、爱情、职场、为人、处世、励志等充满哲理的小故事和名人名言，不但能让他们从中有所收获和感悟，而且还可以培养他们利用马克思唯物主义的基本理论辩证地分析和解决实际问题的能力，最终有益于他们充满激情地树立和追求自己的理想，实现自己的梦想！

通过学生讲述哲理故事、警示名言及自己的感悟，震撼他们的心灵深处，不断提升他们的思想政治素养，从而确立正确的世界观、人生观和社会主义核心价值观。本次活动就是让学生从简短的哲理故事或简洁明了的名言中，自己领悟到至简、至真、至纯的人生哲理，这样不仅能锻炼的他们的口语交际能力，还将使他们的情感受到净化和熏陶，思想得以端正并受到启迪，有效地激励他们树立奋发向上、积极进取的学习态度，提升为人处世的能力。

（二）活动流程

1. 任务的布置

任课教师布置本学期或几周时间内，每人在故事会上讲述一则对自己触动最大的哲理故事，并讲明出处和感悟，以便大家交流和分享。

2. 参赛的内容

哲理故事的内容包括：人生、寓言、爱情、励志、职场、为人处世、警示名言、心灵鸡汤、成语典故等，既可以是国外的，也可以是国内的，但一次只能选择一个主题。

3. 活动时间及地点

兹定于××××年××月××日，上午（下午或晚上）召开哲理故事会，具体地点届时另行通知，望大家做好准备。

4. 制订活动方案

由教师选择本次哲理故事会的两名主持人，并指定其负责主持词的撰写工作。活动的评委由教师指定或学生选派，各班班干部负责组织学生，其他院系学生如果参加也可以（自愿情况下）。活动须采取以小组或班级为单位的评价制度，将根据各班或小组参赛的人数，讲述内容的正确性、积极性和触动性评选出最佳班级或活动小组。按3—5人为一个小组，各小组推荐1人参赛，每人讲述1—2个哲理故事及感悟，时间最多不得超过5分钟，否则，将影响本小组的总成绩。

5. 会后总结

组织教师要对本次活动的情况进行点评，对在报告会上积极发言的同学或优胜者进行表彰，鼓励没有参赛的同学在下次活动中要敢于尝试，积极主动地与大家交流和分享，同时指出这次活动中存在的问题和不足之处，力求在以后的实践课活动中逐步地进行完善和提高。

6. 作业布置

在这次故事会上，除了自己讲述的哲理故事之外，还要将那些对你触动最大，印象最深，并从中得到收获的故事及感悟记录下来，至少要两个以上。

样例一：哲理故事及感悟

关于人生的哲理故事

1. 从前，两个饥饿的人同时得到了一位长者的恩典：一根鱼竿和一篓鲜活的大鲤鱼。其中，一个人选择了一篓鱼，另一个人则要了一根鱼竿，于是两人分道扬镳。获得大鲤鱼的人原地搭起了篝火煮了鱼，他狼吞虎咽，还没品出鱼肉的鲜香味儿，就把鱼带汤吃了个精光，时隔不久便饿死在空空的鱼篓旁。而另一个人提着鱼竿继续忍饥挨饿，步履蹒珊地走向海边，当他看到不远处就是蔚蓝大海时，他用尽了浑身最后的一点力气，眼巴巴地带着无尽的遗憾也撒手人寰。

过了一段时间，又有两个饥饿的人同样得到了长者一样的恩典：一根鱼竿和一篓活鱼。只是他们并没有像前两人一样拿到东西后各奔东西，而是商定共同去寻找大海，他俩每次只煮一条鱼来充饥，他们经过长途的跋涉来到了海边，自此，开始了以捕鱼为生的日子，数年后，他们还建起了房子，有了自己的家庭和子女，并建造了属于自己的渔船，过上了美满、幸福和安康的生活。

心得体会：这则故事告诉了我们两个道理：一是人不能太自私，尤其遇到困难和阻碍时，要寻求别人的帮助，得到帮助后同时要学会帮助别人，否则，得到的终将是短暂的愉悦；二是体现了团队协作的重要性，一个人的理想与目标再远大，如果没有志同道合的人去帮助和扶持，很难达到预期的效果，实现自己的目标。

2. 有一位年老的和尚身边聚着一帮虔诚的弟子，有一天，他让弟子们去南山打柴，要求每人砍回一捆。弟子们纷纷下山兴高采烈地去砍柴，当走到离山不远的河边时，一个个目瞪口呆，只见从山上奔流而下的洪水来势汹涌，无论如何也渡不过去，砍不了柴。结果是这些小和尚们个个垂头丧气，无功而返，弟子们有些无颜面见师父，此时，只见一个瘦小身材的小和尚走到师父面前。师父问其原因，小和尚顺手从怀中掏出一个苹果递给了师父，并解释河水暴涨过不去，没有完成师父交给的任务，但当大家在河边讨论时，我在河边转了转，见到有棵苹果树，树上结了一个苹果，我就摘了下来，请师父您尝尝。后来，这位小和尚便成了老和尚的衣钵传人。

心得体会：世界上有走不完的路，也有过不去的河，当我们遇到困难和挫折时掉头而回，同样也是一种智慧。但我们不要忘记，真正的智慧是在河边静下心来，或做一些其他事情以便寻找时机，同样有可能获得意想不到的收获。历览古今，凡是敢于直面困难和挫折的人，最终能够实现自己的理想和目标，突破困境，超越自我。

3. 以前有个小国的使者来到中国，进贡了三个金光灿烂、一模一样的金人，这下可把皇帝高兴坏了。但这个小国的使者给皇帝出一道题，问："这三个金人哪个最有价值？如果回答不出来的话，不但要把三个金人带走，而且还得赔送三个同样的金人。"

皇帝想了好多天，还请来珠宝匠检验做工，观质地、称重量，其结果都是一模一样的，怎么办？小国的使者还等着回音呢，他想："泱泱大国难道连这个都不懂吗？"于是，他颁布悬赏告示，只要是能识破此机关的人，赏银500两。告示贴出去时间不长，就有一位退休的老臣毛遂自荐说他有办法。

这天，皇帝把群臣和使者请到大殿，退休的老臣胸有成竹地拿着三根稻草，分别插入三个金人的耳朵里，结果发现，第一个金人的稻草从另一边耳朵里冒了出来；第二个金人的稻草从嘴巴里掉了出来，而第三个金人什么响动也没有，插进去的稻草掉进了肚子里。随后，老臣说道：这第三个金人最有价值！他的回答让使者哑口无言，答案正确。

心得体会：这则故事告诉我们四个道理，一是为人处世首先自己心正，时刻做到与人为善，不能依靠不正当竞争、欺诈和蒙骗来赚取不义之财，那些心怀叵测、心术不正的人最终都不会得到好结果；二是要想识破当今社会上形形色色的骗术，我们要有过硬的知识储备和极高的涵养，骗子往往通过抓住你贪占小便宜的心理来蒙蔽你，请大家相信，爱占小便宜的人往往吃大亏；三是我们交友时一定要慎重，能说会道的人对你不一定真心，而那些寡言少语的人不一定不能成为好朋友，关键要看他们在事情上的处理方式，如果是在你身处困境或危难之时向你伸出援助之手的人，不论他语言表达能力有多差，他才是你要找的最真挚、患难与共的知心朋友；四是我们只有一个嘴巴，耳朵两只，也就是说耳朵在数量上占优势，因此，我们要多听少说，学会倾听是我们走向成熟的最基本的涵养。

4. 据传，有三个不同国家的人同时被判刑三年并且被关进了同一个监狱里，狱长答应满足他们每人一个要求。

美国人要了三箱雪茄，因他爱抽雪茄。

法国人要了一个美丽的女子，因为他喜爱浪漫。

而犹太人说，他需要一部电话与外界沟通。

狱长按照他们所提的要求逐一满足。

三年后，美国人第一个冲了出来，他的鼻孔里和嘴里都塞满了雪茄，大声叫嚷："给我火，给我火！忘带火了，我要抽烟。"

接着出来的是法国人，他双手抱着一个孩子，而美丽女子手里还牵着一个小孩。

最后出来的是犹太人，他紧握狱长的手，激动地说："这三年来我没有间断与外界的沟通与联系，我的生意不但没有停业，反而增长了200%，为了深表谢意，送你一辆劳斯莱斯！"

心得体会：选择什么样的道路将来就有可能过什么样的生活，我们今天的生活或许就是三年前那个不经意的选择所决定的，而我们今天的抉择有可能决定以后三年、三十年甚至一辈子的生活方式。因此，我们选择时一定要慎重，不仅要了解现代社会各行各业的大环境、大趋势，还要接触最新的网络信息，了解最新的发展趋势及动向，以便拓展未来的发展空间。

5. 从前，有只乌鸦打算飞往南方，飞行的途中遇到了一只鸽子，它们同时停留在一棵树上休息。鸽子问乌鸦："你这么辛苦，要飞到哪里去啊？为什么要离开这里呢？"乌鸦叹了口气，愤愤不平地说："其实我不想离开，可是这里的居民都不喜欢我的叫声，他们看到我就轰我，有的人还用石子打我，所以我想离开飞到别的地方去。"鸽子心平气和地说："别白费力气了！如果你不改变你的声音，飞到哪儿都不会受欢迎的。"

心得体会：有些问题不是换个地方就能解决的。尤其是当今社会上喜欢跳槽转岗的刚毕业的大学生，他们往往心高气傲，认为有钱就有前途，总认为老板给的工资低，很少在自身上找原因，即使换了另外一家有实力、工资高的公司，如果还是不追求上进、不改变自身的不足的话，其结果还是一样，也不会受到老板的重用、同事们的欢迎的。所以，当我们遇到问题时不要逃避，要敢于面对，去解决它、化解它，同时，多反省和改变自身原来的坏毛病，全面提升自己的综合素质。记住：不能改变外部环境时，要学会尝试着改变自己，只有这样，才能使自己融入集体中去，才能从本质上解决问题。

关于励志的哲理故事

1. 美国著名的指挥家沃尔特·达姆罗施，在他20多岁时就成为了乐队指挥，面对大家的夸奖，他没有忘乎所以，而是始终保持谦和、勤勉的作风。他说："我刚担任指挥时，也是有些飘飘然，总以为自己的才华举世无双，地位无人可撼。有一天，在排练时我忘记带指挥棒，正要派人回家去取，秘书对我说：不必了，向乐队其他人借一根就行了？我想：秘书真是糊涂，除了我别人带指挥棒干吗？但我还是随口问了一下：'谁有指挥棒？'话音刚落，大提琴手、钢琴手和小提琴手，各掏出了一根指挥棒。当时，我心中一惊，突然醒悟：原来自己并不是不可或缺的，其他人一直在暗中努力，随时取代我。自此之后，每当我偷懒或膨胀的时候，那三根指挥棒就会在我面前来回晃动。"

心得体会：竞争虽是件令人厌恶的事，但它无处不在，有时候逃避就意味着被淘汰出局。假如被淘汰了，或许会得到同学、朋友、老师及家人的理解和同情，但却失去了尊严。所以，我们为了不被淘汰，就只有每天淘汰自己，如果不淘汰自己就会被别人和社会所淘汰。

2. 他是最聪明的孩子

著名的拿破仑·希尔从小就被认定是个坏孩子，在他小的时候母亲就去世了。他放牛时一不小心母牛走丢了，他负责看管的树也莫名其妙地被砍了，所有人都认定是他做的，父亲和哥哥甚至都认为他很坏。人们把拿破仑·希尔变坏的主要原因归结为他失去了母爱，缺乏教养。大家在很长一段时间内都是这么认为的，时间长了拿破仑·希尔也就无所谓了。一天，父亲告诉孩子们他准备再婚，大家对新妈妈都有些担心，不知道会是什么样子的。拿破仑也拿定主意，反正是无所谓了，新妈妈又能把我咋的？不久，这位陌生的女人被迎进了他们的家，她走到每个房间，欢快地向每个家人打着招呼。当她走到希尔面前时，希尔站得笔直像枪杆一样，双手叉在胸前，冷漠地瞪着她，也没有一丝欢迎的意思。"这是拿破仑，"父亲介绍说，"全家最坏的孩子。"令拿破仑永生难忘的是当时继母说的一席话。她把手放在拿破仑肩上，用温和的目光看着他，微笑着说："最坏的孩子？哦，不，一点也不，你是家里最聪明的孩子，我们要帮助你把本性诱导出来。"就这样，继母始终相信并夸奖他是个好孩子，慢慢地，拿破仑·希尔在继母的鼓励下找回了自信，最终取得了成功。

心得体会：人是需要被赏识的，这样他们会变得越来越好；不要经常抱怨，这样会导致逆反心理的产生以致变得越来越坏。有时候，家庭环境的影响及教师对学生的教育方式，将决定他们未来的命运。当孩子表现不好时，家长或教师往往一味地指责、抱怨，认为孩子一无是处，更有甚者采用粗暴的方式来处置，很少在自己身上、社会环境、家庭现状等方面找原因。其结果把原本朝气蓬勃、活泼可爱的孩子，培养成了没有理想、缺乏志气、束手束脚、得过且过的人，这不得不引起我们的反思。

3. 我想做第二个比尔·盖茨

英语口语课上，老师让同学们用英语表达自己的梦想。有的想当演员，有的当护士，有的说现在还没有想好，突然，鲍勃大声说道："我想做第二个比尔·盖茨。"课堂上哄堂大笑，同学们纷纷议论：说得那么大，能做到吗？

其实，每次鲍勃跟父亲谈自己的理想时，他总是信心十足、神采飞扬。这时候，父亲也乐意做他忠实的听众，喜欢与他一起分享对未来的憧憬，有些时候，父亲也会被他所感动。

有一次，鲍勃的英语考了 69.5 分，不敢把卷子拿出来给父亲看。父亲知道后并没有责备他。但他在很长一段时间里提不起对英语的兴趣。于是，父亲每天在睡觉前，同他一起躺在床上谈梦想、描未来。父亲告诉儿子，父母为他拥有这样的梦想而高兴和自豪，相信他一定会实现的。时隔不久，鲍勃说，我一定要像比尔·盖茨一样把英语学好，他的英语可不是蒙人的。随后，父亲给他买来了英语课外读物《书虫》，还经常陪他一起阅读，鼓励并夸赞他每天坚持用英语写一篇短文，经过他一段时间的坚持，其英语水平突飞猛进，期末考试英语成绩为满分。在经历过这件事之后，他对自己更加充满了自信。

心得体会：几乎所有的学生对自己未来都有好的规划，尽管大家不知道实施起来有多艰难，但不可否认的是，在我们成长过程中，梦想具有巨大的激励作用。当然，换个角度来看，有时候梦想实现与否并不那么重要，重要的是有了梦想，就要付诸实践，这样才会有希望，才能不断增强自己的自信心。即便没有成就自己的梦想，但至少会有一个良好的心态。这就是老师为什么要求我们对自己的未来进行规划、实施，调整、再实施的道理。

关于职场的哲理故事

1. 去过寺院的人知道，刚进寺门，首先映入我们眼帘是弥勒佛，他笑脸迎客，但在他的背面是黑口黑脸的韦陀。相传，他们以前并不在一座寺里，而分别掌管不同的庙宇。

弥勒佛豪迈大度、笑容可掬，参拜的人非常多，但他的缺点是丢三落四，账务管理混乱，入不敷出；另一位韦陀虽然账务管理井井有条，但脸色阴沉，太过严肃，来参拜的人越来越少，导致香火断绝。

佛祖查岗时发现了这个情况，就将他俩放在一座寺中，弥勒佛笑迎八方客，负责公关，于是香火兴旺；韦陀铁面无私，心细灵巧，严把财务收入与出纳。两人有了明确的分工与合作后，寺里出现了一派欣欣向荣的景象。

学生感悟：在用人主管那里，没有好人与坏人之分，像武功高手一样，即使不用名牌宝剑，摘花飞叶也可照样伤人，关键是如何运用和发挥被使用者的长处。这就要求我们在求学过程中，一定要掌握一技之长，等走向社会后充分运用我们的这些特长。

2. 小鸡问母鸡：能否不下蛋，经常带我出去玩啊？

母鸡回答道：不行，我要工作！

小鸡疑惑不解地说：你明明已下了这么多蛋了！

母鸡意味深长地说：一天一个蛋，菜刀靠边站，一月不生蛋，高压锅里见。孩子，请记住，存在是因为你创造价值，淘汰是因为你失去价值。过去创造出来的并不代表将来，因此我们每天都要努力！

学习心得：在现实生活中，我们经常听到"啃老族""月光族"这些词汇，也经常见到这样的人，他们整日游手好闲，好逸恶劳，总想不劳而获，只图索取而不讲奉献，其结果将是一无所获，碌碌无为。所以，我们要积极主动地学习科学文化知识，掌握基础理论和技能，只有这样，才能在未来激烈的竞争中获得一席之地，不被社会所淘汰。

3. 有一个有着一流捕鱼技术的渔人，人们尊他为"渔王"。但当他年老时感到非常的懊恼，原因是三个儿子的捕鱼技能都很平庸。

所以，他逢人就与之诉说衷肠："我始终弄不明白，我的捕鱼技术这么好，而儿子们为什么这么差？从他们刚开始懂事时，我就开始传授给他们捕鱼的技术，我也是从最基本教起，告诉他们如何织网最容易捕捉到鱼，怎样划船最不会惊动鱼，怎么下网最容易让鱼入网。等他们长大后，又教他们如何识潮汐，辨鱼汛……我把长年累月的经验和总结都毫无保留地传授给他们，可他们的捕鱼技能竟然还赶不上比我技术差得多的渔民儿子！"

一位路人听了他的苦诉后，问道："你一直就是这样手把手地教他们吗？"

"是的，为了使他们学到一流的捕鱼技能，我甚是仔细、认真，并很有耐心。"

"他们一直就这样跟着你吗？"

"是的，为了使他们少走弯路，我始终让他们如此跟我学习。"

路人说道："这样的话，你犯的错误就很明显了，你所传授给他们的是捕鱼的技能，但却没有传授给他们你失败时的教训。"

学生感悟：对于人的才能，没有经验与没有教训是一样的，都不能让人成为大器。因此，我们要想实现理想，获得成功，不但要有娴熟的技能，还要有失败的教训，只有不断地总结经验和教训，我们才能最终抵达理想的彼岸。

关于爱情的哲理故事

1. 有一天下课后，柏拉图向老师苏格拉底问道："到底什么是爱情？"

老师让他去麦田里去摘一颗金黄的最大麦穗，规则是只能摘一次，且只能向前走不允许回头。

于是，柏拉图按照老师说的去做，结果走出田地时却两手空空，老师问他摘不到的原因。他说："只能摘一次，又不让走回头路，开始时也见到过金黄最大的，感觉前面还可能有更好的，所以没有摘；当走到后面时，又发觉没有之前见到的好，后悔刚才没有摘但已经错过了，所以，我到头来什么也没摘。"老师告诉他说："这就是爱情。"又一次，柏拉图问老师："什么是婚姻？"

老师让他到树林里砍一棵最大、最茂盛且适合放在家里做圣诞树的树，规则和上次一样，同样也是只能砍一次，也是只能向前走不允许回头。

柏拉图按照老师的话去做了，但这次他带回的是一棵很普通，既不是很茂盛，但也不是很差的树。

老师问他："怎么带回这样一棵普通的树回来了呢？"

他回答道："有了上次的经验，当我走了大半路程时还两手空空，看到这棵树差不多，便砍了下来，免得再次错过了机会，最后什么也带不回来。"

老师说："这就是婚姻。"

心得体会：看完此文，感觉确实有道理！首先，人生就像流淌的河水，爱情生活也是如此。有时为了追求完美的爱情，不满足于现状，而且一味盲目追寻"山外山"，时刻苛求十全十美，这并不是真正的幸福。现实生活中的初恋者，均会被对方外表所迷惑，可能因一句话而被感动，或是因物质需求而动摇。重要的是，不能只听他说话，而要从做事上观察对方是一个什么样的人，最佳男人的品质是大度和无私奉献，最佳女人的品质是智慧与善良温存；其次，爱情就是缘分，一旦相爱要抓住机缘倾心相爱，否则，时机稍纵即逝，一旦失去将永不再来。当然，现实生活中，有的情侣谈了五六年，结果因为异地、家庭原因或性格不合而导致分手，这只能说明其有缘无分；还有的一见钟情或通过网聊结识，双方没有半点儿感情基础，为了获得爱情而不顾家庭反对，实行"闪婚"，结果在短时间内双方又离婚；最后，有时候乞求和强迫得来的爱情是不牢固的。因为在我们同学中间，有人为了得到对方而奴颜婢膝，改变自己的原则和个性，更有甚者采用玩阴谋、耍手段，其结果必以破裂而告终，届时你会发现，你失去的将不仅是自己的爱情，还有你的灵魂。因此，有时候同样的表白，但不一定都是真心，我们应学会换位思考，即站在对方的立场上去分析，他为什么这样说，说这样的话的目的是什么等，等你想好后，与他交流的时间不用太长，就能知道对方的真实目的所在，或许他是真的喜欢你；或许他只是想利用你，要分清楚背后的目的，这对你来说很关键。

2. 一天傍晚，有只小羊在山坡上独自玩耍，突然从树林中窜出一只大灰狼，狼要吃羊，羊拼命用力抵抗，并大声呼救。黄牛透过树丛向羊呼救的地方望了一眼，一看是狼，就跑走了；斑马低头一看是狼，也一溜烟没了影；黑驴停下脚步，看到是狼，悄悄地溜下了山坡；野猪经过这里，看见是狼，为了自保立刻冲下山坡；兔子听到后，更是箭一般地飞奔离去。此时，山下的狗听见羊的呼救声，急忙奔上山坡，从草丛中闪出，咬住了狼的脖子，狼嗷嗷直叫，趁狗换气时狼仓皇地逃走了。

小羊回到家后，这些朋友都来了，黄牛说：你咋不告诉我？我的长角可以剃出狼的肠子。斑马说：哎！我不在场，如果我在的话将用蹄子踢碎狼的脑袋。黑驴说：你怎么不叫上我？我吼叫一声，将吓破狼的胆。野猪说：如果我在，我用嘴一拱肯定把它摔下山去。兔子说：我跑得快啊，可以为你传信呀。而在这闹嚷嚷叫声中，唯独没有听到狗的声音。

心得体会：真正的友谊和爱情，并不是花言巧语，而是在你最困难和无助时站出来向你伸出援手，帮助你解决实际问题和渡过难关。那些整日围在你周边，时刻给你一些欢喜和小浪漫的人，并不一定是真心对你的；而那些看似远离，但事实上时刻关注着你，你快乐时不去奉承你，在你需要的时候却总能挺身而出，默默地关心并甘愿为你付出的人，那才是你要找的真心朋友！

3. 他："我的手机停机了，给我充点话费。"

她接过电话后不假思索地说："好，等一会儿啊，马上就去！"

她放下手中书本跑到附近的营业厅给他充了 100 元。

她拨通了他的手机……

"喂？"……原来是他朋友的声音。

"××呢？让他接个电话！"

"不好意思啊，他在玩游戏呢！没其他事的话先挂了啊！"……嘟…嘟……

她实在想不通，但也别无选择。晚上，她再次拨通了他的电话……

"喂！啥事儿啊，别有事儿没事就给我打电话，我正忙着呢！"话筒里传来的是他不耐烦的声音和语调。

"为了你，我做这干那付出了那么多，可是你呢，整天就知道打游戏！"

突然，他的朋友插了一句，"你为他什么都肯做，死愿意吗？"

"愿意！只要他说的！"

他有些不耐烦了……沉默了一会儿说道："以后别来烦我，我根本就不喜欢你，滚！"

她泪流满面，悲痛欲绝，整个晚上徘徊在十字路口，不知道该往哪条路上走……

学生感悟：从上面的故事中，我们不难看出，男生让女生充话费，如果在特殊情况下是可以理解的，但在一般情况下，分明是男生不在乎女生；再者，男生为了玩游戏而"忽略了女生"，明显是女生的一厢情愿，直至最后落得鸡飞蛋打，两头空。所以，我们找对象时，一定要看他是否追求上进，是否有责任心和担当，否则，就会自埋苦果，自作自受！

三 主题活动三：哲学思想辩论会

（一）"辩论会"的目的

所谓辩论，是指对一个问题或事物，用充足的理由来阐明自己见解的正确性，同时披露对方的矛盾，最后达到对该问题或事物有统一认识。辩论会是学生们知识的比拼、才华的检阅、智慧的交锋、素质的抗衡。通过辩论的过程，体现出正反两方同学的思维、判断、推理和语言表达的能力，同时也使学生有机会展示张扬个性及应变能力。高校思想政治教育实践课采用"辩论会"的形式，有利于提升学生们的思辨能力和思维的敏捷性；有助于学生改变学习方法，培养他们自主学习的能力。通过此活动，学生掌握了如何查阅资料、收集资料以及获取信息的方法，体现出学生们的自主性、探究性以及对问题认识的深度。

（二）"辩论会"的准备

开辩论会前，一定要有充分的时间准备，这是辩论会的一个重要环节。既要让学生们在该次辩论会中受益，又要避免辩论的随意性。因此，组织此项活动的教师要正确引导学生，并做好以下工作：首先，及早确定辩论题目并告知学生们，选择与所学政治理论课程相应的教材知识作理论依据和支持。其次，把学生分为2个小组，各小组派代表抽签决定谁是正方和反方，参赛时规定每小组各派4名辩手参加，辩手的分工由他们4人来商定，且每小组所派的4名选手中必须有1个男生参赛，其他同学也不能袖手旁观，应帮助本小组参赛人员进行资料的查找与搜集，真正做到人人参与、全员有责。组织该项活动的教师在本班学生中选出一名语言表达能力强或有经验的学生作为辩论会的主席。辩论会的主持词由该同学来写，辩论程序可让他参照国内外其他的辩论会来进行。

（三）辩论会要求

第一，辩论的内容要健康，能体现出时代特色，运用的资料要真实可靠，有据可查；第二，要运用马克思主义的哲学原理；第三，在双方辩论时，允许对方提出问题，且必须作答，而旁听的同学也可加以补充说明；第四，正反双方在辩论过程中要相互尊重，就事论事，不能带有侮辱性的语言和词汇，更不能对对方加以人身攻击，否则，按校规论处。

（四）"辩论会"的选题

由于人们对客观事物的认识和理解存在差异性，为了分清谁对谁错，双方的唇枪舌剑在所难免，辩论由此产生。从客观上看，事物的本质往往隐藏在现象的背后，各种事物之间的关系错综复杂，且客观世界处于不断地运动、变化和发展之中，这不仅为我们正确认识客观事物带来了困难，还易产生错误或片面的认识，要宣扬正确的认识而否定错误的认识，就必须展开辩论；从主观上看，每个人或社会群体生活环境、知识储备、个人修养及能力等方面的差异，导致认识事物的方法和角度也不一样，就会出现孰是孰非、谁对谁错的问题，双方的辩论即由此展开。

辩论不仅需要课本上的知识，还需运用大量的课外知识，这样才能旁征博引，引经据典，使自己的论点站得住脚。具体可参照《马克思主义基本原理概论》中的唯物论、辩证法及认识论等章节的具体内容来确定。诸如：针对马克思主义哲学、毛泽东思想、邓小平等老一辈无产阶级革命家的理论、观点和言论是否过时；学习哲学有用还是无用；性本善还是性本恶；经典文化价值的大与小之间的对垒；雷锋精神适不适合新的时代；头悬梁、锥刺股的学习方式要不要继续；在经济发展上我们采用"先发展后治理 VS 先严控后发展"模式；"顺境有利于人的成长 VS 逆境有利于人的成长"；谈对象时重点要看他的"经济条件 VS 道德品质"；走在大街上碰到老太太摔倒了，是上前帮扶还是假装没看见走人等。辩论题目要紧扣时代脉搏，与现实生活密切相关的热点话题或理论观点，让同学们能从中分清是非，辨别真伪，通过辩论的方式，最终达到端正自己的思想和行为的效果。而那些诸如"世上先有蛋还是先有鸡""月亮是圆的还是方的""唯物主义与唯心主义的对决"等辩题，没有明确的真与假、好与坏、对与错之分，最好不要用这些观点和看法作为辩论题目。

（五）"辩论会"的流程

辩论会主席首先作开场白：介绍比赛规则、参赛队员及所持观点、参加评判的人员，然后宣布比赛开始。

然后进入辩论环节：

1. 第一阶段（陈词环节）

A. 立论陈词

正反双方一辩陈词各 5 分钟。

B. 立证陈词（阐述本方的观点）

正反双方二辩陈词各 5 分钟。

2. 第二阶段（盘问环节）

A. 正方三辩首先发问，反方选手（只限一名）作答。

B. 反方三辩提问，正方选手（只限一名）作答。

C. 提问用时 2 分钟，作答时可用 6 分钟。

3. 第三阶段（自由辩论环节）

正方可先发问反方作答，然后反方问正方作答，双方轮流发问，用时共 20 分钟，双方各 10 分钟。

4. 第四阶段（总结陈词）

反方四辩首先总结陈词，时间为 5 分钟，然后正方总结陈词，时间为 5 分钟。

5. 互动环节

台下同学就辩题可发表观点，还可以向正反双方提问 1—2 个问题，时间控制在 30 分钟之内，但此作答不计入总成绩。

（六）辩论赛的规则

1. 时间提示

双方辩论者的发言时间剩 30 秒时，应当由计时人员给予铃声提示，耗时将满时，应提示发言终止，否则按违规处理。

2. 盘问原则

各方辩手在提问或作答时应简洁明了（一次只能提问一个问题）；对方辩手提出问题时，对方必须作答，不能回避，也不能反问。

3. 自由辩论环节

（1）自由辩论环节必须在两队间交替进行，正方可先发问，等发问者坐下后，反方派一名队员进行作答；双方依次相互轮流，直到在规定的时间用完时结束本轮辩论。

（2）双方耗时累计，一方发言结束后，则另一方计时开始。

（3）在规定的时间内，双方辩手的发言次序、次数及用时不设上限。

（4）如果一方的时间耗尽，另一方可继续发言，直至时间用完为止。同时，也可以放弃发言，但放弃发言不影响总成绩。

4. 辩手不能携带和宣读书本资料或展示准备好的图表，但可以制作成小卡片，届时出示或引述书本及报刊摘要，以增强论据的充足性。

5. 辩论会上，辩手不能随便离开自己的座位，也不能故意打扰对方辩手发言，更不得使用肢体语言进行人身攻击。

（七）评分标准

1. 各方总分设为（100 分）

审题（20 分）

对所持立场是否从理论、逻辑、事实等多角度、多层次理解，论据是否充足，推理是否明晰，对对方的难点或缺陷是否准确、及时、恰如其分地予以反驳。

论证（25 分）

论证是否充足，是否有说服力，事实引用是否恰当，推理是否合乎逻辑。

辩驳（25 分）

提问是否抓住了对方的要害，所提问题是否简洁明了。在规定的时间内如果没有提出问题或提出的问题含糊，则适当扣分。而能否正面回答对方所提出的问题，能否有理有据地反驳，如果不回答或不正面回答，也将适当被扣分。

配合（20 分）

团队之间能否相互支持，是否具有团队协作精神，论辩衔接是否流畅，自由辩论发言时是否错落有致，回答问题时是否形成一个有机整体。

辩风（10分）

语速适中、用词得当、语言流畅、语调抑扬顿挫有协调度；尊重评委、尊重对方辩手、尊重观众；有幽默感、表演适度、落落大方、仪容仪表良好。

2. 个人得分部分（100分）

辩论技巧（40分）

辩手的语言是否流畅、立意是否明确，能否从多层次、多维度认识分析和理解所辩题目，阐述是否有层次、条理是否清晰、论证是否有说服力。

内容资料（20分）

引述资料是否翔实，论证是否充分、恰当、合理。

仪表仪容（20分）

辩手的手势、表情是否自然、恰当、大方，尊重对方，不强词夺理，尊重评委和观众，并富有幽默感。

自由辩论（20分）

是否自始至终坚持自己的立场，准确、主动、机智地反驳对方，思路清晰、逻辑性强、应对积极主动灵活。

（八）辩论应处理的关系

要想在辩论过程中取胜或占上风，就必须正确处理好以下几对关系，即逻辑关系、辩论运思和哲学运思的关系、分析矛盾和解决矛盾的关系、辩护与反驳的关系等。这样，整场辩论才显得激烈、动心、感人、活泼和有意义。

1. 逻辑关系的运用

逻辑关系是指人们从某些已知的条件出发来思考问题，最后推出合理的结论和规律。而辩论就是逻辑学中的论证或反驳，是正反双方经过一系列论证所构成的。孤立的一句话或论断不能称为辩论。辩论过程由开始、展开、终结三阶段组成，缺少任何一个环节都是不完整的辩论。因此，任何一场完整的辩论都有论题、立论者和驳论者。

在辩论中，论题也叫辩题，它是双方辩论的焦点和争论的对象。论题通常是对某一件事的观点和看法，立论者和驳论者紧紧围绕这个问题对对方的观点提出质疑。立论者在辩论中往往是对论题坚守的一方，驳论者则是反驳立论者的观点的一方。在辩论赛中，论题可能是一个判断，正方和反方围绕这个判断进行辩论，正方即立论者，反方即驳论者。

所谓论，是指论理，也就是依据一定的原则和需要进行分析和说明事理。所谓辩，是指辩驳，要依据一定的理由来驳斥对方的观点或看法。辩论是辩和论的有机结合和统一，只论不辩或只辩不论都不叫辩论。有辩就有论，辩的同时，就意味着论证对方观点的不成立而自己的观点是成立的。辩论的本质是一种语言的对抗艺术和是非之争，辩论者相互间经过对某一观点和看法的证明、质疑、辩驳，最终达到某种共同点的契合或趋于正确认识的言语对抗。所以，思想以论而群，真理以辩而明。雄辩是指用竞技性的言语在对抗中迸射出的强大的艺术魅力。

2. 辩论运思与哲学运思的关系

辩论运思的特征之一就是追求语言表达的严谨性、明晰性和一贯性。辩论语言要体现出前后的逻辑关系，足以把对手、听众和评委紧紧地抓住，使他们跟着你的思路走。而哲学运思则不同，它所追求的是一种对立或差异的沟通与融合，体现出辩论运思所达不到的思想高度和境界，使听众和评委产生豁然开朗的感受，他们不仅在听，且在思想上也认同或接受了你的某种新的感召。从理论上讲，辩论运思旨在取胜，是一种求胜的意识，而哲学运思则是展示思想意境，是求道的意识。

当然，在辩论中仅停留在思辨的、抽象的哲学运思中，此辩论很难吸引听众，但如果完全缺乏哲学运思，那么，这场辩论也将索然无味。哲学运思不仅体现辩方的思想深度，还将帮助辩论更加透彻地分析和领会辩题。

3. 分析矛盾与解决矛盾的关系

在辩论过程中，正方和反方均是固定的。一般情况下，正方在明处，由于辩题已明确，其任务旨在对辩题本身进行论证，但此时因不知反方的见解，所以，很难有针对性地准备，相对来说比较被动。与之相反，反方在暗处，立论不易被正方所把握，相对较容易和主动。比如"人性本善 VS 人性本恶"这一辩题，如果反方自由立论的话至少可以有三条思路：一是人性本恶；二是人性有善有恶；三是人性无善无恶。所以，反方的立场极难捉摸，由于正方的立论在明处，反方的主动进攻性较强。当然，反方也有弱点，其缺陷在于受到正方的"诱惑"时对自己立论的严密性缺乏缜密的思考，正方一旦反守为攻，反方很难防守。

我们要用辩证的眼光来看待正反双方。辩论会前，一旦抽到正方，很容易产生防守的心理，为了克服这种心理，可以调换一下位置，把自己当作"反方"，分析和强化如何进攻，弥补单纯的防守心理造成的失误；反之，若抽到反方，极易在进攻心理的支配下忽略防守。因此，同样可以运用换位思考的方法来增强防守意识。

总的来说，从哲学上看，正反双方只具有某种程度上的相对性，不能把它们孤立化、抽象化。但在实际辩论中，双方经常会观察和搜寻对方致命的缺陷，从心理上压倒对方，争夺辩论中的主动权。

4. 辩护与反驳的关系

在辩论双方的对立关系中，辩护与反驳是最基本的关系。在辩论中，我们经常可以看到两个极端：要么只讲辩护，战场始终都设在自己一方，根本不可能对对方的立论构成威胁；要么只讲反驳，采取避而不答对方所提出的问题，这将给听众和评委留下这样的印象：反驳者不敢正面回答对方的提问，心理上至少是胆怯的表现。所以，这两种极端的做法都不利于辩论。

在辩护和反驳的关系中，辩护是基础，反驳要与辩护有机地结合起来。当对方追问一些细枝末节的问题时，固然可以避而不答，但对方若对基本的立论提出质疑时，采取"绕着走"的做法却是失策的，我们应简明扼要地回答对方，立即自我辩护。此时，辩护是为了亮明本方的立场，是反驳的必要环节，如果去掉必要的辩护，那么，反驳就显得苍白无力，强词夺理，因此，在这个意义上，辩护就是反驳。当然，在做了必要的辩护之后，对方如若继续纠缠或提问，就没必要进行重复辩护，而要迅速转移到反驳的层面，直接把矛头指向对方的要害问题或基本立论。

反驳之所以重要，是由于它的进攻性，有效的进攻是辩论取胜的理想之道。像足球比赛那样，只一味地防守，顶多对方进不了球，只有反驳和进攻，"球"才有可能被踢进对方的球网中。从这个层面上理解，反驳是最有效的辩护。但是，从全局的辩论来看，既应有辩护，也应有反驳，二者的完美结合才能显示出理论上的严密、从容和大度，显示出作风上的儒雅、沉着和宽容。

样例一："该不该以抵制外国货的方式来体现爱国心"

在经济全球化的今天，大家对应不应该以抵制外国货的方式来体现爱国心持不同态度。针对这种现象，我们举办了一场以"该不该以抵制外国货的方式来体现爱国心"为主题的辩论会。辩论会上，同学们积极发言，通过激烈的辩论，达到了教育的目的，且效果良好。现在就把辩论会的实况转播给大家！

大会主席：请大家安静，比赛就要开始了，请将您的手机调成振动或静音，请保持会场的安静，以便有利于选手的正常发挥，感谢大家的配合！

尊敬的老师、评委和同学们：大家下午好！欢迎参加河南科技大学生命科学学院生物科学专业大学生首届辩论会。请允许我向大家隆重介绍今天到场的各位嘉宾及评委，首先感谢担任我们思想政治课的吴瑞阳老师，谢谢您的到来！其次是担任本次辩论赛评委的四位同学代表，他们分别是王红蕾同学、周光召同学、李毅莲同学、季向光同学。让我们以热烈的掌声欢迎他们的到来！

好，先让我们来认识一下今天的参赛辩手。有请正方辩手依次做个人介绍，大家欢迎。请反方辩手做自我介绍，欢迎你们的到来。

比赛开始前，请允许我宣读以下注意事项：

一、开篇立论、自由辩论及总结陈词等环节，各方用时剩余30秒时，计时员将以铃响一次作提示；用时届满，以铃响三次作提示，请终止发言。群众辩论不单独计时，最终以铃声为准。铃响三次时，发言必须终止，否则按违规处理。比赛过程中禁止使用挑衅性或侮辱性的言语。

二、今天的辩题是"该不该以抵制外国货的方式来体现爱国心"，双方的立场由抽签决定。坐在右边的是正方，他们的观点是：应该以抵制外国货的方式来体现爱国心；坐在左边的是反方，他们的观点是：不应该以抵制外国货的方式来体现爱国心。

三、现在我宣布本次比赛正式开始，首先请正方一辩华艳素同学发言，时间 3 分钟。

正方一辩：评委、主席、同学们，大家好！

我方认为，应该以抵制外国货的方式来体现爱国心，下面我将从以下三点开始我方的阐述。

第一，从政治上看，抵制外国货是爱国主义的一面旗帜。为什么这样说？因为，爱国主义是人们热爱、忠诚、报效祖国的一种集情感、思想、意志和行为为一体的社会意识形态，具体包括爱国情感、爱国的思想观念和行为等。纵观中国历史，从义和团运动以来，在中国曾经发生过多次反对帝国主义、抵制洋货的浪潮。如五四运动、青岛日商纱厂工人大罢工、抗日救亡运动、反饥饿反迫害运动等，对日货、英货、美货等都进行过抵制，有效地反击了帝国主义国家对中国的侵略。如今，美国的重返亚太战略，在中国周边部署导弹防御系统，严重威胁了中国的安全；大肆炒作南海问题、钓鱼岛问题、台湾问题，会见藏独分子等，这种扰乱国际秩序、干涉中国内政的行为，目的在于遏制中国的经济发展和崛起；日本更是肆无忌惮地在钓鱼岛附近海域拦截中国船只，扣押台湾渔船；日美联手炮制中国海洋威胁论等。针对当前形势，需要再次提醒大家，要坚决抵制外国货，用实际行动来爱国。

第二，从经济发展角度讲，抵制外国货有利于我国经济的发展，同时也对我国产品质量的提升形成了一种无形的推动力。因为，只有抵制外国货，才能保护和发展本民族企业，有效地推动企业单位提高产品质量，打造特色品牌，实现经济效益的增长。只有我国的经济实力增强了，我们的国际地位才能得以提升，才能在国际政治经济舞台上获得一定的话语权，改变当前我国在国际经济竞争中的不公平现状。另外，只有中国经济实力增强了，才能使我们远离金融危机，减少国际经济下滑时对我国的经济发展所带来的危害。

第三，从当前的国际政治格局看，目前处于"一超多强"向多极化发展的过渡阶段，总趋势是平稳的，但也不排除有些强国推行霸权主义，其称霸世界的野心从未泯灭。从轰炸我国大使馆，鼓吹中国威胁论，到独霸联合国决策权，故意挑起事端，遏制中国崛起，威胁中国的安全等行为，其用意是"司马昭之心，路人皆知"。如果我们还不觉醒，继续购买或使用他国的产品，让其从中国赚取大量的外汇和资金，将来势必用这些资金充实自身用于侵略中国，那么，我们购买外国货不就是为虎作伥了吗？

综上所述，我方认为应该以抵制外国货的方式来体现爱国心。

大会主席：感谢华艳素同学的精彩发言。下面有请反方一辩廖选萍同学表明立场、陈述观点，时间也是3分钟。

反方一辩：谢谢主席！各位评委，同学们，对方辩友，大家好！

我方的观点是不该以抵制外国货的方式来体现爱国心。

众所周知，抵制即阻止、抗拒、排斥的意思。外国货这里主要指国外原装进口商品或品牌，但有可能这些商品是在中国制造的。因此，我方认为，不应该采取抵制这种带有歧视性的手段或方式对待外国货来谈爱国心。请听以下几点理由：

第一，抵制外国货极易降低人们的生活水准。从辩证唯物主义视角看，产品，尤其是优质产品，是世界各国人民智慧的结晶，是不分国界的，应为世人所享用，不应带有政治性。对于个人来说，购买商品主要是看该产品的性能和品质，而不是先看其由哪国制造。因此，选择购买优质和性价比高的产品可以改善和提高我们的生活质量。

第二，抵制外国货或将阻碍我国国民经济的收入和企业的竞争力的提高。对于国企而言，外国企业所生产出来的产品形成的极大竞争力不仅能够促进国企在产品工艺上进行改进，而且能使产品质量得以提升，尤其在一些尖端的高科技产品中，进行大胆的创新。因此，相对国家经济利益而言，加大对外贸易是促进我国经济增长的重要方式，其重要性不可低估，否则，就会两败俱伤。另外，在经济全球化的今天，国际经济的相互依存度日渐升高，形成了一种"你中有我、我中有你"的发展态势。一件产品是外国货还是本国货作为消费者很难分辨清楚，抵制外国货，就像闭着眼睛打麻雀，极可能连麻雀也打不到，反而误伤了自己人。所以，如果以抵制外国货的方式来打击在华的外资企业，将直接导致大量的中国职工下岗，使劳动就业率下降，损害中国人自身的经济利益。

第三，在当今，以抵制外国货的方式换取大众的爱国心是不可取的。抵制外国货不是解决对外矛盾和问题的有效途径，反而因仇视、打击或报复使中国与其他国家的关系越来越紧张，矛盾日益加深，不利于化解双方的分歧和对抗。因此，不是说我们抵制了外国货，中国就取胜了，就变得强大了。爱国的目的就是要让我们的国家繁荣富强，不能借助爱国的名义来欺骗消费者，更不能煽动民众无故殴打使用外国货的中国人，那样只会制造争端，严重阻碍中国的经济发展和腾飞。综上所述，我方认为，在这个互利互惠，追求共赢的经济全球化背景下，抵制外国货实不可取，不应该以此方式来体现爱国心。

大会主席：感谢反方辩手的发言，下面有请正方二辩的刘彤彤同学发言，时间 3 分钟。

正方二辩：谢谢主席！各位在座的评委和同学，大家好！

刚刚对方辩手提出了不抵制外国货是为了我国的经济发展，能促进国企改进工艺及提高产品质量。我想说的是你们真正了解中国的国情吗？我国是发展中国家，而非发达国家，因此抵制外国货才是最正确的选择。

抵制外国货更有利于我国经济的发展，这是一切发展中国家由农业国转变为先进工业国的必由之路。第一，发展中国家从农业国向工业国迈进时，无论从资金数量、设备技术及管理水平等方面都低于发达国家。发展中国家大部分是从殖民地、半殖民地中被解救出来的，他们没有纯粹的属于本民族自己的工业体系，这些国家即使在政治上不再是帝国主义的殖民地，但在经济上，也难以摆脱资本主义强国的控制和压迫，最终沦为经济形态上的殖民地。发展中国家要想发展自己的民族工业，最基本的条件就是抵制外国货，保护自己的市场。第二，发展中国家向工业国迈进时，与发达国家相比劣势明显。发展中国家向工业国转变过程中要承受来自多方面的压力，要与比自身强大数十倍甚至上百倍的强国进行抗衡，因此，发展中国家在明知自己地位低劣的条件下，要想取得成功，就必须得到政府的扶持和民众的认同，只有大家齐心协力抵制外国货，提倡购买国货，才能确保本民族工业企业的转型、升级和发展。第三，时代在不断地进步，且已发生根本变化。如今，新科技革命的浪潮汹涌澎湃，对人类社会的文明和进步形成了一浪又一浪的巨大推力。发展中国家在适用现代高科技成果的同时，又深切体会到高科技产业对自身生存与发展的重要性。但是，高科技产业在发展中国家属新兴产业，急需得到扶持和保护，而资本主义经济强国不可能对其无私帮扶，所以，动力只能来自本国政府和本民族的力量，而抵制外国货恰恰是帮扶我国民族企业发展壮大的具体表现。

纵观世界发展史，那些在工业现代化道路上获得成功的发展中国家，在由农业国向工业强国迈进的过程中，抵制外国货已成为其民族工业体系形成和国民经济增长的有力杠杆。

大会主席：谢谢刘彤彤同学从国情分析的发言，接下来有请反方二辩杨莎莎同学反驳，时间 3 分钟。

反方二辩：谢谢主席！大家好！

诚然，中国是发展中国家，因此更加需要跟外界交流与合作，这与对方辩手所讲的国情并不冲突。实际上，不仅中国人使用外国货，外国人同样也使用中国货，这是互惠互利，合作共赢的。面对中国这个庞大的销售市场，国外列强谁不垂涎？但外国人也在使用中国货，难道不是吗？

动不动拿爱国说事，有时将爱国情感当作达到某种目的的有效工具或手段是极其错误的。这样做的结果只能是：一将爱国主义庸俗化，透支民众的爱国主义情感，损害民众的个人利益；二是打着爱国的旗号，向消费者转嫁管理部门监管不力的附加成本；三是借爱国的名义，默许甚至纵容某些企业和生产厂商制造或销售假冒伪劣产品。所以，是否抵制外国货，既无关爱国，更谈不上荣辱。但如果一味地抵制外国货，只会导致国货因为技术原因而质量低劣，更多的是因为不负责任、偷工减料甚至为了牟取暴利而有意制造有毒、有害产品，如毒奶粉事件。

抵制外国货将直接影响我国市场经济机制的正常运行。外国货不单单指纯外国生产的产品，也包括在华投资的、外商提供的技术或知识产权及中外合资产品等。所以，我方所说的外国货是指与外国存有某种联系的所有产品。再者，故意抵制外国货属人为原因，而非市场自行调控，其结果必然导致市场经济秩序的混乱，不利于市场机制的正常运行。

抵制外国货将阻碍科学技术的进步和创新。俗话说，有竞争才有进步，有比较才有成长。对于中国企业而言，外国货无疑是国货的最大竞争对手，我们应该提倡与外国货进行良性的竞争而不是抵制模式。纵观世界知名品牌企业的发展与壮大，并不是建立在抵制他国产品的基础上进行的。我国的知名品牌企业，如海尔和长虹，不也是在竞争中汲取国外先进技术，重视新产品的研发，最后做强做大的吗？所以，一般情况下，外国货与国货相比最大的特点在于质优价高，而大部分国人往往对国货的质量和性能持怀疑态度，经过再三权衡，购物的基本参数就是产品质量和性能。假如国货的质量与性能与外国货水平相当的话，难道我们还会去买外国货吗？

大会主席：谢谢杨莎莎同学的层层阐述。请正方三辩吴敬梓同学陈述观点。时间3分钟。

正方三辩：在当今社会，的确有很多外企在中国投资办厂。就拿家乐福来说，其中99%的员工都是中国人，但这也不能因为害怕下岗而不抵制。假若国家的安危受到严重威胁、命悬一线时，我们还能坐视不管吗？要知道，个人的利益跟国家的利益、个人的荣辱和国家的荣辱是息息相关的。国家国家，没有国，何来家？当国家处于危难之时，难道列强会因为你的不反抗、不还击而放过你吗？再者说，即使家乐福里99%的商品是中国制造，99%的员工是中国员工，也并不代表99%的收入都归于中国所有，造成大量资金外流，严重损害了中国的国家利益。

任何一个国家的政府为了保护和支持本民族企业的发展与壮大，均希望民众购买本国货，抵制外国货。中国政府也不例外。为了帮扶本国民族企业，中国政府相继出台了一系列的扶持政策，有时也采用补贴的方式，其目的在于鼓励国人购买本国货。但外国媒体对此却大加渲染，说什么违背世贸协定，殊不知其自身有过而无不及。这说明，他们在中国的利益受到了损害；另外，他们对外经常采用双重标准。截至目前，中国全民抵制外国货而购买国产货实属困难，也绝非易事，况且多数国人都喜爱购买外国货，连坐便器上盖子都要到日本购买，这不得不引发我们的深思。

众所周知，在韩国市场上，韩国人拒绝购买性能更高的日本电子产品，而是默默地支持着三星，他们要把三星打造成韩国的索尼，如今他们成功了。资料显示，目前三星的总资产已超过了索尼。不容置疑的是，他们确确实实靠自身的努力打造出了知名的国际品牌，这也正是我们需要学习和借鉴的成功经验。

大会主席：谢谢吴敬梓同学的理论阐述，有请反方三辩李旭同学发言。时间3分钟。

反方三辩：谢谢主席！大家好！

对方辩手刚刚提到了韩国，韩国民众支持国产货不容置疑，但是，他们也不抵制外国货啊，正是因为外来的和本土的相互融合，才打造出自己的知名品牌。

任何人购买商品时最关心的是质量与性价比，对中国产的还是外国造的其实并不太感兴趣。尤其在当今经济全球化趋势的大背景下，如果片面地支持国产货而抵制外国货，无异于当年盛行于各地的地方保护主义。那些看似"爱家乡"的行为已经被证明是愚蠢的，且不利于国家经济与本土企业的发展。同样，抵制外国货就是爱国的说法极其荒谬，这样做的结果不但帮不了民族产业，反倒可能成为其发展壮大的阻力！

任何劳动成果都是人类智慧的结晶，推动着人类社会走向文明。人们向往过上幸福美满，舒适安康的生活，而不是将某种产品标注"侵略者""坏人"的标签，对其制造者进行全盘否定。这是一种诱拐的方法，这种方法以绑架情感为基础，仅仅为了满足个人心理需求而产生极其强烈的报复快感。因此，我们购买并使用国外的产品，学习和借鉴国外先进的科技知识和管理经验，目的是为了使我们的国家迅速崛起，经济实力日益增强，这绝不影响我们爱国。

而说到爱国，绝不是我们简单地为了宣泄情绪。爱国同样需要智慧，不应只渲染仇恨而不化解矛盾。为了避免战争带来的危害，让过去历史不再重演，我们应该站在发展的角度去思考及展望未来。比如，日本侵华战争期间，并不是所有的日本人参与其中，对他们而言，这些普通的民众何尝不是这场战争的受害者？因此，那些在大街上见日系车就砸的做法是极其错误的，我们认为并不是仅凭抵制外国货就是爱国，必须要理性对待。

大会主席：感谢同学们，经过第一阶段3个回合的稳扎稳打、步步为营，接下来将进入比赛的自由辩论环节。各方的发言时间累计为6分钟，交替发言。先由正方同学开始。

正方：爱国就应该抵制外国货。加大对国产货的销售数量和市场占有率，有利于促进中国的经济发展，所以要支持国产货，抵制外国货。

反方：支持国产货是我国经济发展的需要，与不抵制外国货并不冲突。我们要学习他人长处，用来弥补自身的不足，努力提高产品质量，只有这样，才能走得更远！而一味地抵制外国货，只会走清政府的老路——闭关锁国，与现代社会文明是格格不入的。

正方：众所周知，外国货在不同的国家所出售的价格是不同的，在中国最为昂贵，一般也成为了富人的专利，炫富的资本，这明显是欺负我们，难道我们还要支持他们吗？

反方：每个人都有自己选择的权利，但是我们不能借此而抵制外国货，抵制外国货将会出现"闭门造车"的困局，也不能体现爱国心。

正方：当前电脑已进入了千家万户，可电脑的核心部件 CPU 是美国的产品。由于美国企业垄断了这一行业，他们可以随意涨价，并以此来要挟他人，我们愿意听之任之，任其摆布吗？

反方：因为我国是发展中国家，目前在该领域还处于弱势，无法与之抗衡，所以我们才应该学习和借鉴国外的先进技术，努力打造自主研发的新品牌啊！但对方辩手提出通过抵制外国货的方式来提升我国产品质量的做法，我方不认同。

正方：在这个竞争激烈的年代，只有先使用，才会有所发现，才会有改进和创新，如果连我们自己都不支持国产货，试问，哪里来的改变？又怎体现出爱国呢？

反方：爱国和抵制外国货中间没有等号，我方辩手在前面已经说过，购物不该带有政治色彩，消费者在意的是性价比，当国产货的产品质量和性能与外国货相当时，大家肯定购买国产货。

正方：如果我们没有完整的民族工业体系，那么，我们国家的经济如何发展，中华崛起又将从何谈起，为了保护和支持本民族企业的发展与壮大，我们必须首先抵制外国货。

反方：身为一个中国人，国家兴亡，匹夫有责。但是爱国的方法有很多种，并不是必须要抵制外国货。

正方：我方并不同意对方辩手所说的"支持国货就等于支持行业垄断、支持假冒伪劣产品"，难道你们对自己的国家这么没有自信吗？国货真的有那么不堪一击吗？请对方作出解释！

反方：目前，我国的创新力还不足，还需向他国学习。就目前来看，我国能走出国门优质品牌的数量屈指可数，且很难挤进世界市场，如果我们引入国外的高科技，在此基础上打造或研发新产品，不就可以引领世界了吗？

大会主席：好，时间到。谢谢各位的旁征博引、步步深入。大家似乎还有很多话要说，但由于时间关系，我们只能留些余味让大家继续思考。相信同学们同我一样，都觉得本场比赛可谓棋逢对手、将遇良才。

下面由正反双方总结陈词。

正方总结陈词

我方认为，抵制外国货就是爱国，反之亦然。首先，抵制外国货从更多的意义上是一种倡导、一面旗帜。我们都是中国人，无论干什么事情，均应从国家的整体利益出发，倡导爱国主义理念。其次，从当前的国际局势看，"抵制"就是践行爱国主义的具体体现，要自觉地、有意识、有针对性地拒绝外国货。最后，只有坚决抵制外国货，才能保护国内企业的既得利益，抵御外来物品对中国市场的冲击。总之，所有华人都不买外国货，也不太现实，但我们相信，只要有越来越多的人参与，就能凝聚中华民族的向心力，共同抵御因国际不稳定局势所带来的风险。

反方总结陈词

我方始终认为，抵制外国货是一把"双刃剑"。尤其在经济全球化的今天，如果我们一味地抵制，只会造成双输的后果，所以，不应提倡。首先，抵制外国货，就会使国货失去参与世界竞争的机会，完全没有了外来的竞争，产品质量就不会提高，高端品牌就无法出现。其次，任何单个国家的资源是有限的，不可能什么产品都生产，但消费者的需求是多样的，这就决定了相互间的贸易往来。最后，解决问题一定要采取理性务实的态度，绝不能意气用事。我方同意正方所说的以国家的利益优先为指导原则，不仅引进外国的优质品牌，同时还应引进其先进的管理经验和管理理念，以此影响、改进和创新国产品牌，只有这样，才能实现互利双赢、共同发展。

大会主席：谢谢双方辩手精彩总结！我们的评委已经开始紧张评分了，请大家原地休息5分钟，同时调整一下自己激动的心情。

现在，辩论会已经接近尾声，下面我们有请本场点评嘉宾吴瑞阳老师就我们今天的比赛发表看法。

吴老师：爱国需要理性，不能盲目，更不能感情用事。爱国需要爱这个国家的人民，文化，一山一水，做对国家有益的事情。如果我们的行为不能为国家带来益处，那就不是爱国。今天，正反双方同学们的论点和论据都十分鲜明，并具有说服力，都能从国家利益的视角入手来看这个问题，都是爱国的表现。现在，我们再次用热烈的掌声对他们的精彩发言表示感谢。谢谢大家！最后，我要告诫大家的是，在以后的学习和生活中，我们要善于学会运用马克思主义的基本理论和观点，通过对某个问题或矛盾进行综合、全面、深入的分析之后，最终找到解决该问题或矛盾的有效途径，以便提高自身的综合能力。谢谢大家！

大会主席：谢谢吴老师的精彩点评！

经过紧张的评分阶段，最终结果现已送到了我的手上。本场获胜方是反方，（掌声）同时我们用掌声对正方同学表示感谢！（掌声）本场的最佳辩手是正方华艳素同学以及反方杨莎莎同学。祝贺你们！（掌声）

让我们用热烈的掌声向今天到场的各位嘉宾、评委，以及各位辩手、同学表示由衷的感谢！现在，我宣布：今天的辩论会到此结束，谢谢大家！

附录一：武汉理工大学学生马克思主义理论学习研究会①

武汉理工大学学生马克思主义理论学习研究会，简称"马研"，于1991年秋成立，是在学校党委领导下、学生工作部指导下、社团联合会职能管理下的武汉理工大学最具特色的理论学习型学生群体组织。

一、社团概述

（一）社团宗旨

读书，争鸣，沉思，践行。武汉理工大学学生马克思主义理论学习研究会始终秉持以理论学习为主线，以联系实际、交流研讨为

---

① 百度百科：《武汉理工大学学生马克思主义理论学习研究会》（http：//baike. so. com/doc/862603 - 912001. html）。

重点，以丰富多彩的活动为载体，学习中国特色社会主义系列理论成果，做好大学生的思想引领工作，引导广大当代大学生始终坚持爱国主义和社会主义的高度统一，切实把民族精神和时代精神、个人成就和社会责任结合起来。

（二）社团理念

协会作为思想理论课的延伸，将重点解决当代大学生在学习马克思主义理论过程中遇到的重点和难点，解决同学们关注的社会热点问题，采取"读原著、听导读、搞调查、写报告、办简报"的学习方式，指导学生利用假期或课余时间进社区、下企业、访农户、开展调查研究、参观革命圣地、宣传科学理论，深化他们的思想认识，增强理论应用能力。

（三）社团文化

立足于打造"创新型、服务型、学习型、务实型"学生团体，坚持以"推动马研、展示形象、高效运作"为工作目标，努力推动校园和谐文化建设，带动研究会成员融入学校建设和地方经济发展中去。

二、机构设置

（一）部门组成

校马研现设主席团、中心小组、秘书处、理论学习部、实践部、宣传部、调研部。

部门职能

秘书处：负责工作计划的拟订和监督执行，信息传达反馈，档案整理，财务管理，总会办公室的维护，对分会的日常工作进行指导，监督和考核等。

理论学习部：负责组织开展总会的理论学习活动，指导、监督、考核分会的理论学习活动及考核各分会思想政治素质和理论水平等。

实践部：负责组织开展总会的特色活动，指导、监督、考核分会的特色活动及对外、对内的联络工作等。

宣传部：负责马研网站求索视窗及各大网络媒体的管理、维护，校总会及校区分会宣传工作的布置、考评和编辑工作的落实、指导，海报的制作宣传，出版《求索》学刊、《仰望》杂志等。

调研部：主要工作是展开多种形式的社会调研，分析数据并撰写调查报告，积极了解同学们思想动态，为学校提供决策数据。

中心小组：干部培训部门，主要负责总会成员和分会干部的培训。

（二）特色活动

武汉理工大学学生马克思主义理论学习研究会以理论学习为主线，以丰富多彩的活动为载体，做好大学生的思想引领工作，引导大学生树立正确的世界观、人生观和价值观，使大学生在宁静中研读，淡泊中守望，独立中思考，理论中升华，在成长中保持清醒和理性，明确使命和目标所在，自觉坚持和守护大学精神，引导大学生追求卓越人生，成为中华民族伟大复兴中国梦的领航人和践行者。

1.“新生杯”辩论赛

为营造良好的校园文化氛围，丰富校园课外文化生活，提高同学们的综合素质，激发同学们对于辩论的热情，马研特组织新生杯辩论赛。辩论赛由校马研主办，忘言辩论社协办，各马研分会承办，面向我校全体本科大一新生。

2.“经典研读之文化理工”系列活动

集百家之成，品经典之韵。“经典研读之文化理工”系列活动通过知识竞赛、征文演讲、社会调研、案例分析等多样活动形式，帮助同学们重温中华文化与世界经典，深刻领悟社会主义核心价值观内涵，共建理工文化。系列活动包括学院赛、初赛、决赛等三大环节。活动覆盖全校（包括余区）在内的 22 个学院。

3. 真人图书馆

这座图书馆坐落在南湖学生党员服务中心，是属于武汉理工大学的第一座“真人图书馆”，这是一个比传统图书馆更开放、更有互动性的“阅读”平台，在这里，读者读到的不是一般的图书，而是拥有故事的人，在这里，那些有益的观点、人生经历、技能专长等，能得到更广泛、更直接的传播和分享。

4. 名人讲坛

从国内外政坛动向到经济发展形势，从社会民生问题到时事新闻议论，从大学生涯规划到就业咨询，名人讲坛的内容覆盖了我们生活的各个方面；师生同台、交流研讨，不仅有利于启迪大学生独立辩证地看待和分析问题，也为大学生未来就业发展提供了导向，对大学生的学习生活有着重要作用。

5. 青年论坛

求经世不变之真理，发慷慨正义之呐喊，团有志青年之情谊，立奋斗互助之旗帜！这个平台，会集一群肩负着中国伟大复兴使命的当代大学生，一同激扬文字，指点江山，沉思争鸣，擦出思维的火花，分享独立之思想。青年论坛，来思想逐鹿吧。

6. 好书交流会

谈好书感悟，品饕餮大餐。像一位智者，褪去世间的浮华，语重心长地告诉你真与伪、善与恶、美与丑、让你的思想走向深刻纯净，教你抛开烦恼与重负，笑对人生，这就是书籍。"好书交流会"不仅是好书的交流，更是爱书人的交流。

第四章 《毛泽东思想和中国特色社会主义理论体系概论》

　　《毛泽东思想和中国特色社会主义理论体系概论》课程是 2005 年中宣部、国家教育部《关于进一步加强和改进高等学校思想政治理论课的意见》及实施方案确定的高等学校思想政治理论课之一，是高等学校大学生的公共必修课。《毛泽东思想和中国特色社会主义理论体系概论》课程以中国化的马克思主义为主题，以马克思主义中国化为主线，以中国特色社会主义建设为重点，从理论与实践、历史与逻辑的统一上揭示马克思主义中国化的理论轨迹，阐述中国共产党在把马克思主义基本原理与中国实际相结合的历史进程中，实现了中国化的马克思主义，形成毛泽东思想和中国特色社会主义理论体系两次飞跃成果，党的十八大以来又在此基础上不断创新和探索新理论的过程。课程充分展示了毛泽东思想和中国特色社会主义理论体系在中国革命、建设、改革和实现中华民族伟大复兴中的重要历史地位和作用。

第一节 《毛泽东思想和中国特色社会主义理论体系概论》课程简介

　　《毛泽东思想和中国特色社会主义理论体系概论》（以下简称《概论》课）是 2005 年中共中央宣传部、国家教育部《关于进一步加强和改进高等学校思想政治理论课的意见》中所确定下来的思想政治理论课四门必修课之一。

一 课程性质

《概论》课在高校思想政治理论课课程体系中处于核心的位置，用马克思主义理论武装大学生，是党的教育方针的重要体现，也是大学生成才的内在要求。

《概论》课要着重介绍中国共产党把马克思主义基本原理与中国实际相结合的历史进程，充分合理地反映马克思主义中国化的两大理论成果，帮助学生最大限度上掌握毛泽东思想和中国特色社会主义理论体系的基本原理，坚定在党的领导下走中国特色社会主义道路的理想和信念。

二 课程目标

根据中共中央宣传部和国家教育部的精神和要求，结合学校课程整合的实际，开设《毛泽东思想和中国特色社会主义理论体系概论》课程的主要目标是：

第一，帮助学生了解和掌握中国共产党人实现马克思主义基本原理与中国具体实际相结合的两次历史性飞跃及形成的两大理论成果，坚定建设中国特色社会主义的信念。

中国共产党非常重视理论的指导作用。从诞生之日起就明确马克思主义是党的指导思想，用以指导中国革命和建设。在马克思主义的指导下，中国革命的面貌焕然一新。但是必须把马克思主义同中国具体实际相结合，因为马克思主义不可能给中国革命和建设中面临的各种问题提供出现成的答案，毛泽东思想和中国特色社会主义理论体系就是在马克思主义与中国实际相结合的进程中形成的，是全党和全国人民在中国革命和建设实践中的经验总结，是集体智慧的结晶。我们开设《概论》课，就是为了帮助大学生认识中国共产党人把马克思主义基本原理与中国具体实际相结合的两次历史性飞跃及其理论成果，深刻认识到走中国特色的社会主义道路是我国社会历史发展的必然选择，树立走中国特色社会主义道路的坚定信念。

第二，帮助学生理解和掌握中国化马克思主义的主要内容和活的灵魂，提高运用马克思主义的立场、观点和方法解决问题的能力，增强理论与实践相结合的自觉性。

毛泽东思想和中国特色社会主义理论体系都有着丰富的内涵，都贯通哲学、政治经济学、科学社会主义等领域，涵盖经济、政治、科技、教育、文化、民族、军事、外交、统一战线、党的建设等各个方面，是比较完备的科学体系，是我们党的宝贵的精神财富，必将长期指导我们的实践。实事求是既是我们党的思想路线，也是两大理论成果的活的灵魂，是中国共产党人的传家宝。马克思主义之所以能够实现与中国具体实际相结合，关键就在于党的历代领导核心善于运用马克思主义的立场、观点和方法研究新情况、解决新问题、提出新理论。学习好《毛泽东思想和中国特色社会主义理论体系概论》，能够帮助我们增强工作中的自觉性、主动性和创造性，在实践中充分发挥自己的聪明才智。

第三，帮助学生掌握好自己的人生方向，成长为适合时代发展要求的合格人才。

我国的改革开放和现代化建设需要大批合格的、德智体美等多方面协调发展的专门人才。学习好毛泽东思想和中国特色社会主义理论体系，能够帮助学生把自身的成长、成才与祖国的命运、社会主义的前途统一起来，选择正确的成长方向，使自己的成长与社会主义发展的客观要求相一致，树立有理想、有道德、有文化、有纪律的目标，努力学习进取，做到既有正确的政治方向、优良的道德作风，又有良好的专业素质和健康的体魄，成为社会主义现代化的有力建设者和可靠的接班人。建设中国特色社会主义，需要一代又一代人坚持不懈地为之努力奋斗。当代大学生是这一宏伟事业的建设者。因此，当代大学生运用毛泽东思想和中国特色社会主义理论体系武装自己，是关系到 21 世纪我们国家兴旺发达和民族复兴的大事。这也是当代大学生所肩负的光荣的历史使命和重大的历史责任。

三　课程内容

《概论》课着重介绍中国共产党把马克思主义基本原理与中国实际相结合的历史进程，充分反映马克思主义中国化的理论成果，帮助大学生系统地掌握毛泽东思想和中国特色社会主义理论体系，弄清楚为什么要实现马克思主义中国化，什么是中国化的马克思主义，毛泽东思想、中国特色社会主义理论体系对中国革命、建设和改革开放，对实现中华民族的伟大复兴有何等的重要性，从而坚定在党的领导下走中国特色社会主义道路的正确理想信念。

全书分为三大部分：

（一）第一部分是全书的总论。概述马克思主义中国化进程中的两大理论成果；分析马克思主义中国化理论成果的精髓和中国共产党实事求是的思想路线。

（二）第二部分是毛泽东思想体系中的两个特殊内容，共设两章，一章讲中国新民主主义革命的理论；一章讲中国社会主义改造的理论。这两章将详细介绍毛泽东思想形成和发展进程中最重要时期的内容，是毛泽东思想极其重要的组成部分。毛泽东思想是在探索新民主主义革命道路中形成和发展起来的，在探索中国建立社会主义道路中得到进一步丰富和发展。社会主义制度建立后，毛泽东继续探索如何在中国建设和发展社会主义，这个过程中毛泽东思想既有新的发展，也有因为缺乏经验和偏离实事求是的思想路线而产生的重大失误。

（三）第三部分讲建设中国特色的社会主义，也是《概论》课重点分析的部分。这个部分可以明确分为四个相对独立的方面：中国特色社会主义的三个基本问题；中国特色社会主义的总体布局；祖国完全统一和国际战略、外交政策；建设中国特色社会主义事业的依靠力量和正确的领导核心。

1. 中国特色社会主义的三个基本问题，即分析社会主义的本质与根本任务、社会主义社会初级阶段、社会主义的改革开放各列一章。也就是建设中国特色社会主义全局的三大理论：社会主义本质理论、社会主义初级阶段理论和社会主义改革开放理论。

2. 中国特色社会主义的总体布局，包括建设中国特色社会主义经济、建设中国特色社会主义政治、建设具有中国特色的社会主义文化、建设社会主义和谐社会、建设社会主义生态文明。

3. 祖国统一和国际战略、外交政策，共设两章，包括祖国完全统一的战略构想和实践、国际战略和外交政策。这两章，一章讲内政，一章讲外交。作为一个组成部分是因为它们有一个共同点，即讲建设中国特色社会主义面临的大背景。国内实现祖国完全统一的问题本来是我国的内政问题，但因有国际因素，因此问题开始变得复杂化。

4. 建设中国特色社会主义事业的依靠力量和领导核心，包括中国特色社会主义事业的依靠力量和中国特色社会主义事业的领导核心两章。

教材的第三部分是教材的独特创新之处。就是把毛泽东思想和中国特色社会主义理论体系以及党的十八大以来形成的最新理论成果作为一脉相承又与时俱进的理论成果来阐述。让学生了解党在中国特色社会主义建设和改革中经历的艰苦曲折的探索历程，了解两大理论成果及党的十八大以来最新理论成果之间一脉相承和与时俱进的关系。

第二节 《毛泽东思想和中国特色社会主义理论体系概论》实践课程概述

《毛泽东思想和中国特色社会主义理论体系概论》实践教学是在课堂理论教学之外，与课程理论本身相联系，由教师主导、学生自主展开的一切教与学的活动。也就是让学生深刻理解学习的理论知识、熟悉掌握方法技能、锻炼自身能力、实践体验社会，通过各个层面的外化教育使学生真正地达到内化升华的教学活动。

一 指导思想

《毛泽东思想和中国特色社会主义理论体系概论》是一门既有理论，同时又与我国改革开放的实践紧密相连的课程。通过实施实践教学，把理论学习与实践活动结合起来、把课堂教学与生活体验结合起来、把思想教育与社会锻炼结合起来，使大学生在参与实践活动的过程中加深对毛泽东思想和中国特色社会主义理论体系的理解，帮助大学生树立正确的世界观、人生观和价值观，形成科学的思维方式和创新意识，培养服务社会的综合素质和能力。

二 教学目标

开展实践教学活动是培养学生实际能力的有效途径。实践教学活动的实施，主要是引导大学生走出校门，到基层去，到群众中去，通过调查分析研究社会现象，达到对课程课堂上学习的基本理论、基础知识的进一步理解、消化、吸收、内化，进一步确立马克思主义的科学世界观和方法论，深入地掌握毛泽东思想和中国特色社会主义理论体系的科学体系及精神实质，坚定建设中国特色社会主义的信念，培养学生运用中国化马克思主义的立场、观点、方法分析和解决问题的能力，树立正确的人生观和价值观，增强执行党的基本路线和基本纲领的自觉性，积极投身于全面建成小康社会和实现中国梦的伟大实践中去。

本门课程的主要任务是引导大学生开展形式多样的实践教学活动，提升学生思想政治素质、观察和分析社会现象的能力，深化提高教育教学的效果。进一步增强思想政治理论课教学的针对性、实效性、吸引力和感染力，进一步提高教学质量和教学效果。

通过实践教学活动，加深学生对《毛泽东思想和中国特色社会主义理论体系概论》理论教学内容的理解，增强对党的路线、方针、政策的理解，提高运用中国化的马克思主义立场、观点、方法，分析解决思想问题和社会存在的各种复杂的实际问题的能力。

通过实践活动，引导学生客观地、辩证地认识国情、认识社会，了解我国改革开放的历史、现状和发展趋势；正确分析和认识我国改革开放的发展历程和社会现实中存在的形式多样的问题，增强学生热爱祖国，热爱社会主义的信念以及强烈的民族复兴责任感和使命感。

通过社会实践活动，要求学生灵活地综合运用毛泽东思想和中国特色社会主义理论体系的理论知识，在教师的正确指导下，确定实践目标、完成实践教学活动。客观地、辩证地、历史地、科学地分析和认识社会现实问题，以达到灵活地综合运用知识、提高能力、促进整体素质提高的目标。

三　基本原则

第一，实效性原则。实践教学活动的主题必须贴近社会、针对学生的思想实际来确定，活动要有实效性，不搞形式主义。

第二，可行性原则。实践教学的开展有助于全面地考查学生对所学理论知识的理解与灵活掌握程度，并能有效提高学生运用所学理论知识、基本原理去分析与解决问题的能力，加深对中国现代化建设实践的认识。

第三，时效性原则。《概论》课教学要反映我国社会主义建设鲜活的实践，故作为课堂教学延伸的实践教学也应具有时效性，实践教学活动要把握社会热点，体现时代的鲜明特征。

第三节　实践活动主题

一　主题活动一：制作中国名片活动

学生通过制作中国名片，感恩那些曾经为祖国革命、建设和改革做出贡献的名人、铭记新中国创造的成就、继承可贵的中国精神，达到深化认识、促进内化、培养品质的作用。中国名片活动的制作可包括：（1）英雄模范人物名片制作。在中国革命、建设和改革开放的过程中，涌现了很多影响中国发展的名人，他们感人的事迹，孜孜不倦的奋斗精神，以及爱国豪情至今仍然影响和鼓舞着人们，成为永远的记忆。（2）新中国建设成就名片制作活动。新中国在社会主义建设和改革开放中取得了巨大成就，成为新中国历史上永久的丰碑，将永远镌刻在人们的记忆中。（3）中华民族精神名片制作活动。在中国革命、建设和改革开放的伟大进程中，形成了伟大的民族精神，成为永恒的精神动力，永远鼓舞着华夏英雄儿女。

（一）永远的记忆——英雄模范人物名片制作活动

1. 活动主题的选择

在革命战争年代，有多少华夏子孙为了这片土地献出了满腔赤诚，有无数的英雄名垂青史，用自己的赤诚之心捍卫着国家的独立和民族的尊严，直到洒尽最后一滴鲜血。我们是革命先辈们流血牺牲打下的江山的直接受益者，我们没有理由忘却他们，也没有理由不缅怀他们。在新中国建设的征程中，又涌现出无数英雄模范人物，他们身上所体现的不仅是对中华民族道德血脉、精神价值的历史传承，也是对世界、对未来响亮而自豪地宣告：中华民族的复兴、重新崛起于世界强国之林，不仅是凭着悠远千年的辉煌过去、持续增长的 GDP，更要依靠这些有情有义、敢于担当的中国人，他们是中华民族精神价值的承载者和传承者，是中国的脊梁。正是这些人为了祖国的建设和发展，在社会主义建设中起到了先锋模范作用，他们付出了自己的青春，甚至是宝贵的生命。他们的英雄事迹将会影响着一代代的中国人民，今天的我们要以他们为榜样，不断地激励自己，完善自己，以便更好地全心全意地为人民服务。

2. 活动目的

使学生在缅怀革命先烈的丰功伟绩的基础上加深对今天安定的幸福生活的理解；培养学生崇敬先烈、热爱伟大祖国的情怀；教育学生学会感恩，并把感恩化为具体的实际行动。

学习新时期的模范人物们的勇于承担责任、不言代价与回报的精神；热心社会公益事业、无私奉献、服务社会、关爱他人的精神；直面挫折和逆境、自强不息、乐观向上的精神；热爱生命、珍爱自己和他人生命、助人为乐的精神等。

样例一："盛世华章——学习双百人物，传播红色革命精神"

名片制作活动方案

1. 活动主题

自 2009 年，由中共中央宣传部、组织部、统战部等 11 个部委联合组织开展的评选"100 位为新中国成立做出突出贡献的英雄模范人物"，"100 位新中国成立以来感动中国人物"的活动揭晓以来，社会各界反响热烈，极大地激发了广大人民群众学习双百英雄人物、弘扬中华民族精神的爱国热情。人们被"双百"人物为党为民无私无畏的奉献精神深深地感动，他们是时代的伟大英雄，是值得我们学习的好榜样。这些英雄人物虽然身处不同时代，从事不同的职业，但是他们身上那种无私奉献、舍生取义，敢于担当的精神是相同的。在革命战争年代的英雄中有"生的伟大，死的光荣"的刘胡兰烈士、有"舍身炸碉堡"的董存瑞烈士。有写下《可爱的中国》动人篇章的方志敏烈士、也有与敌人抗争到最后一刻的狼牙山五壮士。和平年代，感动中国的楷模有全心全意为人民服务的战士雷锋、有"拼命也要拿下大庆油田"的铁人王进喜、有"人民的好干部"焦裕禄、也有英勇捐躯的谭千秋老师等。从英雄身上，我们看到了震撼人心的人格力量。英雄们所表现出来的高尚精神，引导我们对"真善美"的追求和向往。他们都是忠于祖国、忠于人民的时代楷模，是人民心目中可歌可泣的伟大英雄。优秀人物的感人事迹始终潜移默化地感染着我们，在他们身上，有很多值得我们学习的地方。更为重要的是，作为新时代的青年，我们有责任将这份弥足珍贵的精神传播并发扬下去，使其发扬光大。那么我们要学习英雄楷模的哪些优秀人格品质呢？又该怎样具体地通过学习他们的精神从而使其精神在新时代被传承、发扬光大呢？为此，我们在《概论》课实践教学活动中组织以"学习双百人物，传播红色精神"为主题的人物名片制作活动。

2. 活动参与人员：全体本专科开设《概论》课的同学，以每个班级为单位开展活动。

3. 活动时间：课外时间，由每个班级灵活具体安排。

4. 活动地点：由每个班级根据具体情况选择合适的地点进行。

5. 活动要求

活动在指导教师全程跟踪指导下进行，教师对活动工作进行统筹规划。

每个班级的班委干部都参与组织、帮助协调活动的进行。

在活动中，全体同学首先都应积极地学习"双百"人物相关知识，并在此基础上制作完成一份关于一名"双百"人物先进事迹介绍的名片。（介绍人物及名片尺寸统一规定）

6. 活动前期准备

以班级为单位组织同学学习"双百"人物的事迹，并进行个人心得体会总结交流。

全体同学每人负责制作一幅关于"双百"人物先进事迹介绍的名片，并由各个班级的活动负责人（各班班委干部）将全班的名片汇总。

通过制作"双百"人物先进事迹介绍横幅和展板等多种形式向全校同学宣传"双百"人物。颂扬英雄模范的先进事迹，弘扬英雄模范的崇高伟大精神，把英雄模范的崇高精神内化为同学们推动实际工作的强大有效动力。

7. 活动流程

（第一阶段）学习"双百"人物

学期开始，我们的活动正式进行。我们活动的宗旨是让每一位同学都参与进来，让更多的人了解双百人物的先进的英雄事迹。因此，我们首先要做的就是让全体同学了解"双百人物"的具体含义以及模范人物身上所展示的优良传统、革命精神。通过学习认识到"双百人物"即指"100 位为新中国成立做出突出贡献的英雄模范人物"和"100 位新中国成立以来感动中国人物"。学习他们的英雄事迹有如阅览一幅五彩缤纷的历史画卷，带领我们重温感人的过去，走进他们的动人故事。

"100 位为新中国成立做出突出贡献的英雄模范人物"是指：为了争取民族独立和人民解放而英勇牺牲，值得我们永远铭记的革命先烈；为了党和人民的事业不懈奋斗的优秀共产党员、战斗英雄和革命群众的优秀杰出代表；为了坚决拥护和支持革命事业，用最大的热情积极从事进步活动的民主爱国人士和国际友人；还有在全民族抗战中英勇顽强奋战、为国捐躯的爱国将士。时间限定在从中国共产党诞生到中华人民共和国成立，即1921 年到1949 年这28 年的岁月。他们是：

（1）抗联伟大英雄八英杰——冷云和她的姐妹们

（2）胶东民兵英雄——于化虎

（3）与红军结盟的彝民首领——小叶丹

（4）英雄的回民支队司令员——马本斋

（5）威震敌胆的"爆破大王"——马立训

（6）浩然正气垂青史——方志敏

（7）发展苏区经济事业的卓越领导人——毛泽民

（8）英勇善战的红军指挥员——毛泽覃

（9）井冈骁将——王尔琢

（10）齐鲁英豪——王尽美

（11）爱兵模范杀敌英雄——王克勤

（12）一切要为人民打算——王若飞

（13）遵义城下洒热血——邓萍

（14）中国工人运动的杰出领袖——邓中夏

（15）齐鲁大地的先锋战士——邓恩铭

（16）广西农民运动的先驱——韦拔群

（17）琼崖革命的先驱——冯平

（18）秋收起义的总指挥——卢德铭

（19）人民军队的创建者之一——叶挺

（20）血染抗日战场的虎将——叶成焕

（21）杰出的军事家——左权

（22）伟大的国际主义战士——白求恩

（23）胶东抗日英雄——任常伦

（24）忠心耿耿为党为国——关向应

（25）革命英雄主义的壮歌——刘老庄连

（26）生是为中国死是为中国——刘伯坚

（27）群众领袖民族英雄——刘志丹

（28）生的伟大，死的光荣——刘胡兰

（29）丹心碧血沃中华——吉鸿昌

（30）中国妇女运动的先驱——向警予

（31）红军最年轻的将领——寻淮洲

（32）子弟兵的母亲——戎冠秀

（33）人民炮兵的奠基者——朱瑞

（34）救亡图存，矢志不渝——江上青

（35）化作红梅映山红——江竹筠

（36）英勇善战的红军将领——许继慎

（37）中国审计事业的奠基者——阮啸仙

（38）可当大局的秀才——何叔衡

（39）誓死坚守阵地的抗日英雄——佟麟阁

（40）把一切献给党——吴运铎

（41）骁将英名留陕甘——吴焕先

（42）击碎旧世界的惊雷——张太雷

（43）尽忠报国的一代名将——张自忠

（44）著名的爱国将领——张学良

（45）全心全意为人民服务的楷模——张思德

（46）壮志不渝励后人——旷继勋

（47）让红色电波永不消逝的人——李白

（48）华侨抗日女英雄——李林

（49）中国共产主义运动的先驱——李大钊

（50）立场坚定的民主战士——李公朴

（51）抗联英豪——李兆麟

（52）忠贞不渝的共产主义战士——李硕勋

（53）用生命捍卫信仰——杨殷

（54）特级侦察英雄——杨子荣

（55）温婉娇杨英雄女杰——杨开慧

（56）有功于国家和民族——杨虎城

（57）血沃黑土名秀中华——杨靖宇

（58）巴山蜀水闹革命——杨闇公

（59）"蜡烛写人生"——肖楚女

（60）工人运动的领袖——苏兆征

（61）以犀利之笔为人民大众服务——邹韬奋

（62）忠诚的马克思主义者——陈延年

（63）血染湘江的红军将领——陈树湘

（64）华侨旗帜民族光辉——陈嘉庚

（65）楚天英杰天山魂——陈潭秋

（66）人民的音乐家——冼星海

（67）在敌人的刑场上举行婚礼——周文雍和陈铁军夫妇

（68）湘鄂西苏区的创建人之一——周逸群

（69）沂蒙红嫂——明德英

（70）工人阶级的不屈战士——林祥谦

（71）中国共产党早期的重要领导人——罗亦农

（72）苏南抗日名将——罗忠毅

（73）从奴隶到将军——罗炳辉

（74）军歌永远嘹亮——郑律成

（75）中国青年的楷模——恽代英

（76）洪湖革命根据地的常胜将军——段德昌

（77）有勇有谋的巾帼英雄——贺英

（78）甘将热血沃中华——赵一曼

（79）中国共产党早期杰出的革命家——赵世炎

（80）白山黑水驱倭寇——赵尚志

（81）宁都起义的领导者——赵博生

（82）英勇抗日的爱国将领——赵登禹

（83）正义长存的民主斗士——闻一多

（84）中国人民的美国朋友——埃德加·斯诺

（85）为真理而凛然献身——夏明翰

（86）长空勇士——格里戈里·库里申科

（87）浩气长存——狼牙山五壮士

（88）人民音乐家——聂耳

（89）现代花木兰——郭俊卿

（90）隐蔽战线的无名英雄——钱壮飞

（91）中国工农红军的杰出领袖——黄公略

（92）中国农民运动的领袖——彭湃

（93）文武兼备一代英才——彭雪枫

（94）舍身炸碉堡的英雄——董存瑞

（95）高台壮歌著荣光——董振堂

（96）陕北红军革命根据地的创建者——谢子长

（97）左翼文化运动的旗手——鲁迅

（98）中国共产党早期的卓越领导人——蔡和森

（99）抗日名将——戴安澜

（100）革命斗士文坛才子——瞿秋白

"100位新中国成立以来感动中国人物"是指：坚决贯彻落实党的路线方针政策，坚定理想信念，牢记党的宗旨，廉洁奉公，一心为民的基层优秀党员干部；为国家发展、民族振兴、社会和谐、人民幸福做出重大贡献的各行各业优秀杰出代表；在平凡岗位上做出不平凡业绩的工人、农民、知识分子和解放军官兵、青年学生以及其他先进优秀典型。他们是：

（1）独臂英雄——丁晓兵

（2）矿山工人专家——马万水

（3）从伐木模范到植树英雄——马永顺

（4）机械工业战线的排头兵——马恒昌

（5）将一生无私献给中国——马海德

（6）创造辉煌振奋民心——中国女排五连冠群体

（7）蓝领专家——孔祥瑞

（8）领导干部的楷模——孔繁森

（9）生命像花儿一样绽放——花文枝

（10）三尺讲台洒忠诚——方永刚

（11）缉毒英雄忠诚卫士——方红霄

（12）领袖之子普通战士——毛岸英

（13）"一不怕苦、二不怕死"的英雄战士——王杰

（14）汉字激光照排技术创始人——王选

（15）留得光彩照人间——王瑛

（16）冬暖式蔬菜大棚之父——王乐义

（17）以人为本，科学治沙——王有德

（18）追逐地球深处的梦想——王启民

（19）新中国石油战线的铁人——王进喜

（20）大山深处的信使——王顺友

（21）泥腿书记——邓平寿

（22）平凡岗位铸就传奇——邓建军

（23）两弹元勋——邓稼先

（24）无私的歌者——丛飞

（25）真性情勇创新——包起帆

（26）中国的保尔·柯察金——史光柱

（27）与时俱进勇立潮头——史来贺

（28）燃烧生命的天使——叶欣

（29）正义激情成就梦想——甘远志

（30）情系山乡心系百姓——申纪兰

（31）三轮车上的丰碑——白芳礼

（32）人民的好警察——任长霞

（33）毛主席的好孩子——刘文学

（34）雷锋式的好战士——刘英俊

（35）情系祖国的数学老师——华罗庚

（36）舍身救火的巾帼英雄——向秀丽

（37）改变传统持续发展——廷·巴特尔

（38）当代产业工人的楷模——许振超

（39）在废墟中挺起脊梁——达吾提·阿西木

（40）一代青年的楷模——邢燕子

（41）新中国航空发动机之父——吴大观

（42）新农村路上的优秀先行者——吴仁宝

（43）情系群众搭建心桥——吴天祥

（44）乡镇书记的好榜样——吴金印

（45）帕米尔高原上的"白衣圣人"——吴登云

（46）人民的好法官——宋鱼水

（47）新一代大学生的杰出代表——张华

（48）群众信赖的信访干部——张云泉

（49）商业战线的旗帜——张秉贵

（50）"做对社会有益的人"——张海迪

（51）宁愿一人脏换来万家净——时传祥

（52）中国现代地质学的开拓者——李四光

（53）山村赤脚医生——李春燕

（54）天梯上的学校——李桂林陆建芬

（55）将军医生感动边陲——李素芝

（56）守护边疆牧民的白衣使者——李梦桃

（57）挑战高产创造奇迹——李登海

（58）航天英雄——杨利伟

（59）"小扁担精神"的践行者——杨怀远

（60）志愿军特级英雄——杨根思

（61）献身国防现代化的模范干部——苏宁

（62）东山之子——谷文昌

（63）美与爱的使者——邰丽华

（64）在烈火中永生——邱少云

（65）抗震英雄机长——邱光华

（66）小巷子里的贴心民警——邱娥国

（67）水兵英雄——麦贤得

（68）哥德巴赫猜想第一人——陈景润

（69）钢铁工人中的"土专家"——孟泰

（70）师德楷模——孟二冬

（71）抗震救灾英雄少年——林浩

（72）人民医学家——林巧稚

（73）尊老帮残扶贫模范——林秀贞

（74）英雄战士爱民模范——欧阳海

（75）为爱坚守——罗映珍

（76）推动航天基础研究——罗健夫

（77）国际主义战士——罗盛教

（78）草原英雄小姐妹——龙梅玉荣

（79）纺织战线的一面旗帜——赵梦桃

（80）为医救病，德行天下——钟南山

（81）铁肩担道义——唐山十三兄弟

（82）新中国的第一个世界冠军——容国团

（83）辛苦一人，方便万家——徐虎

（84）当代青年的榜样——秦文贵

（85）世界杂交水稻之父——袁隆平

（86）中国导弹之父——钱学森

（87）德艺双馨，忠心报国——常香玉

（88）志愿军"特级英雄"——黄继光

（89）献身罗布泊的科学家——彭加木

（90）县委书记的好榜样——焦裕禄

（91）用生命焕发光彩——蒋筑英

（92）上门女婿三十载——谢延信

（93）情系军营好军嫂——韩素云

（94）专家学技术工人——窦铁成

（95）英雄少年——赖宁

（96）为人民服务的楷模——雷锋

（97）"铁法官"——谭彦

（98）英雄永生大爱千秋——谭千秋

（99）心系社会服务百姓——谭竹青

（100）守护敦煌的女儿——樊锦诗

"双百"人物，一串串闪光而又令人敬仰的名字。虽然这些英雄们生活的年代不同、事迹不同、工作不同，但他们都传承着中华民族特有的优秀品质，心怀共同的坚定理想信念。"双百"人物的人生轨迹中所闪现的璀璨光华，汇聚了理想和信仰的光辉，从"双百"人物身上，我们看到了个人命运与国家命运、民族命运的叠合。以"双百"人物为代表的中国脊梁，从他们的人生故事中折射出中国现代历史和当代历史的脉络。"双百"人物身上连接着过去、现在和未来，让人们透过历史的烟云认识到：新中国是如何建立的、又是如何发展壮大的；中国为什么选择了今天的社会主义道路，我们应该朝着哪个方向继续前进。

我们应该向"双百"人物学习什么呢？革命烈士用他们钢铁般的坚定意志，用自己的血肉之躯面对刺刀和严酷的刑罚，无数革命先辈用抛头颅、洒热血的奉献精神换来了新中国。他们都是伟大的中国优秀儿女，在创立和建设新中国的伟大艰辛历程中，谱写了中华民族历史上最壮丽的伟大篇章。马宝玉、胡德林、葛振林、宋学义和胡福才这五位英雄为掩护群众和部队成功撤退，毅然决然地把敌人引上了狼牙山棋盘陀峰顶绝路，子弹没有了，他们就用石头砸。在敌人的主力部队到来时，班长马宝玉用尽力气将最后一枚手榴弹投出去，顿时在敌人部队中央炸开了花。可日伪军发现了他们已经没有了子弹，蜂拥般向山顶冲来，并大叫"捉活的，捉活的!"马宝玉等人为了不让日伪军的奸计得逞，他们选择了宁死不屈，砸碎枪后毅然壮烈地跳下了悬崖。在临死前发出了壮烈豪迈、感人肺腑的吼声："打倒日本帝国主义，中国共产党万岁!"这是惊天动地，气壮山河的声音。五壮士用他们的鲜血和生命谱写出了一首炎黄子孙世代吟诵的伟大的壮丽诗篇。敌众我寡，他们顽强不屈，仅五人却干掉了150多个敌人。他们永远是祖国的骄傲，民族的自豪。在中国历史上还有许许多多像五位壮士这样的伟大英雄，如董存瑞、黄继光、邱少云等，他们为自己的祖国母亲抛头颅，洒热血，无私地献出了自己宝贵的生命。"双百"人物是时代的坐标。历史不容忘却，人民永远铭记。记住他们，感谢他们，学习他们!让英雄模范、杰出人物永远伴随我们左右，激励我们推进中国特色社会主义伟大事业。

（第二阶段）传播红色精神

在学习"双百"人物活动中，要求学生不仅学习英雄的模范事迹，更要将英模们忠于祖国、热爱人民的崇高精神，追求真理、坚持理想的坚定信念，艰苦奋斗、敢于胜利的英雄气概，开拓创新、锐意进取的优秀品格，无私奉献、淡泊名利的高尚情操传播开来，让更多的同学积极地参与到学习红色精神，践行时代使命的热潮中来。我们应该感谢英模，就某些方面、某个领域来说，没有这些人的贡献，没有他们奠定的坚实基础，就没有我们今天的事业，发展和超越也就更无从谈起。共和国不会忘记所有做出过贡献的人们，每一个享受到美好安定生活的当代人，都应该饮水思源，我们应该怀着一颗感恩的心，缅怀那些已经去世的英雄人物们，同时感谢那些仍在贡献自己的力量和聪明才智的人杰。

我们还应该学习杰出人物、英雄模范优良的品质、远大的理想、坚定的信念、可贵的精神和高尚的情操。这也是他们留给社会、留给后代的极为丰富、宝贵的精神财富，是需要我们继承并发扬光大的。在未来的岁月里，我们还会经受考验、遇到很多困难，还需要解决各种各样的复杂问题，而这正需要我们向英雄模范、杰出人物学习，从他们身上汲取宝贵的精神营养、获取攻坚克难的勇气、寻找创造发明的伟大智慧。

8. 活动意义

当前，随着社会主义经济的快速发展，人民生活水平有了极大的提高，但是人民的一些思想观念也发生了巨大改变，社会受到拜金主义、享乐主义的冲击，一部分人的思想道德水平亟待提升，社会整体的对国家发展的信念和信心也需要增强。我们一起努力学习"双百"人物的感人事迹，颂扬英雄模范的先进事迹，弘扬英雄模范的崇高精神，就是要把英雄模范的崇高精神转化为推动实际工作的有效进展的强大动力。通过学习，使我们的心灵受到一次次熏陶、一次次鼓舞。相信越来越多的人经过我们一次次的努力宣传，会在今后的工作中时时刻刻牢记这些英模的崇高精神，时刻以他们为榜样，为构建富强、民主、文明、和谐的社会做出自己的一份贡献。

9. 双百人物名片举例

方志敏（1899—1935），男，汉族，江西省弋阳县人，中国共产党党员。1922年8月加入中国社会主义青年团。1924年3月转入中国共产党。中共第六届中央委员。1928年1月，参与领导弋横起义，创建成立赣东北苏区，领导组建了中国工农红军第十军。先后任赣东北省、闽浙赣省苏维埃政府主席，红十军政治委员，中共闽浙赣省委书记。他把马克思主义普遍真理与赣东北实际有效地相结合，成功创造了一整套建党、建军和建立红色政权的经验，毛泽东称之为"方志敏式"的根据地。1934年11月初，任红十军团军政委员会主席，奉命率红军北上抗日先遣队北上，在皖南遭国民党军重兵围追堵截，艰苦奋战两个多月后，终因寡不敌众，于1935年1月29日被俘。被俘时，国民党士兵搜遍他全身，然而除一块怀表和一支钢笔外，没有一文钱。在狱中，面对敌人的诱降和严刑，他依然正气凛然，坚贞不屈。在极端艰苦的条件下，写下了《可爱的中国》《清贫》等著名文稿。"清贫，洁白朴素的生活，正是我们革命者能够战胜许多困难的地方！""敌人只能砍下我们的头颅，决不能动摇我们的信仰！"等激动人心、感人肺腑的语句，给我们留下了丰富、宝贵的精神财富。1935年8月6日，在江西南昌英勇就义。

佟麟阁（1892—1937），汉族，男，河北省高阳县人，中国国民党党员。佟麟阁在早年参加过护国讨袁战争。曾任冯玉祥部陆军第11师第21混成旅旅长。1926年9月五原誓师后，随部参加北伐。1928年起，任国民革命军第2集团军第35军军长、暂编第11师师长、第29军副军长。1933年率部参加长城抗战，取得喜峰口大捷。同年的5月，参加察哈尔抗日同盟军，任第一军军长兼代理察哈尔省主席，跟随冯玉祥驰骋察省，打击日军，光荣收复失地，为察省的光复做出了伟大贡献。1936年，任国民革命军第29军副军长，驻守平津一带。卢沟桥事变后，他率部奋勇顽强抗击日本侵略军。7月28日，在北平城外南苑的第29军司令部遭受40余架敌机的轮番残酷轰炸，并有3000人的机械化部队从地面发动猛烈攻击。他与132师师长赵登禹誓死坚守阵地，指挥29军拼死抗击。战斗进行得十分激烈。后奉命向大红门转移，途中再遭致日军包围，在组织部队突击时，被机枪不幸射中腿部。部下劝其退下，他坚决不肯，说"个人安危事小，抗敌事大"，仍率部英勇激战。头部再受重伤，以致流血过多，壮烈殉国。1937年7月南京国民政府发布命令，追赠他为陆军上将。1945年后，北平市政府将南沟沿改名为佟麟阁路，以示纪念。

白求恩（1890—1939），男，加拿大安大略州人，加拿大共产党员。诺尔曼·白求恩1916年在多伦多大学医学院毕业，1935年被选为美国胸外科学会会员、理事。中国抗日战争爆发后，受加拿大共产党和美国共产党的派遣，率领一个由加拿大人和美国人组成的医疗队支援中国人民的正义斗争，为顽强抵抗日本侵略军的中国军民服务，于1938年3月到达延安，随即转赴晋察冀抗日根据地。他积极投入组织战地流动医疗队、出入火线救死扶伤的工作中，为减少伤员的痛苦和残疾，他把手术台设在离火线最近的地方。他提议开办卫生材料厂，解决了药品不足的严峻问题；创办卫生学校，培养了大批医务干部；编写了多种战地医疗教材并亲自讲课。他的牺牲精神、工作的热忱、高度责任心，堪称模范。他虽年近五旬，但还多次为伤员输血，一次竟连续为115名伤员做手术，持续时间高达69小时。1939年10月下旬，在抢救伤员时左手中指不幸被手术刀割破，终因伤势恶化，感染败血症，致医治无效，于11月12日在河北省唐县黄石口村逝世。12月1日，延安各界为其举行追悼大会，毛泽亲自题了挽词，并写了《纪念白求恩》一文，高度赞扬白求恩伟大的国际主义和共产主义精神。

中国女排五连冠群体：1981年至1986年，中国女子排球队在世界杯、世界锦标赛和奥运会上5次蝉联世界冠军，成为世界排球史上第一支连续5次夺冠的队伍。中国女排坚定"为国争光"的理想信念，顽强拼搏，艰苦训练。她们对发球、拦网等技术动作几乎每天都要练习成百上千次，对训练比赛造成的肩、腰等伤痛却从不叫苦叫累。凭着坚韧的毅力，她们练就了过硬的技术本领，形成了以快速多变为主体、兼备高打强攻的独特风格。1981年第三届世界杯赛上，中国女排以7战全胜的战绩首次夺得世界冠军，开创了中国女排的新纪元。之后，中国女排再接再厉，不屈不挠，克服重重的困难，相继蝉联1982年第九届世界女排锦标赛、1984年洛杉矶奥运会、1985年世界杯赛和第十届世界女排锦标赛冠军，完美地诠释了顽强拼搏、团结奋斗、无私奉献、为国争光的中华体育精神，不愧为中华儿女。中国女排夺冠后，五星红旗一次次升起、国歌一次次奏响的场景，让中华儿女热血沸腾，激动不已。一时间，各行各业掀起了学习女排精神、发扬女排精神的热潮。"团结起来，振兴中华"的口号响彻神州大地。女排精神成为民族精神和时代精神的重要象征。中国女排五连冠群体为我国体育事业和社会主义现代化建设做出了重要贡献。女排精神至今仍然激励着中华各族儿女不断奋发向上，追求卓越。

王进喜（1923—1970），男，汉族，甘肃省玉门市人，中共党员。生前系中国石油大庆油田1205钻井队队长。王进喜是新中国第一代钻井工人。面对新中国成立之初石油短缺的局面，他以强烈的责任感，高昂的政治热情投入为祖国找石油的工作之中。1958年9月，他带领钻井队创造了月进尺5009.3米的全国钻井最高纪录，荣获"钢铁钻井队"的称号。1960年3月，他率队从玉门到大庆参加石油大会战，发扬"为国分忧，为民族争气"的爱国主义精神，为结束"洋油"时代而顽强拼搏。他组织全队职工把钻机化整为零，用"人拉肩扛"的方法搬运和安装钻机，奋战三天三夜把井架竖立在荒原上。打第一口井时，为解决供水不足，王进喜带领工人破冰取水，"盆端桶提"运水保开钻。打第二口井时突然发生井喷，当时没有压井用的重晶石粉，王进喜决定用水泥代替；没有搅拌机，他不顾腿伤，带头跳进泥浆池里用身体搅拌，经全队工人奋战，终于制服井喷，被人们誉为"铁人"。由于长期积劳成疾，他身患胃癌，在病床上仍然关心着油田建设，直到生命最后一刻，病逝时年仅47岁。王进喜为我国石油工业的发展和社会主义建设做出了突出贡献，留下了宝贵的精神财富——铁人精神。他是第三届全国人大代表，被授予全国劳动模范等荣誉称号。

邓稼先（1924—1986），男，汉族，安徽省怀宁县人，中共党员、九三学社社员。生前系国防科工委副主任。著名核物理学家。邓稼先是我国核武器理论研究工作的奠基者之一。早在青少年时代，他就树立科技强国的理想。1948年到美国留学，获物理学博士学位。1950年放弃国外优越的工作生活条件，回到祖国。为了发展国防科研事业，他甘当无名英雄，默默无闻地奋斗了几十年。他组织领导开展了爆轰物理、流体力学、状态方程、中子输运等基础理论研究，对原子弹的物理过程进行了大量模拟计算和分析，从而迈出了中国独立研究设计核武器的第一步。他领导完成了中国第一颗原子弹的理论方案并参与指导核试验前的爆轰模拟试验。他组织领导了氢弹设计原理、选定技术途径的研究，组织领导并亲自参与了1967年中国第一颗氢弹的研制与试验工作。在组织领导与规划中国新的核武器工作中做出了重要贡献。他不仅忘我地投入科学研究，而且常常在关键时刻不顾个人安危，出现在最危险的岗位上，表现出高度的牺牲奉献精神。他是中国科学院学部委员（院士），获国家自然科学奖一等奖、国家科技进步奖特等奖，被授予全国劳动模范等荣誉称号。1999 年中共中央、国务院、中央军委追授他"两弹一星"功勋奖章。

史来贺（1930—2003），男，汉族，河南省新乡市七里营镇刘庄村人，中共党员。生前系刘庄村党支部书记。史来贺在长达 51 年的农村基层党组织负责人岗位上，带领全村党员干部群众坚定不移地走社会主义道路，自力更生，艰苦创业，使昔日穷得叮当响的刘庄成为闻名全国的社会主义新农村的典范。上任伊始，他就带领刘庄人战天斗地，用了 20 年时间，把刘庄 750 多块凹凸不平的薄地荒地改造成了现代化农业园区。他潜心研究棉花种植技术，使皮棉平均亩产达到当时全国平均产量的 3 倍。他带领群众先后兴办了畜牧场、机械厂、食品厂、造纸厂、淀粉厂、制药厂等企业，用他的无私奉献、廉洁奉公，带出了好党风、好村风、好民风，使刘庄经济社会发展迈上了一个又一个新的台阶。他常说，干部就要先干一步。搞农业，他与群众一道起早贪黑，心往一处想，汗往一处流；办企业，他与技术人员一道进行市场调查，组织论证，搞试验，攻难关，呕心沥血。刘庄的每一块田地、每一个企业，刘庄的一草一木、一砖一石，都凝聚着他的心血和汗水。他是中共十三大至十六大代表，第五届至第八届全国人大常委，被授予全国劳动模范、全国优秀党务工作者等荣誉称号。

样例二：永久的丰碑——新中国建设成就名片制作活动方案

1. 活动主题的选择

新中国成立以来，社会主义各项建设事业都取得了巨大成就。从一穷二白的过去，到国富民强的今天，经历了翻天覆地的巨变，在共产党的正确领导下，我们在经济、政治、文化、教育、医疗、科技、国防等方面都取得了举世瞩目的伟大成就。当前，我国在国民生产总值上已位居世界第二位，成为次于美国的世界第二大经济体。通过新中国建设成就名片制作活动，让学生全面认识新中国成立以来所取得的辉煌成就，进一步树立对中国特色社会主义的道路自信心、理论自信心、制度自信心和文化自信心。

2. 活动目的

紧密围绕"我爱我的祖国"教育活动主题，以庆祝新中国成立 67 周年为契机，以中国特色社会主义理论为指导，结合学校实际，在全校进一步唱响共产党好、社会主义好、改革开放好、伟大祖国好的时代主旋律，深入开展爱国主义主题教育活动。激励广大师生更加紧密地团结在以习近平同志为核心的党中央周围，勤奋工作，刻苦学习，为实现中华民族伟大复兴做出自己的贡献。

3. 活动内容及流程

了解新中国成立以来，在共产党领导下，我们在经济、政治、文化、教育、医疗、科技、国防等方面都取得了举世瞩目的伟大成就；

每一个学生自选内容制作一幅新中国建设各方面取得巨大成就的名片；

以班级为单位制作展板；

在全校进行新中国建设成就名片的展出活动。

4. 成就名片制作举例

中国第一颗原子弹爆炸成功：1964 年 10 月 16 日下午 3 时，中国在新疆罗布泊地区成功地爆炸了第一颗原子弹，继美国、苏联、英国、法国之后，成为世界上第五个拥有核武装的国家。毛泽东早在 1955 年就发出了号召，中国不但要有更多的飞机和大炮，而且还要有原子弹，在今天世界上，我们要不受人欺负，就不能没有这个东西。中央指定陈云、聂荣臻、薄一波等负责筹建核工业。1959 年苏联撤走专家后，中国决心完全依靠自己的力量完成这一艰巨任务。1962 年成立以周恩来为首的专门领导机构，在科技人员和国防建设指战员的共同努力下，1964 年 10 月 16 日核试验终于取得成功。中国政府随后发表声明称，中国发展核武器，完全是为了保卫中国人民免受核战斗的威胁，同时郑重宣布，中国在任何时候、任何情况下，都不会首先使用核武器，并建议召开世界各国首脑会议，讨论全面禁止和彻底销毁核武器问题。

中国第一颗氢弹空爆成功：1967 年 6 月 17 日上午 8 时 20 分，在中国西部地区新疆罗布泊上空成功地爆炸了第一颗氢弹。氢弹亦称"热核武器"，它是一种利用氢元素原子核在高温下聚变反应于瞬间放出巨大能量起到杀伤破坏作用的武器。氢弹爆炸时，作为引爆装置的原子弹首先爆炸，产生数千万度高温，促使氘氚等轻核急剧聚变，放出巨大能量，形成更猛烈的爆炸。我国第一颗氢弹空爆试验成功标志着我国核武器的发展进入了一个新阶段，成为继美国、苏联、英国之后世界上第四个拥有氢弹的国家，而且是从原子弹到氢弹发展速度最快的国家。

中国发射首枚地球人造卫星成功：1970 年 4 月 24 日，中国发射首枚地球人造卫星"东方红一号"，这是我国自行设计、制造的第一颗人造地球卫星。它的发射成功，使我国成为世界上第五个独立自主研制和发射人造地球卫星的国家。

中国第一座核电站建成发电：1991 年 12 月 15 日，中国大陆第一座核电站——秦山核电站并网发电。这是中国第一座自行设计和建造的 30 万千瓦商用核电站，标志着中国已掌握了核电技术，成为世界上继美国、英国、法国、苏联、加拿大、瑞典之后第七个能够独立设计制造核电站的国家。

青藏铁路建成通车：2005 年，青藏铁路工程技术人员和建设者攻克"多年冻土、高寒缺氧、生态脆弱"三大世界性难题，高效地完成了青藏铁路全线铺通任务，这是世界铁路建设史上的一次壮举。首列装载着大批援藏物资的列车于 2005 年 10 月 15 日抵达拉萨。

我国航天员首次实现太空行走：2008 年 9 月 25 日，我国自行研制的"神舟七号"载人飞船在酒泉卫星发射中心发射升空，并准确进入预定轨道。9 月 27 日，航天员翟志刚打开"神舟七号"载人飞船轨道舱舱门，首次实施空间出舱活动。这是我国航天员首次实现太空行走。

中国科学家首次获得诺贝尔科学类奖项：药学家屠呦呦发现的青蒿素应用在治疗中，使疟疾患者的死亡率显著降低，因而被授予 2015 年诺贝尔生理学或医学奖。这是中国科学家因为在中国本土进行的科学研究而首次获得诺贝尔科学奖。

样例三：永恒的力量——中国红色精神名片制作活动方案

1. 活动主题

活动主题是弘扬红色精神，争做时代先锋。一个伟大的民族是永不忘记历史的民族，红色精神是中国共产党领导中国人民在革命、建设和改革各个时期所形成的伟大革命精神的总称，是中国共产党发展的经验总结和精神财富。中国红色精神既是先进文化，也是中华文化的精髓。中国共产党人的革命精神基本内涵可以概括为：坚定的理想信念、不怕牺牲的革命精神、实事求是的科学态度、为人民服务的崇高宗旨、保家卫国的爱国主义情怀、自力更生、艰苦奋斗的创业精神等。在社会主义的伟大实践中，红色精神又增添了新的内容，丰富的内涵，如大庆精神、两弹一星精神、雷锋精神、焦裕禄精神、孔繁森精神、抗洪精神、航天精神、抗非典精神等，这些都成为中华民族精神的重要组成部分。它承接着过去、启迪着现实、昭示着未来，具有特定的历史性和鲜明的现实性，是时代精神不断发展创新的坚实文化基质，是当代宝贵的精神食粮。

2. 活动目的

通过一些能够激发学生的民族精神和爱国情感的人和事，对学生进行红色精神的熏陶，从而进一步培养学生艰苦奋斗、热爱祖国的爱国主义精神。

培养学生对祖国和家乡的热爱，对祖国主权和尊严的坚决捍卫的决心，对作为一个中国人感到无比骄傲和自豪的情感。

传承中华民族的优秀文化，弘扬和培育民族精神，践行社会主义核心价值观。

3. 活动内容及活动流程

活动内容：中国共产党人在革命战争中形成的红色精神，建设新中国的过程中形成的艰苦创业精神、在改革开放过程中形成的创新精神等，都是名片制作的内容。

活动流程：以班级为单位认真规划活动步骤，制订活动方案。要求全体学生参与，每班分成若干小组，各小组学习和讨论在中国革命和社会主义建设过程中形成的宝贵精神，然后在班级上交流。每组自选内容负责制作一幅中国精神名片，并由各个班级的活动负责人（各班班委干部）负责以班级为单位开展以"中国名片制作活动交流展示会"。

4. 红色精神名片制作举例

"井冈山精神"：井冈山精神是以毛泽东同志为代表的中国共产党人在井冈山创建革命根据地、开辟中国革命新道路、进行艰苦卓绝的革命斗争中培育和形成的革命精神。井冈山精神即胸怀理想、坚定信念、实事求是、勇创新路、艰苦奋斗、敢于胜利，依靠群众、无私奉献的精神。井冈山精神的内涵可以用五句话来概括，坚定不移的革命信念；坚持党的绝对领导；密切联系人民群众的思想作风；一切从实际出发的思想路线和艰苦奋斗的作风。井冈山精神是几千年来中华民族精神的创造性转化和升华，是值得全国人民珍视的精神瑰宝，是推进中国特色社会主义事业、实现中华民族伟大复兴的强大精神动力。

"长征精神"：红军指战员在长征途中表现出了对革命理想和事业无比的忠诚、坚定的信念，表现出了不怕牺牲、敢于胜利的无产阶级乐观主义精神，表现出了顾全大局、严守纪律、亲密团结的高尚品德，这些构成了伟大的长征精神，即不怕牺牲、前赴后继的精神，勇往直前、坚韧不拔的精神，众志成城、团结互助的精神，百折不挠、克服困难的精神。长征精神，是中国共产党人和人民军队革命风范的生动反映，是中华民族自强不息的民族品格的集中展示，是以爱国主义为核心的民族精神的最高体现。长征精神为中国革命不断从胜利走向胜利提供了强大精神动力。

"延安精神"：延安精神是中国共产党在延安整风运动和大生产运动中形成的。延安精神的主要内容是，坚定正确的政治方向，解放思想、实事求是的思想路线，全心全意为人民服务的根本宗旨，自力更生、艰苦奋斗的创业精神。延安精神是中国共产党、也是中华民族的宝贵精神财富，它对中国历史发展进程产生着巨大和深远的影响。

"西柏坡精神"是中共中央在西柏坡时期产生的，是一种体现中国革命伟大历史性转折的时代要求的革命精神，其基本内涵是，敢于斗争，敢于胜利的革命进取精神；坚持团结依靠群众，坚持团结统一的民主精神；戒骄戒躁的谦虚精神、艰苦奋斗的创业精神。

"两弹一星精神"：20世纪五六十年代，我国面对严峻的国际形势，为打破核大国的讹诈与垄断，为了世界和平和国家安全，在条件十分艰苦的情况下，党中央高瞻远瞩，果断做出了研制"两弹一星"的战略决策。老一代科学家和广大研制人员在物质技术基础十分薄弱的条件下，发扬"热爱祖国、无私奉献，自力更生、艰苦奋斗，大力协同、勇于攀登"的精神，风餐露宿，顽强拼搏，团结协作，克服了各种难以想象的艰难险阻，突破了一个又一个技术难关，取得了中华民族为之自豪的伟大成就。1964 年 10 月 16 日，原子弹爆炸成功；1966 年 10 月 27 日，导弹核试验成功；1970 年 4 月 24 日，人造卫星发射成功，创造了非凡的人间奇迹。"两弹一星精神"，是爱国主义、集体主义、社会主义精神和科学精神的生动体现，其核心为科技创新精神，是中国人民在 20 世纪为中华民族创造的新的宝贵精神财富。

"红旗渠精神"：被称为"世界第八大奇迹"的红旗渠，动工于1960 年，勤劳勇敢的十万林州人民，苦战十个春秋，仅仅靠着一锤一铲，两只手，在太行山悬崖峭壁上修成了这全长 1500 公里的红旗渠，结束了十年九旱、水贵如油的苦难历史，而且孕育了"自力更生，艰苦创业，团结协作，无私奉献"的红旗渠精神。

"焦裕禄精神"：焦裕禄原河南省兰考县委书记，干部楷模，中国共产党革命烈士。在兰考担任县委书记时所表现出来的"亲民爱民、艰苦奋斗、科学求实、迎难而上、无私奉献"的精神，被后人称为"焦裕禄精神"。习近平说焦裕禄精神"无论过去、现在还是将来，都永远是亿万人们心中一座永不磨灭的丰碑，永远是鼓舞我们艰苦奋斗、执政为民的强大思想动力，永远是激励我们求真务实、开拓进取的宝贵精神财富，永远不会过时"。

"大别山精神"：指的是从 1921 年中国共产党诞生至 1949 年新中国成立这一特定历史时期，大别山区这一特定范围的共产党人和人民群众在大别山地区的共产党领导下，为了民族解放、人民独立在推翻封建主义、帝国主义和官僚资本主义的长期革命斗争中用鲜血和生命铸就的革命信仰、革命行动、革命品质的革命精神总和。"大别山精神"概括为"坚守信念、胸怀全局、团结一心、勇当前锋"十六个字。

"抗震救灾精神"：2008 年 5 月 12 日 14 时 28 分，四川汶川发生里氏 8.0 级特大地震，给人民群众生命财产造成重大损失。面对突如其来的严重自然灾害，在党中央、国务院的坚强领导下，在人民解放军、武警部队和全国人民的支援下，广大灾区人民全力以赴抗震救灾，铸就了伟大的抗震救灾精神即自强不息、顽强拼搏，万众一心、同舟共济，自力更生、艰苦奋斗的精神。抗震救灾精神再次体现了中华民族自强不息、民族团结、勤劳勇敢、不畏艰难、敢于抗争、患难与共的大无畏英雄气概。这种精神不仅是弥足珍贵的精神财富，也是夺取抗震救灾斗争胜利和灾后恢复重建的强大动力。

"载人航天精神"：伟大的事业孕育伟大的精神，伟大的精神推动伟大的事业。载人航天工程是当今世界高新技术发展水平的集中体现，是衡量一个国家综合国力的重要标志。在实施载人航天工程的进程中，中国航天人牢记党和人民的重托，满怀为国争光的雄心壮志，自强不息，顽强拼搏，团结协作，开拓创新，取得了一个又一个辉煌成果，也铸就了"特别能吃苦、特别能战斗、特别能攻关、特别能奉献"的载人航天精神。

二 主题活动二：红歌会唱

（一）活动目标

1. 知识与能力

通过搜集新民主主义革命和社会主义革命与建设不同时期的经典红歌，将概论课不同章节课内知识与课外活动相结合，将概论学科知识与音乐学科知识相结合，培养学生初步有效整合知识和技能的能力。通过上课前和下课后歌唱经典红歌，培养学生的爱国主义精神。

2. 过程与方法

以教材内容为线索，通过网络查找相关的经典歌曲及其创作的历史背景，以分组的形式进行活动，从而促进学生个性的发展和养成合作的意识。

3. 情感、态度和价值观

通过视听和演唱经典的红色歌曲，使学生在历史文化和革命的传统教育中去体验真、善、美，进而促进为国家的强大繁荣和民族复兴而奋斗的历史使命感和社会责任感的形成。

（二）活动过程

教师开场白：

谈到历史，同学们就会不由自主地想起离我们很遥远的过去发生的事，其实历史近在我们身边。同学们在学习之余，会通过听歌，愉悦心情，减轻压力，在经典老歌的歌声中去感受历史的气息。

特定的历史时期，重要的历史事件总会诞生一些经典歌曲。在法国，巴黎公社革命就诞生了《国际歌》，成为 20 世纪被压迫在无产级阶唱响世界的主旋律；在苏联，卫国战争中歌声伴着浓浓的战争硝烟，《喀秋莎》被苏联人民到处传唱；在中国，面对日本帝国主义的侵略，1935 年由田汉作词、聂耳作曲的革命歌曲《义勇军进行曲》诞生了，歌中唱到中华民族到了生死存亡的时刻，每个人被迫发出最后的吼声；面对着日本帝国主义的疯狂进攻，冼星海又创作了《黄河大合唱》，通过歌声唤醒人民的斗志，号召中国人民把日本帝国主义赶出中国。岁月如歌，时代如歌，历史如歌，很多歌曲融入了民族的情感、民族的血液，它们激荡着民族的斗志，今天让我们唱响经典红歌，让歌声展开翅膀，用歌声塑造灵魂，激发同学们学习概论课的兴趣。

1. 学习主题：经典红歌塑造灵魂。通过搜集、视听、学唱红色歌曲，让我们通过音乐声，回顾中华人民共和国成长发展变化的历程。

2. 制订活动方案

把班级学生分成 10 人一组的活动小组，小组推选出主持人（一人或者男女各一人），主持人负责带领小组根据课本内容选择一章节内容作为依托，根据本章节内容带领小组学生查找相关经典红歌，课下带领小组同学合唱，活动课时间小组之间开展红歌比赛，根据比赛成绩设立一等奖 1 名、二等奖 3 名、三等奖 5 名，根据获奖情况给出活动课成绩。

3. 活动步骤

班长和学习委员协商布置各小组搜集历史歌曲任务。首先，教师应与班长和学习委员、各组长一起确定活动主题，各小组依据班级活动主题确定本组搜集相关歌曲。其次，提出搜集歌曲的要求：具有历史性和经典性，是经久传唱的歌曲。

配写歌曲串联词和背景介绍词。背景介绍词包括：词、曲作者，歌曲创作的时代背景，歌曲表达的中心内容等。

选出活动课的主持人。男女生各推选一名学生作为活动课主持人，小组还要选出小组的主持人。

主持人：

（男）中华民族是历史悠久的文明古国之一，我们几度辉煌，隋唐时期我国的科技、文化发展就达到了世界的最高峰。

（女）但是从 1840 年开始，我国开始一步步沦为半殖民地半封建社会，中华民族开始了一段屈辱的历史，帝国主义列强强迫清政府签订的一个个不平等条约让祖国母亲蒙受耻辱，中国人被帝国主义列强视为"东亚病夫"。

（男）骄傲的是中华民族永远都是一个不屈不挠的民族，以康有为、梁启超为首的资产阶级改良派试图通过自上而下的变法改变中国落后的面貌，最后失败了。资产阶级革命派的代表孙中山先生试图通过武力革命拯救中国，最终也失败了。但中华民族的仁人志士仍然不屈不挠探索着。

（女）1921 年中国共产党诞生了，无产阶级登上了历史舞台，在中国共产党的领导下中国无产阶级以星星之火终于形成燎原之势，在艰难的革命历程中，毛泽东脱颖而出，成为一代伟人。他带领中国人民战胜无数艰难险阻，推翻了帝、官、封三座大山，使中国人民站立起来，当家做了国家的主人。

首先我们进入第一乐章。

（主持人下场）

▼第一小组主持人：大家好！

中国的近代史是一段屈辱的被动挨打史，是谁带领中国人民摆脱被动挨打局面，走出了水深火热？是中国共产党！历史证明：没有共产党就没有新中国。

1. 请欣赏《没有共产党就没有新中国》。

（听音乐齐唱）

2. 请听诗朗诵：《赞歌唱给伟大的中国共产党》。

（诗歌朗诵）

赞歌唱给伟大的中国共产党

这是一个光辉的日子，这是一个难忘的日子。

一九二一年的这一天，伟大的中国共产党诞生了。

共有十三人见证了她的诞生，

她就诞生在嘉兴南湖的渔船上，

她的诞生，让人们看到了中华民族复兴的希望。

她翻开了中国历史崭新的一页，

她激起了中国人民寻求解放的热情和力量，

她号召不愿做奴隶的中国人，

为争取自身的解放而斗争。

为了推翻压在人民身上的三座大山，

她率领英雄儿女们血战沙场，

她坚定地信仰着马列主义，

她用行动践行着共产主义的伟大理想。

"中华人民共和国成立了！"

一个新中国从此诞生在世界的东方，

从此她又开始带领中国人民，

站在胜利的舞台上把新的胜利展望。

3. 老师提问：请大家说说，听完这首歌有什么感受？

4. 全班同学自由发言，各抒己见，活跃课堂气氛，激发学生的学习兴趣和爱国主义情怀。

主持人：让我们进入第二乐章。

（主持人下场）

▼第二小组主持人：大家好！

"东方红，太阳升，中国出了个毛泽东。"大家对这句歌词熟悉吗？1945年抗日战争的伟大胜利，给中国人民带来了希望。正是在抗日战争期间，劳动人民以陕北民歌的方式创作出了《东方红》。《东方红》是劳动人民为表达对共产党及其领袖毛泽东由衷的感激之情而创作的颂歌。《东方红》原为陕北民歌《骑白马》，曾多次在民间和群众集会上被演唱，很受人们的欢迎。随后延安文艺工作者通过整理，将其修改成为三段歌词，并改名为《东方红》，于1944年在《解放日报》上发表。我国1970年成功发射的第一颗人造地球卫星，就以东方红命名，叫"东方红一号"。这一颂歌，随着全中国的解放，人民对毛主席和共产党的热爱程度的提高而愈加普及，下面就让我们一起聆听《东方红》。

请欣赏《东方红》。

（本小组学生齐声高唱）

小组主持人：请大家说说，听完这首歌的感想是什么？

学生畅所欲言，气氛活跃，增强对伟人毛泽东的崇拜之情。

主持人：让我们进入第三乐章。

（主持人下场）

▼第三小组主持人：大家好！

（男）新中国成立之初，呈现在中国人面前的是一个满目疮痍、百废待兴、一穷二白的新中国。

（女）美帝国主义为了把新中国扼杀在摇篮里，在军事上威胁中国，利用朝鲜内战的机会，打着联合国军的虚伪旗号，侵略朝鲜，越过三八线，并将战火燃烧到鸭绿江边。

（男）美军飞机悍然入侵中国领空，轰炸扫射中国东北边境城市，同时美国还将第七舰队开进台湾海峡，阻止中国人民解放军解放台湾。

（女）应朝鲜民主主义共和国的请求，中国共产党义无反顾地派出中国人民志愿军抗美援朝，保家卫国。

（合）1950 年 10 月，中国人民志愿军为了保家卫国，奔赴朝鲜战场，经过三年艰苦卓绝的战斗，1953 年 7 月美国被迫在停战协定上签字，中朝人民取得反侵略战争的胜利。签字的美军上将、当时任联合军总司令的克拉克说："我是美国历史上第一个在没有胜利的停战协定上签字的司令员。"

请欣赏本组小合唱《中国人民志愿军战歌》。

主持人：请大家说说，听完这首歌有什么感想？

这首歌以激昂的旋律和铿锵有力的歌词，表达了志愿军入朝作战的勇气和决心。

在朝鲜战场上涌现出了一大批可歌可泣的英雄人物，像黄继光、邱少云等，他们被称为最可爱的人。请听来自抗美援朝战场上的英雄的故事。

（讲故事）

●主持人：

（男）了解了抗美援朝这个历史事件，我问大家两个问题：

（1）知道抗美援朝中，中国人民志愿军的司令员是谁吗？

（彭德怀）

（2）这场战争的胜利对中国的重大意义是什么？

（保卫了新生的中华人民共和国，提高了中国在国际上的地位）

（女）为了巩固新生的中华人民共和国政权，我国继续完成民主革命遗留下来的任务，在军事上进行抗美援朝，经济上进行工业化建设和对农业手工业资本主义工商业的改造。

（男）1956年年底三大改造基本完成，奠定了社会主义制度建立的经济基础，我国的社会主义制度建立了，随后我国进入了二十年的社会主义建设的探索与实践。这二十年有成就，也有失误。

（女）随着十一届三中全会的召开，我们的党纠正了以往的错误，及时拨乱反正，实现了工作重心的转移，把工作重心转移到经济建设上面来，坚持四项基本原则这个立国之本，坚持改革开放这个强国之路。

（男）中国历史进入改革开放的新时期，开始寻找适合中国国情的社会主义现代化建设的道路。

让我们进入第四乐章，改革开放。

（主持人下场）

▼第四小组主持人：大家好！

十年"文化大革命"结束了，党的十一届三中全会的召开开启了一个崭新的篇章，七十三岁高龄的邓小平，果断地在中国的南海划出深圳、珠海、汕头、厦门四个地方为四个经济特区，对外开放的大门打开了，一场致力于国家富强、民族振兴的改革开创了共和国的崭新时代。改革开放如春风般吹绿了中国的大江南北。今天我们已经以小康的姿态步入21世纪，让我们重温那悦耳动听、扣人心弦的旋律——《春天的故事》。

请欣赏歌曲《春天的故事》。

（小组合唱）

主持人提问：请大家说说，听完这首歌有什么感想？

主持人总结：这首《春天的故事》，描述了改革开放以后，中华大地的勃勃生机，热情讴歌了改革开放的总设计师邓小平的宏伟气概和邓小平改革开放的英明决策。

●主持人提问：

1. 这首《春天的故事》，歌词中有位老人，请问这位老人是谁？

（邓小平）

2. 在中国的南海画了一个圈，这个"圈"指的是什么？

（四个经济特区：深圳、珠海、汕头、厦门）

3. 解释 1979 年的春天。

（改革开放的第一个春天）

1992 年的春天，邓小平南方谈话之后，更加坚定了中国共产党改革开放的决心。

让我们进入第五乐章。

（主持人下场）

▼第五小组主持人：大家好！

我们小组给同学们分享的歌曲是《我的中国心》。

（男）（背景介绍）：《我的中国心》由黄沾创作。黄沾，香港著名作家，词曲作家，1963 年毕业于香港大学中文系，与金庸、倪匡、蔡澜一起被称为香港四大才子。

1982 年，日本文部省在审定中小学教科书时，公然篡改侵略中国的历史，这激起了黄沾的愤慨，于是他和王福龄共同创作了《我的中国心》。黄沾又找到香港歌手张明敏，把《我的中国心》送给张明敏演唱。1984 年中央电视台春节联欢晚会上，张明敏成功地演唱了这首歌，一夜之间这首歌唱响了华夏大地，歌声一下子打动了无数炎黄子孙的心，引起了中华同胞的强烈共鸣。

请大家一起欣赏《我的中国心》。

（小组合唱）

提问：从这首歌中你感悟到了什么？

总结：有人说世界上有华人生活的地方，就有熟悉的歌曲《我的中国心》。这是一首表达海外赤子热爱祖国、倾诉衷肠的歌。这首歌与以往爱国歌曲的概念化和浮于表面的喊口号不同。黄沾很聪明地运用了"长江、长城、黄山、黄河"这些具备象征性的中华名胜来传达爱国之情，从海外赤子的语气切入，把一个爱国情感的题材写得十分自然，用歌声倾诉真情，激荡人心。

（女）1997 年 6 月 30 日，十万群众聚集在天安门广场，伴随着香港回归的倒计时牌上的红色数码的闪动，群众们有节奏地齐声高呼，呼声响彻神州大地，这是祖国母亲的脉搏，是历史的脚步。

（男）中华人民共和国政府在 1997 年 7 月 1 日对香港恢复行使主权，大不列颠及北爱尔兰联合王国政府于 1997 年 7 月 1 日将香港交还给中华人民共和国。香港回归，有利地推进了祖国的和平统一大业，有利于促进我国的社会主义现代化建设，有利于促进香港地区的繁荣稳定与发展。为澳门问题的解决以及澳门的回归提供了实践的范本，最终也为解决台湾问题实现中国完全统一留下了一笔宝贵的财富；香港的顺利回归不仅是给西方大国以有力的回击，而且香港回归的成功实践也为世界许多国家和地区解决类似问题提供了实例，对世界政治发展具有重大意义。

让我们进入第六乐章。

（主持人下场）

▼第六小组主持人：大家好！

我们给大家带来的歌曲是《公元1997》。

1. 首先向大家介绍香港问题的由来。

香港从古至今就是中国的领土，1842年第一次鸦片战争结束，中国战败，英国强迫清政府签订《中英南京条约》，割香港岛给英国，1860年中英《北京条约》签订，再次割九龙半岛给英国，1898年帝国主义列强掀起瓜分中国狂潮，英国强行租借新界，人们通常把香港岛、九龙半岛、新界统称为香港。

随着中国综合国力的提高，国际地位的提升，1997年7月1日。我们恢复了对香港行使主权，香港升起了五星红旗，为了纪念这个神圣的日子，《公元1997》诞生了。

2. 请听歌曲《公元1997》。

3. 提问：香港、澳门回归的时间？

（香港回归于1997年7月1日，澳门回归于1999年12月20日）

4. 提问：听完这首歌，你感悟到了什么？

让我们进入第七乐章。

（主持人下场）

▼第七小组主持人：大家好！

请欣赏我们给大家带来的歌曲《走进新时代》。

小组主持人：新中国成立六十多年了，伟大的中国人民在中国共产党的领导下在社会主义建设的道路上，不断探索，尤其是改革开放以来，勤劳勇敢的中国人民正在以"让高山低头，让流水让步"的豪迈气概，在 21 世纪的社会主义现代化建设大道上阔步前进，共和国正迈着坚定的步伐跨入新时代，请欣赏歌曲《走进新时代》。

（小组合唱）

1. 提问：请问各位同学听完这首歌有什么感想？

（对我们的国家信心十足，激情澎湃，振奋人心）

2. 总结：《走进新时代》歌中唱道：我们唱着东方红，当家做主站起来，我们讲着春天的故事，改革开放富起来，继往开来的领路人，带领我们走进新时代。这首歌没有出现毛泽东、邓小平、江泽民的名字，却运用巧妙的手法清楚地表达了人们"翻身不忘毛泽东，致富不忘邓小平"的心声。表现了 21 世纪在以江泽民同志为核心的第三代领导人的带领下不断前进的强烈信心，给人以信心和力量。

●主持人：

（女）改革开放的 30 多年来，是中国经济快速发展的 30 多年。

（男）改革开放的 30 多年来，也是我国各项事业稳步发展的 30 多年。

（女）60 多年来的建设，中国以崭新的姿态重新屹立于世界的东方。

（男）60 多年来的光辉历程，铸就了一个民族复兴的梦想。

（合）我们坚信，祖国的明天会更美好，中华民族伟大复兴的中国梦一定能够实现。

老师总结：

歌曲走进课堂，增加了歌曲的厚重与分量，增添了课堂的活力与魅力，通过这堂歌唱革命红歌的活动课，我们一起回顾了中华人民共和国成长的历程。自中华人民共和国成立以来，历经曲折，艰辛探索，取得硕果累累。今天让我们用中华赞歌来结束这堂概论课。

【诗歌】中华赞歌

（男）苍茫六十载，浩荡中华行。

（女）神龙正飞天，盛世享太平。

（男）忆往昔，破碎山河满目疮痍，雄狮沉睡，

（女）看今朝，五湖四海歌舞升平，巨龙长啸，

（合）天地人和点亮民族魂，龙之传人扬眉吐气。

（男）毛泽东思想指前路，人民革命鸣锣鼓，东方红响彻宇宙；

（女）邓小平理论引方向，改革开放扬风帆，春潮暖气壮山河；

（男）三个代表，国人振奋精神，昂首跨越新世纪；

（女）科学发展，同胞再接再厉，纵横世界领风骚。

（男）三峡吞吐惊涛波澜，与巨浪交响磅礴乐章；

（女）天路飞跃雪域高原，与神鹰同颂浩荡史诗；

（男）神舟翱翔天际，显巨龙腾飞之缩影；

（女）奥运百年梦圆，踏雄鸡昂首之强音。

（男）上海世博，汇聚世界风采，展我城市新貌，直令东方明珠愈发闪耀；

（女）金融风暴，环球一片萧条，唯我屹立不倒，只因国人信心不可动摇。

（合）而强国之望，复兴重任，在我少年。愿以我之热血，转移时运，敢为人先。承上下五千年之精髓，启未来惊世路之无边。只待海内尽芳菲，春满人间。直教中华惊寰宇，日月换新天！

板书

概论活动课——唱响经典红歌

第一乐章　新中国的诞生，

第二乐章　改革开放，

第三乐章　香港回归，

第四乐章　走进新时代，

第五乐章　我的中国心，

第六乐章　公元1997，

第七乐章　走进新时代。

课后反思：实践活动课是高校思想政治理论课教学改革的一种创新。它最大的优势是充分发挥学生的主动性，给学生提供展示才能的平台，还课堂给学生，但对教师的要求也提高了，老师在课下要花费大量的时间指导学生课下准备，学生的课下准备直接关系着活动课的质量。

学生分组活动，任务分配和监督要责任到人，重要的一步是选择有能力的学生担任负责人和主持人，还要指导学生选择具有代表性、能反映时代特征的歌曲。

样例一：“承五四精神，扬青春别样风采”五四青年节唱响爱国歌曲比赛方案

1. 活动宗旨

五四青年节到来之际，为进一步弘扬爱党、爱国的伟大情感，努力营造积极、健康、向上的校园文化氛围，展现我校学生良好的精神风貌，举办以“承五四精神，扬青春别样风采”为主题的红歌比赛纪念活动。

2. 活动主题

“承五四精神，扬青春别样风采”。

3. 活动时间地点

宣传发动阶段，新课讲授前10分钟，进上课班级教室；展演阶段，联系相关部门周二下午在学校7号楼进行。

4. 参与对象

各班分成若干小组，组成代表队，每支代表队可以是小组合唱团，也可以选出小组代表代表本小组歌唱。不同班级人数不同，从而可以组织不同人数的小组，每班不准超过三个合唱小组。

5. 活动形式

本次活动以红歌展演（合唱）为主，对优秀代表队颁发奖品。

6. 活动要求

（1）本次红歌歌咏比赛是纪念五四青年节的一项重要活动，各专业各班级要高度重视，认真组织，积极排练，排练活动利用课余时间进行，不得影响正常的教学活动，确保此次活动顺利举行。

（2）歌唱内容：参赛的曲目要求主题鲜明，内容符合红歌会主题。以唱响红色经典歌曲，传承红色文化精神，以弘扬社会主义核心价值观为主线，营造健康高雅的校园文化环境，努力做到思想性和艺术性的有机统一。

（3）歌唱曲目：本次活动歌唱曲目可以参考《中宣部推荐100首爱国歌曲》（红歌主要是指红色经典革命歌曲，如红军歌曲、抗日歌曲、解放歌曲、社会主义时期和改革开放时期的各类健康进步歌曲，此外，还包括世界各国革命经典歌曲），各代表队从中自选一首歌曲参加比赛。各代表队也可根据自身的情况，选唱参考曲目以外的其他优秀歌曲，必须保证合唱歌曲达到思想内容好、艺术性强、传唱范围广的标

准。鼓励各代表队对传统歌曲进行创新演唱，体现时代感和创新精神。

（4）各代表队演唱歌曲，总计时间不超过10分钟，歌曲演唱形式以合唱为主，自排自演，自配指挥，伴奏自备。

（5）服装：干净、整齐、统一。

7. 比赛安排

（1）宣传活动阶段：下发活动方案，各专业各班级开展内容丰富、形式多样的红歌演唱选拔活动。

（2）展演阶段：全校总共选拔出八支代表队参加红歌比赛。

附：中宣部推荐的100首爱国歌曲曲目

这些歌曲旋律优美、传唱广泛，具有深厚的群众基础，歌曲内容广泛地涵盖了革命、建设、改革的各个时期。国歌、军歌、团歌等在庄重场合的必唱歌曲，不列入推荐歌曲名单。

100首推荐的爱国歌曲名单如下：

（1）《十送红军》江西民歌　张士燮词　朱正本编曲

（2）《红军战士想念毛泽东》陈亚丁、任红举词　时乐濛、彦克曲

（3）《红星歌》邬大为、魏宝贵词　傅庚辰曲

（4）《映山红》陆柱国词　傅庚辰曲

（5）《情深谊长》王印泉词　臧东升曲

（6）《过雪山草地》肖华词　晨耕、生茂、唐诃、遇秋曲

（7）《五月的鲜花》光未然词　阎述诗曲

（8）《保卫黄河》光未然词　冼星海曲

（9）《在太行山上》桂涛声词　冼星海曲

（10）《二月里来》赛克词　冼星海曲

（11）《游击队歌》贺绿汀词曲

（12）《延安颂》莫耶词　郑律成曲

（13）《南泥湾》贺敬之词　马可曲

（14）《东方红》陕北民歌　李有源、公木词

（15）《歌唱二小放牛郎》方冰词　劫夫曲

（16）《团结就是力量》牧虹词　卢肃曲

（17）《谁不说俺家乡好》吕其明、杨庶正、肖培珩词曲

（18）《红梅赞》阎肃词　羊鸣、姜春阳、金砂曲

（19）《没有共产党就没有新中国》曹火星词曲

（20）《咱们工人有力量》马可词曲

（21）《革命人永远是年轻》劫夫词　劫夫、中艺曲

（22）《歌唱祖国》王莘词曲

（23）《草原上升起不落的太阳》美丽其格词曲

（24）《我的祖国》乔羽词　刘炽曲

（25）《英雄赞歌》公木词　刘炽曲

（26）《毛主席的话儿记心上》傅庚辰词曲

（27）《远方的客人请你留下来》范禹词　金国富原曲　麦丁整理改编

（28）《快乐的节日》管桦词　李群曲

（29）《我们的田野》管桦词　张文纲曲

（30）《让我们荡起双桨》乔羽词　刘炽曲

（31）《人民军队忠于党》张永枚词　肖民曲

（32）《我爱祖国的蓝天》阎肃词　羊鸣曲

（33）《我们走在大路上》劫夫词曲

（34）《唱支山歌给党听》焦萍词　践耳曲

（35）《翻身农奴把歌唱》李堃词　阎飞曲

（36）《我为祖国献石油》薛柱国词　秦咏诚曲

（37）《边疆处处赛江南》袁鹰词　田歌曲

（38）《工人阶级硬骨头》希扬词　瞿维曲

（39）《我爱北京天安门》金果临词　金月苓曲

（40）《北京颂歌》洪源词　田光、傅晶曲

（41）《祖国颂》乔羽词　刘炽曲

（42）《我爱这蓝色的海洋》胡宝善、王川流词　胡宝善曲

（43）《太阳最红毛主席最亲》付林词　王锡仁曲

（44）《我为伟大祖国站岗》魏宝贵词　钊邦、铁源曲

（45）《我爱五指山，我爱万泉河》郑南词　刘长安曲

（46）《中国，中国，鲜红的太阳永不落》任红举、贺东久词　朱南溪曲

（47）《边疆泉水清又纯》凯传词　王酩曲

（48）《我爱你，中国》瞿琮词　郑秋枫曲

（49）《我们的生活充满阳光》秦志钰等词　吕远、唐诃曲

（50）《美丽的草原我的家》火华词　阿拉腾奥勒曲

（51）《我们美丽的祖国》张名河词　晓丹曲

（52）《党啊，亲爱的妈妈》龚爱书、佘致迪词　马殿银、周右曲

（53）《在希望的田野上》晓光词　施光南曲

（54）《长江之歌》胡宏伟填词　王世光曲

（55）《我爱你，塞北的雪》王德词　刘锡津曲

（56）《鼓浪屿之波》张藜、红曙词　钟立民曲

（57）《嘀哩嘀哩》望安词　潘振声曲

（58）《少年，少年，祖国的春天》李幼容词　寄明曲

（59）《歌声与微笑》王健词　谷建芬曲

（60）《东方之珠》罗大佑词曲

（61）《我的中国心》黄沾词　王福龄曲

（62）《龙的传人》侯德健词曲

（63）《大海啊，故乡》王立平词曲

（64）《祖国，慈祥的母亲》张鸿西词　陆在易曲

（65）《难忘今宵》乔羽词　王酩曲

（66）《小白杨》梁上泉词　士心曲

（67）《说句心里话》石顺义词　士心曲

（68）《万里长城永不倒》卢国沾词　黎小田曲

（69）《少年壮志不言愁》林汝为词　雷蕾曲

（70）《共和国之恋》刘毅然词　刘为光曲

（71）《亚洲雄风》张藜词　徐沛东曲

（72）《超越梦想》韩葆、胡峥词　王晓峰曲

（73）《今天是你的生日》韩静霆词　谷建芬曲

（74）《大中国》高枫词曲

（75）《当兵的人》王晓岭词　臧云飞、刘斌曲

（76）《中国人》李安修词　陈耀川曲

（77）《五星红旗》天明词　刘青曲

（78）《红旗飘飘》乔方词　李杰曲

（79）《青藏高原》张千一词曲

（80）《在中国大地上》晓光词　士心曲

（81）《我和我的祖国》张藜词　秦咏诚曲

（82）《春天的故事》蒋开儒、叶旭全词　王佑贵曲

（83）《走进新时代》蒋开儒词　印青曲

（84）《祝福祖国》清风词　孟庆云曲

（85）《同一首歌》陈哲、迎节词　孟卫东曲

（86）《爱我中华》乔羽词　徐沛东

（87）《为了谁》邹友开词　孟庆云曲

（88）《好日子》车行词　李昕曲

（89）《最美还是我们新疆》赵思恩词　吾布力·托乎提曲

（90）《七子之歌——澳门》闻一多诗　李海鹰曲

（91）《天路》屈塬词　印青曲

（92）《祖国不会忘记》月潭词　曹进曲

（93）《说中国》曾宪瑞词　蒋大为曲

（94）《红船向未来》周羽强词　张红旗曲

（95）《光明行》虞文琴词　雷远生曲

（96）《共和国选择了你》瞿琮词　宁林曲

（97）《江山》晓光词　印青曲

（98）《旗帜颂》阎肃词　印青曲

（99）《和谐家园》易南新词　蒋大为曲

（100）《国家》王平久词　金培达曲

三　主题活动三：社会实践（调查）活动

思想政治理论课实践教学的一个重要内容就是社会实践（调查）活动，是课堂教学的必要延伸。为了贯彻落实中共中央 2004 年第 16 号文件精神，进一步丰富、完善和扩大思政课实践教学环节，结合我校思政部教育教学的特点，经思政部领导全局性的审慎考虑和整体部署，严格制定了《社会实践（调查）活动实施方案》，具体如下：

（一）活动主题

社会实践（调查）以马列主义、毛泽东思想和中国特色社会主义

理论体系为指导，全面贯彻落实党的教育方针，坚持理论联系实际，以党的十八大以来的全会精神为指导，深入学习领会《中共中央关于制定国民经济与社会发展第十三个五年规划的建议》的精神，紧紧围绕落实立德树人这一根本任务，牢固树立创新、协调、绿色、开放、共享五大发展理念，以全面建成小康社会和中国梦为主题，以教材第六章第二节"坚持科学发展"和第六章第三节"实现中华民族伟大复兴的中国梦"基本内容为中心，展开暑期社会实践（调查），强化和完善《毛泽东思想和中国特色社会主义理论体系概论》的实践教学。

（二）活动的意义

高校思想政治理论课《毛泽东思想和中国特色社会主义理论体系概论》实践教学的重要环节之一就是社会实践调查，通过社会实践（调查），完成以下目标：

1. 知识与技能。社会实践调查活动能突破传统思想政治理论教学在时空上的限制，让学生走出校园，深入校外社会舞台。以校外社会为学习实践的平台，使同学们了解社会、熟悉社会、认识国情，加深对毛泽东思想和中国特色社会主义理论体系基本原理的理解，深化对党的路线方针政策的认识，提高认识问题、分析问题和解决问题的能力，培育创新精神。

2. 情感态度。通过社会实践（调查）活动的形式，弘扬我党重视调查研究的优良传统，引导学生通过社会调查研究的方式获得社会信息，了解社会真实面貌，提高思想认识水平，锻炼毅力、培养品格、增长才干、关注民情、服务基层、奉献社会，增强历史使命感和社会责任感。

3. 价值取向。通过暑假社会实践（调查）活动开阔学生的视野，使他们通过走近社会的形式，去了解市场和就业行情，激发大学生创业、择业、就业的激情，坚定在中国共产党领导下走中国特色社会主义道路的信念，树立实现中华民族伟大复兴的共同理想，使同学们成为中国特色社会主义伟大事业的合格建设者和可靠接班人。

（三）活动过程

每学期理论课结束之前，第12周到第16周，任课老师按要求对所教班级学生进行布置，讲清楚本次调查报告的格式和题目，组织形式和具体要求。

寒暑假期老师对自己所带学生进行及时有效的辅导、沟通和交流。

调查报告的收集：下学期开学后的第 1 周到第 2 周，各位老师收齐自己所教教学班的社会调查信息反馈表和社会实践（调查）报告，进行批改并评定成绩。

（四）活动组织形式

寒暑假期社会实践（调查）活动主要采取学生自主个体自行调研与个体间自愿结合调研两种形式，由于自主调研具有学生自己组织的特点，以自主调研为主题。大多数同学可选择通过自主方式完成课程社会实践活动。部分同学可能会参加学校学生处或者宣传部或者团委统一组织的社会实践（调查）活动，学校有关部门统一组织的社会实践（调查）有两种形式：一是学校组织的校级学生实践团队。二是各学院组织的专业调查、下乡支教等社会实践小分队，由学校学生处、团委组织、专业教师带队指导。

以上各种形式的社会实践（调查），要求学生在指导教师的指导下，将《概论》课社会实践（调查）与专业调查、下乡支教等活动有效结合进行，学生严格按照要求书写社会实践（调查）报告。

（五）具体要求

1. 全员参与。每学期开设有《概论》课的学生必须人人参与社会实践（调查）活动。

2. 就近就地进行。除了学校和各院系统一组织的社会实践活动以外，选择自主社会实践（调查）的同学，建议结合家乡所在的市县镇村相关实际情况进行有效调查。

3. 社会实践（调查）严格要求要着眼于实际，充分占有第一手材料，利用所掌握的思想政治理论知识以及专业理论知识进行实事求是的研究分析，研究成果要具有创新性。

4. 调查对象必须真实、具体。为了实现反映社会调查真实性的目标，要求将调查的对象（被调查的单位、个人及地点）用图片及相关证明材料（须签字盖章）的形式表现出来，调查报告必须插入个人亲身实践的实践图片，有关单位证明材料（须签字盖章）并填写到"社会实践（调查）信息反馈表"（格式见附件一）里。

5. 自主实践的同学应通过电子信箱、电话、微信等方式及时加强与指导教师的交流。指导教师可以选取大学生社会实践（调查）较为集中的地区进行走访指导。

6. 社会实践（调查）活动时间一般1—3周，活动结束后撰写报告，报告的撰写要明确一个主题，以严格的事实为根据，尽量做到内容翔实，围绕一个中心问题展开论述（报告题目可参考下面所提供的参考选题），篇幅3000—5000字，不足或超过规定字数均扣分，下学期开学第1—2周提交给指导教师（任课教师）。所有参加社会实践的学生的暑假社会实践调研报告统一上交到思政部负责老师处，由思政部组织教师进行评阅。根据统一标准确定出优秀、良好、合格与不合格四个等级。

（六）社会实践调查报告及注意事项

1. 要求封面、正文、封底使用相同格式，报告用 Word 文档打印，插入自身实践的图片，格式要规范。（封面、封底等格式见附件二）

2. 封面上需注明调研报告的题目、个人信息、报告撰写的时间。

3. 报告内容要包括摘要、关键词、正文、参考文献等。

4. 实事求是、观点正确、材料真实、逻辑严谨、语言顺畅、论据确凿、论证合理。

5. 严禁进行各种方式的抄袭或剽窃，一经发现，该报告作废，不予补考机会。

6. 凡引用他人文献的地方必须注明出处，文字重复率不得超过30%，否则打回重写。

样例一：社会实践参考选题

社会实践（调查）主要围绕"中国梦""美丽中国""贯彻落实科学发展观，构建社会主义和谐社会""四个全面"等内容进行，参考选题如下：

（1）开展"红色之旅"实践活动，走进革命纪念地、博物馆、纪念馆、展览馆、烈士陵园等爱国主义教育基地、改革开放前沿阵地和经济社会发展成效显著的地方，重温红色经典故事、传承英烈革命精神。

（2）以"凝聚青春正能量，共筑美丽中国梦"为中心确定主题。

（3）开展"关注生态保护，建设美丽中国"的社会实践调查活动，结合环境污染治理、生态文明制度建设、"低碳经济"的发展现状与前景等选题进行调查与分析。

（4）大学生开展勤工助学情况调查。

（5）关于大学生就业方式和就业观念变化情况调查研究。

（6）关于大学毕业生就业现状调查研究。

（7）关于当代大学生人生信仰问题的调查与分析。

（8）近年来大学生出国留学情况的调查。

（9）目前大学生考研情况调查。

（10）关于大学生消费观的调查与分析。

（11）本科毕业生就业前景调查分析研究。

（12）近年来大学生创业现状的调查与分析。

（13）当地商品房价格及变化趋势情况调查研究。

（14）当地城镇职工住房情况调查（居住面积，购房的承受力、困难、希望和要求）。

（15）当地政府在精准扶贫方面采取的基本措施。

（16）当地老有所养情况调查（养老方式、养老院建设、老年人生活状况、需要解决的突出问题）。

（17）电子商务对传统商业的影响情况调查研究。

（18）物价上涨对居民生活水平的影响情况调查与分析。

（19）当地职工工资收入情况调查（最低工资制度标准、当地收入高的职业、中等收入水平、农民增收减负机制、工资正常增长机制等问题）。

（20）河南历史文化资源调查（如图书馆、博物馆、历史文化遗迹等）。

（21）家乡社会治安状况存在的突出问题及其成因调查。

（22）关于家乡人民精神文化需求新特点的调查（对文化产品的消费能力、鉴赏水平以及发展趋势等）。

（23）家乡群众关心的社会热点问题研究及加强舆论引导的对策建议。

（24）家乡人民的生态环境意识状况调查研究。

（25）当地第三产业发展现状问题调查研究。

（26）在建设美丽中国的背景下对你所居住地的企业节能减排情况的调查。

（27）家乡个体、私营等非公有制企业发展现状调查（发展情况、面临的问题等）。

（28）在全面建成小康形势下当地低收入群众生活改善问题的调查。

（29）家乡政府如何开展环境污染治理问题调查。

（30）本地资源（矿产、水能、生物、旅游、特色民俗、特色农产品等）的开发现状及潜力评估问题研究。

（31）居民对城乡民主管理认识情况的调查。

（32）近年来当地人民生活水平提高和消费结构变化的过程和现状问题研究。

（33）当前教师职业的社会声望调查研究。

（34）家乡适龄儿童教育现状调查。

（35）家乡中小学学生课业负担情况调查（现状及改造）。

（36）关于城乡居民幸福指数情况调查与分析。

（37）关于城乡公共卫生服务情况调查（如食品安全问题、水资源安全问题等）。

（38）目前社会就业状况调查（城镇新增劳动力、农村富余劳动力或下岗失业人员所从事的产业、行业、职业和岗位、收入等情况）。

（39）目前城镇化过程中出现的突出问题的调查和分析。

（40）对你所居住地居民的健身意识情况（人数、频率、设施数量、群众反映等）的调查。

（41）当地对劳动者再就业问题调查（职业技能培训、创业培训、再就业培训的措施及实施情况）。

（42）家乡民主管理、村务公开情况调查（哪些方面公开、落实情况、老百姓满意度、需要改进的方面）。

（43）家乡干群关系情况（村民和村干部之间关于土地承包过程、宅基地发放、提留征收、教育经费、公共设施建设等方面发生矛盾时解决矛盾的途径问题）调查。

（44）家乡龙头企业发展情况及前景调查。

（45）家乡师资水平及工资待遇情况调查。

（46）家乡农民耕地保护情况调查（基本农田的保护情况）。

（47）新农村建设的现状及存在的问题调查分析。

（48）进城务工人员社会保障状况及解决思路问题调查。

（49）对你所居住地的文化建设设施（社区或农村图书馆、文化馆、乡镇综合文化站、村文化活动室等）现状以及发展状况（国家投资、规模等）问题的调查。

（50）科技下乡问题研究（农业科技服务机构数量、经费来源、科技人才数量、工资待遇等问题）。

（51）农村基础设施建设情况调查（农村道路、通信、水电气、水利及基本农田改造、环境设施等现状与建设投资总量及结构，当地政府对农村基础设施建设的支持力度等）。

（52）城镇化过程中被征地农民的就业和社会保障问题调查。

（53）家乡的农村合作医疗制度调查（参与方式、建立情况、运行情况）。

（54）城镇化过程中农民被征地的补偿标准调查。

（55）家乡农民的收入与农业生产结构调整的相关性分析。

（56）家乡农民生育观的变化趋向及原因分析。

（57）家乡落实农村各项惠农政策（如种粮补贴、养猪补贴等）过程中存在的问题有哪些。

（58）家乡农村留守儿童问题调查。

（59）关于家乡致富带头人的先进事迹调查。

（60）关于家乡普及九年义务教育情况调查（校舍、师资、经费保障、入学率、失学率、辍学率、学杂费等）。

四 主题活动四：廉洁教育

所谓廉洁教育，就是通过对公民进行廉洁方面的教育，来营造廉洁奉公、诚信守法的社会氛围，以达到规范和约束个体行为的目的。

（一）活动的必要性

1. 廉洁教育在当下的大学校园里有大力开展的必要，主要有以下几点原因：

首先，放眼当今校园餐厅，一碗饭只吃了一口就被当成垃圾倒掉的现象在绝大多数的校园里真实存在着并呈现出日益严重的趋势。

其次，当今大学生日益忽视和轻视那些需要靠体力而生存的人群，生活圈子狭小，眼界不够开阔，对于贫苦生活没有深入的体验与了解。

最后，"月光族"大学生日益增多，原因不只是可以花的钱太少，更多的是缺乏计划性，缺乏廉洁的观念。

2. 大学生是党和国家的骄傲、民族的未来，是祖国的希望，是中国未来社会发展的"弄潮儿"，是引领时代潮流的中坚力量。现阶段，我国大部分高校缺乏对大学生进行廉洁教育。针对大学生廉洁教育缺失这一现象，加强对大学生的廉洁教育显得十分重要。加强反腐倡廉建设，建立健全教育、制度、监督并重的惩治和预防体系，是党的十六大以来的重大决策和奋斗目标。高校肩负着培养社会主义建设者和接班人的历史使命。高校大学生的廉洁意识和廉洁行为的状况不仅对于大学生个人的成长、成才有重要影响，而且影响到社会主义和谐社会的构建，事关国家的长治久安，事关党的事业的兴衰成败。因而在高校开设这一活动有着重大的理论意义和现实意义。大学生是祖国未来的建设者和接班人，是国家未来公职人员的储备军，高校又是为国家培养人才的主要阵地，所以在高校开展大学生廉洁教育是十分必要的。所谓大学生廉洁教育是指高校对大学生进行有计划、有组织、有目的的廉洁教育活动，帮助大学生在走入社会之前形成正确的世界观、人生观和价值观，树立坚定的理想信念，引导和培养大学生形成正确的思想道德观念，增强法律法规意识，提高拒腐防变的能力，逐步形成爱岗敬业、清廉奉公的职业观念，最终为中国特色社会主义事业提供人才支撑。开展大学生廉洁教育是为严格贯彻落实中共中央颁布的《建立健全教育、制度、监督并重的惩治和预防腐败体实施纲要》的精神和全面实施教育部下发的《关于在大中小学全面开展廉洁教育的意见》，进一步加强和改进大学生思想政治教育的新课题。伴随着我国对外开放格局的不断扩大、社会主义市场经济的深入发展，科技领域的飞速发展，乃至社会各个领域都发生着天翻地覆的变化，人们的思想活动趋于多元化，这既有利于树立大学生的创新意识、成才意识等，同时也出现了很多对大学生的不利影响，由于大学生还处于心理上没有完全成熟的时期，他们很难分辨是非，很容易被社会上一些不好的现象所影响。经过初步的调查了解，目前一些大学生不同程度地存在一些问题，例如：诚信意识淡薄、道德水平失衡、价值取向扭曲等。这些问题也给高校大学生廉洁教育工作提出了新的挑战。

3. 当前，在学校开展科学系统的廉洁教育已是全球共识。2003 年第五十八届联大通过的《联合国反腐败公约》，要求其成员国将廉洁教育作为"中小学和大学课程在内的公共教育的内容"。国家教育部发出的《关于在大中小学全面开展廉洁教育的意见》要求"从 2007 年起，在全国大中小学校开展廉洁教育"。在《建立健全惩治和预防腐败体系 2008—2012 年工作规划》中，进一步强调：要按照《关于在大中小学全面开展廉洁教育的意见》，在学校德育教育中深入开展廉洁教育，丰富青少年思想道德实践活动。这些足以表明：加强大学生廉洁教育的重要性和迫切性。

（二）活动目标

1. 帮助大学生树立公民意识，认识到反腐的重要性。

2. 帮助大学生在走进社会之前形成正确的世界观、人生观和价值观。树立坚定的理想信念，引导和培养大学生形成正确的思想道德观念，增强法律法规意识，提高拒腐防变的能力，逐步形成爱岗敬业、清廉奉公的职业观念，最终为中国特色社会主义事业提供人才支撑。

3. 帮助大学生树立自我的正气。

（三）活动方法

1. 讨论法的概念及特点

讨论法是指在教师指导下，让学生独立自主地阅读教材、收集资料，并进行积极的集体性讨论，借以交流信息，深化认识，发展智能的一种教学方法。

讨论法的特点是，学生以自己的活动为中心，学生在活动中处于主动地位，学生能够更好地发挥学习的主动性、积极性，每个学生均可发表自己的想法，集思广益，互相启发，加深理解，达到共同提高的效果。讨论法有利于发挥学生的独立思考和探求真理的求实精神及创造精神。但运用这一方法，需要学生具备一定的基础知识，有一定的理解能力和思考能力。

2. 讨论法的具体形式

交流式。如毛概思想交流，习作交流等。

评述式。如对课内外读物的评述，习作评析等。

辩论式。就学习过程中有争议的地方进行辩论。

质疑式。对比较生涩、难懂的内容，师生可以以互相质疑的形式进行讨论分析。

3. 运用讨论法的基本要求

（1）讨论的准备

总体来说，在讨论前，师生双方必须准备以下几方面的工作：拟定讨论的主题或问题；积极收集各种资料，如百科全书、年鉴、小册子，以及专门性的研究资料；进行有目的有效的阅读。在阅读的时候，要把材料重新组合或纳入一个完整的知识体系中；提前准备一个提纲、概要、发言稿或书面报告，表达能力较强的学生可以准备一份发言提纲，拙于言语的学生则要准备一份完整的发言稿；准备完整表达的方式，以逻辑顺序安排自己所要表达的观点，并充分考虑到对听众的影响。

准备阶段时，教师还要制订一份严格的讨论计划，包括如何开始讨论，讨论的方法，可能遇到的问题以及可能的结论，等等。

一般来说，讨论课往往要花费较多的时间进行准备。然而，磨刀不误砍柴工，只有在师生充分准备的前提下，讨论才能顺利展开，取得预想的成效。而且，学生在查阅资料，组织观点，拟写发言提纲的过程中，也能提高自身独立学习的能力。

（2）讨论的开端

如何使讨论有个良好的开端，颇为费事。教师可以组织安排某些指导性的活动促使讨论的顺利展开。这样可以有效激发学生对讨论的兴趣，使学生在进行有意义的讨论之前可以有思考和反应的机会。例如：教师可以进行引导性的发言，帮助学生进一步了解讨论的性质、内容和具体的步骤；也可以让某个学生提出某些能够引起争议的问题（事先要准备好）以引起活跃的讨论；还可以利用考试、小考或预测的形式来引发学生的积极讨论；也可以利用参观、角色扮演、电影、幻灯、展览、图片、录音等方式来促进学生热情地进行讨论。

引发学生进行讨论的方式是多种多样的，但有一点必须记住：无论采用何种方式，时间都要尽可能地短些，只要能达到引起学生的注意和兴趣的效果，并明确了讨论的方向就行了，因为紧接着就要立刻转入正式的讨论。

（3）讨论的引导

讨论开始进行后，确保讨论朝正确的方向热烈地展开是教师的一个重要任务，那么，如何才能实现这一点呢？具体的技巧如下：

灵巧地利用提问。教师善于利用提问是成功地指导讨论的一个关键。教师的作用是要引导学生围绕着论题进行积极的发言，为了引导学生积极发言，教师可以向学生提出随意的、广泛的和发人深思的问题。提出发散型的问题比收敛型的问题有效，而评价性的问题则更为有效。教师的提问应面向愿意积极回答问题的所有学生。当然，教师出于某种特殊的原因，如要某个学生参与讨论，或使其集中注意，也可以向个别学生提问。教师还可以通过巧妙的提问引导学生进行互相评价，如提问"苏西，你同意玛丽的看法吗？""在这种情况下你该怎么办？"以及"如果让你选择的话，你选哪一种？"等。诸如此类的问题都能鼓励学生积极发言，开拓学生的思路。在这里要注意一点，除非是学生在询问有关具体事实时，教师要尽量少进行答复或表明自己的确切观点，最好由学生自己来回答。

创造良好的讨论氛围。一方面，教师应避免流露出对学生评论意见的赞赏或反对的情绪，做到使所有学生均受到同样的对待；另一方面，教师对待错误又不能置之不理，应对学生中的自相矛盾的结论、错误的推论、肤浅的论点进行仔细分析，并予以改正。但要采取适当合理的方式，避免伤害学生的自尊心。当讨论处于混乱状态时，教师可以通过重复提问的方式使学生弄清情况，继而弄清各种观点的正确与否。

及时纠正离题现象。在讨论的过程中，教师要集中注意力来倾听学生的发言。一旦讨论出现离题现象，教师就要提醒学生注意所要讨论的论题。有时教师还可以临时中止讨论，通过教师本人或记录员进行小结的方式来帮助学生理清思路。这种短暂性中止的目的是给学生一个机会，让他们回顾讨论的进展情况，并决定继续讨论的方向。

（4）讨论的评价

可以依靠学生的自我评价来衡量讨论是否成功。学生通过自我评价，可以逐步提高自己的讨论技巧。评价讨论必须包括以下几个方面的内容：讨论是否达到了预期的目的；不足的方面有哪些；讨论是否离题了；是否每个学生都参加了；讨论是否成了个别人的讲坛等。

样例一：薄熙来事件

薄熙来，男，汉族，1949 年 7 月生，山西定襄人，1980 年 10 月入党，1968 年 1 月参加工作，中国社会科学院研究生院国际新闻专业毕业，研究生学历，文学硕士。曾任中央政治局委员，重庆市委书记。

立案调查

2012 年 4 月 10 日，鉴于薄熙来涉嫌严重违纪，中央决定，依据《中国共产党章程》和《中国共产党纪律检查机关案件检查工作条例》的有关规定，停止其担任的中央政治局委员、中央委员职务，由中共中央纪律检查委员会对其立案调查。

2012 年 9 月 28 日，中共中央政治局会议审议通过中共中央纪律检查委员会关于给予薄熙来开除党籍开除公职处分的决定，对其涉嫌犯罪问题及犯罪问题线索移送司法机关依法处理。

罢免代表

2012 年 10 月 26 日，全国人大常委会公告：重庆市人大常委会罢免了薄熙来的十一届全国人大代表职务。依照代表法的有关规定，薄熙来的代表资格终止。

开除党籍

2012 年 11 月 4 日，十七届七中全会审议通过中纪委关于薄熙来严重违纪问题的审查报告，确认中央政治局作出的给予薄熙来开除党籍的处分。

提起公诉

2013 年 7 月 25 日，薄熙来涉嫌受贿、贪污、滥用职权犯罪一案，经依法指定管辖，由山东省济南市人民检察院向济南市中级人民法院提起公诉。

检察机关在审查起诉阶段依法告知了被告人薄熙来享有的诉讼权利，并讯问了被告人，听取了其委托的辩护人的意见。济南市人民检察院起诉书指控，被告人薄熙来身为国家机关工作人员，利用职务上的便利，为他人谋取利益，非法收受他人财物，数额特别巨大；贪污公款，数额巨大；滥用职权，致使国家和人民利益遭受重大损失，情节特别严重，依法应当以受贿罪、贪污罪、滥用职权罪追究刑事责任，并予以数罪并罚。

开庭审理

2013 年 8 月 22 日 8 时 43 分，济南市中级人民法院一审公开开庭审理被告人薄熙来受贿贪污、滥用职权案。

2013 年 8 月 25 日，全案法庭调查结束。

2013 年 8 月 26 日，薄熙来受贿、贪污、滥用职权案庭审进行法庭辩论。

2013 年 8 月 26 日 13 时 4 分一审庭审结束，法庭宣布择期宣判。

一审宣判

被告人薄熙来受贿、贪污、滥用职权案 2013 年 9 月 22 日 10 时 5 分在济南市中级人民法院第五法庭一审公开宣判。审判长王旭光宣读一审判决。

法庭对被告人薄熙来以受贿罪、贪污罪、滥用职权罪依法判处刑罚，数罪并罚，决定执行无期徒刑，剥夺政治权利终身。

提起上诉

据山东省高级人民法院网站 2013 年 10 月 8 日消息，被告人薄熙来受贿、贪污、滥用职权一案，山东省济南市中级人民法院于 2013 年 9 月 22 日一审宣判。闭庭后，在上诉期限内，薄熙来不服一审判决，通过山东省济南市中级人民法院向山东省高级人民法院递交上诉状。2013 年 10 月 8 日上诉期满后，山东省高级人民法院经审查，依法决定予以受理。

二审宣判

2013 年 10 月 25 日，山东省高级人民法院对薄熙来受贿、贪污、滥用职权案二审进行了公开宣判，裁定驳回上诉，维持一审无期徒刑判决。

人物警示

最高人民法院组织开展增强党性、严守纪律、廉洁从政专题教育活动，教育干警充分认识周永康、薄熙来等人践踏法律、破坏党的团结、搞非组织政治活动的严重危害，彻底肃清周永康严重违纪违法对法院工作造成的恶劣影响，引导干警在大是大非问题上坚决做到立场坚定、旗帜鲜明。

2014 年 6 月 30 日，中央决定开除徐才厚党籍、军籍、取消其上将军衔。2015 年 3 月 15 日，徐才厚因膀胱癌医治无效死亡，根据《中华人民共和国刑事诉讼法》第十五条的规定，军事检察院对徐才厚作出不起诉决定，其涉嫌受贿犯罪所得依法处理。

通报提到薄熙来严重违纪违法原因：

一是放松世界观改造，没有加强党性修养；

二是一意孤行，没有贯彻好民主集中制；

三是道德品质低下，没有重视德行修养；

四是权力观发生了扭曲；

五是私心作祟，纵容袒护家人违法。

问题：请你谈一谈，看完此案例有什么感悟？

样例二：杨栋梁事件

杨栋梁，男，汉族，1954 年 1 月生，河北青县人，1973 年 12 月加入中国共产党，1972 年 10 月参加工作，北京石油管理干部学院企业管理系石油管理工程专业大学专科毕业，在职研究生学历，法学博士。

会战标兵

1978 年在华北油田雁翎油田会战中被评为会战标兵。

违纪被查

2015 年 8 月 18 日，据中央纪委监察部网站消息，国家安全生产监督管理总局局长、党组书记杨栋梁涉嫌严重违纪违法，接受组织调查。

免去职务

2015 年 8 月 26 日，据中央组织部有关负责人证实，国家安全生产监督管理总局局长、党组书记杨栋梁涉嫌严重违纪违法，中央已决定免去其领导职务。

开除党籍

2015 年 10 月 16 日，经中共中央批准，中共中央纪委对第十八届中央委员，国家安全生产监督管理总局原党组书记、局长杨栋梁严重违纪问题进行了立案审查。

经查，杨栋梁严重违反政治纪律和政治规矩，进行非组织政治活动，干扰、妨碍组织审查；严重违反组织纪律，违规选用秘书并收受财物，违规为其子工作安排、职务升迁打招呼，违规选拔任用干部，出国期间擅自改变出访计划和路线；严重违反中央八项规定精神，挥霍浪费公款，长期接受私营企业主安排的高消费娱乐活动，违规配用公车；严重违反廉洁纪律，利用职务上的便利非法占有公共财物，利用职务上的便利在企业经营等方面为他人谋取利益并收受财物，收受礼金、礼品，违规多占住房；严重违反工作纪律，干预纪检机关的纪律审查工作和司法机关的案件查办工作，违规使用国有资金。其中，利用职务上的便利，非法占有公共财物；利用职务上的便利为他人谋取利益，收受财物等问题涉嫌犯罪。

杨栋梁身为中央委员，理想信念丧失，严重违反党的纪律，且党的十八大后仍不收敛、不收手，性质恶劣、情节特别严重。依据《中国共产党纪律处分条例》等有关规定，经中央纪委常委会议研究并报中共中央政治局会议审议，决定给予杨栋梁开除党籍处分；由监察部报国务院批准，给予其行政开除处分；收缴其违纪所得；将其涉嫌犯罪问题、线索及所涉款物移送司法机关依法处理。给予其开除党籍的处分，待召开中央委员会全体会议时予以追认。

2015 年 10 月 29 日，中国共产党第十八届中央委员会第五次全体会议审议并通过了中共中央纪律检查委员会关于杨栋梁严重违纪问题的审查报告，确认中央政治局之前作出的给予杨栋梁开除党籍的处分。

立案侦查

2015 年 11 月 2 日，最高人民检察院经审查决定，依法对国家安全生产监督管理总局原党组书记、局长杨栋梁以涉嫌受贿罪立案侦查并采取强制措施。案件侦查工作正在进行中。

问题：请你谈一谈，看完此案例有什么感悟？

附录一：为实现中国梦传播青春正能量
——在"传播青春正能量"优秀青年座谈会上的
讲话（2015年5月4日）

今天是五四青年节，很高兴和来自全国各地的优秀青年一起座谈交流。在座的，有全国五四青年奖章获得者、全国五四青年奖章集体代表，有全国优秀共青团员、团干部和团组织代表，还有网上网下一起推选出来的"向上向善好青年""中国好网民"。你们是当代中国青年的先进代表，我要向你们对祖国和人民的奉献与贡献表示感谢！并向全国广大青年致以节日的问候！

今天的座谈会以"传播青春正能量"为主题，很有意义。刚才，大家谈了各自的经历和体会，我听了很受启发、很受鼓舞。习近平总书记多次强调，要弘扬真善美，传播正能量，为实现中国梦凝聚起强大的精神力量和有力的道德支撑。我理解，正能量就是人们对真善美的追求，而这种追求是一个国家、一个民族、一个社会发展进步的精神动力。在当今中国社会大力传播正能量，能够加快推进我们国家的改革与发展进程，能够更有力地支撑中华民族复兴的脊梁，能够充分激发中华儿女同心同德、共同奋斗的精气神。因此，每个有志向、有抱负的青年人都应该很好地思考，当今中国社会需要什么样的正能量？中国的青年人应该怎样传播正能量？这里，我结合大家的发言，谈几点想法，和大家交流。

第一，传播爱国报国的正能量，把握青春奋斗的大方向。

爱国主义是中华民族生生不息的精神动力。"愿得此生长报国，何须生入玉门关""人生自古谁无死，留取丹心照汗青""苟利国家生死以，岂因祸福避趋之"。几千年来，中国人始终坚信只有国家好，民族好，个人才会好。近代以来，无数有志青年为救亡图存、振兴中华不懈探索、冲锋在前。今天是五四，五四精神首先是爱国精神。在爱国精神的激励下，一代又一代青年为争取民族独立、人民解放、国家富强作出了牺牲和贡献，也为青年自身的发展进步开辟了广阔空间。当代青年赶上了实现中华民族伟大复兴的好时代，青春之路可以有更多的选择，但个人追求只有融入国家和民族的发展，人生才会有更多出彩的机会。中国是现在世界上最具发展活力、最能成就梦想的地方。中国科技事业的发展成就了大批青年科学家，这次全国 25 位五四奖章获得者中，有 6 位是年轻科学家。中国梦需要青年，中国梦也成就青年。希望广大青年弘扬爱国报国的优良传统，围绕国家和人民的发展需要确定自己的人生理想目标，在为实现中国梦奋斗的时代洪流中激扬青春正能量。

第二，传播艰苦奋斗的正能量，激发创业创新创优的活力。

"悠悠万世功，矻矻当年苦。"大到国家小到个人，没有艰苦奋斗的精神，什么事情也干不成。新中国成立特别是改革开放以来，中国社会主义现代化建设取得巨大成就，这都是靠全国人民发愤图强干出来的。我们要清醒看到，现在中国的改革发展任务依然艰巨繁重，发展起来以后的问题并不比发展之前的少。邓小平同志强调，艰苦奋斗是我们的传统，艰苦朴素的教育今后要抓紧，一直要抓 60 至 70 年，我们的国家越发展，越要抓艰苦创业。当前，我国经济发展进入新常态，国家大力鼓励和支持青年创新创业，特别是互联网时代为青年人提供了更广阔的创新创业空间。但机遇和成功只属于那些不怕吃苦、脚踏实地的人，属于那些不懈追求、敢于创新的人。陈伟星在浙大读书期间就开始创业，大学毕业后越干越起劲，2012年开发国内首款打车软件——快的打车，2013 年创办小美生活移动电子商务平台，去年又开展智能运输。蒙古族青年阿腾都西，自幼双腿无法站立，但他意志顽强，刻苦学习金银饰品加工技术，从一片小店干起，发展到占地 1 万平方米的现代工厂，年营业近千万元。藏族小伙子周啟龙，8 年来一直坚守在海拔 5000 多米的青藏铁路唐古拉车站，缺氧不缺精神，艰苦不怕吃苦，练就钢轨伤情检测一流技术。武警北京特种大队刘洋，冬练三九、夏练三伏，一身硬功夫，多次带队圆满完成警卫任务，两次代表武警部队摘得国际特种兵大赛——约旦"勇士"冠军。我们希望当代青年艰苦奋斗，并不是要求大家过以前那样的苦日子，而是希望青年人加入大众创业、万众创新的队伍，在困难面前不低头，在挫折面前不气馁，自觉到艰苦环境中磨炼意志，到祖国最需要的地方干事创业。

第三，传播担当尽责的正能量，促进社会风清气正。

"天下兴亡，匹夫有责。"担当社会责任，是公民的基本义务，青年人更是责无旁贷。先进青年应该做良好社会风尚的实践者、引领者。前几天我看了新华社的报道，华北水利水电大学大三学生孟瑞鹏为救两名落水儿童英勇牺牲。2月26日，正放寒假的孟瑞鹏到河南清丰县的赵楼村去看望朋友，这时正在湖边玩耍的两名儿童不慎落水。他听到呼救声，立即奋不顾身跃入水中。两名儿童得救了，但因天冷水深，不会游泳的他不幸牺牲。学校整理孟瑞鹏遗物时，发现他在一个旧笔记本上写的一段话："不是任何情况都允许你暂时的逃避与停止。面对紧急情况，必须立即武装，立即反应，主动出击。"孟瑞鹏用宝贵的生命兑现了自己的誓言。他的老师说，孟瑞鹏的事迹代表了当代90后大学生最美好的正能量，体现了当代青年的高度责任感和敢于担当的精神。孟瑞鹏的先进事迹应该广泛宣传，这种见义勇为的正能量应该大力传播。现在网络越来越成为弘扬清风正气的重要阵地。网上那些乌七八糟的东西对青少年的负面影响很大，党和政府已经采取有力措施治理网络环境，但要从根本上解决问题，还要网络上的正能量形成冲抵负能量的汪洋大海。这次评选出的"中国好网民"雷希颖，去年在网络上发起"我和国旗合个影"活动，引发广大青年网友的热情参与；去年首个国家公祭日，他又制作和发布了网络版抗战爱国地图，用直观的画面帮助青年网友感受抗战和缅怀先烈，在网上传递了强烈的爱国主义正能量。要在网上树正气，首先要把好网民树起来，树立激浊扬清的导向，让沉默的大多数踊跃加入好网民的队伍，网络空间将更加健康有序，整个社会将更加风清气正。

第四，传播尊法守信的正能量，推动共建法治社会。

人无信不立，国无法不治。诚信守法是一个人立足社会的根基和底线，青年人走向社会，首先要从诚信守法做起。宁夏银川的诚实守信好青年杨林，八年如一日，辛勤劳动、省吃俭用，替去世的父亲还清了17万元债务。这些年，社会上不时出现诚信危机事件，损害的不仅是当事人的利益，还伤及整个社会的人际公信力。青少年最容易成为社会失信的受害者，也最能成为社会失信的校正者。希望广大青年尊纪守法，在法治社会建设中发挥正能量，做一个诚实守信的人。

第五，传播团结互助的正能量，汇聚为民奉献的爱心力量。

一方有难、八方支援是社会主义制度的一大优势，也是社会主义道德的集中体现。马克思主义认为，工人阶级能够实现集体行动，靠的是基于共同生存现实而产生的相互信任，以及在这种信任基础上的互助合作。新中国的农村合作社首先是从青年换工队、互助组开始的。新中国成立以来，在遭遇地震、洪水、泥石流等重大自然灾害的危急关头，全国人民团结一心、抗灾救灾，青年总是冲在急难险重的第一线。在日常社会生活中，青年是助人为乐的主要群体，雷锋就是其中的杰出代表，一代又一代青年志愿者把雷锋精神不断发扬光大。国家电网山东曹县供电公司的王东，将非亲非故的孤寡老人陈凤兰接到自己家中一住就是 15 年，像亲人一样照顾。有人说，现在是市场经济了，集体主义过时了，"各人自扫门前雪，莫管他人瓦上霜"。我坚决不同意这种说法。人类是一个命运共同体，社会越进步越需要团结互助。希望当代青年带头践行社会主义核心价值观，使奉献、友爱、互助、进步的志愿精神在全社会生根发芽。

第六，传播好学向上的正能量，与时代一起向前进。

中华民族是一个崇尚学习的民族，"学而时习之，不亦说乎""君子之学必日新，日日新""人不读书，其犹夜行""自古圣贤，盛德大业，未有不由学而成者也"。毛泽东同志寄语广大青少年"好好学习、天天向上"，倡导的就是一种求知精神、向上精神，这对青年人尤其重要。青年人处在学习的黄金时期、人生的起步阶段，保持好学上进的追求，能够为人生事业的发展打下良好基础。学习可以使人不断开阔眼界、开阔思路、开阔胸襟。一个学习的民族才有希望，一个向上的民族才有活力。当今世界进入信息时代，知识的生产和更新不断加快，信息传播方式在发生革命性的变革，青年人学习的任务不是更轻了而是更重了。最近公布的第 12 次全国国民阅读调查报告显示，2014 年我国国民人均纸质图书阅读量为 4.56 本，而以色列为 64 本、俄罗斯 55 本、日本 40 本、法国 20本。这从一个侧面反映了我们的学习差距。习近平总书记提出，青年人应该把学习作为首要任务，作为一种责任、一种精神追求、一种生活方式，让勤奋学习成为青春远航的动力，让增长本领成为青春搏击的能量。希望广大青年养成好学向上的良好品格，学以修身、学以立业、学以致用，掌握好为国家、为社会、为人民服务的本领，肩负起为实现中国梦不懈奋斗的时代重任。

在座各位都是当代青年的优秀代表，希望大家珍惜荣誉、当好表率，自觉践行社会主义核心价值观，大力传播青春正能量。各级团组织要广泛宣传优秀青年的先进事迹，在青年中掀起学习先进、争当先进、传播青春正能量的热潮，把蕴藏在广大青年中的创造能量和活力充分激发出来，为实现中国梦汇聚磅礴的青春力量。

李源潮《中国青年报》（2015 年 5 月 5 日 3 版）

第五章 《形势与政策》

　　《形势与政策》是依据中宣部、国家教育部下发的"高校形势与政策教育教学要点"，结合当前国际国内形势以及高等教育改革形势和大学生成长的特点而编写。在介绍当前国内外经济政治形势、国际关系以及国内外热点事件的基础上，阐明我国政府的基本原则、基本立场与应对政策。采用专题式的编写方法，涉及国际和国内时政热点 12 个专题，努力体现权威性、前沿性，注重理论与实际的结合、历史与现实的结合、稳定性与变动性的结合、学习知识与发展能力的结合，在相关问题的解读和分析上下功夫，力求达到知识传递与思想深化的双重效果。

第一节　《形势与政策》课程概述

　　《形势与政策》是高校思想品德课中的一门必修课程，是每个学生包括大专生、本科生在内的必修课。根据中宣部、国家教育部 1998 年《关于普通高等学校"两课"课程设置的规定及其实施工作意见》（教社科〔1998〕6 号）和中共中央、国务院《关于进一步加强和改进大学生思想政治教育的意见》（中发〔2004〕16 号）的要求，以及中宣部和国家教育部《关于进一步加强高等学校学生形势与政策教育的通知》（教社政〔2004〕13 号）精神，充分发挥高校思想政治理论课对大学生进行思想政治教育的主渠道作用，高校本科层次思想政治理论课将设置《马克思主义基本原理》《毛泽东思想、邓小平理论和"三个代表"重要思想概论》《中国近现代史纲要》和《思想道德修养与法律基础》等 4 门必修课，另外开设《当代世界经济与政治》等选修课。专科层次将设置《毛泽东思想、邓小平理论和"三个代表"重要思想概论》和《思想道德修养与法律基础》等 2 门必修课①②。《关于进一步加强和改进大学生思想教育的意见》明确强调，高校应结合实际，本专科学生都要开设《形势与政策》课。③

一　课程性质

《形势与政策》教育是高等学校学生思想政治教育的重要内容。该课程是高校思想政治理论课的重要组成部分，在大学生思想政治教育中担负着重要使命，也是对广大学生进行形势与政策教育的主渠道、主阵地。它是以马克思列宁主义、毛泽东思想和中国特色社会主义理论体系为指导，以高校培养目标为依据，紧密结合国内外形势，紧抓大学生的热点问题和思想实际，帮助学生认清国内外形势，对大学生进行比较系统的党的路线、方针和政策教育的思想政治教育课程。在引导学生正确认识国际国内形势、正确理解党和国家方针政策方面具有不可代替的作用。

《形势与政策》是高校思想政治理论课程体系中的基础课。它与思想政治理论课课程体系中其他 4 门课程在思想体系和内容上有着十分紧密的联系。《马克思主义基本原理》《毛泽东思想和中国特色社会主义理论体系概论》是学习形势与政策课的重要思想理论基础，为《形势与政策》课程的开展提供方法论和理论原则与政治导向。《思想道德修养与法律基础》及《中国近代史纲要》为本课程直接提供历史和现实的素材。本课程和其他学科也密切融合，它的体系建立在众多的学科基础之上，以伦理学、法学、哲学、社会学、心理学、教育学、政治学、人才学、美学、历史学等基础理论知识为依托，又为学生顺利学好其他课程提供精神动力，鲜明体现了本课程思想性与知识性统一、科学性与针对性统一、系统性与多学科融合性统一的特点。

---

① 中宣部、国家教育部：《关于印发〈关于普通高等学校"两课"课程设置的规定及其实施工作的意见〉的通知》（http：//www.moe.gov.cn/s78/A08/moe_734/201001/t20100129_2990.html）。

② 中共中央、国务院：《关于进一步加强和改进大学生思想政治教育的意见》（http：//www.moe.edu.cn/s78/A12/szs_lef/moe_1407/moe_1408/tnull_20566.html）。

③ 中宣部、国家教育部：《关于进一步加强高等学校学生形势与政策教育的通知》（http://www.moe.gov.cn/s78/A13/sks_left/s6387/moe_772/tnull_9309.html）。

二 课程目标

《形势与政策》的主要目的是帮助大学生了解和掌握国内的政治、经济形势与国家方针政策，以及国家改革与发展所处的国际环境、时代背景，正确理解党的基本路线、重大方针和政策，开拓大学生视野，提升思想理论素养和政策水平；正确分析社会关注的热点问题，激发学生的爱国主义热情，增强其民族自信心和社会责任感，把握未来，勤奋学习，成才报国。引导大学生统一思想、凝聚力量，坚定不移走中国特色社会主义道路，为全面建成小康社会和中华民族伟大复兴的中国梦而努力学习。

《形势与政策》课程的基本任务是通过适时地进行形势政策、世界政治经济与国际关系基本知识的教育，帮助学生开阔视野，及时了解和正确对待国内外重大时事，帮助学生全面正确地认识党和国家面临的形势和任务，拥护党的路线、方针和政策；同时使学生基本掌握该课程的基础理论知识、基本理论观点、分析问题的基本方法，并能够运用这些知识和方法去分析现实生活中的一些问题，使大学生在改革开放的环境下有坚定的立场、有较强的分析能力和适应能力，把理论渗透到实践中，指导自己的行动；增强实现改革开放和社会主义现代化建设宏伟目标的信心和社会责任感，提高当代大学生投身于国家经济建设事业的自觉性和积极性，明确自身的人生定位和奋斗目标。开设《形势与政策》课程，将形势与政策教育经常化、规范化、课程化，有助于提高学生的思想政治素质，正确认识国内外形势，增强民族自信心和自豪感，增强建设中国特色社会主义的信心；有助于学生拓宽视野，改善知识结构，了解我国社会改革与发展的实践与进程。这是学生思想政治教育的有效途径和重要渠道。

《形势与政策》以"知识、能力、素质三位一体的一般教育理念"和"意识、信念、责任三位一体的德育教育理念"为指导，关注生活、关注生命、关注生态、关注社会，重点解决当代大学生的价值取向、理想信念、爱国主义、诚实守信，艰苦奋斗、团结协作和心理健康问题等，帮助大学生树立正确的世界观、人生观、价值观、道德观和法治观，提高学生的思想理论素质，强化学生服务社会、报效国家的责任意识和实践能力。

具体来说，《形势与政策》的主要任务应包含以下几个方面：

第一，引导和帮助学生掌握认识形势与政策问题的基本理论和基础知识，包括马克思主义的形势与政策观、科学分析形势与政策的方法论、形势发展变化的规律、政策的产生和发展、政策的本质和特征等基础知识。

第二，引导和帮助学生掌握党的路线方针政策的基本内容，了解我国改革开放以来形成的一系列政策和建设中国特色社会主义进程中不断完善的政策体系。

第三，培养学生掌握正确分析形势和理解政策的能力，特别是对国内外重大事件，敏感问题，社会热点、难点、疑点问题的思考、分析和判断能力。

第四，通过社会实践让学生感知国情民意，体会党的路线方针政策的实践，把对形势与政策的认识统一到党和国家的科学判断上和正确决策上，树立正确的世界观、人生观和价值观。

三　课程内容

《形势与政策》课程教育的内容主要包含形势与政策两个部分。

形势是国内和国际社会政治和经济发展的状况和态势，政策是党和国家为实现一定时期的目标和任务而制定的行为准则。政策的制定要以形势为客观依据，并根据形势的发展变化作必要的调整。形势与政策的内容是动态的，具有时效性强的特点。因此，形势与政策教育必须根据形势与政策的动态发展及其对人们的思想和社会生活的影响，及时地调整教学内容，要以事明理，以理论事，通过国际、国内发生的重大事件和我国社会发展的进程，帮助学生正确认识形势，深刻理解党的政策。根据形势发展的需要决定教学内容，是这门课程的重要特点。不同层次、不同专业的学生思想实际会有很大的差别，但往往又有内在的必然联系，处于动态的发展过程之中。同时，国际、国内形势变幻莫测，党和国家的方针、政策也要不断推出和调整，这都决定了该课程的教学内容必须始终处于一个不断变化、不断更新的动态过程中。因此，《形势与政策》不同于传统课程有固定的教学内容体系，它具有理论性与时效性强的特点，教学内容也具有特殊性，需要根据形势的发展变化不断调整讲授内容。《形势与政策》课程在制定每学期教学内容时，要参考每学期教育部高校思想政治理论课教学指导委员会编发的《形势与政策教育教学要点》，并结合当前国际、国内形势的热点问题，确定形势与政策研究和讲授专题，而且要根据热点问题的发展变化，每学期对教学内容进行灵活调整。当前和今后一个时期，形势与政策课要根据新世纪新阶段面临的新情况新问题，加强教育教学的针对性，要着重进行党的基本理论、基本路线、基本纲领和基本经验教育；进行我国改革开放和社会主义现代化建设的形势、任务和发展成就教育；进行党和国家重大方针政策、重大活动和重大改革措施教育；进行当前国际形势与国际关系的状况、发展趋势和我国的对外政策、世界重大事件及我国政府的原则立场教育。

一般来说，《形势与政策》的讲授内容主要分为三个部分，一是形势与政策的基本知识；二是国内形势发展与中国对外关系的热点问题；三是国际形势变革趋势及国际热点问题。

（一）形势与政策的基本知识

形势指事物发展的状态和趋势。形者，形体、形态、状态也，"形"是现实的、可见的、静态的。"势"是事物发展的方向、势头。势者，趋向、趋势也。我们所讲的形势，一般指对事物发展的状况和趋势的认识，即指国内外经济、政治、文化、社会、军事、教育、科技等社会问题的现实和走向。政策是党和政府用以规范、引导有关机构团体和个人行为的准则或指南。党对国家的领导能否实现，国家各项事务能否正常开展，主要是靠政策的指引。政策是人的主观努力对客观形势的影响。我们研究社会，把握形势，就是为了采取科学对策为这一形势下的社会实践服务。

形势与政策的理论基础。主要包括：形势与政策的含义和特征；形势与政策的理论基础；马克思主义形势观与政策观的新发展；形势的含义和分类、形势的基本特征；分析形势的基本原则；判断形势的标准；认识形势的基本方法；等等。

分析形势的原则和制定政策的依据。主要包括：分析形势的原则；分析形势的方法；制定政策的依据；政策制定的原则；政策的实施等。

（二）国内形势发展与中国对外关系的热点问题

这部分是形势与政策教育的主要内容，要密切配合党的中心工作进行讲授。其基本内容主要包括如下几方面：我党、人大和政府召开的重大会议精神的学习宣讲；我国政治、经济、社会发展的新形势、新动态与新任务；国内外社会热点问题、突出的重大事件；等等。具体内容可按以下几个方面的进行专题宣讲：

1. 重大会议精神

党和国家重大会议精神是每年形势与政策学习的重点内容。党和国家重大会议一般分为两类：

一类是党的会议。党的会议主要有党的全国代表大会和党中央全会。

党的全国代表大会，如中国共产党第十八次全国代表大会，简称十八大，每五年召开一次（一般是十月或十一月），主要是听取并审议上一届中央委员会的政治报告、中央纪委报告，选举新一届中央委员会（十八大选举的中央委员会就叫"中国共产党第十八届中央委员会"）、中央纪律检查委员会；党中央全会，如中国共产党第十八届中央委员会第五次全体会议，简称十八届五中全会，每年九月或十月举行一次，按顺序就是一中、二中……七中全会，主要是审议中央政治局提交的工作报告，一次全会通过一个文件，如十八届四中全会通过党的《中共中央关于全面推进依法治国若干重大问题的决定》，十八届五中全会通过的《中共中央关于制定国民经济和社会发展第十三个五年规划的建议》，如果是第一次全体会议，还要选举产生中央政治局、中央书记处等。

另一类是国家的会议，国家的会议主要有中华人民共和国全国人民代表大会、全国人民代表大会常务委员会、中国人民政治协商会议、全国政协常务委员会。

全国人民代表大会，如中华人民共和国第十二届全国人民代表大会第四次全体会议，简称十二届全国人大四次会议，每年三月举行一次，听取审议政府工作报告、计划执行情况、高法报告、高检报告，通过新一年财政预算。如果是第一次会议还要选举产生新的国家机构组成人员。

全国人大常委会，如第十二届全国人民代表大会常务委员会第十六次会议，简称十二届全国人大常委会第十六次会议，每两个月举行一次，主要是审议法律法规，决定外交使节、缔结条约，任免国家工作人员等。

政协全国委员会，如中国人民政治协商会议第十二届全国委员会第四次会议，简称全国政协十二届四次会议，召开时间比全国人大提前一天，列席全国人大会议，每次通过一项政治决议，主要是建言献策，不具法律强制效力。

全国政协常委会，如第十二届政协全国委员会常务委员会第十一次会议，简称全国政协十二届常委会第十一次会议，大概三个月左右举行一次（无固定时间），一般都是听取传达党中央的有关精神，建言献策。

2015年是全面深化改革的关键之年，是全面依法治国的开局之年，也是全面完成"十二五"规划的收官之年。2016年是决胜全面小康的起步之年，也是"十三五"规划的开局之年。高校《形势与政策》教育教学，要全面学习重大会议的精神。关注学习十二届全国人民代表大会、全国政协十二届四次会议、党的十八大和十八届三中、四中、五中全会精神，深入学习贯彻习近平总书记系列重要讲话提出和阐释的中国梦、"四个全面"战略布局、"五大发展理念"等精神，认真开展社会主义核心价值观宣传教育。

2. 国内经济形势及任务

经济形势是指经济主体在一定地域、一定时期内经济活动的发展状态和发展趋势。具体来说，经济形势是指一定的主体通过选择和运用一定的经济体制，通过选择各种经济政策、经济手段与杠杆（如货币政策、财政政策、税收政策、价格杠杆、工资杠杆等）和必要的行政手段、法律手段等途径对经济发展、资本运营、居民生活等方面产生影响而呈现出来的经济发展状况与发展趋势。在诸多社会形势中，经济形势起着基础和制约的作用。所以，经济形势是《形势与政策》课程教学的重要内容。让学生明白什么是经济形势，怎样掌握好经济形势分析的原则、方法及指标体系，教会学生运用马克思主义认识论、逻辑思维等科学方法来观察经济形势、分析经济问题，从而准确地理解党和国家的经济方针、经济政策，同心同德共促中国特色社会主义经济建设。

当前，我国经济发展进入新常态，认识新常态、适应新常态、引领新常态，是当前和今后一个时期我国经济发展的大逻辑。深入阐述我国经济发展新常态的内涵特征，引导学生认识新常态、理解新常态下要有新思路。我国经济必须把转方式调结构放在更加重要的位置，准确把握新常态下要有新作为。

科学、全面分析当前经济形势及其发展趋势。当前我国经济下行压力较大，主要经济指标呈现波动下行态势，分析导致当前经济波动的原因，要看到经济运行中存在的积极变化，阐明经济运行分化的特点，让学生认识到我国经济的发展前景，明确当前经济工作的重点。针对一些经济热点问题，通过正面引导，解释疑惑，澄清是非，让学生认识到中国经济发展成绩来之不易、困难不可低估、信心不能动摇。

随着国内外环境条件变化，农业发展迅速背后隐藏的长期粗放式经营积累的深层次矛盾逐步显现，农业持续稳定发展面临的挑战前所未有。必须按照党的十八大要求，坚定不移走中国特色新型农业现代化道路，科学把握农业现代化工作总体要求和重点任务。明确现代农业发展的着力点，阐明促进农民增收的意义，让学生了解农村改革的方向与重点，正确引导农村土地改革、农产品质量安全、工商资本下乡等热点问题。

国内经济形势和经济发展重点任务很多，教学中也可以根据学生实际情况及意愿，讲解其他热点问题。如让学生了解什么是宜居城市，影响宜居城市衡量最重要的要素是什么，中国离宜居城市还有多远，为什么城市化滞后于工业化，怎么提高交通效率，建设宜居城市等问题。

3. 国内社会热点问题

在一个国家或地区中，社会形势和热点问题虽然不具有政治形势的权威和显赫地位，但各种社会热点和民众基本利益的联系更直接、更具体，与人民生活息息相关，影响着人民生活的方方面面，它是一个国家或地区总体形势的基础和保障。因此，在分析把握一个国家和地区的基本形势时，必须把握好社会热点问题。如正确认识和判断当前党风廉政建设和反腐败斗争形势、两岸关系和对台政策问题、社会主义核心价值观和中华优秀传统文化宣传教育形势等。

党风廉政建设和反腐败斗争是全面从严治党的重要内容和必然要求，全面从严治党，必须坚持以德治党和依规治党相结合，坚持高标准和守底线相结合，从关系党和国家生死存亡的高度深刻认识到党风廉政建设和反腐败斗争的重要意义；全面介绍党风廉政建设和反腐败举措，重点介绍强化党委的主体责任和纪委的监督责任；落实中央八项规定精神，坚定不移地严纠"四风"；加大纪律审查力度，深化纪律检查体制改革，高度重视将党的十八大以来的理论成果和实践经验转化成制度成果，把制度笼子扎得更紧。重点解读《中国共产党廉洁自律准则》《中国共产党纪律处分条例》的主要内容和重要意义，创新执纪方式，发挥巡视的利剑作用；加强国际反腐合作和追逃追赃等，引导学生树立法治意识、纪律意识和廉洁意识。介绍党风廉政建设和反腐败工作取得的成效，"四风"问题得到有力整治、一大批"老虎""苍蝇"被绳之以法，不敢腐的氛围总体形成，不能腐、不想腐的工作正在深化。让学生理性认识到反腐败斗争是一场攻坚战、持久战，形势依然严峻复杂，在实现不敢腐、不能腐、不想腐上还没有取得压倒性胜利，腐败活动减少了但并没有绝迹，党风廉政建设和反腐败斗争永远在路上。

当前两岸关系发展站在新的起点上，引导学生正确认识两岸关系发展新形势。2015 年两岸关系克难前行、成果丰硕。2015 年是两岸关系发展极为特殊的一年，两岸领导人实现历史性会面，认识两岸关系发展的政策举措，准确把握指引两岸关系未来发展方向和道路的四点意见，理性认识 2016 年 5 月 20 日后台湾政局发生的重大变化，让学生认识到支持两岸关系和平发展仍然是台湾社会主流民意，两岸关系积极向前发展的总体态势没有改变，国际社会坚持一个中国政策的格局依然稳固。两岸关系和平发展是人心所向、大势所趋，"台独"分裂势力及其活动是两岸关系和平发展的最大障碍，是台海和平稳定的最大威胁。国家统一是中华民族走向伟大复兴的历史必然，但两岸关系和平发展的道路不可能是一条坦途，必须保持充足的信心和必要的耐心。

社会主义核心价值观是兴国之魂，培育和弘扬社会主义核心价值观必须立足中华优秀传统文化。让学生理解社会主义核心价值观的内涵，大力开展中华民族伟大复兴的中国梦宣传教育。加强社会主义核心价值观教育要从中华优秀传统文化中汲取营养，增强大学生文化自信和价值观自信，汲取中华优秀传统文化的思想精华和道德精髓，大力弘扬以爱国主义为核心的民族精神和以改革创新为核心的时代精神，深入挖掘和阐发中华优秀传统文化讲仁爱、重民本、守诚信、崇正义、尚和合、求大同的时代价值，使中华优秀传统文化成为涵养社会主义核心价值观的重要源泉，在继承的基础上重点做好创造性转化和创新性发展。

国内热点问题很多，教学中也可以根据学生实际情况及意愿，为学生讲解其他热点问题。

大学生就业形势和政策：让学生了解正确认识当前就业形势，明确党和国家关于就业尤其是大学生就业的基本政策，转变就业、创业观念，掌握国家中长期教育改革和发展规划纲要，指导学生运用大学生职业生涯规划理论联系实际，拓宽自主创业或者就业渠道，教育学生做好准备，积极创业和主动择业。

中国的民族与宗教政策：中国自古是统一的多民族国家，让学生了解中国的民族区域自治制度、中国处理民族的基本原则、中国的宗教分布及状况、中国的基本宗教政策，介绍民族问题的背景，分析民族团结的重要性，阐释民族政策和民族发展情况，教育学生运用所学知识维护社会稳定等。

食品安全问题：让学生了解当前我国食品安全形势，引导学生分析我国食品安全存在问题的原因，让学生认识到我们必须加强食品安全管理，明确今后解决食品安全问题需要着力做好的重点工作等。

（三）国际形势变革趋势及国际热点问题

国际形势变革趋势及国际热点问题是形势与政策教育的重要内容，要密切联系国际现实进行学习。其基本内容主要包括如下几个方面：国际政治、经济变革趋势及国际热点问题；我国周边形势与相关国家的外交关系；等等。具体内容可按以下两个方面进行专题学习：

第一，国际变革趋势及国际热点问题

当前，国际体系的调整变革和各国抢抓未来发展优势的制度与规则之争激烈延续，一些重大国际议题将显著升温。各国将共同纪念世界反法西斯战争胜利 70 周年，联合国框架下 2030 年可持续发展议程制定出台，中美等主要大国协调推动巴黎气候协定，金砖国家筹建金砖国家开发银行和应急储备安排，推动着国际经济金融治理体系变革，美国全球战略调整牵动大国关系深刻调整。另外，一系列重大国际事件相继爆发，地缘政治的博弈更加复杂，大国协调合作解决国际地区热点问题的趋势加强。伊核问题是六国与伊朗达成冷战结束以来最重要的外交协议之一，美俄等就政治解决叙利亚问题展开协调，政治解决叙利亚问题的国际努力再度活跃。引导学生关注国际体系调整动向、发展趋势及对我国的影响，认识到中国是现行国际秩序的参与者、维护者、改革者，将为维护世界和平、促进全球发展发挥建设性作用。

世界经济低速回暖，把握增长格局分化态势。一是世界经济虽保持复苏态势，但负面因素不断增多，仍面临放缓失速甚至长期低迷风险：复苏根基不稳，增长整体乏力。国际金融市场持续动荡，大宗商品价格波动频繁，全球增长预期创国际金融危机以来新低，世界贸易增幅也可能降至 6 年来最低。二是增长格局分化。美国经济基本面表现相对较好，欧洲、日本则徘徊在衰退边缘。新兴经济体增速不同程度放缓，中国经济从高速增长转向中高速增长，巴西、俄罗斯经济大幅减速，面临国际金融危机以来最大下行压力，部分新兴市场国家货币贬值高达15%—30%。发达国家借势唱衰新兴经济体。在全球化背景下，世界各国建立防御全球金融风险的合作机制不断深化，但全球各主要经济体发展水平各异。

不能忽视的是，世界经济中的不确定因素非常突出。国际政治安全形势并不平静。埃博拉疫情扩散等非传统安全问题多有发生，美、欧、日等主要经济体货币政策背道而驰可能导致国际资本大规模异动，国际石油等大宗商品价格出现大幅波动等，这一系列风险挑战都将对世界经济产生负面影响。

国际热点问题：国际热点问题很多，教学中也可以根据实际情况及学生的兴趣爱好，有重点地讲解国际社会发展的热点问题，如中东问题、中东问题的由来、中东问题的复杂性、中东问题的实质（大国插手中东问题，中东民族、宗教问题的交汇点）、中东和平进程的展开、国际主要力量对中东问题的原则立场。

国际组织及其作用：国际组织的形成与发展、特征、作用；联合国的建立和作用，联合国的组织结构、运行方式，联合国同中国的关系；WTO 的建立和发展，WTO 的组织结构，WTO 在世界经济与贸易中的影响和作用，WTO 与中国。

当前世界的其他热点问题：一是民族主义问题，民族主义的由来及特征，民族主义问题的表现，民族主义问题的实质。二是国际人权问题，人权问题及其国际化，国际人权斗争（表现及其实质），几种不同的人权观（西方国家、发展中国家、中国的人权观）。三是恐怖主义问题，恐怖主义的产生，恐怖主义的特征，恐怖主义问题的实质。四是核不扩散问题，核不扩散的国际规范，核不扩散的作用，核不扩散问题的实质。五是突发事件问题，海啸问题，沙漠化问题，禽流感问题，等等。

第二，我国的周边形势及外交战略布局

亚太地区继续保持和平稳定的良好态势，新兴经济体快速发展，区域合作十分活跃，国际影响不断扩大，在世界格局中的地位持续上升。中国为地区和平发展做出了新的贡献，进一步改善了我国周边环境。习近平主席系统阐述"共同、合作、综合、可持续"的亚洲安全观。我国成功主办亚太经合组织第 22 次领导人非正式会议，启动了亚太自贸区进程，批准了 APEC 互联互通蓝图，积极推动构建"丝绸之路经济带"和"21 世纪海上丝绸之路"，筹建亚洲基础设施投资银行，设立丝路基金，打造中国—东盟自贸区升级版，使地区国家和人民不断从中受益。虽然我国周边环境中仍然存在一些挑战，但通过积极引导和塑造，我国周边环境总体态势是好的，睦邻友好、互利合作仍将是亚太和周边国家对华关系的主流。

党的十八大以来，党中央统筹国内、国际两个大局，主动谋划，努力进取，全面推进和完善外交布局。我国实现了外交布局的全覆盖，初步构建起遍布全球的伙伴关系网络。全面深化同周边国家的关系，引领东亚合作、亚非合作、南南合作以及南北合作前进方向；着力发展大国关系方面，中美、中俄、中英、中欧"四大伙伴"建设全面推进，推动同各大国关系的良性互动；加强同广大发展中国家团结合作，同国际社会一道办好世界反法西斯战争胜利 70 周年和中国人民抗日战争胜利 70 周年系列纪念活动；持续推进"一带一路"建设，加快同周边国家的互联互通基础设施建设，形成中国同发展中国家合作两翼齐飞的可喜态势。在多边舞台上，中国领导人首次登上联合国讲台，倡导建立以合作共赢为核心的新型国际关系，阐明中国对重大国际问题的立场。系统提出应对气候变化、推进全球气候治理的中国主张，为《巴黎协定》的最终达成做出积极重要贡献。在外交理论创新方面，继提出构建以合作共赢为核心的新型国际关系目标后，又推出打造"人类命运共同体"重大理念。在教育教学中，要引导学生关注我国重大外交议程，理解我国外交政策，支持我国外交工作。

"一带一路"是中国全方位对外开放的新战略。介绍认识"一带一路"的重要进展，客观分析"一带一路"战略的光明前景和面临的困难挑战，引导学生认识到，开展国际产能和装备制造合作，是新时期保持我国经济中高速增长和迈向中高端水平的重大举措，有利于实施"一带一路"等对外开放重大战略。

外交战略布局有很多方面，教学中也可以根据实际情况及学生的兴趣爱好，有重点的讲解大国外交。如台湾问题：台湾问题的由来；台湾问题的实质；美国等国家插手台湾问题；台湾问题不可能"国际化"；中国处理台湾问题的原则；中国处理台湾问题的立场；中国努力维护台海和平；同台独势立做坚决斗争。中国的和平发展战略与外交政策：中国和平发展战略的提出；中国和平发展战略的主要表现；中国的和平发展对世界的贡献；中国的外交方针；中国的对外政策；中国推进建设公正合理的国际新秩序。中美关系的现状与发展：中美关系的建立与发展；当前中美关系面临的机遇与挑战；中国建立中美关系的原则；中国建立中美关系的立场。中日关系的现状与发展：中日关系的建立与发展；当前中日关系面临的障碍及原因（历史问题、参拜靖国神社、教科书问题、台湾问题）；中国建立中日关系的原则；中国建立中日关系的立场。此外，中国与其他国家的关系：中国与俄罗斯的关系；中国与欧盟的关系；中国与东南亚国家的关系。

第二节 《形势与政策》实践课程概述

一 指导思想

《形势与政策》是一门理论和实践结合较强的课程。如果说，马克思主义基本理论讲的是理论的话，那么《形势与政策》讲的就是实际，这个实际也就是国际、国内的实际。我们必须认识到的是，《形势与政策》尽管讲的是实际，但还是理论化的实际，相对于思想品德教育所联系的个人生活实际而言，则它们两者体现的也还是一个理论联系实际的原则。从这种原则出发，《形势与政策》教育在整个高校学生思想政治教育大体系中，处于一种重要的中介与过渡地位，它不应该被边缘化。人的正确思想只能从社会实践中来。价值观教育是《形势与政策》教育的终极价值，它需要在实践活动中体验和顿悟。

实践教学是形势与政策教学计划的重要组成部分。在《形势与政策》这样一门密切联系学生所处的生活、社会、人生实际的课程里，应当十分注重实践教学活动。师生要积极走出校园、走进社区、走向社会，开展社会实践、社会调查，通过自己的亲身体验、考察、顿悟，发现问题、思考问题，并与课程教学实现相互支撑和呼应的良性互动。实践教学要与专业学习相结合，与服务社会相结合，与勤工助学相结合，与择业就业相结合，与创新创业相结合，增强社会活动的效果，以形式多样的活动为载体，以稳定的实践基地为依托，以建立长效机制为保障，引导大学生走出校门、深入基层、深入群众、深入实际，在实践中受教育、长才干、做贡献，树立正确的世界观、人生观和价值观，努力成长为中国特色社会主义事业的合格建设者和接班人。

高校《形势与政策》通过实施社会实践教学，把理论学习和实践活动结合起来，把课堂教学与生活体验结合起来、把思想教育与社会锻炼结合起来，使大学生在参加社会实践的过程中加深对社会现状问题的认识，提升对马克思主义特别是马克思主义中国化的最新理论成果和党的路线方针政策的理解，正确把握当代中国社会发展的主流和方向，帮助大学生坚定走中国特色社会主义道路的信念，促进大学生的全面发展和团队协作精神的塑造。通过社会实践，把《形势与政策》教学主题带到社会实践中，拉近政策理论与学生的距离，让学生在感同身受中提高认识。

二 教学目的

实践教学是《形势与政策》教育的重要环节，让学习者验证所习得经验和构建新经验，将课程经验内化，对于提升教学的质量和水平具有重要的意义。通过实践性教学，引导大学生运用马克思主义基本理论、观点和方法，认识国情、了解国情、了解社会，提高分析问题和解决问题的能力，加深对党的路线、方针、政策的理解，树立科学的世界观、正确的人生观和价值观。具体来说，其目标有三类：

（一）知识与技能目标

引导和帮助学生掌握认识形势与政策问题的基础知识和基本理论包括马克思主义的形势与政策观、科学分析形势与政策的方法论、形势发展变化的规律、政策的产生和发展、政策的本质和特征等基础知识；掌握党的路线方针政策的基本内容，了解我国改革开放以来形成的一系列政策和建设中国特色社会主义进程中不断完善的政策体系。

（二）过程与方法目标

让学生感知国情民意，体会党的路线方针政策的实践，把对形势与政策的认识统一到党和国家的科学判断上和正确决策上，把握正确的世界观、人生观和价值观，坚定在中国共产党领导下走中国特色社会主义道路的信念和决心，为实现全面建设小康社会的奋斗目标而发奋学习。

（三）情感态度与价值观目标

通过了解和正确认识经济全球化形势下实现中国特色社会主义现代化的艰巨性和重要性，引导学生树立科学的社会政治理想、道德理想、职业理想和生活理想，增强学生振兴中华和实现中华民族伟大复兴的信心信念和历史责任感以及国家大局观念，全面拓展能力，提高综合素质，塑造"诚、勤、信、行"和"有理想、有道德、有文化、有纪律"融于一体的当代合格大学生。

三 教学原则

《形势与政策》的实践教学要落实学校实践育人的总体要求，使学生在调研实践中接受教育，增长才干。就课程性质而言，《形势与政策》实践教学具有自身的特殊性，其实践教学必须遵循以下原则。

（一）方向性原则

大学生《形势与政策》是介绍国内、国际形势，宣传党的方针政策，解决大学生关注的热点、难点问题，帮助大学生正确认识党和国际面临的形势和任务的一门思想政治教育课程。因而，《形势与政策》实践教学首先要坚持正确的政治方向，在事关政治原则、政治立场和政治方向问题上必须与党中央保持高度一致。《形势与政策》实践教学要突出形势与政策实践教学的导向性、政策性和时效性，以马克思主义形势政策观为指导，以培养社会主义事业接班人和建设者为宗旨，调动广大学生关注国内外形势发展和国家大政方针的积极性，引导学生学以致用，学会用理论知识去解决实际问题，增强学生的社会责任感和历史使命感，树立正确的世界观、人生观和价值观，使学生努力成为社会主义核心价值体系的坚定信仰者、积极传播者和模范践行者。不能利用实践教学活动进行一些违背社会主义政治方向和反党、分裂国家、分裂民族、迷信等违法甚至犯罪的活动。要大力弘扬爱国主义、社会主义和集体主义精神，按照社会主义荣辱观的要求约束自己，开展《形势与政策》实践教学。

（二）求实原则

《形势与政策》实践教学与一般的课程不同，作为思想性、政策性、时效性、实践性较强，内容广泛并经常变化调整的一门课程，它需要根据教学需要、学生特点和学校实际，采取符合实际的灵活多样的实践教学方式，调动学生自觉关心形势与政策的积极性。实践形式上既有统一的实践安排，又有学生自我实践；既有网下教育，又有网上教育。将课内教学与学生课外实践有机结合起来，加强学生课外实践，多参看有关资料，多收集有关信息，将教学内容在课外消化。实践教学可以以重大节日、纪念日、重大实践为契机，以本地特色教育资源为依托，通过演讲会、时事竞赛会、研讨会等方式广泛开展活动；还可以与"三下乡""青年志愿者""大学生志愿服务西部计划"等活动结合起来，使大学生在广阔的社会实践中接受教育。

（三）主体原则

学生是自我教育的主体，教师的主导作用是通过激发学生学习形势与政策的兴趣来实现的。因此，在《形势与政策》实践教学模式必须加持教育与自我教育相结合的原则，突出学生的主体地位，形成一套有特色的教育教学模式，营造一种合作、对话与探究的课程文化，体现目前新课程改革的"以人为本"的新理念。《形势与政策》实践教学要改变传统的教学方法只注重知识传授的倾向，倡导学生主动参与、乐于探究、勤于动脑，使获得基础知识与基本技能的过程同时成为学会学习和形成正确价值观的过程。培养学生获取新知识能力，分析和解决问题能力以及交流与合作能力。形势与政策课程的开放性、多变性要求在教与学的过程中强调一种共建共享的课程文化，让学生积极参与，强调课程的民主性。《形势与政策》实践教学本身就是对话，在实践教学过程中要体现出学生的主体地位，要把学生当作千差万别的活生生的"人"，而不是相对静止的物，寻找学生关注的兴趣点，调动学生参加课堂教学的过程中来。坚持知识传授与能力培养的统一，形成"以人为本"的有特色的教学方法。因此，不但高校在制定各种规章管理制度时应民主、透明、公正和沟通，广泛征求学生的意见，而且思政课实践教学指导教师在制定社会实践活动管理办法时，也应广泛征求不同年级、不同类型学生的意见，使社会实践管理办法的出台能够得到广大学生的认可，成为学生在社会实践活动中自觉遵守的规范，确保学生实践活动的顺利开展。

（四）示范原则

根据教育学原理，教育者真信，才有可能保证受教育者相信。教师如源，学生如流，只有保证源的正确，才能保证流的正确。所以说，《形势与政策》任课老师和实践活动指导老师必须当好学生的示范：一是为人师表，榜样示范。广大教师应该自觉的严于律己，以高度负责的态度，率先垂范、言传身教，以良好的思想、道德、品质和人格给大学生以潜移默化的影响，使学生在对先进思想品德自觉奉行、信仰的个性化活动中受到感染和影响。对重大的理论问题，教育者自己要先弄清楚，才能谈得上对学生"传道、授业、解惑"。"以己昏昏"，怎么能"使人昭昭"呢？二是挖掘价值，渗透教育。任课老师和实践活动指导老师应当深入挖掘学科中的日常思想政治教育价值，自觉地将日常思想政治教育融入大学生专业学习的各个环节，渗透教学、科研和社会服务各个方面。实践活动指导教师必须具有用马克思主义理论分析形势的能力。《形势与政策》任课老师和实践活动指导老师要当好示范，坚持正确的政治方向，加强思想道德修养、加强社会责任感，当好大学生健康成长的指导者和引路人。

（五）合作原则

《形势与政策》的实践教学要与高校开展的"六个一"社会实践活

动、"三下乡""青年志愿者"等活动结合起来，使学生在调研实践中接受教育，增长才干。具体来说，一是积极展开与校团委、各级学生会的合作，充分利用学生的社团活动，确立与重大时事和理论政策密切相关的活动主题，把《形势与政策》的教学内容渗透到这些活动当中，使《形势与政策》实践教学与校园文化建设相融汇，促进实践教学向活动化方向发展。这种活动化的教学，让同学们在实践中亲身感受形势的变化，政策的正确，能给同学们对时事的了解带来真实感和亲切感，很适合当代大学生的"口味"，有助于学生在潜移默化中形成科学的形势观。二是发挥辅导员兼职任教《形势与政策》的有利条件，将形势政策教育融入日常学生思想教育工作中。辅导员是开展学生思想政治教育的一支重要力量，兼职任教的辅导员可以充分发挥自身优势，通过组织各种主题班会与党员活动，引导学生对时事政策的关注和学习，使得形势政策教育向日常化方向发展。同时这种活动化的教育，寓教于乐，大大增强了教学的实效性。

（六）*辩证原则*

当代大学生不仅具有一定的现代科学知识，而且一般都具有强烈的爱国主义热情和民族自尊心。他们对国际形势、发展态势、我国的对外政策以及国内社会政治经济发展状况比较关心、比较敏感。他们排斥空洞的说教，已经学会用自己的眼睛去看世界、用自己的头脑去分析问题。尤其是在当代信息化时代，大学生获得信息的数量和速度都是非常惊人的，这些信息使得大学生思想的独立性、选择性、多边性和差异性日益增强，这将极大地增加思想政治教育的难度。如何对这些事件向学生做出合理的解释，如何让学生认识到隐藏在纷繁的现象背后的本质和规律，如何让学生对随转瞬即变的形势发展做出冷静、理智的判断，需要在实践教学中坚持辩证的分析方法。只有辩证的方法才能使学生接受。因而，实践教学指导教师在实践教学中要时刻牢记马克思主义方法论，用辩证的方法去分析问题，解释社会现象。例如，对于我国经济社会发展中所遇到的困难，要运用一分为二的观点去分析，既要善于引导同学们看到光明的前景，有要让同学们客观看待社会实践中遇到的一些曲折。

四 《形势与政策》实践教学的组织实施

我们遵循认知规律和大学生思想政治教育形成规律，加强《形势与政策》实践教学环节，引导学生走出校门，深入社会，了解国情、省情、社情民情，在社会实践中深刻理解当代中国的形势与党的政策，加深学生对我国经济建设和社会发展巨大进步的认识。

（一）明确实践环节课时数

在《形势与政策》的教学过程中，一定要根据各校情况明确实践环节所占的课时数。高校人才培养方案中应明确规定，《形势与政策》理论教学（专题教学）课时数和实践教学课时数。实践教学环节依托学校资源，积极联系教育基地开展培训、联系知名企业进行实习、联系政府部门做好指导、联系 NGO 组织、参与社会服务以及联系基层农村体会生活，让学生从不同层面接触、了解社会；同时，推动学生与敬老院、中小学、公益组织等结对，经常性开展活动，培养他们的社会责任感。各个高校可以根据各自的实际情况，合理安排实践环节。例如，将《形势与政策》实践教学环节安排在第一学年的第二学期。

（二）确定实践教学组织形式

《形势与政策》社会实践教学的组织实施方式可以采取集中专项实践和自主分散实践两种形式，也可以采用自主分散实践为主的方式进行。

集中专项组织是指由社会实践指导教师按照社会实践教学大纲、指导书及实践教学实施计划的要求，组织学生组成实践活动团队，在指定的时间、指定的地点（区域）内开展的指定目标的课程社会实践活动。《形势与政策》实践教学指导教师可以利用实践调研、网络教学、专题讨论等灵活多样的方式组织实践教学。如组成社会实践小分队，到学校及周边、社区、街道、农村等进行专题调研，使《形势与政策》实践教学生动、活泼、有实效。

自主分散实践是指学生按照社会实践教学大纲、指导书及实践教学实施计划规定内容，在社会实践指导教师督导下，个人选择时间、地点、目标开展的课程社会实践活动。自主分散实践内容丰富多彩，涉及社会方方面面。从区域划分，有农村的、有城市的、有内地的、有沿海的；从内容上划分，有希望工程的，有金融保险的，有房地产开发的，有市场营销的，有厂矿、企业的内部管理机制的，有科技扶贫、文化教育的，有家教、生产劳动的，等等。

（三）实践教学指导教师的职责

一般来说，《形势与政策》理论教学任课教师为《形势与政策》实践教学的指导老师，负责实践教学组织及指导工作。具体做好设立实践小组；帮助学生遴选调研题目；指导学生实地调研、撰写调研报告、修改调研报告；对调研报告进行评价；推荐优秀调研报告等各项工作。

实践教学指导老师负责项目介绍、分组，指导每个学生根据自己感兴趣的主题进行社会实践活动，使大学生在与社会各阶层直接交往中，多角度了解社会，把握真正的国情，从而更加深刻地理解和实践党的理论方针政策，提高自己的思想政治素质。通过撰写小论文、社会调查报告、热点分析等灵活多样的形式，提高学生的政治素质和思维水平，与社会现实的紧密联系，增强了课程的时代感、贴近感；实践结果的汇报交流是学生们结合自己的见闻、感受和所学知识与其他同学共享实践成果的一个机会，也是扩大教育效果和辐射面的一种方式，有助于提高思想政治理论课教学的针对性和实效性。

（四）实践教学组织实施过程

1. 成立实践小组。实践教学指导教师组织各教学班，按教学班规模设立实践小组，学生按照自由组合的方式，以8—10人为一组，形成调研小组；各调研小组指定1名组长（或者增设1名副组长），其他为成员。

2. 遴选调研题目。各小组在讨论基础上遴选相应调研题目，调研题目可以采用形势与政策实践教学调研备选题目（见附件1），也可由各调研小组自行确定，实践教学指导教师给予一定的指导。

3. 实地调研并撰写调研报告。各调研小组在教师的指导下，通过实地走访、调查问卷、资料查阅等方式，掌握调研题目内容第一手资料，并运用《形势与政策》知识及有关专业知识，撰写具有针对性的调研报告。

4. 修改调研报告。指导教师对各调研小组的调研报告提出修改意见，指导学生进行修改，形成具有较高质量的调研报告。

5. 调研报告评价及推优。指导教师依据调研报告质量要求（见附件3）对各调研报告进行综合评定，成绩评定建议采用优秀、及格、不及格三级，优秀调研报告的比例为10%—20%的比例评出。实践教学报告成绩按40%的成绩计入期末总成绩（期末考核40% + 调研报告40% + 平时成绩20%）。

优秀调研报告评价指导标准：文笔流畅，主题鲜明，论点论据充分，层次分明，结构安排合理，能对调研主题提出独到的观点和见解，体现出大学生对世情、国情、党情、市情、民情的了解与关注。实践教学指导教师做好学生调研报告等材料的存档工作。

6. 调研报告汇编成册。高校思政教学部门组织专家对优秀调研报告进行再次修改评议，并汇编成学校《〈形势与政策〉课实践教学调研报告集》，作为《形势与政策》实践教学的重要成果。

附件1：《形势与政策》实践教学调研备选题目

附件2：调研报告格式样本

附件3：调研报告质量要求

附件1 《形势与政策》实践教学调研备选题目

1. 大学生对十八精神学习理解情况调查研究

2. 大学生对2016年"两会"精神学习理解情况调查研究

3. 大学生最关注的时政热点问题调查

4. "我的中国梦"与大学生社会责任感调查

5. 社会思潮对当代大学生思想行为的影响调查

6. 应届毕业生就业心理及现状的调查研究

7. 北大学城片区高校大学生入党动机的社会调查

8. 北大学城片区高校大学生对社会主义核心价值体系认同度的调查

9. 北大学城片区高校校园网络文化建设的调查

10. 北大学城片区高校校园文化建设现状的调查

11. 大学生寝室文化建设的社会调查

12. 大学生心理健康状况调查研究

13. 大学生社团建设情况调查研究

14. 大学生网络依赖情况调查研究

15. 大学生消费心理及状况调查

16. 新媒体技术对大学生生活的影响调查

17. 大学生村官工作生活现状的调查

18. 郑州市轨道交通发展及对市民生活影响状况调查

19. 郑州市民对城区生活环境的舆情调查

20. 对郑州出行高峰时段交通状况的调查

21. 当前郑州地区中小企业发展的社会调查

22. 市民对郑州公租房建设实施情况的舆情调研

23. 郑州各辖区留守儿童生活现状的调查

24. 郑州市食品安全状况调查研究

25. 新生代农民工的职业需求与工作满意度调查

26. 某地农民工养老保障情况的调查研究

27. 某地基层民主状况的调查研究

附件 2：调研报告格式样本

一、封面

包含：××学院 20××级《形势与政策》调研报告、标题、指导教师姓名、学院、专业、姓名、学号、时间等内容。字体字号要求：标题二号黑体，居中，其他小三号黑体，居中。

二、正文排版要求

1. 标题三号宋体，加粗，段落 3.0 倍行距，标题下面请依次写清学院、年级、专业、组长姓名、调研小组成员名单、指导教师姓名。

2. 正文段落行距 1.5 倍，四号黑体，二级标题四号楷体，加粗，三级标题四号仿宋。

3. 参考文献小四号仿宋。

4. 调研问卷附后，小四号仿宋。

三、打印格式及装订要求

1. 论文统一用标准 A4 纸张单面打印或手写，纸张大小为 A4（210mm×297mm）复印纸。

2. 装订线为论文页面左侧 1 厘米处，纵向等距装订订书针两个。

<h3 style="text-align:center">附件 3：调研报告质量要求</h3>

调研报告要着力解决好以下问题：

1. 调研报告内容不能很好地支撑反映调研题目，对调研问题不熟。

2. 提纲普遍存在问题；语言表述不准确。

3. 内容粗糙、不完整，数据不能很好地支撑调研题目。

4. 排版参差不齐，显得凌乱，调研内容层次不规范（见版面规范）；标点符号使用不规范。

5. 其他普遍问题

（1）个别调研有网上下载的痕迹，敷衍应付了事；

（2）个别调研报告没有深入一线调研，无调研问卷；

（3）个别调研报告篇幅太短、不深入，个别偏长，提炼不够；

（4）个别报告没有分清楚现状、问题、原因，杂糅叙述；

（5）个别报告没有提出解决问题的对策；

（6）个别调研问卷数量偏少，覆盖面不够，不能支撑调研课题。

第三节　实践活动主题

一　主题活动一：时事知识竞赛

（一）活动主题的确定

知识竞赛主要是指以知识问答、知识比拼为主要内容的活动。活动最终或可以给予参赛者某种资格，或者某种奖励，而举办方也可以通过活动在一定程度上发掘各方面的优秀人才。知识竞赛有很多，比如：奥运知识竞赛、载人航天知识竞赛、宗教知识竞赛、消防安全知识竞赛、"十三五"规划知识竞赛、时事知识竞赛、"两学一做"知识竞赛等。

时事知识竞赛主要是指以时事知识问答、时事知识比拼为主要内容的活动。在时事内容选择上，主要有两种：一种是阶段时事知识竞赛，如 2015 年下半年时事知识竞赛、2016 年上半年时事知识竞赛等；一种是时事专题知识竞赛，如十八届四中全会知识竞赛、"十三五"规划知识竞赛、"两学一做"知识竞赛等。

思想政治课实践教学可以采用时事知识竞赛活动，促进学生深入认识和了解当今国内外重大时事等时事政治知识，寓知识性、趣味性、互动性于一体，激发学生关心时事的热情；同时也活跃课堂气氛，提升学习效果，为学生提供一个展示自我、提升自我的舞台，促使学生发挥特长；在活动中培养学生的团队合作意识，增进同学友谊，增强团队凝聚力和集体荣誉感。

（二）时事知识竞赛的程序

一般来说，时事知识竞赛都要预先确定好竞赛程序。竞赛程序通常分两个阶段，一是赛前准备阶段，二是竞赛实施阶段。

1. 赛前准备阶段。该阶段所要进行的主要工作包括发出通知，明确竞赛试题的范围，明确参赛条件，制定竞赛规则。

2. 竞赛实施阶段。该阶段主要工作有以下几个方面：赛前辅导；组成评委会；布置赛场；领奖工作演练；组织选手参观赛场；熟悉环境；体验抢答器和按钮；竞赛；颁奖。

赛前辅导。通常在开赛前一至两天进行，辅导的内容一般包括知识和心理两个方面，知识方面的辅导主要是对题目内容进行原则性的提示，提供题目的大体范围和发问方式，心理辅导主要使选手减轻思想压力，尽快进入状态。

组成评委会。评委会主要由思政课教师、实践教学指导教师、辅导员等成员担任，主要对竞赛中可能出现的歧义进行纠正和解释，保证竞赛顺利进行。

布置赛场。知识竞赛的现场应包括：主持台，选手台，出题板，计分显示设备，抢答器，音响设备，录像设备等。

竞赛与颁奖。时事知识竞赛的对抗性很强，因而，主持人对调节赛前气氛担负主要责任，开赛后，要严格按照规则实施，对违反竞赛规则的选手及时予以处罚，竞赛中，如果出现问题，要依靠评委会迅速解决，以保证竞赛不间断地进行，竞赛结束后，应组织好发奖。

知识竞赛的一般组织程序主要是以上内容，思政课实践教学的时事知识竞赛在进行比赛时，在程序上可有所取舍，组织上也可以简化，但无论如何，有两个环节是必须注意的：一是试题的选择与确定，二是对赛场的控制与调节。

（三）时事知识竞赛活动的目标

1. 知识与技能目标。促进学生深刻理解国内、国际形势发展的背景，国内重大政策的制定实施依据、内容、落实的措施，了解国内改革开放和社会发展的动态、国际形势的发展动态及有关热点问题，帮助学生全面正确地认识和了解党和国家面临的形势和任务，拥护党的路线、方针和政策。通过全方位开展实践教学活动，让学生掌握《形势与政策》的基础理论知识、基本理论观点、分析问题的基本方法，激发学生关心时事的热情。

2. 过程与方法目标。在掌握形势政策基本理论的基础上，竞赛旨在培养大学生了解当前的政治形势，掌握正确分析形势和理解政策的能力，特别是对国内外重大事件、敏感问题、社会热点难点疑点问题的思考、分析和判断能力。引导学生结合实际，运用这些知识和方法去分析现实生活中的一些问题，对形势发展做出科学的判断和分析，指导自己的行为、工作与学习内容。着力提高大学生的理论素养，学会客观地、发展地、全面地、系统地和辩证地观察问题、分析问题、解决问题，不断增强理论思维能力和创新能力。通过开展时事知识竞赛实践教学活动，促进校园的思想文化建设，全面提高学生的能力与素质。

3. 情感态度与价值观目标。培养大学生的爱国热情，增强大学生对国家的使命感、对社会的责任感，增强实现改革开放和社会主义现代化建设宏伟目标的信心和社会责任感，帮助他们树立正确的人生观和价值观，提高当代大学生投身于国家经济建设事业的自觉性和态度，明确自身的人生定位和奋斗目标，为学生的全面发展进步创造有利条件。

样例一：时事知识竞赛活动方案

1. 活动背景

时事知识竞赛作为思政课实践教学开展的一项思想教育活动，其宗旨是弘扬爱国主义、集体主义、社会主义旋律，扎实推动校园文化建设，营造文化健康、格调高雅的校园文化气氛，提高大学生素质。21世纪是人才竞争的时代，人才的素质和技能成为知识经济实现的先决条件。大学生要善于通过各种形式继续学习，不断充实、提高和发展自己。大学生是对政治最为敏感、最为热情的人群，认识历史、了解历史不能马虎，认识时事、了解时事义不容辞。

2. 活动主题

时事大冲浪。

3. 活动目的

（1）增强大学生的思想政治理论水平，提高大学生对时政热点的关注度。

（2）有利于加强班级同学之间的交流合作，提升班级凝聚力。

（3）有利于推进校园文化活动的蓬勃发展，丰富大学生的学习和课余生活。

4. 活动时间

可以根据情况安排一个课时或两个课时。

5. 活动地点

学生活动中心。

6. 活动人员

所有开设《形势与政策》课程的班级。

7. 活动准备

（1）教师把学生分成四组，指导学生搜集当年特定时段国内、国际时事资料或特定特点专题，形成时事知识竞赛资料，每个小组一份。一般应提前1—2周组织学生进行活动准备。

（2）每个学生阅读并熟悉资料内容。

（3）推选出一男一女两名主持人，推选计分员两名。

（4）教师准备小礼物以作为对学生的鼓励。

（5）教师参考学生搜集的时事政治竞赛资料，准备各环节的题目和答案。

（6）两名主持负责做好相关工作。

8. 活动规则

时事知识竞赛一般可以分为三个环节：必答环节、限时选答环节、抢答环节。实践中教师可以根据实际情况灵活调整各个环节步骤及时间。

第一环节：必答环节，时间为 10 分钟。每组派出三名同学负责答题，小组里其他成员可以帮助提示。两名主持人分别对四组同学提问三个必答题目，并要求在 5 秒钟内说出答案。答对一题加 10 分，答错或答不出不扣分。必答环节结束后主持人统计此环节分数。

第二环节：限时选答环节，时间为 12 分钟。每组派出另外三名同学负责答题，小组其他成员可以帮助提示。每组同学先派一名同学上来抽取 A、B、C、D 四个信封，抽得信封的小组在两分钟内回答所抽信封里的题目，答对一题加 10 分，答错或放弃回答不扣分。必答环节结束后主持人统计此环节分数。

第三环节：抢答环节。时间为 10 分钟，其中抢答时间为 5 分钟。主持人以最快的速度说出题目，以教师的目测为主，由最先起来的同学回答问题，答对的同学所在小组加 10 分，答错的倒扣 10 分。5 分钟后，主持人统计此环节得分。

三个环节结束后，两名主持人统计三个环节各小组的分数，并按照分数高低得出各组最终得分，得分最高者获胜。

9. 活动过程

（1）时事知识竞赛活动分为必答环节、限时选答环节、抢答环节三个部分，活动开始前把同学们手中的时事知识竞赛资料收到老师手上。

（2）主持人介绍评委、参赛者，宣布比赛规则。

（3）各部门准备选手预备，宣布活动开始。

（4）主持人宣布必答环节开始。

（5）主持人宣布必答环节结束，计分员统计结果，主持人宣布必答环节各组成绩。

（6）主持人宣布限时选答环节开始。

（7）主持人宣布限时选答环节结束，计分员统计结果，主持人宣布限时抢答环节各组成绩。

（8）主持人宣布抢答环节开始。

（9）主持人宣布抢答环节统计结束，计分员统计结果，主持人宣布抢答环节各组成绩。

（10）计分员统计比赛最终结果，主持人宣布最终成绩及竞赛结果。

（11）实践教学指导教师对整个活动进行点评、总结，并为获胜者颁发奖品。

附录一：2016 年上半年时事知识精选

2016 年 1 月时事政治

1. 国内首个实现商业开发的大型页岩气田——国家级页岩气示范区、中国石化涪陵页岩气田顺利实现 50 亿立方米/年产能的建设目标，该气田目前是除北美之外全球最大的页岩气田，日产量可满足 3000 万个家庭的生活用气。

2. 亚洲开发银行近日发布的《2015 年亚洲经济一体化报告》显示，中国在亚洲高端科技产品出口中所占份额从 2000 年的 9.4% 升至 2014 年的 43.7%，位居亚洲第一，以高铁、核电和卫星等为代表的中国高端科技产品深受亚洲各国的欢迎。这标志着中国在高科技领域的突破正越来越受到国际社会的认可，中国高端科技产品在国际上的影响力日益增加。

3. 万达集团并购美国传奇影业公司签约仪式于 1 月 12 日在京举行。万达集团宣布以不超过 35 亿美元现金（约 230 亿元人民币）收购美国传奇影业公司，这是迄今中国企业在海外的最大一桩文化并购。

4. 新华社北京 1 月 16 日电："中国旅游年"开幕式 14 日在印度新德里举行，国家主席习近平向开幕式致贺词。

5. 1 月 16 日上午，亚洲基础设施投资银行开业仪式在北京钓鱼台国宾馆举行。

6. 台湾地区领导人选举投票 1 月 16 日下午 4 时结束。当晚出炉的计票结果显示，民进党候选人蔡英文、陈建仁当选为台湾地区正、副领导人，得票 6894744 张，得票率为 56.12%。

7. 2016 年伊始，中共中央、国务院《关于落实发展新理念加快农业现代化实现全面小康目标的若干意见》公开发布。这是进入新世纪以来，党中央连续发出的第十三个指导"三农"工作的"一号文件"。文件围绕加快农业现代化建设、实现全面小康目标，特别是以发展新理念引领农业农村发展，提出了一系列新观点、新政策、新举措，对做好2016年"三农"工作具有十分重要的指导意义。

8. 习近平1月26日下午主持召开中央财经领导小组第十二次会议，研究供给侧结构性改革方案、长江经济带发展规划、森林生态安全工作。习近平发表重要讲话强调，供给侧结构性改革的根本目的是提高社会生产力水平，落实好以人民为中心的发展思想。要在适度扩大总需求的同时，去产能、去库存、去杠杆、降成本、补短板，从生产领域加强优质供给，减少无效供给，扩大有效供给，提高供给结构适应性和灵活性，提高全要素生产率，使供给体系更好适应需求结构变化。

9. 住房和城乡建设部29日召开新闻通气会，公布了中国首批国家生态园林城市名单，徐州、苏州、昆山、寿光、珠海、南宁、宝鸡7座城市入选。

10. 2016年拉斯维加斯消费电子展1月9日落下帷幕。虚拟现实、自动驾驶、机器人、无人机、智能生活等技术是本届展会的亮点。来自中国的华为和亿航斩获最佳手机设备奖和最佳另类产品奖。

11. 2016年二十国集团峰会第一次协调人会议1月14日在北京国际饭店开幕。二十国集团成员、嘉宾国和国际组织协调人等中外代表400多人与会。杨洁篪强调，杭州峰会主题是"构建创新、活力、联动、包容的世界经济"，全年工作将围绕"创新增长方式""更高效的全球经济金融治理""强劲的国际贸易和投资""包容和联动式发展"4项重点议题展开。

12. 欧盟—乌克兰自由贸易区协定2016年1月1日正式生效，但独联体框架内俄罗斯与乌克兰自由贸易区协定同日中止执行。乌克兰在庆祝乌欧一体化又进一步的同时，也面临着巨大的经济损失。

13. 国际货币基金组织（IMF）1月27日发表声明，宣布该组织 2010 年份额和治理改革方案正式生效。中国正式成为 IMF 第三大股东。

14. 世界卫生组织日前通报，截至目前，美洲、非洲等已有超过 30 个国家和地区报告出现寨卡病毒传播。作为全球疫情最严峻的国家，巴西自去年 5 月确诊首例感染病例后，至今已有 150 万人感染寨卡病毒。令人担忧的是，有证据表明寨卡病毒很可能是导致巴西新生儿小头症病例激增的罪魁祸首。巴西总统罗塞夫 27 日表示，必须发起对这种病毒主要传播者伊蚊的阻击战，切断病毒传播途径，尽快控制疫情。

2016 年 2 月时事政治

1. 中国人民解放军战区成立大会 2016 年 2 月 1 日在北京八一大楼隆重举行。中共中央总书记、国家主席、中央军委主席习近平向东部战区、南部战区、西部战区、北部战区、中部战区授予军旗并发布训令，强调建立东部战区、南部战区、西部战区、北部战区、中部战区，组建战区联合作战指挥机构，是党中央和中央军委着眼实现中国梦强军梦作出的战略决策，是全面实施改革强军战略的标志性举措，是构建我军联合作战体系的历史性进展，对确保我军能打仗、打胜仗，有效维护国家安全，具有重大而深远的意义。

2. 记者近日从中国钢铁工业协会获悉：2015 年，我国粗钢产量为 80382.26 万吨，同比下降 2.33%，出现自 1981 年来的首次年度下降。不过，粗钢产量的下降不足以抵消粗钢表观消费量的下降，钢材供大于求矛盾仍然十分突出。钢铁行业企业亏损面大幅上升，普遍出现经营困难。

3. 记者日前从陕西省工信厅了解到：随着神华集团榆神 60 万吨烯烃项目建成，陕西煤制烯烃总产能达到 310 万吨，约占全国煤制烯烃产能的 50%，成为全国煤制烯烃第一大省。

4. 2 月 7 日，圆满完成第五颗新一代北斗导航卫星海上测控任务的远望三号测量船安全驶入长江入海口，胜利返航。远赴重洋 120 多天的远望六号测量船也已在南太平洋海域胜利返航途中。此外，已于 1 月底返回祖国的远望五号测量船全年连续海上作业 156 天，刷新了远望号单船一次出航时间的历史纪录。

5. 中国足协相关负责人 2 月 24 日介绍了国家体育总局足球运动管理中心已于今年 2 月撤销，中国足协与国家体育总局的"脱钩"也已基本完成。这标志着中国足协的调整改革进入了"快车道"，而中国足球曾经"两块牌子、一套人马"的组织构架已成为历史名词，不复存在。

6. 经李克强总理签批，国务院日前印发《关于同意开展服务贸易创新发展试点的批复》，同意在天津、上海、海南、深圳、杭州、武汉、广州、成都、苏州、威海和哈尔滨新区、江北新区、两江新区、贵安新区、西咸新区等省市（区域）开展服务贸易创新发展试点，试点期为 2 年，自国务院批复之日起算。

7. 中共中央政治局 2 月 22 日召开会议，讨论国务院拟提请第十二届全国人民代表大会第四次会议审议的政府工作报告稿和审查的中华人民共和国国民经济和社会发展第十三个五年规划纲要草案稿。中共中央总书记习近平主持会议。会议认为，"十三五"时期是全面建成小康社会的决胜阶段。科学制定"十三五"规划纲要，对适应把握引领经济发展新常态、推动我国经济社会持续健康发展，对夺取全面建成小康社会决胜阶段的伟大胜利、开创中国特色社会主义事业新局面，具有十分重要的意义。

8. 习近平日前对深入推进新型城镇化建设作出重要指示强调，城镇化是现代化的必由之路。党的十八大以来，党中央就深入推进新型城镇化建设作出了一系列重大决策部署。下一步，关键是要凝心聚力抓落实，蹄疾步稳往前走。今年是"十三五"开局之年，新型城镇化建设一定要站在新起点、取得新进展。要坚持以创新、协调、绿色、开放、共享的发展理念为引领，以人的城镇化为核心，更加注重提高户籍人口城镇化率，更加注重城乡基本公共服务均等化，更加注重环境宜居和历史文脉传承，更加注重提升人民群众获得感和幸福感。要遵循科学规律，加强顶层设计，统筹推进相关配套改革，鼓励各地因地制宜、突出特色、大胆创新，积极引导社会资本参与，促进中国特色新型城镇化持续健康发展。

9. 十二届全国人大常委会 2 月 26 日下午在人民大会堂首次举行宪法宣誓仪式，张德江委员长主持并监督。

10. 当地时间 2 月 11 日上午，美国科学家在华盛顿举行的记者会上宣布，人类首次直接探测到了引力波，并首次观测到了双黑洞的碰撞与并合。这一重大发现的意义被认为可与 400 多年前意大利天文学家伽利略首次用望远镜观测夜空相提并论，是人类第一次能够"听"到宇宙的"声音"。

11. 美国白宫 2 月 18 日宣布，总统奥巴马将于 3 月 21 日至 22 日访问古巴。这将是 80 多年来美国在任总统首次访问古巴。

12. 2 月 26 日至 27 日，东盟外长非正式会议在老挝首都万象举行，来自东盟十国的外交部长及东盟秘书长出席此次会议。东盟各国外长重申了关于维护和促进南海地区和平、安全和稳定，以及和平解决争端的共同承诺，并强调了全面和有效履行《南海各方行为宣言》的重要意义，呼吁尽早达成《南海各方行为准则》。

2016 年 3 月时事政治

1. 3 月 1 日零时，长江全流域进入禁渔期，这也是长江上中下游首次同时启动禁渔期管理，并首次将淮河干流河段纳入禁渔期管理，成为我国内陆禁渔期范围最广的一次禁渔行动。当日，2016 年长江流域禁渔期同步执法暨水生生物增殖放流活动在湖北宜昌启动，沿江 15 个省份开展禁渔期同步执法行动。

2. 第十二届全国人民代表大会第四次会议 3 月 5 日上午在人民大会堂开幕。国务院总理李克强向大会作政府工作报告时指出，奋斗才能赢得未来。让我们更加紧密地团结在以习近平同志为总书记的党中央周围，凝心聚力，奋发进取，努力完成今年经济社会发展目标任务，确保全面建成小康社会决胜阶段良好开局，为建成富强民主文明和谐的社会主义现代化国家、实现中华民族伟大复兴的中国梦做出新的贡献。

3. 发言人陆慷 3 月 15 日在例行记者会上表示，中国将自 3 月 15 日至 4 月 10 日通过云南景洪水电站对湄公河下游实施应急补水。陆慷表示，中国同中南半岛湄公河沿岸国家是友好邻邦，澜沧江—湄公河沿岸各国人民同饮一江水，在遇到困难的时候，朋友之间相互帮助、施以援手也是应有之义。2015 年年底以来，受强厄尔尼诺现象影响，澜沧江—湄公河流域各国均遭受不同程度旱灾。

近期，旱情进一步发展，对沿岸各国民众生产生活带来很大影响。为帮助流域国家应对旱情，中国政府克服自身困难，尽最大可能作出努力，决定对下游实施应急补水，此举将惠及柬埔寨、老挝、缅甸、泰国、越南等国，希望能够对缓解下游旱情有所帮助。

4. 第十二届全国人民代表大会第四次会议圆满完成各项议程 3 月 16 日上午在人民大会堂闭幕。大会批准政府工作报告、"十三五"规划纲要、全国人大常委会工作报告等；通过《慈善法》，国家主席习近平签署第 43 号主席令予以公布。

5. 世界知识产权组织 3 月 16 日在日内瓦总部发布公报说，去年向该组织提交的国际专利申请数量创下新纪录，共达 21.8 万件。美国仍是申请量最大的国家，而中国增长最快，华为技术有限公司则在企业界蝉联首位。公报显示，企业专利申请排名方面，华为以 3898 件连续第二年位居榜首，美国高通公司和中国的中兴通讯分别以 2442 件和 2155 件位列其后。

6. 世界知识产权组织 3 月 16 日发布全球知识产权申请状况报告，数据显示，中国在专利和商标国际申请注册方面继续保持强劲增长势头，连续 3 年位列全球第三，紧随美国、日本之后。

7. 我国首个开展空间引力波探测的重大基础科研项目"天琴计划" 3 月 20 日在中山大学珠海校区奠基，正式启动了其基础设施工程建设。

8. 国务院总理李克强 3 月 24 日上午出席博鳌亚洲论坛 2016 年年会开幕式，并发表题为《共绘充满活力的亚洲新愿景》的主旨演讲。

9. 第八十八届奥斯卡金像奖颁奖典礼于当地时间 2 月 28 日晚在洛杉矶杜比剧院落下帷幕，《聚焦》摘得年度最佳影片奖，亚历杭德罗·伊尼亚里图和莱昂纳多·迪卡普里奥凭借《荒野猎人》一片分别问鼎最佳导演和最佳男主角头衔，《房间》女主演布丽·拉森则获得最佳女主角奖。

10. 印度洋委员会第三十一届部长理事会会议日前在法属留尼汪通过决议，接纳中国成为印委会首个观察员。中国驻毛里求斯大使李立作为中国外长代表应邀与会并发言。

11. 韩国军方官员 3 月 6 日说，韩国和美国将于本月 7 日至 4 月 30 日同时展开"关键决断"和"鹞鹰"两场年度联合军事演习。

12. 谷歌旗下人工智能公司 Deep Mind 开发的智能系统 Alpha Go（阿尔法围棋）和韩国职业围棋选手李世石九段的第三局比赛于 3 月 12 日 12 时在首尔举行，经过 4 小时的对弈，李世石投子认输，Alpha Go 再次胜出，3：0 获得本次人机大战的最终胜利。

13. 澜沧江—湄公河合作首次领导人会议将于 3 月 23 日在海南省三亚市举行。应国务院总理李克强邀请，柬埔寨、老挝、缅甸、泰国、越南五国领导人将出席会议。六国将就推进澜沧江—湄公河合作机制建设、加强次区域国家全方位合作、促进地区一体化进程等深入交换意见。

14. 据德国《图片报》21 日报道，德国汉堡—埃普多夫大学医学院的研究人员已经开发出一种血液测试技术，可以追踪血液中的肿瘤细胞，并对其特征进行鉴定。这种被称为"液体活检"的技术是癌症研究上的一个里程碑。

15. 当地时间 3 月 29 日，国家主席习近平在布拉格同捷克总统泽曼举行会谈。双方积极评价两国关系发展，就中捷关系、中欧关系、中国—中东欧国家合作及共同关心的国际和地区问题深入交换意见，达成广泛共识。两国元首一致同意，将中捷关系提升为战略伙伴关系，推动中捷关系再上新台阶。

2016 年 4 月时事政治

1. 3 月 30 日，国家主席习近平抵达美国首都华盛顿，应美国总统奥巴马邀请，出席第四届核安全峰会。本届核安全峰会的主题是"加强国际核安全体系"。习近平将出席峰会所有正式活动并发表重要讲话，宣示中国在核安全问题上的立场和主张。出席峰会期间，习近平还将应邀出席伊朗核问题六国机制领导人会议。

2. 截至"十二五"末，我国累计光伏装机量首次超过德国，跃居世界第一。这是我国在新能源领域继风电装机跃居全球第一之后的又一次飞跃。

3. 4 月 6 日 1 时 38 分，我国在酒泉卫星发射中心用"长征二号丁"运载火箭成功将我国首颗微重力科学实验卫星——"实践十号"返回式科学实验卫星发射升空。卫星进入预定轨道，发射任务取得圆满成功。

4. 习近平对在全党开展"两学一做"学习教育作出重要指示强调，"两学一做"学习教育是加强党的思想政治建设的一项重大部署，是协调推进"四个全面"战略布局特别是推动全面从严治党向基层延伸的有力抓手，基础在学，关键在做。

5. 教育部4月7日发布《中国高等教育质量报告》，这是我国首次发布高等教育质量报告，同时，也是世界上首次发布高等教育质量的"国家报告"。《报告》显示，21世纪以来，中国高等教育实现跨越式发展，2015年在校生规模达3700万人，位居世界第一；各类高校2852所，位居世界第二；毛入学率40%，高于全球平均水平。高等教育发展与国民经济发展基本同步，并适度超前。

6. 习近平近日对文物工作作出重要指示。他强调，文物承载灿烂文明，传承历史文化，维系民族精神，是老祖宗留给我们的宝贵遗产，是加强社会主义精神文明建设的深厚滋养。保护文物功在当代、利在千秋。

7. 我国首颗微重力科学实验卫星"实践十号"完成12天太空飞行后顺利回收，这是我国成功发射回收的第二十四颗返回式卫星，也是首颗在内蒙古草原返回着陆的卫星。卫星回收任务圆满成功，进一步验证了我国返回式卫星控制回收技术，标志着我国在空间科学研究与应用领域迈出坚实步伐。

8. 习近平4月22日致信祝贺清华大学建校105周年，向全体师生员工和广大校友致以热烈的祝贺和诚挚的问候。习近平在贺信中指出，清华大学是我国高等教育的一面旗帜。105年来，清华大学秉承自强不息、厚德载物的校训，开创了中西融汇、古今贯通、文理渗透的办学风格，形成了爱国奉献、追求卓越的精神和又红又专、全面发展的培养特色，培养了大批学术大师、兴业英才、治国人才，为国家、为民族做出了重要贡献。习近平强调，办好高等教育，事关国家发展、事关民族未来。

9. 习近平近日在安徽凤阳县小岗村主持召开农村改革座谈会

并发表重要讲话。他强调，中国要强农业必须强，中国要美农村必须美，中国要富农民必须富。要坚持把解决好"三农"问题作为全党工作重中之重，加大推进新形势下农村改革力度，加强城乡统筹，全面落实强农惠农富农政策，促进农业基础稳固、农村和谐稳定、农民安居乐业。

10. 肯尼亚警方成功打掉一个冒充中国大陆公检法机关、向大陆群众大肆实施电信诈骗的犯罪团伙。肯尼亚执法部门经审查，决定将上述人员中的 32 名中国大陆犯罪嫌疑人和 45 名台湾犯罪嫌疑人遣返中国大陆。第一批 10 名犯罪嫌疑人已于 4 月 9 日遣返回国，第二批 67 名犯罪嫌疑人将于今日包机押解回国。这是我国首次从非洲大规模押回电信诈骗犯罪嫌疑人。

11. 亚洲相互协作与信任措施会议第五次外长会议 4 月 28 日在北京开幕。国家主席习近平出席开幕式并发表题为《凝聚共识 促进对话 共创亚洲和平与繁荣的美好未来》的重要讲话，强调要坚持和践行共同、综合、合作、可持续的亚洲安全观，凝聚共识，促进对话，加强协作，推动构建具有亚洲特色的安全治理模式，共创亚洲和平与繁荣的美好未来。

12. 欧盟统计局 3 月 31 日发布数据显示，中国 2015 年继续成为欧盟最大进口来源国，欧盟从中国进口的货物总量占从非欧盟国家进口总额的 20%。数据显示，美国和中国 2015 年继续稳居欧盟前两大货物贸易伙伴地位，其中美国是欧盟最大出口国，中国是欧盟最大进口国。

13. 联合国公共新闻部 4 月 7 日发布媒体声明说，目前已有超过 130 个国家确认将于 4 月 22 日在纽约联合国总部签署《巴黎协定》。2015 年 12 月 12 日，《联合国气候变化框架公约》近 200 个缔约方在巴黎气候变化大会上一致同意通过《巴黎协定》，为 2020 年后全球应对气候变化行动作出安排。

14. 总部位于伦敦的吉尼斯世界纪录机构 4 月 12 日宣布，《新华字典》获得"最受欢迎字典"和"最畅销的书（定期修订）"两项吉尼斯世界纪录。

15. 4 月 13 日至 14 日，"上海五国"（中国、哈萨克斯坦、吉尔吉斯斯坦、俄罗斯、塔吉克斯坦）外交与军事代表、智库学者、上海合作组织及部分驻华外交机构、媒体代表约150人齐聚北京，共同纪念《关于在边境地区加强军事领域信任的协定》签署20周年。

2016年5月时事政治

1. 中共中央、国务院印发《国家创新驱动发展战略纲要》，提出到2020年进入创新型国家行列、2030年跻身创新型国家前列、到2050年建成世界科技创新强国"三步走"目标。

2. 5月22日是国际生物多样性日，2016年也是我国自然保护区发展60周年。全国共建立自然保护区2740个，总面积147万平方公里，约占陆地国土面积的14.83%，高于世界平均水平。

3. 105岁的著名作家、文学翻译家杨绛5月25日凌晨病逝。

4. 我国首颗量子科学实验卫星将于2016年7月择机发射，将在世界上首次实现卫星和地面之间的量子通信，构建一个天地一体化的量子保密通信与科学实验体系。

5. 英国《泰晤士报高等教育》公布了2016年世界大学声誉排行榜，中国内地5所高校榜上有名，跻身百强，这5所中国高校分别是清华大学、北京大学、复旦大学、上海交通大学和浙江大学。

6. 2016年5月12日我国第八个"防灾减灾日"，京津冀三地5月11日签署了《京津冀救灾物资协同保障协议》，标志着京津冀救灾物资应急援助响应机制正式建立。

7. 从5月23日商务部举行的"京交会"新闻发布会上获悉：2010—2015年，我国服务进出口总额从3624亿美元增至7130亿美元，年均增长14.5%，为同期世界服务进出口平均增速的两倍，服务贸易的全球排名从第四位上升至第二位。预计到2020年，我国服务进出口总额将突破1万亿美元，占我国对外贸易的比重进一步上升。

8. 亚洲基础设施投资银行（亚投行）正式公布首个联合融资项目——一条位于巴基斯坦境内、连接旁遮普省绍尔果德与哈内瓦尔的64公里长高速公路项目。

9. 在中阿开启外交关系60周年之际，中国—阿拉伯国家合作论坛第七届部长级会议将于 5 月 12 日在卡塔尔举行。这是 2016 年 1 月习近平主席对中东进行历史性访问后举行的中阿首次高级别集体对话，对落实习主席访问成果、推进"一带一路"建设、深化中阿集体合作有重要意义。

10. 2016 年二十国集团（G20）领导人峰会即将于 9 月在杭州举行。这次峰会的主题是"构建创新、活力、联动、包容的世界经济"，"包容和联动发展"是主要议题之一。在中方推动下，今年 G20 第一次将发展问题置于全球宏观政策框架的突出位置，第一次围绕落实 2030 年可持续发展议程制订系统性行动计划。

11. 美国白宫发言人欧内斯特 5 月 2 日在例行记者会上表示，美国总统奥巴马认为日本不应因为 1945 年遭受原子弹轰炸而得到道歉。

12. 英国《泰晤士报高等教育》公布了 2016 年世界大学声誉排行榜，中国内地 5 所高校榜上有名，跻身百强，这 5 所中国高校分别是清华大学、北京大学、复旦大学、上海交通大学和浙江大学。

13. 朝鲜劳动党第七次全国代表大会 5 月 6 日在平壤"4·25"文化会馆开幕。这是朝鲜劳动党时隔 30 余年再次召开全国代表大会，金正恩被推举为朝鲜劳动党委员长。

14. 5 月 23 日，由联合国倡议的首届世界人道主义峰会在土耳其伊斯坦布尔举行，此次会议将持续至 24 日，涉及难民援助、自然灾害、气候变化、性别平等等全球性重要议题。来自美国、俄罗斯、中国、德国、法国等 100 多个国家的代表出席此次峰会，其中包括 65 个国家元首或政府首脑、相关国际组织及非政府组织的代表等，总参会人数达 5000 多人。

2016 年 6 月时事政治

1. 6 月 1 日 12 时起，我国黄海、渤海、东海海域全面进入伏季休渔期。渔村码头整列的渔船开始陆续进港停泊，进入一年一度的休整阶段。

2. 全国首个知识产权投贷联动基金 2016 年 3 月在上海浦东启动，同步启动的还有浦东新区知识产权增信增贷计划，为配合该计划，浦东开发的国内首个知识产权标准化债权融资产品同时面世。

3. 美国当地时间 6 月 6 日，青岛海尔股份有限公司和通用电气宣布，青岛海尔已完成对通用电气旗下通用电气家电公司的整合交割，标志着通用电气家电公司正式成为青岛海尔的一员。

4. 4 月 13 日，青海省出台《三江源国家公园体制试点机构设置方案》等 31 项具体方案，三江源头生态保护再出发：从 39.5 万平方公里的三江源中划定最源头的 12.31 万平方公里，构建包括长江源、黄河源、澜沧江源"一园三区"（国家公园、三江源头区）的三江源国家公园，开展国家公园体制试点。这是我国首次构建"归属清晰、权责明确、监管有效"的生态保护管理体制，为生态文明建设探索新路。

5. 举世瞩目的中国原创三代核电技术"华龙一号"全球首堆预计 2016 年下半年将批量化建设。中核集团"华龙一号"示范工程和海外工程自 2015 年 5 月和 8 月分别开工建设以来，在各方努力下，工程里程碑节点均按期或提前实现。

6. 6 月 24 日，国家主席习近平在乌兹别克斯坦塔什干出席上海合作组织成员国元首理事会第十六次会议，发表题为《弘扬上海精神巩固团结互信全面深化上海合作组织合作》的重要讲话。强调要坚定遵循上海合作组织根本宗旨和原则，牢牢把握发展大方向，动态调整各领域合作方略，确保本组织生机活力。

7. 6 月 16 日，上海迪士尼度假区将正式开门迎客。据悉，上海迪士尼是第一座将迪士尼的传承与中国传统魅力完美融合的度假区，乐园中心是世界上最高、最大、最具互动性的奇幻童话城堡。

8. 6 月 18 日上午，"向阳红 01"海洋综合科考船交付暨入列授牌仪式在青岛举行，这标志着我国目前最先进的新一代全球级现代化海洋综合科考船"向阳红 01"交付使用，并正式入列中国国家海洋调查船队。

9. 6 月 25 日晚 8 时 00 分，我国载人航天工程为发射货运飞船而全新研制的"长征七号"运载火箭在海南文昌航天发射场点火升空，约 603 秒后，载荷组合体与火箭成功分离，进入近地点 200 千米、远地点 394 千米的椭圆轨道，"长征七号"运载火箭首次发射圆满成功。

10. 中共中央政治局 6 月 28 日召开会议，审议通过《中国共产党问责条例》。中共中央总书记习近平主持会议。会议强调，问责条例是全面从严治党的重要制度，制度的生命在于执行。全面从严治党、推进标本兼治，最根本的就在于各级领导干部要把管党治党的责任担当起来。

11. 瑞士洛桑国际管理发展学院发表《2016 年世界竞争力年报》，香港继 2012 年后再夺全球最具竞争力经济体之誉，排名较去年上升一位。

12. 英国时间 6 月 24 日，脱欧派以 52% 的得票率在英国是否脱离欧盟的公投中胜出。此次公投的投票率为 71.8%，是自 1992 年以来投票者最多的一次英国选举。但英国要完成脱欧程序，仍至少需要两年时间。

13. 6 月 26 日是联合国确定的国际禁毒日，2016 年禁毒日主题是"倾听为先"，即通过倾听儿童和青年人心声，帮助他们远离毒品，走好健康成长的人生路。

二 主题活动二：模拟两会

（一）活动主题的确定

两会是"全国人民代表大会"和"中国人民政治协商会议"的简称。每年 3 月两会先后召开全体会议一次，每 5 年称为一届，每年会议称×届×次会议。会议听取审议政府工作报告、计划执行情况、高法报告、高检报告，通过新一年财政预算。如果是每一届的第一次会议还要选举产生新的国家机构组成人员。

两会召开的意义在于：将两会代表从人民中得来的信息和要求进行收集及整理，传达给党中央，两会代表是代表着广大选民利益的表达，代表着选民在召开两会期间，向政府有关部门提出选民们自己的意见和要求。地方每年召开的人大和政协也称为地方两会，通常召开的时间比全国两会时间要早。

2016 年 3 月召开的两会，一个是中华人民共和国第十二届全国人民代表大会第四次全体会议（简称：十二届全国人大四次会议，解释：

第十二届全国人大代表召开的第四次会议），全国人大常委会是全国人大的常设机关，全国人大常委会也定期召开会议。如2016年6月27日召开的中华人民共和国第十二届全国人民代表大会常务委员会第21次会议（简称：十二届全国人大常委会第二十一次会议，解释：第十二届全国人大代表选举的人大常委会委员召开的第二十一次会议）。2016年3月召开的两会，另一个是中国人民政治协商会议第十二届全国委员会第四次会议（简称：全国政协十二届四次会议，解释：政协全国委员会第十二届委员召开的第四次会议）。

（二）活动目标

1. 知识与技能目标。促进学生深入了解人大会议、政协会议等时政知识，提高学生的政治理论素养，深入认识我国面临的国际和国内政治、经济、社会、军事、文化、科技、外交形势，使大学生熟悉和了解党和国家的路线、方针、政策。

2. 过程与方法目标。通过全方位开展实践教学活动，促进校园的思想文化建设，全面提高学生的能力与素质，提高理论素养，激发学生关心时事、关心社会的热情。在丰富学生时事政治知识的同时，锻炼学生的表达能力、管理能力、分析能力、独立思考问题的能力，让学生学会客观地、发展地、全面地、系统地和辩证地观察问题、分析问题、解决问题，不断增强理论思维能力和创新能力。让学生懂得合作的重要性，也提高学生学习形势与政策的积极性。

3. 情感态度与价值观目标。增强大学生对国家的使命感、对社会的责任感，培养大学生的爱国热情感，帮助他们树立正确的人生观和价值观，为学生的全面发展进步创造有利条件，提高当代大学生投身于国家经济建设事业的自觉性和积极性，明确自身的人生定位和奋斗目标。

（三）活动流程

1. 前期准备

每年2月下旬开始进行前期宣传工作，思政教学部门出展板介绍两会的相关知识和内容，并设计、确定模拟两会的宣传图标。

2月下旬由思政课实践教学指导教师召开所带班级模拟两会动员会。具体内容包括：活动介绍、形式、具体流程、奖项设置以及班级准备事项。

思政教学部门与高校宣传部、团委、辅导员等做沟通协调，请各部门协助共同办好此次活动，并告知活动参与部分。

3月上旬确定各班模拟两会代表团成员名单，每班代表团5人，其余同学为观众。

3月中下旬择机举行模拟两会活动，在活动两天前申请并布置会场。

2. 议题、人员准备阶段

思政课实践教学指导老师明确议题范围和模拟议员角色范围，议题范围一般为当年社会热点问题，模拟议员角色一般为各主要社会阶层。

活动前通过抽签方式确定模拟两会讨论的主要议题及各代表团成员所扮演阶层角色。

3. 模拟两会议题讨论

主持人宣布本届模拟两会讨论议题及各代表团成员所代表的阶层。

各代表团陈述对议题的想法，提出自己的观点、方案等，时间为3分钟。

各阶层自由磋商，根据各阶层意愿相互游说结盟。结成若干个团体，起草决议草案。

草案决议，由各代表团推举代表发表决议草案，各个阶层代表投票。

各代表团和评委共同投票，评选出最佳草案及最佳个人。

样例一：模拟两会活动方案

1. 活动背景

两会是观察中国的重要窗口。每年的"两会时间"，人民大会堂都凝聚着全世界的目光。2016年，中国的改革下一步如何落棋？换挡减速的中国经济如何激发"新动力"？气势不凡的"打虎拍蝇"还会有什么猛料……需要我们从现在开始，认真听、仔细看、细细品读会场中传出的一切信息。家事国事天下事，事事关心，两会召开之际，为促进大学生进一步学习时事政治知识，关注两会精神，加强大学生思想政治教育，进一步培养大学生的爱国热情，特在《形势与政策》实践教学环节中开设模拟两会活动。

2. 活动主题：模拟两会

3. 活动目的

通过活动提高我校大学生思想政治素质，营造一个呈现着民主、团结、求实、奋进、和谐政治的氛围。让同学们更多地关注政治，关注时事，培养大学生参与时事政治讨论的热情，增加社会认识，提高综合素养。

4. 活动时间：每年 2 月下旬—3 月底

5. 活动地点：学生活动中心

6. 活动人员：所有开设《形势与政策》课程的班级

7. 活动准备

前期准备

（1）由思政教学部门出展板介绍两会的相关知识和内容，并设计模拟两会的宣传图标，在确定图标后印制图标贴纸。

（2）由思政课实践教学指导教师向所带班级同学介绍本年度模拟两会的内容、形式、具体流程安排及注意事项。

（3）由各班班委召开一次本班模拟两会动员会，并与本院系辅导员、团委联系，请院系协助共同办好此次活动，并告知活动参与部分。

（4）各班推选本班模拟两会代表团成员名单，每班 5 名代表成员。

会场布置

（1）确定莅临领导后印制台签，准备好评委席。

（2）提前为莅临领导、评委老师准备好评分表、签字笔、矿泉水。

（3）安排各个代表团的座位区域。

（4）调试话筒及多媒体。

（5）确定主展示演讲台，以及代表团上台、下台路线。

（6）确定主持 1—2 人，记票员 2 人，会议记录 2 人，记录会议进程。

8. 模拟两会具体流程

会前准备阶段

（1）明确议题范围，在"社会发展不平衡、就业难、医疗制度不健全、教育水平区域差异、房价过热、社会分配不公、腐败"七大社会矛盾中选择。

（2）模拟议员角色分配：国家机器管理阶层（政府官员）；各类企业经营代表；产业工人阶层；城乡无业失业半失业阶层；农业劳动者阶层；个体工商户阶层；大学生阶层；退休、老年人阶层；记者团；网民团等角色。

（3）会议开始前通过抽签确定所扮演阶层及参与议题。活动分为两个部分进行。第一部分：议题讨论阶段；第二部分：提交决议草案阶段。

议题讨论阶段

（1）主持人宣布模拟两会正式开始。介绍大会流程，莅临领导、评委、班级代表团成员及分别所代表的阶层及讨论议题。

（2）各代表团正式进入陈述阶段：每代表团有三分钟时间进行对议题的想法陈述，提出观点、方案等。

（3）各阶层进入自由磋商环节，根据各阶层意愿相互游说结盟，结成若干个团体，起草决议草案交至大会秘书处（秘书处由当时评委及各实践教学指导教师组成）。

（4）草案决议，由各个团体发表决议草案，演讲并投票，并由各个阶层投票选出最佳草案及最佳个人。该成绩为总结大会评奖依据。

（5）投票方式：由各代表团及秘书处共同投票，采取不记名方式，投完票后由计票人汇总统计。

（6）由评委评选出本届模拟两会优秀名单。评选依据代表团的参与度、合作情况、草案提出情况，完成最佳草案及最佳个人综合评比。奖项设置为：一等奖1名，二等奖2名，三等奖3名。

9. 注意事项

（1）活动中的突发事件。如果出现观众有不良行为的情况，由现场的服务人员将当事人带离现场，并维护现场秩序。主持人应有一定应变能力，调节现场气氛，尽量减少事件对大赛的不良影响。对当事人视情节严重性按照规定进行处理。

（2）多准备几个话筒以防发生故障。

（3）参与服务的同学尽量熟知当场的座位的划分，选手上、下场的路线，以免需引路时不知所措。

附录1：两会基本知识介绍

附录2：2016年全国两会十大热点话题汇总

附录1：两会基本知识介绍

一、两会概况

两会指中华人民共和国"全国人民代表大会"和"中国人民政治协商会议"。中华人民共和国全国人民代表大会是最高国家权力机关。中国人民政治协商会议（简称人民政协）是中国人民爱国统一战线的组织，是中国共产党领导的多党合作和政治协商的重要机构，是中国政治生活中发扬社会主义民主的一种重要形式。

1949年成立的一届全国政协选举产生了中央政府，直至1954年9月第一届人大开幕。而全国两会形成于1959年，在三届政协召开一天后第二届人大也同时召开。政协委员列席人代会听取政府工作报告。此后，1965年1月四届政协对应同期召开的三届人大，而全国政协比全国人大提前1至2天开幕。"文化大革命"全国政协停止，全国人大则在1975年恢复一届（四届），因此自1978年起全国人大与全国政协届次完全同步。

两会每届任期均为5年，每年3月举行一次全体会议。全国两会在3月召开的惯例始于1985年。此前会议时间从年初到年中到年末历年均有不同。以五届全国人大、政协会议为例，一次会议是在2月，二次会议在6月，三次会议在8月，四次和五次会议则安排在11月。而自1998年九届全国人大和全国政协召开至现在，每年全国政协均在3月3日、全国人大均在3月5日开幕。人大议事规则的写法则是"第一季度"。之所以选择在3月，原因之一是有元旦和春节两个假期而春节一般不是1月便是2月。两会会期也是自1998年起相对固定，除了涉及换届选举的一次会议一般为两个星期（14至15天）外，历年两会的时间一般控制在10至12天。

二、全国人民代表大会及地方各级人民代表大会

（一）全国人民代表大会

中华人民共和国全国人民代表大会是最高国家权力机关，实行一院制。它由各省、自治区、直辖市和人民解放军选出的代表组成。全国人民代表大会每届任期5年，每年举行一次会议，由全国人民代表大会常务委员会召集。如果全国人民代表大会常务委员会认为有必要，或者有1/5以上的全国人民代表大会代表提议，可以

临时召集全国人民代表大会会议。

全国人民代表大会会议于每年第一季度举行。全国人民代表大会举行会议时，选举主席团主持会议。全国人民代表大会代表按照选举单位组成代表团。全国人民代表大会主席团，全国人民代表大会常务委员会，全国人民代表大会各专门委员会，国务院，中央军事委员会，最高人民法院，最高人民检察院，可以向全国人民代表大会提出属于全国人民代表大会职权范围内的议案，由主席团决定列入会议议程。一个代表团或者30名以上的代表联名，可以向全国人民代表大会提出属于全国人民代表大会职权范围内的议案，由主席团决定是否列入会议议程，或者先交有关的专门委员会审议，提出是否列入会议议程的意见，再决定是否列入会议议程。

全国人民代表大会会议审议议案的一般程序为：提案人向会议提出关于议案的说明；各代表团全体会议、代表小组会议对议案进行审议；主席团可以将议案交有关专门委员会进行审议、提出报告，由主席团审议决定提请大会全体会议表决。会议表决议案采取投票方式、举手方式或者其他方式，由主席团决定。经表决，议案由全体代表的过半数通过。表决结果由会议主持人当场宣布。宪法的修改需由全国人民代表大会常务委员会或者1/5以上的全国人民代表大会代表提议，采取投票方式表决，由全体代表的1/3以上的多数通过。

各代表团审议议案和有关报告的时候，有关机关应当派负责人员到会，听取意见，回答代表提出的询问。全国人民代表大会会议期间，一个代表团或者30名以上的代表联名，可以书面提出对国务院及国务院各部、各委员会和最高人民法院、最高人民检察院的质询案。全国人民代表大会主席团、三个以上的代表团或者1/10以上的代表联名，可以提议组织关于特定问题的调查委员会，由主席团提请大会全体会议决定。

（二）全国人民代表大会的主要职权

中华人民共和国全国人民代表大会是最高国家权力机关。根据宪法的规定，全国人民代表大会具有全权的和最高的地位，其主要职权有：

根据中国共产党中央委员会的决定或建议修改宪法。在中国共产党中央委员会及政治局常务委员会领导下，监督宪法的实施。

根据中国共产党中央委员会的决定制定和修改刑事、民事、国家机构的和其他的基本法律。

根据中国共产党中央委员会的提名选举国家主席、副主席。

根据中华人民共和国主席的提名决定国务院总理的人选。

根据国务院总理的提名决定国务院副总理、国务委员、各部部长、各委员会主任、审计长、秘书长的人选。

根据中国共产党中央委员会提名选举中央军事委员会主席，一般为前任中国共产党的主席根据中央军事委员会主席的提名决定中央军事委员会其他组成人员的人选。

选举最高人民法院院长并经中国共产党中央组织部批准。

选举最高人民检察院检察长并经中国共产党中央组织部批准。

在中国共产党领导下审查和批准国民经济和社会发展计划和计划执行情况的报告。

在中国共产党领导下审查和批准国家的预算和预算执行情况的报告。

在中国共产党领导下改变或者撤销全国人大常委会不适当的决定。

在中国共产党领导下决定特别行政区的设立及其制度。

在中国共产党领导下决定战争与和平的问题。

应当由最高国家权力机关行使的其他职权。

（三）地方各级人民代表大会

中国的人大共分为五级：全国人大；省、自治区、直辖市人大；设区的市、自治州人大；县、自治县、不设区的市、市辖区人大；乡、民族乡、镇人大。全国人大由省、自治区、直辖市人大和军队选出的代表，以及香港、澳门特别行政区和台湾地区的全国人大代表组成。

地方各级人大由民主选举产生的代表组成，其中省级和设区的市级人大代表由下一级人大选举，县、乡两级人大代表由选民直接选举。各级人大代表现共有 320 多万名。各民族、各阶层、各党派、各方面在人大都有适当数量的代表。全国和县级以上地方各级人大每届任期5年，乡级人大每届任期5年。

为了便于经常举行会议，集体行使职权，全国人大和县级以上地方各级人大设立常委会，作为其常设机关，主要在人大闭会期间行使国家权力。常委会组成人员由本级人大从其代表中选出，当选后不得担任国家行政、审判、检察机关的职务。常委会每届任期与本级人大每届任期相同。全国人大常委会由委员长、副委员长若干人、秘书长和委员若干人组成。省级和设区的市级人大常委会由主任、副主任若干人、秘书长和委员若干人组成，其名额，省级一般为35—65人，人口特多的不超过85人；设区的市级一般为13—35人，人口特多的设区地市不超过45人。县级人大常委会由主任、副主任若干人和委员若干人组成，其名额一般为11—23人，人口特多的不超过29人。全国人大常委会委员长和县级以上地方各级人大常委会主任分别主持本级人大常委会的工作。全国人大常委会委员长、副委员长和秘书长组成委员长会议；省级和设区的市级人大常委会主任、副主任和秘书长组成主任会议；县级人大常委会主任、副主任组成主任会议，分别处理本级人大常委会的重要日常工作。

乡级人大设主席，并可以设副主席1—2人，由本级人大从代表中选出，选出后不得担任国家行政机关的职务；每届任期与本级人大每届任期相同。全国人大和省级、设区的市级人大根据需要可以设立有关专门委员会，受本级人大的领导，在人大会议闭会期间受其常委会的领导，协助人大及其常委会开展工作。全国人大现设有民族、法律、内务司法、财政经济、教育科学文化卫生、外事、华侨、环境与资源保护、农业与农村共9个专门委员会。省级和设区的市级人大可以设法制（政法）、财政经济、教育科学文化卫生等专门委员会。全国和县级以上地方各级人大常委会设立代表资格审查委员会，作为专门负责审查本级人大代表资格的常设机构。

全国和县级以上地方各级人大及其常委会根据工作需要，设立工作机构和办事机构。全国人大及其常委会的工作机构和办事机构包括：全国人大常委会办公厅、法制工作委员会、预算工作委员会、香港特别行政区基本法委员会、澳门特别行政区基本法委员会。全国人大各专门委员会也设有自己的办事机构。县级以上地方各级人大及其常委会的工作机构和办事机构包括：本级人大常委会办公厅（室）、若干工作委员会等。省级和设区的市级人大专门委员会也设有自己的办事机构。省、自治区的人大常委会可以在地区设立工作机构。

（四）人大代表的权利和义务

现行宪法和《全国人大组织法》规定，全国人大代表的权利有：

1. 提出议案和建议、批评、意见的权利；

2. 提出人事罢免案的权利；

3. 提出质询案和进行询问的权利；

4. 在全国人大召开的各种会议上的发言和表决不受追究；

5. 在大会开会或闭会期间，非经许可，不受逮捕和刑事审判；

6. 对围绕人大审议议题及有关内容，有视察的权利；

7. 在出席全国人大会议和执行其他属于代表职务的时候，国家和社会应根据实际需要为代表提供保障。

全国人大代表的义务有：

1. 必须模范地遵守宪法和法律，认真行使职权，保守国家秘密，并且在自己参加的生产、工作和社会活动中，协助宪法和法律的实施；

2. 同原选举单位和人民群众保持密切的联系，听取和反映人民的意见和要求，努力为人民服务。

三、中国人民政治协商会议

（一）中国人民政治协商会议

人民政协成立于 1949 年 9 月。政协第一届全体会议代行国家最高权力机关的职权，宣告了中华人民共和国的成立，通过了具有临时宪法性质的《中国人民政治协商会议共同纲领》以及《中华人民共和国中央人民政府组织法》《中国人民政治协商会议组织法》，选举产生了中央人民政府和政协第一届全国委员会。这次会议还决定了中华人民共和国的国都、国旗、国歌和纪年。1954 年中国最高国家权力机构全国人民代表大会诞生。从此政协作为中国最广泛的爱国统一战线组织继续存在，并在国家政治、经济、文化和社会以及对外交往中发挥着重要作用。中国人民政治协商会议全国委员会每届任期5年，每年举行一次全体会议。人民政协在中央设有全国委员会和常务委员会以及9个专门委员会，在地方设有政协地方委员会。政协全国委员会由34个单位组成，即中国共产党，中国国民党革命委员会，中国民主同盟，中国民主建国会，中国民主促进会，中国农工民主党，中国致公党，九三学社，台湾民主自治同盟，无党派民主人士，中国共产主义青年团，中华全国总工会，中华全国妇女联合会，中华全国青年联合会，中华全国工商业联合会，中国科学技术协会，中华全国台湾同胞联谊会，中华全国归国华侨联合会，文化艺术界，科学技术界，社会科学界，经济界，农业界，教育界，体育界，新闻出版界，医药卫生界，对外友好界，社会福利界，少数民族界，宗教界，特邀香港人士，特邀澳门人士，特别邀请人士等。

（二）人民政协的主要职能

人民政协的主要职能是政治协商、民主监督和参政议政。

1. 政治协商

政治协商是对国家和地方的大政方针以及政治、经济、文化和社会生活中的重要问题在决策之前进行协商并就决策执行过程中的重要问题进行协商。从程序上讲政协各级组织可以根据中国共产党、全国人民代表大会常务委员会、人民政府、民主党派、人民团体以及党政有关部门的提议，举行由各党派、团体的负责人和各族各界代表参加的会议进行协商，也可建议上列单位将有关重要问题提交政协协商。政治协商的主要形式有：政协全体会议，常委会议，主席会议，常委专题座谈会，各专门委员会会议以及根据需要召开的各党派、无党派人士、人民团体、少数民族人士和各界爱国人士的代表参加的协商座谈等。

2. 民主监督

民主监督是对国家宪法、法律和法规的实施、重大方针政策的贯彻执行、国家机关及其工作人员的工作等，通过建议和批评进行监督。它是参加中国政协的各党派团体和各族各界人士通过政协组织对国家机关及其工作人员的工作进行的监督，也是中国共产党在政协中与各民主党派和无党派人士之间进行的互相监督。

3. 参政议政

参政议政是人民政协 1994 年修订政协章程时新列入的一项主要职能。参政议政是政治协商、民主监督的拓展和延伸。参政议政的内容和形式除政治协商和民主监督的内容和形式以外还包括选择人民群众关心、党政部门重视、政协有条件做的课题，组织调查研究，积极主动地向党政领导机关提出建设性的意见，还可通过多种方式发挥委员的专长和作用。

（三）政协委员的权利和义务

根据政协章程规定，政协全国委员会和地方委员会委员的权利可归纳为：一、在本会会议上有表决权、选举权和被选举权；二、有对本会工作提出批评和建议的权利；三、有通过本会会议和组织参加讨论国家大政方针和各该地方重大事务的权利；四、有对国家机关和国家工作人员的工作提出建议和批评的权利；五、有对违纪违法行为检举揭发、参与调查和检查的权利；六、有声明退出政协的自由；七、在受到警告或撤销参加资格的处分时，如果不服，有请求复议的权利。政协组织依法维护政协委员履行职能的民主权利。

政协委员的义务可归纳为：一、遵守和履行政协章程；二、遵守和履行本委员会全体委员会议和常务委员会会议决议；三、地方政协委员还应遵守和履行政协全国委员会的全国性决议和上级地方委员会的全地区性的决议。

附录 2：2016 年全国两会十大热点话题汇总

热点一　"十三五"规划谋篇布局未来

今年两会即将审议的"十三五"规划重要性毋庸置疑。当下正处于中国全面建成小康社会的决胜时期，也是第一个百年目标是否达成的决胜时期。因此，这份备受关注的中国未来五年发展"规划书"将主要阐明国家战略意图，明确政府工作重点，引导市场主体行为，是未来五年经济社会发展的蓝图，也是行动纲领。

此前，中共十八届五中全会已公布了"十三五"规划建议，即创新、协调、绿色、开放、共享的五大发展理念，体现了"十三五"乃至更长一段时期中国的发展思路、发展方向、发展着力点，为中国如期全面建成小康社会、开启新一轮现代化建设谋篇布局。在此基础上，中国怎样设置其今后五年经济社会发展的重要指标，如何扮演在世界舞台上的角色，都有赖于"十三五"规划纲要这张新蓝图予以明确。

"十三五"时期是全面建成小康社会的关键期，是全面落实国家治理体系与治理能力现代化的推进期，是经济增长模式转换的攻坚期，是落实全面科学发展的战略机遇期。"十三五"规划纲要明确未来经济转型的方向。财税改革重在减税以及划分中央地方关系，今年的减税主要通过"营改增"实现。同时，大力度改善民生，通过人口、户籍改革促进人口的自由流动，逐步建立全国统一的社保体系，将养老保险上交中央政府统一管理。实现有质量的经济增长，促进产业升级，加快发展节能环保产业，淘汰传统产业的过剩产能，促进信息科技、新能源等新兴产业的发展。

热点二　增长目标：设定为一个区间

随着全国两会时间的确定，2016年经济增长目标再成焦点。考虑到当前的经济形势，政策目标不宜过分强调具体目标数字，而应设置一个弹性更大的目标区间，这样既能强调政策底线，又能起到适度向上引导的作用。

从本届政府开始，宏观调控着手弱化经济增长目标值的意义，逐步引入"区间调控"思路。而随着各省区市"两会"的召开，各省区市今年GDP增速目标也陆续揭晓，不少省区市都将目标指定为一个区间范围，这也让更多经济学家和分析机构猜测，全国的GDP增速目标也将是个区间。

中国国际经济交流中心经济研究部部长徐洪才表示，当前区间调控理念已经深入人心，区间目标上有"天花板"、下有"地板"，更科学也更有弹性。只要经济增速处于区间之内，没有突破"天花板"，也没跌破"地板"，就不必做出过大的调控动作，而是要保持宏观政策的相对稳定性、连续性、针对性和灵活性，发挥市场配置资源的决定性作用。"在区间目标下，政府能够把更多精力着眼于结构调整和深化改革，特别是推进惠及长远的供给侧结构性改革，这对实现未来中长期可持续发展是非常有益的。"徐洪才表示，今年全国的经济增长目标也很有可能设为一个区间目标。

热点三　供给侧改革：任务将进一步细化

去年12月召开的中央经济工作会议提出，2016年及今后一个时期，要在适度扩大总需求的同时，着力加强供给侧结构性改革。

所谓"供给侧改革"，就是从供给、生产端入手，通过解放生产力，提升竞争力促进经济发展。具体而言，政府需要简政放权，协调政策制度为经济减负；市场要清理僵尸企业，淘汰落后产能，将发展方向锁定新兴领域、创新领域，创造新的经济增长点和新兴产业。

纵观去年年底召开的中央经济工作会议、中央农村工作会议的会议精神以及总书记今年的几次重要讲话，不难发现，"供给侧改革"的基本路径已经慢慢清晰。而今年"两会"上，供给侧改革的任务预计将进一步细化，相关文件将陆续出台。

供给侧改革的任务预计将进一步细化，并在国务院层面出台相关执行文件，但具体成效需要看政府的执行力。去年12月召开的中央经济工作会议释放出加快供给侧改革的意愿，并明确提出了"去产能、降成本、去库存、降杠杆、补短板"的五大目标。预计目标会得到进一步的分解和明确，相关文件将在上半年陆续出台。虽然实施供给端改革有助于提高全要素生产率，提升投资者对中国经济增长的预期，但具体影响需要看具体执行文件的力度。比如，春节前夕，国务院分别发布了关于钢铁行业、煤炭行业化解过剩产能的指导意见，去产能力度大幅低于预期，中国产能过剩情况在一段较长的时间内难以改善。因此，关于后四项目标的具体进展，还需观察后续相关执行文件的规定和具体部门的政策。

热点四　国企改革：清理"僵尸企业"

2016年，国企改革进入攻坚阶段。2015年国企改革的顶层设计目前取得了重大进展，已公布"1＋11"政策文件，最近又审议通过了 8 个配套文件。同时，国有企业完善现代企业制度工作全面提速，结构调整力度切实加大，创新驱动力有力推进。

供给侧管理去产能与国企改革不可分割。自去年 12 月以来，高层逐步显示了对于清理过剩产能的决心，强调要破旧立新。由于大量僵尸企业占用社会资源，挤占了新兴产业的发展空间，高层看到想转型必须要强改革。因此，国企改革联系供给侧改革就是清理"僵尸企业"。那么，今年两会将如何布局国企改革？分析人士指出，结合供给侧改革，今年股权多元化改革和清理"僵尸企业"将是国企改革两大关键点。国企改革和供给侧改革是相辅相成、相互促进的。供给侧改革中去产能过程，特别是清理"僵尸"企业牵涉大量产权交易。国企改革要为供给侧改革和整个"十三五"规划提供动力，提供改革红利。2015 年国企改革提出了投资经营公司、职工持股、混合所有制改革等，国企改革是以产权为主要内容的体制改革，国企供给侧改革是以产业结构为主要内容的改革，国企改革由单纯的体制改革向产权体制与产业结构二重奏改革转变。国企改革如果停下来，供给侧改革也搞不下去。目前，第一个要做的就是在减产能方面切实加大力度，取得实质性进展。

热点五　财税改革：全面实施营改增

如果说，2015 年是财税改革的关键年，那么 2016 年则是财税改革的落地年。作为国家治理的基础和重要支柱，财税体制改革备受社会关注。2014 年 6 月，中央政治局通过《深化财税体制改革总体方案》，以建立现代财政制度为目标，提出了三大改革任务：改进预算管理制度、完善税收制度、建立事权和支出责任相适应的制度。方案出台一年多来，不少改革举措开始落地，效果正在逐步显现。

热点六　金融改革：助力实体经济

2016 年是中国"十三五"的开局之年，也是推进结构性改革的攻坚之年。当前我国正处于经济增速换挡关键时期，金融改革的迫切性尤为明显。那么，下一步如何维护金融稳定、提高资金配置效率，同时又服务于供给侧改革必将是今年两会关注的热点。

不可否认，过去一年中国金融改革取得了一些实质性进展，最亮眼的有人民币成功加入 SDR 货币篮子。此外，在多层次资本市场建设如新三板扩容、A 股"发行注册制"时间表落地、"8·11"新汇改等方面，能感觉到巨大的改革推动力量。

热点七 房地产去库存：号角吹响、政策先行

结合当前中国经济的现实情况，提升有效供给的最便捷方式即去产能，优化产业结构。在今年供给侧改革中，房地产去库存政策最为密集。自 2 月以来，短短 20 余天里，央行、发改委等 10 多个部委相继出台了五项重磅措施，几乎每周都有楼市政策出台。相信今年两会也会就这一问题继续深入探讨。

据中国社科院数据显示，2015 年商品住房总库存预计达 39.96 亿平方米，现房待售面积 4.26 亿平方米，如果想完全消化，需要 23 个月。过去地产政策主要在需求端发力，供给侧改革的主要方式是控制增量，调整土地供应节奏，增加土地有效供给；还要消化存量，在增强对周围人口吸引力上加快户籍制度改革；在库存积压严重区域增加道路、医疗、教育等公共资源和基础设施配套；加快推进政府购买服务，保障房和棚改回迁房以货币化安置为主；建立良好的金融和法律环境。

热点八 制造业提振：互联网＋制造＝智造

在经济下滑压力加大之际，如何重振中国制造是难题。去年政府工作报告首次提出"中国制造 2025"和"互联网＋"等两大概念，今年进一步要求在"中国制造＋互联网"上取得突破。期待在即将召开的两会上，看到中国制造业未来 10 年的行动纲领和互联网如何加速融合，为经济带来新动能。

工信部部长苗圩此前在公开场合表示，中国政府计划用 3 个 10 年来实现从工业大国向工业强国的转变。《"中国制造 2025"规划纲要》就是第一个 10 年的行动纲领，目标是把中国从全球制造业的第三方阵，提升到第二方阵。最终目标是到 2045 年跻身第一方阵。苗圩还表示，"互联网＋"，就是实现"三步走"目标第一步"中国制造 2025"的强有力工具，将为产业智能化提供支撑，为经济发展提供新动力。值得注意的是，2016 年是"十三五"的开局之年，如何开启中国制造的升级之路，对各个行业有着重要的导向作用。

热点九　对外发展战略：自贸区、"一带一路"融合

"一带一路"、自贸区等对外发展战略将是本次两会关注的焦点。推进"一带一路"建设，推动二十国集团加强合作，倡导设立亚洲基础设施投资银行……中国已经向世界伸出共舞之手。中国的全面深化改革，不仅将为中国现代化建设提供强大推力，也将为世界带来新的发展机遇。

"十三五"期间，中国提出将坚持自主开放与对等开放，加强走出去战略谋划，统筹多双边和区域开放合作，加快实施自由贸易区战略，推进"一带一路"建设，推动陆海内外联动、东西双向开放。

热点十　城市发展：有望进入新阶段

改革开放以来，我国经历了世界历史上规模最大、速度最快的城镇化进程。但我国越来越多的城市患上了"城市病"，环境污染、交通拥堵、房价虚高、管理粗放、应急迟缓等问题越来越突出，这些"城市病"给市民工作和生活带来了许多不便，降低了人们的幸福感。这些城市病的治疗或是本次两会关注的热点。

2015 年 12 月，中央时隔 37 年再次召开城市工作会议。会议指出，"要着力解决城市病等突出问题，不断提升城市环境质量、人民生活质量、城市竞争力，建设和谐宜居、富有活力、各具特色的现代化城市"。去年年底，习近平总书记还曾围绕"城市工作"主持召开过中共中央政治局会议，会议强调，城镇化是现代化的必由之路，既是经济发展的结果，又是经济发展的动力。

随着社会的发展，人民对城市有了更多的期待，城市不仅是工作、居住的场所，更应该是绿色的城市、人文的城市，而不是"越大越好"。习近平在中央财经领导小组第十一次会议上就曾强调，"要增强城市宜居性，引导调控城市规模，优化城市空间布局，加强市政基础设施建设，保护历史文化遗产"。

2016 年已启幕，新的一年，让人期待。近日，《中共中央国务院关于进一步加强城市规划建设管理工作的若干意见》印发，勾画出了"十三五"乃至更长时间中国城市发展的"路线图"，这势

必要影响 7.5 亿中国城镇常住人口的生活。

2016 年是全面建成小康社会决胜阶段的开局之年，是实施"十三五"规划的第一年，同样也是推进结构性改革的攻坚之年。可以说，2016 年中国两会，承载着"十三五"开好局和 2020 年建成全面小康社会的使命。

相比拉动经济增长的"三驾马车"——投资、消费、出口这三大"需求侧"而言，"供给侧"改革则着重迎合现阶段我国经济"新常态"的主要特点：一是从高速增长转为中高速增长；二是经济结构不断优化升级；三是从要素驱动、投资驱动转向创新驱动。

因此，作为"十三五"开局之年的 2016 年，两会最重要的议题便是围绕供给侧改革，将"去产能、去库存、去杠杆、降成本、补短板"结合到经济各个层面，将发展方向锁定新兴领域、创新领域，创造新的经济增长点。

三 主题活动三：时事论坛

（一）活动主题的确定

国家的方针、政策是随着社会发展需要不断进行修正和创新的。因此，选取社会生活中一些带有全局性、代表性、倾向性的事件、问题和现象，及时加以剖析、阐释、引导，有助于大学生对形势与政策的理解。同时，鼓励大学生关注最新时政要闻热点报道，引导做出客观、理性的时事新闻评论。既讲明道理，又发表议论，解疑释惑，情真意切，针砭时弊，激浊扬清，体现出一股生气、正气、锐气，在评论中弘扬社会舆论的正能量。因此，它往往比一般的思想评论能产生出更加强烈的社会效果。鼓励学生思考时事热点问题，发表自己的观点，共享学习心得和体会，通过参赛选手带动更多学生自觉关注时事、学习时事、思考时事。同时达到丰富大学生校园文化生活，感受大学学术氛围的目的。大学生作为正在成长中的青年，对于自身成长和社会生活肯定有许多的想法，在进行党和国家相关理论政策的研讨和宣传过程中，能进一步加深对党的理论、方针、政策的理解和认识。学生将所见所闻所感进行交流，达到深化认识，促进内化，培养品质的作用。

（二）活动目标

1. 知识与技能目标。促进学生深刻理解国内、国际形势发展的背景，国内重大政策的制定实施的依据、内容、落实的措施，了解国内改革开放和社会发展的动态、国际形势的发展动态及有关热点问题，帮助学生全面正确地认识和了解党和国家面临的形势和任务，拥护党的路线、方针和政策。通过全方位开展实践教学活动，让学生掌握形势与政策的基础理论知识、基本理论观点、分析问题的基本方法。

2. 过程与方法目标。在掌握形势政策基本理论的基础上，培养学生掌握正确分析形势和理解政策的能力，特别是对国内外重大事件、敏感问题、社会热点、难点、疑点问题的思考、分析和判断能力。引导学生结合实际，运用这些知识和方法去分析现实生活中的一些问题，对形势发展做出科学的判断和分析，指导自己的行为、工作与学习内容。培养学生观察社会形势问题敏锐的洞察力，提高学生对复杂社会现象的分析判断能力，培养学生处理、应对复杂社会问题的能力，提升学生的综合素质。

3. 情感态度与价值观目标。培养大学生的爱国热情感，增强大学生对国家的使命感、对社会的责任感，增强实现改革开放和社会主义现代化建设宏伟目标的信心和社会责任感，提高当代大学生投身于国家经济建设事业的自觉性和态度，明确自身的人生定位和奋斗目标。

（三）活动程序

1. 前期准备

每年 4 月上旬开始进行前期宣传工作，思政教学部门设计、确定时政论坛的宣传图标。

4 月中旬由思政课实践教学指导教师召开所带班级时政论坛动员会。具体内容包括：活动介绍、形式、选题范围、具体流程、奖项设置以及班级准备事项。

思政教学部门与高校宣传部、团委、辅导员等做沟通协调，请各部门协助共同办好此次活动，并告知活动参与部分。

为确保比赛公平公正，保证所有同学积极参与，展现精神面貌，本次论坛实行初赛与决赛两轮比赛制。初赛以班级为单位，按照此次活动总的要求，自行组织，各班于 4 月下旬—5 月上旬进行初赛，通过初赛推荐 2 名优秀选手参加最后决赛，评选出一、二、三等奖，颁发证书。

5 月 10 号前确定各班时政论坛代表团成员名单，每班代表团 2 人，其余同学为观众。

5 月中旬—5 月底择机举行决赛，在活动前三天申请并布置会场。决赛环节实行评分制，评委按照评分细则进行评分。

2. 时政论坛决赛程序

主持人介绍本届时政论坛及各代表参赛团成员。

各代表团成员陈述对议题的想法，提出自己的观点、方案等，时间大约为 10 分钟。

由评委采取不记名方式共同投票，投完票后由计票人汇总统计，评选出本届时政论坛优秀名单。

3. 奖项设置

比赛设置一、二、三等奖三个获奖等级；一等奖占参赛人员的20%，二等奖占参赛人员的 30%，三等奖占参赛人员的 50%。论坛邀请学校有关部门领导和专家担任评委，根据选手现场表现，评出相关奖项。具体奖励措施如下：

颁发校级荣誉证书。为参加决赛的学生依评审结果颁发一、二、三等奖证书。

一等奖获奖者将被聘为"学生形势政策课宣讲团"成员，辅助学校开展形势政策课教学工作。

样例一：时政论坛活动方案

1. 活动背景

为进一步贯彻落实科学发展观和中共中央、国务院《关于进一步加强和改进大学生思想政治教育的意见》（中发〔2004〕16 号）文件精神，调动学生学习形势政策的积极性，提升学生形势政策教育的实效性，《形势与政策》实践教学可以针对国内、国际的社会热点和焦点进行研讨，加深对中国及世界政治经济形势的认识，增强大学生的参政议政意识和社会责任感。

2. 活动主题

学形势政策　论天下风云。

3. 活动目的

以论坛为载体，积极引导学生关注世情、国情、省情、市情、校情，深入思考社会热点、焦点问题，大胆表达自己的独到见解，交流碰撞思想的火花，进一步拓展视野，启迪思想，增强当代大学生的责任感和使命感，努力培养建设有中国特色社会主义事业的合格建设者和可靠接班人。

4. 活动时间：每年4—5月

5. 活动地点：学生活动中心

6. 活动人员：所有开设《形势与政策》课程的班级

7. 活动准备

（一）前期准备

（1）由思政教学部门设计时政论坛的宣传图标，通过海报、喷绘、校园网在全校范围内进行广泛宣传，并且出展板介绍时政论坛活动相关内容。

（2）由思政课实践教学指导教师向所带班级同学介绍本年度时政论坛的内容、形式、具体流程安排及注意事项。

（3）由各班班委召开一次班级时政论坛动员会，确保每一名学生都能了解时事论坛的基本信息。各班与本院系辅导员、团委联系，请院系协助共同办好此次活动，并告知活动参与部分。

（4）各班组织初赛，推选本班时政论坛代表团成员名单，每班2名代表成员进入决赛。以班级为单位，学生可以个人名义自愿报名，每位同学进行3—5分钟演讲，由同学们选出优秀的选手参加决赛。初赛演讲内容需符合大赛要求，积极向上，演讲者需具备良好的语言表达能力和现场应变能力，学生在报名时需要提交论题简介（200字）、PPT和电子版讲稿。初赛阶段位选手展示时间为7分钟。

（二）选题准备

选题范围：论坛主题由学生自拟，主题内容应积极向上，紧扣当前国际与国内经济社会发生的热点、焦点问题，内容为一年来发生的政治、经济、军事、科技、文化、体育、教育等国际与国内以及学校的时事和社会热点问题。如中国共产党十八届五中全会、国庆 67 周年、杭州 G20 峰会、反腐败、人民币升值、个人信息泄露、电信诈骗、中国（河南）自由贸易区、"六个一"社会实践活动、大学生就业、郑州航空港区等。

（三）会场布置

（1）确定莅临领导后印制台签，准备好评委席。

（2）提前为莅临领导、评委老师准备好评分表、签字笔、矿泉水。

（3）安排各个代表团的座位区域。

（4）调试话筒及多媒体。

（5）确定主展示演讲台，以及代表团上台、下台路线。

（6）确定主持 1—2 人，记票员 2 人，会议记录 2 人，记录会议进程。

8. 时政论坛决赛阶段具体流程

（一）会前准备阶段

（1）活动开始前三天召开服务人员会议，通知注意事项。

（2）决赛前两天参赛者提交演讲题目及内容。参赛者必须自制 PPT（可插入视频、图片、文字），PPT 的制作计入评分。

（3）参赛者准备 10 分钟内的时政演讲，要求主旨积极向上，结合当今时政热点，传播积极向上理念，符合主流价值观。

（4）活动开始前一天组织参赛人员抽签决定参赛顺序，完成 PPT 的拷贝。

（5）每位参赛选手所在班级成员为选手亲友团，亲友团现场表现计入选手得分。

（6）每位选手提供一张参赛海报，其中包含个人的参赛宣言。

（7）比赛开始前 10 分钟，给每位到场观众发评分单。

（二）决赛流程

（1）主持人宣布时政论坛正式开始。介绍大会流程、莅临领导、评委、班级代表团成员。

（2）个人展示：参赛者按抽签确定的顺序上台对自己选定的社会以及生活中热点问题进行主题演讲。要求参赛者服装仪表大方得体，评委根据评分标准及选手表现评分。参赛者个人展示时间为 10 分钟，演讲时间超过 10 分钟后须立即终止演讲，违规者取消最终评比资格。

（3）互动环节：每位参赛者演讲结束后进入提问环节，提问者可以为评委、大赛工作人员及其他组的亲友团成员，提问内容和演讲主题相关，提问时间为2分钟。提问环节计入评分。亲友团提问必须契合主题，具有回答价值，否者参赛者可以不予以回答。

（4）主持人宣布比赛结果，领导和专家为获奖者颁发证书和聘书。

（5）领导对本次活动总结讲话。

（6）全体参赛选手与领导合影留念。

9. 评分细则

论坛分演讲内容、语言表达、形体语言、主体形象、会场效果五部分对演讲选手进行评分。满分为100分（另有额外加分5分）。评委打分后去掉一个最高分和一个最低分，汇总后取平均分，精确到小数点后两位，若出现同分，则精确到后三位，依此类推。

（一）演讲内容（35分）

思想内容能紧紧围绕主题，观点正确、鲜明，见解独到。内容充实具体，生动感人。材料真实、典型、新颖，事迹感人、事例生动，反映客观事实、具有普遍意义，体现时代精神。讲稿结构严谨，构思巧妙，引人入胜。文字简练流畅，具有较强的思想性。

（二）语言表达（35分）

演讲者语音规范，吐字清晰，声音洪亮圆润。演讲表达准确、流畅、自然。语言技巧处理得当，语速恰当，语气、语调、音量、节奏张弛符合思想感情的起伏变化，能熟练表达所演讲的内容。

（三）形体语言（15分）

演讲者精神饱满，能较好地运用姿态、动作、手势、表情，表达对演讲稿的理解。

（四）主体形象（5分）

演讲者着正装，举止自然得体，有风度，富有艺术感染力。

（五）会场效果（10分）

演讲具有较强的吸引力、感染力和号召力，能较好地与听众感情融合在一起，营造良好的演讲效果。

（六）额外加分5分

（1）制作与演讲内容的相关的PPT，并且制作精美加1分。

（2）与观众进行互动，并且使现场气氛活跃加1分。

（3）有口号有亲友团，比赛期间亲友团表现良好。（比赛期间自觉遵守秩序，不随意走动，不大声喧哗，不迟到早退等）加1分。

（4）赛前从观众（选手亲友团除外）中随机抽取30名大众评委，在每一个选手演讲完毕后，请支持该选手的大众评委举牌，如果举牌人数超过25人则加2分，如果全部举牌则加3分。

10. 其他

（一）注意事项

（1）内容必须符合当代核心价值观，选材来自近期热点话题，不得出现反动消极言论。选手需提前准备PPT。

（2）演讲顺序采用抽签方式决定。每位演讲者的时间必须控制在10分钟以内。

（3）所有参赛选手衣着得体，正装出席，积极对待比赛。

（4）评委在每位选手演讲结束后，进行打分，由工作人员将每位评委的打分条收回，统一计算平均分。以三位选手为一组，宣布成绩。

（5）参赛人员要准时到场，超时未到视为弃权。

（6）服务人员须在每位选手登台演讲时予以拍照，并将选手演讲主题摄入其中，活动现场整体拍下来。

（二）应急预案

（1）参赛者必须提前30分到场，在指定区域准备，工作人员一对一服务参赛人员，保障参赛人员按时到场，PPT顺利播放。

（2）演讲者不得宣传反动消极的观点，如果发现，工作人员立即制止，并取消参赛资格。

（3）参赛者应严格遵守比赛规则，服从指挥，衣着整洁，谈吐文明大方。

（4）各选手之间要友好相处，避免各种矛盾的发生，如有意外，工作人员要及时调和。

（5）演讲中途，如参赛者身体不适，可以做适当休息和调整，由其他参赛者先演讲；若实在不能参赛的，可视为放弃比赛。

（6）比赛现场如有个别听众破坏演讲，或者起哄等行为，现场服务人员应将当事人带离现场，并维护现场秩序。主持人应有一定应变能力，调节现场气氛，尽量减少事件对大赛的不良影响。

（7）观众不得以任何形式提醒演讲者或者干扰评委进行评判。

（8）为了避免演讲中各种设备（比如麦克风）出现故障，事前应做好充分准备（比如多准备几个麦克风），以备不时之需。

（9）服务人员应尽量熟知当场的座位的划分，选手上、下场的路线，以免需引路时不知所措。

附录1：知名时政新闻论坛、网址

1. 新华网：http：//www. xinhuanet. com/。

2. 新华时政：http：//www. xinhuanet. com/politics/。

3. 新华网评：http：//www. xinhuanet. com/comments/。

4. 人民网：http：//www. people. com. cn/。

5. 人民网时政频道：http：//politics. people. com. cn/。

6. 央视网新闻频道：http：//news. cctv. com/。

7. 人民时评：http：//opinion. people. com. cn/GB/8213/49160/49219/。

8. 央视网新闻频道：http：//news. cctv. com/。

9. 环球网：http：//www. huanqiu. com/。

10. 环球网评论频道：http：//opinion. huanqiu. com/。

11. 环球网论坛频道：http：//bbs. huanqiu. com/。

12. 百度新闻搜索：http：//news. baidu. com/。

13. 参考消息：http：//www. cankaoxiaoxi. com/。

14. 联合早报：http：//www. zaobao. com/。

15. 中华网：http：//www. china. com/。

16. 南方周末：http：//www. infzm. com/。

17. 网易新闻：http：//www. 163. com/。

18. 网易新闻评论频道：http：//view. 163. com/。

19. 新浪网：http：//www. sina. com. cn/。

20. 中华军事网：http：//military. china. com/zh_ cn/。

21. 铁血军事：http：//www. tiexue. net/。

参考文献

1. 本书编写组：《思想道德修养与法律基础》，高等教育出版社 2015 年版。

2. 钟一彪：《大学生公益活动实务》，中山大学出版社 2013 年版。

3. 刘昫：《旧唐书·魏徵传》，中华书局 2002 年版。

4. ［英］戴维·麦克莱伦：《卡尔·马克思传》，王珍译，中国人民大学出版社 2005 年版。

5. 邓小平：《邓小平文选（1、2、3 卷）》，人民出版社 1993 年版。

6. 列宁：《列宁选集（1、2、3 卷）》，人民出版社 1995 年版。

7. 马克思、恩格斯：《马克思恩格斯选集（1、2、3、4、5 卷）》，人民出版社 1995 年版。

8. 马克思、恩格斯：《共产党宣言》，人民出版社 1997 年版。

9. 马克思、恩格斯：《德意志意识形态》，人民出版社 2003 年版。

10. 马克思：《资本论（1、2、3、4 卷）》，人民出版社 2004 年版。

11. 马克思：《1844 年经济学手稿》，人民出版社 2000 年版。

12. 毛泽东：《毛泽东选集（1、2、3、5 卷）》，人民出版社 1999 年版。

13. 习近平：《习近平总书记系列讲话精神学习读本》，中共中央党校出版社 2013 年版。

14. 中共中央文献研究室编：《十一届三中全会以来重要文献选编（上、下册）》，人民出版社 1982 年版。

15. 中共中央文献研究室编：《十六大以来重要文献选编（上、中、下册）》，中央文献出版社 2005 年版。

16. 中共中央文献研究室编：《十八大以来重要文献选编（上

册）》，中央文献出版社 2014 年版。

17. 中共中央宣传部宣传教育局：《加强和改进大学生思想政治教育文件选编》，中国人民大学出版社 2005 年版。

18. 时事报告大学生版杂志编辑部：《时事报告大学生版》，时事报告杂志社 2015 年版。

19. 骆郁廷：《当代大学生思想政治教育》，中国人民大学出版社 2012 年版。

20. 齐卫平：《关于"中国近现代史纲要"教学中"三个选择"问题的若干思考》，《思想理论教育导刊》2008 年第 1 期。

21. 郑琪：《论历史教育与大学生人文素质培养》，《教育与职业》2005 年第 27 期。

22. 陈君、李壮：《"思想道德修养与法律基础"课主题实践教学模式的探索》《学校党建与思想教育》2015 年第 11 期。

23. 薛虹：《联系现实是为了更好地理解历史，也为了更好地认识现实》，《历史教学》1957 年第 4 期。

24. 游敏惠、程艳：《大学生微公益现状及其引导》，《学校党建与思想教育》2015 年第 4 期。

25. 张引、魏晓玲：《加强"思想道德修养与法律基础"课实践教学实效性的路径》，《教育与职业》2014 年第 14 期。

26. 张亚平：《关于思想政治理论课实践教学若干问题的思考》，《内蒙古师范大学学报》（教育科学版）2014 年第 11 期。

27. 魏建丽、侯居茌：《"X + 1"模式下思想政治理论课实践教学创新探究》，《学校党建与思想教育》2015 年第 22 期。

28. 陈世海：《大学生志愿服务的联动机制研究》，《教育评论》2014 年第 1 期。

29. 周丹：《高校"思想道德修养与法律基础"课程实践教学现状及对策》，《教育与职业》2015 年第 23 期。

30. 张忠华：《论提高研究生学术沙龙活动学习效率的策略》，《学位与研究生教育》2009 年第 1 期。

31. 吴潜涛：《把握好教材修订内容，有效实现教材体系向教学体系转化》，《思想理论教育导刊》2015 年第 10 期。

32. 王进才、李雄鹰：《学术沙龙的创新人才培养功能探析》，《高教论坛》2011 年第 7 期。

33. 于庆峰：《高校思政课实践教学节日纪念日主题教育活动研究》，《哈尔滨师范大学社会科学学报》2014 年第 3 期。

34. 刘文丽：《关于开展"中国近现代史纲要"课实践教学的几点思考》，《思想教育研究》2011 年第 1 期。

35. 沙健孙：《关于"中国近现代史纲要"教学的若干问题》，《思想理论教育导刊》2006 年第 9 期。

36. 陈宏明：《历史视频在中国近现代史纲要教学中的运用探讨》，《教育探索》2012 年第 10 期。

37. 唐松林、左彩虹：《学术沙龙与知识创新——兼对大学课堂教学组织形式的反思》，《高教探索》2007 年第 4 期。

38. 周普杰：《"中国近现代史纲要"课强化思想政治教育的教学研究与实践》，《渤海大学学报》（哲学社会科学版）2009 年第 6 期。

39. 许楚玲、郑卫翔、曾锦标：《对〈形势与政策〉课程实践教学方式的探讨》，《广西教育学院学报》2011 年第 1 期。

40. 陈月霄、叶飞霞、游龙桂：《新形势下高校"形势与政策"课实践教学优化初探》，《思想理论教育导刊》2011 年第 6 期。

41. 教社政〔2005〕5 号：《中共中央宣传部教育部关于进一步加强和改进高等学校思想政治理论课的意见》（http：//www. moe. edu. cn/html）。

42. 时事一点通：《最新时事政治汇总》（http：//www. ssydt. com/sszz/）。

43. 教育部社政司：《关于印发〈普通高等学校"两课"教学基本要求〉的通知》（http：//www. moe. gov. cn/srcsite/A13/moe_ 772/200302/t20030216_ 80595. html）。

44. 中宣部、教育部：《关于进一步加强高等学校学生形势与政策教育的通知》（http：//www. moe. gov. cn/s78/A13/sks_ left/s6387/moe_ 772/tnull_ 9309. html）。

45. 中共中央、国务院：《关于进一步加强和改进大学生思想政治教育的意见》（http：//www. moe. edu. cn/s78/A12/szs_ lef/moe_ 1407/

moe_ 1408/tnull_ 20566. html）。

46. 新华社：《吹响决胜全面小康的号角——2016 年两会十大热点前瞻》（http：//news. xinhuanet. com/2016 – 03/02/c_ 1118211293. htm）。

后　记

对于半路从事思想政治理论教学的我来讲，当上完一门思政课程的时候，并没感觉到像以前上自己的专业课那样，会有一种如释重负、身心愉悦的心路历程。我似乎真的没有感悟到，而更多的是一种遗憾和责任感喷薄而出：面对西方国家的意识形态较量，思想政治理论教学如果仅停留在课堂上理论说教，不仅被动而且实效性不高。有些说法让学术圈内的人觉得十分滑稽，不值一驳，但不了解历史的人和处于价值观形成主要时期的学生却觉得无比新鲜，拼命追捧。诸如，"刘胡兰小三论"，邱少云在烈火中纹丝不动不符合生理学常识，黄继光堵枪眼是虚构的英雄事迹，中国国民党是抗战的中流砥柱等。如果课堂的归教材，社会的归社会，那么诸如此类的言论早晚将湮灭课堂的理性，混淆了学生们的思想认识，严重抵消了思想政治理论的教学效果。"两耳不闻窗外事，一心只教圣贤书"，又怎能引导学生正确认识窗外的世界？思想政治理论课该作出了一些有益的尝试。

2015—2016学年，我带领师院思政部的全体同仁，开始思想政治理论实践课程的改革尝试。一方面，先从我教的《中国近现代史纲要》开始，在课下我带领学生开展了以编演历史情景剧为主的实践活动。学生在我的指导下自编、自导、自演、自己制作道具、自己设计台词，学生有了一个充分发挥自己才能的机会，满足了探究历史的好奇心。进而，他们又渴望了解为什么会有这样的变化。总之，学生自己发现问题，并且自己努力寻找解决问题的方法与途径。这样不仅可以激励学生主动、积极地进行学习，自主地探究历史；还培养了学生的团队协作精神和合作能力，因为角色扮演的历史情景剧，并不是单个学生可以胜任得了的，协作精神与合作模式贯穿于整个教学活动中；更重要的是，学生可以借此形式来"演绎历史、体验人生、认识国情，追求理想、树立信仰"。这种方式有力配合了课堂的理论学习，使二者相得益彰，在此基础上，我又开展了"史学沙龙""革命足迹"等主题活动。另一方面，思政部的其他同仁也随后开展了一系列的实践活动，诸如《思想道德修养与法律基础》开展了感恩教育、公益活动、模拟法庭等主题活动，《马克思主义基本原理概论》开展了经典导读、哲学故事、哲学思想论辩等了主题活动，《毛泽东思想和中国特色的社会主义理论概论》开展了主旋律歌曲会唱、寻找中国名片、社会调查等主题活动，《形势与政策》开展时事抢答、追踪两会、热点评述等主题活动。这些活动的开展使我校学生对思想政治理论课教学满意度增高，学生对我校思政教师的评分都在 90 分以上。不仅如此，学生通过实践课程激发了他们积极主动学习的欲望，而且提高他们的批判性思维能力，培养他们的世界观、人生观和价值观。

本书正是这些探索的基础而成的，全书是由杜志强、王工厂、李江峰、王海立、刘德萍、候亚元、禹淑莲、张桂花、冯玲、丁明秀、张露濛同志集体完成。我们把师院思政部的主题活动共同穿缀，汇聚成本教材的内容，所以感谢郑州师范学院思政部全体教师，感谢郑州师范学院全体学生，没有你们的实践，这本书就成了无源之水、无本之木。感谢本书编辑对本书付出的心血，感谢郑州师范学院教务处的盛宾、陈光磊老师对本书的审定，感谢郑州师范学院的赵健书记、孙先科校长和弓民副书记、刘济良副校长的指导与支持。此处，感谢中国社会科学出版社刘艳编辑为本书的修改与完善所做的大量创造性工作。

"路漫漫其修远兮"，郑州师范学院思政课实践教学，栉风沐雨，砥砺前行；筚路蓝缕，玉汝于成。

杜志强
于师院坤山
2016 年 9 月 12 日